本书作系广东省强师工程专项课题“核心素养导向的高中化学教学评价模式研究与实践”（2020YQJK201）和东莞市名师工作室专项课题“素养为本的高中化学思维课堂构建”（mskt2019083）的研究成果，由广东省强师工程省名教师工作室专项资金资助出版

素养为本

化学教学研究与实践

黄晗晖　刘汉国　纪舜豪◎主编

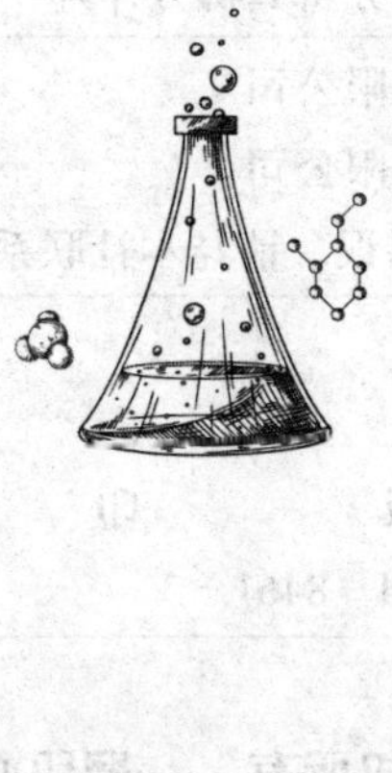

光明日报出版社

图书在版编目（CIP）数据

素养为本：化学教学研究与实践 / 黄晗晖，刘汉国，纪舜豪主编．--北京：光明日报出版社，2025.1.

ISBN 978-7-5194-8461-3

Ⅰ. G633.82

中国国家版本馆 CIP 数据核字第 2025K2F559 号

素养为本：化学教学研究与实践

SUYANG WEIBEN：HUAXUE JIAOXUE YANJIU YU SHIJIAN

主　　编：黄晗晖　刘汉国　纪舜豪

责任编辑：刘兴华　　责任校对：宋　悦　李佳莹

封面设计：中联华文　　责任印制：曹　诤

出版发行：光明日报出版社

地　　址：北京市西城区永安路 106 号，100050

电　　话：010-63169890（咨询），010-63131930（邮购）

传　　真：010-63131930

网　　址：http://book.gmw.cn

E - mail：gmrbcbs@gmw.cn

法律顾问：北京市兰台律师事务所龚柳方律师

印　　刷：三河市华东印刷有限公司

装　　订：三河市华东印刷有限公司

本书如有破损、缺页、装订错误，请与本社联系调换，电话：010-63131930

开　　本：170mm×240mm

字　　数：395 千字　　印　　张：22

版　　次：2025 年 1 月第 1 版　　印　　次：2025 年 1 月第 1 次印刷

书　　号：ISBN 978-7-5194-8461-3

定　　价：95.00 元

编　委

主　编：黄晗晖　刘汉国　纪舜豪
副主编：叶秋耀　祝江平　张润瑜

目 录
CONTENTS

概 述

一、素养为本的教学追求

用核心素养重塑现代课程理念，许多国家在过去十年都已经修订了相关课程。发达国家更重视问题解决、国际理解、自我认知、创造性等；发展中国家更加重视知识积累、终身学习、环境素养、科技素养等。综合多个国家发现，核心素养是培养全面发展的人。

“核心素养”的提出，让我们重新审视课堂教学的价值观问题。对教材的解读、教学内容的选择、教学过程的设计，其根本以“培养学生适应未来社会发展的必备品格和关键能力”为目标。课堂教学应该由知识型向思维型转轨，即由知识课堂向思维课堂转变。

2018 年 1 月 16 日，教育部颁布了《普通高中化学课程标准（2017 年版 2020 年修订）》。新课标提出了“以发展学生化学核心素养为主旨”“重视开展素养为本的教学”等课程理念，并强调“化学核心素养是学生通过学科学习而逐步形成的正确价值观念、必备品格与关键能力”。

化学学科核心素养全面展现化学课程学习对学生未来发展的重要价值，主要包括“宏观辨识与微观探析”“变化观念与平衡思想”“证据推理与模型认知”“科学探究与创新意识”“科学精神与社会责任”，这五方面立足高中阶段学生化学学习的过程，各有侧重，相辅相成。

素养为本是从课堂教学的价值取向来界定的，课堂教学的价值取向分为知识取向、能力取向和素养取向，素养为本即以素养为教学价值取向，课堂的设计目标指向提升学生的素养，而这里的素养主要落实在化学学科核心素养。

二、素养为本的思维课堂的构建

（一）关于思维课堂

1960 年，美国教育协会在《美国教育的中心目的》一文中声明“强化并贯穿于所有各种教育目的的中心目的——教育的基本思路——就是要培养思维能力”。英国教育家爱德华·德·波诺（Edward de Bono）认为：“教育就是教人思维。”① 国内有不少学者在多年前已展开研究，但受时代及教学观念发展所限，不少的研究重心都是落在“如何把灌输知识转变为演绎知识”层面。

思维课堂即培养学生学科思维的课堂。学科思维是一个学科教育的本质所在，“当学生学着用一门学科的符号体系和风格进行交流时，他就在发展自己的学科思维”。学科思维是指在学科提出问题、解决问题的过程中所采用的各种方式、手段、途径等。学科思维是对某一学科的本质的认识，它在认识活动中被反复运用，带有普遍的指导意义，是建立学科和运用学科解决问题的基本方式和方法。

落实学科核心素养教育，必然要通过课堂教学中发展学生思维来实现。构建“思维课堂”是发展学科核心素养的有效途径，发展学科核心素养是构建“思维课堂”的根本目标。

（二）素养为本的思维课堂构建

思维型课堂是一个观念层面的概念，是对课堂的一种理性认识，而不是一个工具性的概念，也不是一种模式，没有固定的操作程序。我们可以提炼出思维课堂的若干特征、训练方法和策略，但我们无法找到一种固定不变的思维课堂教学的模式和可以生搬硬套的思维课堂教学的操作程序，但我们依然可以通过素养文本的指向和思维课堂的特征探索构建化学思维课堂的方法、策略和模式。

化学思维课堂构建，是通过探索化学思维方式（认知思维、高阶思维等）、化学学科思维活动方式（教学方式、教学方法、教学模式）、化学教学素材（教学内容）在化学教学中的合理应用，落实“宏观辨识与微观探析”“变化观念与平衡思想”“证据推理与模型认知”“科学探究与创新意识”“科学精神与社会责任”等化学核心素养的培养，使学生通过化学课程获得对其终身发展有用的核心素养与关键能力。

构建化学思维课堂，要选择好教学内容，其基本原则是：内容有利于学生了解学习化学专业知识的目的，有利于学生理解化学学科的知识框架，有利于组织学生理解和运用探究方法学习，有利于帮助学生理解交流的学习方式。好的教学内容的选择，好的教学问题的设置，能使课堂教学具有认知的宽度、思

---

① 刘向军．教育名言04年录：教育就是教人思维——教育言论选录［EB/OL］．个人图书馆，2004-05-11.

考的深度和拓展潜能的力度。

构建思维课堂，要选择恰当的教学方法策略。当教学着重培养学生的分析性思维能力时，教师应该选用引导学生学会对比、分析、评价、批评、质疑为什么、解释为什么、解释起因或者评价假设等的方法。当教学着重创造性思维能力培养时，教师应该选用引导学生学会创造、发明、想象、设计、展示、假设以及预测的学习方法。当教学着重培养学生应用性思维能力时，教师应当采取引导学生学会应用实用工具实践的学习方法。

探索化学思维方式、化学学科思维活动方式、化学教学素材在化学教学中的合理应用，主要落点是教学设计。素养为本的思维课堂教学设计关注点主要是：(1) 如何确定课堂教学目标，如何选取教学内容和创设教学情境；(2) 怎样看待教师与学生的角色地位，怎样处理师生关系；(3) 选取什么样的教学模式设计组织教学活动，运用什么样的教和学的方式；(4) 从什么角度、怎样评估课堂教学效果。

三、核心素养导向的教学评价模式构建

(一) 核心素养导向的教学评价的重要性

素养为本的教学的实施，需要相应的评价制度和体系来保障。这不仅有赖于教育行政部门宏观层面的学业质量评价改革，也有赖于微观层面的课堂教学和评价体系的改革，当然更依赖于中考和高考的考试评价改革。而从微观层面来说，就是要让教师清楚什么样的课是基于核心素养的好课，什么样的情境是基于核心素养培养的好情境，什么样的问题是基于核心素养培养的高质量问题，什么样的教学活动指向素养目标的达成，如何根据学生在课堂活动的表现对其能力素养进行评价，从而调节教学难度、调整教学程序，对学生进行针对性指导与引领，以促进学生核心素养和关键能力的形成……因此，基于核心素养的教学评价研究成为素养为本的课堂建设的关键。

(二) 核心素养导向的教学评价的指向性

核心素养导向的教学评价的重点应放在微观层面的课堂教学评价上，放在影响课堂教学质量的各个教学环节的评价上。目前，基于核心素养的课堂评价指标体系已有初步的探索，主要体现为：从讲授为中心转向以学习者为中心，从知识本位教学转向情境问题化教学，从知识记忆性的教学转向迁移运用性的教学，从基于单科的教学转向单科与整合相结合的教学。重视价值引领，重视真实情境下的问题解决，特别重视高阶思维能力的培养，特别重视知识的重组和综合，特别

重视项目和活动的设计，特别重视学生学习探究的过程和试错之路。

因此，核心素养导向的化学教学评价模式，是对化学教学过程中的“教”与“学”做出价值判断的方法、策略、模式。评价模式的构建应以核心素养目标的落实为判断依据，评价对象包括教学主体（学生、教师）、教学方法策略、教学内容、教学环境等；评价范围包括课堂、教学资源、活动课程等。评价侧重点是过程评价、综合素质评价、个性化评价和核心素养评价。通过核心素养导向的化学教学评价模式的实践，引导化学教师转化教学理念，转变教学方法，落实核心素养教学实践。

（三）核心素养导向的高中化学教学评价模式构建的实践

核心素养导向的高中化学教学评价模式构建对化学教学活动有着导向、诊断、鉴别和激励作用。核心素养导向的化学教学应该是基于价值引领的教学、基于真实情境的教学、基于高质量问题的教学、基于化学学科内和化学与其他学科间的整合性教学、基于思辨的教学、基于微探究和微课题的主题式教学。

研究过程中注重挖掘化学知识的功能与价值，以化学知识为载体，通过教学评价模式构建与实践，力求发展学生的化学学科核心素养。为高中化学课堂教学设计有效的教学与评价目标，注重教学实施过程中的“教、学、评”一体化，让课堂教学从“关注知识演绎”转变为“关注学生素养”，并形成系列教学设计课例、教学背景素材、试题（习题）、对应的评价方案和评价量规，为化学教师提供落实学科核心素养教学的实操性方法模式。

具体从以下方面开展研究与实践：

（1）核心素养导向的高中化学教学目标设计。根据高中化学新课标中指向核心素养的教学目标，研究设计具体教学内容的核心素养目标。

（2）核心素养导向的教学评价模式构建。根据高中化学具体教学内容的核心素养目标，开展评价模式的构建。从评价目标、评价标准、评价任务、评价方式与评价工具五个维度进行评价方案构建。评价内容包括核心知识、学科思想方法、关键能力、必备品格、价值观念。

（3）核心素养导向的教学方法模式构建。根据核心素养导向的教学评价模式，进行课堂教学内容、流程、环节、活动的设计，教学素材的编写开发设计，主题式活动的设计。

（4）核心素养导向的教学评价模式支持下的教学实践研究。以评价指导实践，在实践中开展评价，通过评价改进教学。

实践研究流程：课标—课题（主题）—素养的确立—评价设计—教学（素

材、程序、活动）设计—实施—评价—教学改进。

四、研究整体实施路线

以广东省高中化学名师工作室、东莞市高中化学名师工作室骨干教师为研究团队，整体规划开展研究，同时由核心成员和工作室学员及所在学校学科组骨干教师组成的研究小组承担子课题，从理论研究到实践研究，从案例研究到推广研究，引导本地区及至省内外高中化学教师，开展以核心素养导向的高中化学教学评价模式构建研究与实践。

本书重点展现以下五个模块的研究与实践成果。

（一）基于化学学科理解的教学

化学学科理解是指教师对化学学科知识及其思维方式和方法的一种本原性、结构化的认识，它不仅是对化学知识的理解，还包括对具有化学学科特质的思维方式和方法的理解。新课标明确提出要加强学科理解。高考评价体系确立“核心价值、学科素养、关键能力、必备知识”为考查内容，化学科考试内容改革参考高考评价体系框架，依据《普通高中化学课程标准（2017 年版 2020 年修订）》和高校人才选拔要求，科学构建“四层”考查内容。在学科教学中基于学科理解构建教学方法模式是落实课程标准、实施素养为本教学的必然选择。

主要实施路径是，通过创造性开发和使用教材，创设真实问题情境，创设化学史情境，重视科学探究，开展主题式、专题式、项目式教学，构建深度学习化学课堂，促进化学学科理解。

在进行单元主题式教学时，从教学单元中包含的化学问题出发，寻找合适的认识角度，将每个化学问题中的具体知识形成一定的逻辑结构关系；从研究化学问题的认识思路和认识方式出发，分析教学主题（或单元）中认识物质性质的变化方式、形成核心概念、探究化学问题的方法；分析教学主题（或单元）中所承载的核心素养要素，厘清知识结构、认识思想方法与核心素养要素的关系。①

教学设计中注重挖掘学生的认知线发展，凸显学习评价的及时反馈功能，帮助学生突破思维难点和认知障碍点。

教学设计中引导教师关注整体教学设计，加深教师对学科的理解，克服学

① 江合佩．化学学科核心素养与教学设计［M］．福州：福建教育出版社，2020：249，130.

生知识的碎片化问题，形成完整的知识结构，促进科学的思维方法和学科探究能力的构建。

研究中不断学习、提升自我的教育教学水平和理论素养。及时关注新高考政策的变化，研究素养化高考命题和高考复习的策略。精心设计教学过程，促进认知发展，加深化学学科理解。

（二）基于思维模型构建与应用的教学

“证据推理与模型认知”是化学核心素养的维度之一。化学中的“模型认知”可理解为“利用模型进行思维的一种方法”①。化学的发展过程从某种程度上可以说是一个不断建立模型、运用模型和修正模型的过程。吴克勇等认为，“模型认知”是人们利用模型认识事物或通过建模解决问题。② 2017 版新课程标准则对“证据推理与模型认知”具体要求为学生形成化学学科的思想方法，因此可将“模型认知”理解为运用模型思想认识事物和解决问题的思维方法。

模型有很多种，除了常见的分子结构模型、晶体结构模型等“实体类”模型，还包括解题方法模型、操作表述模型等“方法类”模型，在本研究成果中主要展示后一种，即化学问题解决的思维模型。将化学思维模型的建构切实应用到化学教学的实践中，以促进学生素养形成。具体研究内容为：

（1）通过对思维模型构建的理解，进行化学基本概念、化学基本理论、元素化合物、有机化学等模块新课、复习课和习题课的思维模型教学设计。

（2）对教学设计开展评价方案的构建，进行教学实践。

（3）在化学思维模型构建及评价模式的理论研究和实践研究结果分析的基础上，总结建构化学思维模型的思路、策略和过程。

研究成果主要涵盖了高中化学重要内容的模型构建教学策略、典型内容的教学设计案例、模型思维教学中实施教学评价的方式策略等。

（三）课程思政融入高中化学教学的实践研究

第十四个五年规划和党的十九届五中全会关于教育的方针政策，从宏观层面解答了为谁培养人、培养什么样的人等问题。我国教育已进入新发展阶段，构建高质量教育体系是我国教育的新使命，每一位教师应当积极贯彻新发展理念，构建新发展格局。教育的根本在于立德树人，要把立德树人内化到课堂教学的各个环节，开展课程思政，教师应承担起作为学生健康成长指导者和引路

---

① 杨玉琴，倪娟．证据推理与模型认知：内涵解析及实践策略［J］．化学教育（中英文），2019，40（23）：23-29.

② 吴克勇，蔡子华．模型认知释读［J］．中学化学教学参考，2017（17）：11-14.

人的责任，为党育人，为国育才，培养有理想信念、有道德情操、有真学问、有真本领的学生。

随着学科课程思政研究的广度和深度不断推进，高中化学教学中融入思政教育是可行的。把落实立德树人的核心价值作为课程思政研究的主旨，通过化学史、科学发展、传统文化等渠道挖掘思政因子，将其融入教学过程中。同时开展课程思政融入高中化学课程的课程评价，提高学科育人的价值。

在落实课程思政教学的课程资源建设时，素材不应局限于课本，视频、图片、文字、高考题、优秀课例、教学反思、学生反思等都是可利用的资源。同时教师知识结构、个人风格、素养等决定了课程资源的质量。在创设真实问题情境时，要多关注科技前沿、学生生活、社会热点等问题，将课程思政与问题情境相结合，体现学科价值引领，促进学生认知发展。

在备考方面，要以高考题为引领，结合课程标准认真研究真题的设计意图、呈现方式和设问角度，用好真题，讲好真题。同时要将新的育人理念融入其中，把握新高考动向，感悟国家教育导向。

教师需要"静气"，要用文化来涵养自我心性。要注重教育公平，善待学生，关爱学生，不给学生背不动的书包，而是给学生带得走的能力。著名教育家于漪曾说："教师一个肩膀挑着学生的现在，一个肩膀挑着国家的未来。"①对每一位教师而言，今日的教育质量就是明日的国民素质。教师的自我提升是教育质量提升的前提，希望我们能够在学识能力和个人素养上有所提升，做新时代的"四有"好老师，不负时代赋予的责任和使命。

（四）信息技术支持的高中化学学科融合教学实践研究

学科教学与信息技术深度融合是教育领域一场深刻的变革。信息技术与学科融合加快了新课程实施的步伐。信息技术工具可以提供丰富的学习资源和交互学习环境，帮助学生更好地进行探究式学习和实践活动。通过利用信息技术，学生可以参与模拟实验，观察分了模型，探索化学现象，从而加深对化学知识的理解。信息技术不仅扩大了课堂容量，而且更新了呈现形式，克服了传统教学手段难以深入微观世界等弊端，对发展学生化学学科核心素养有着独特的价值与功能。

信息技术与学科融合创新使基于学科核心素养的教学改革呈现出勃勃生机，微课、慕课、智慧课堂、翻转课堂、混合式学习、数字化实验、手持技术、人

① 颜维琦，曹继军．于漪：站上讲台，就是生命在歌唱［J］．人民周刊，2022（17）：26-27.

工智能等以信息技术为支撑的教育行为在化学课堂上大放异彩。

本书主要从两方面开展信息技术支持的高中化学学科融合教学实践研究。一是基于“互联网+”信息技术的高中化学学科融合教学，主要体现在通过教育网站和平台、学术搜索引擎、在线图书馆、教育应用、社交媒体和专业社区等，获取情境化素材，创造真实的探索情境，开展素养为本的化学教学。二是基于化学特色信息技术的高中化学学科融合教学，主要通过智能手机、NOBOOK 虚拟实验室及 AI 赋能：手持技术数字化实验与高中化学教学整合；智能手机传感器数字化实验；NOBOOK 虚拟实验室优化探究式教学；AI 技术赋能学科融合等教学与技术融合创新。

（五）项目式学习建构与应用

项目式学习是一种以建构主义学习理论、认知学习理论为理论基础，通过驱动性问题组织和引导学生在面对复杂、真实问题时，站在已有学科认知角度解决问题的教学活动。

项目式教学法是在教师的指导下，将一个相对独立的项目交由学生自己处理，信息的收集、方案的设计、项目实施及最终评价，都由学生自己负责。项目式教学法强调的是学生学习、体验和习得技能的过程，它以一个问题和挑战作为开始，结束于对一个项目成果的展示和回顾，而项目的最终成果就是学生所展示的他们对内容和技能的理解和掌握情况。项目式学习是培养学科素养、发展高阶思维、促进深度学习的良好载体。

项目式教学需注重真实情境中的问题解决。通过凝练和总结，将项目式教学的知识选材进行分类，可从生活性、社会性科学议题着手，不单单是唯教材，更应重生活、重应用。开展项目式教学的一般思路为：项目目标的确定—素材选取和使用—项目拆解驱动性问题—学生活动设计—项目评价的设计。

项目式学习的落点在于素质发展目标的落地，其关键在于教师引导下的项目拆解与核心环节的展开。研究团队成员以化学学科项目式教学案例《自然资源的开发利用模型建构——以“海带提碘项目式学习”为例》《融合信息化的学生高阶思维培养项目式学习——以“苯酚”为例》《“离子交换膜”的发展与应用项目式学习》《糖类的项目式学习——以“糖葱薄饼”成分探析为例》为切入点，呈现了项目式教学落地的方式方法。同时对某些难度较大的驱动性问题，利用导学案以碎片化的形式呈现给学生，既能节省课堂时间，又不至于破坏课堂上项目式教学的完整性，如此方式能够使项目式学习更容易落地和生根发芽。

项目式教学开展非常有挑战性，我们必须为之努力。在本书五个研究模块的案例研究中，都结合了项目式教学的模式。在不同特点的教学案例中，通过项目化案例载体，设计层层相依、环环相扣的教学总体方案，有序地落实了学科的系统性和教学的方向性，强化了知识内容的关联与结构化。

黄晗晖

2024 年 7 月于广东省东莞市万江中学

模块一　基于化学学科理解的教学

一、化学学科理解的内涵

《普通高中化学课程标准（2017年版2020年修订）》（以下简称《课程标准》）指出，化学学科核心素养是学生终身学习和发展的重要基础，化学课程应以发展学生的化学学科核心素养为主旨；教师在教学中应合理组织化学教学内容，使教学内容的知识关联、认识思路和核心观念结构化；实施“教、学、评”一体化，有效开展化学日常学习评价；增进化学学科理解，提升课堂教学能力。

开展基于学生化学学科核心素养发展的课堂教学，对化学教师的专业素养提出了更高的要求，要求教师进一步增进化学学科理解。化学学科理解是教师对化学学科知识及其思维方式和方法的一种本原性、结构化的认识，它不仅是对化学知识的理解，还包括对具有化学学科特质的思维方式和方法的理解。东北师范大学郑长龙教授认为，本原性，要求教师应多从学生认知情况、本学科与跨学科的视角进行设计思考；结构化则需要厘清大概念、核心概念与基本概念的关系。同时，结构化是实现知识向素养转化的有效途径，结构化水平直接决定着素养发展水平。对于化学学科理解的内涵，可以从“理解什么”和“如何理解”来进行认识。

“理解什么”，即化学学科理解的对象，其首先是对化学学科知识的理解，化学学科知识是化学物质的知识，是在分子与原子层面对化学物质的成分与结构进行表征、对化学物质的性质与变化进行描述、解释与应用的知识。表征、描述、解释与应用是对化学知识功能的反映。例如，元素的概念是指“具有相同核电荷数的一类原子的统称”，这种认识只是化学知识，尚未具有学科功能。当认识“元素是对宏观物质组成成分的一种表征”时，元素的概念就具备了学科功能，就可以形成认识化学物质成分的元素视角。当此类认识视角建立后，便可迁移到任何的陌生物质，并基于元素认识其组成成分。化学学科理解的对象，还包括化学学科的思维方式和方法，此处的思维方式和方法并非指一般意义上的思维方式和方法，如归纳演绎法等，而是指具有化学学科特质的思维方式和方法。例如，化学反应中的能量变化。能量是科学领域的大概念，在物理学、化学、生物学中都有涉及，因而应形成认识能量变化的物理学视角、化学视角和生物学视角。在必修阶段，应引导学生建立认识能量变化化学视角，即基于化学能变化分析和解释化学反应中的能量变化，此便是具有化学学科特质的思维方式和方法。

“如何理解”，实质上就是化学学科理解的方式问题，其主要包含本原性方式和结构化方式。本原性方式，也就是刨根问底，要求教师对知识的本原进行思考，提出学科的本原性问题。例如，离子的概念，NaCl 水溶液为何能导电？常规的认识就是“NaCl 在水溶液中电离，产生了自由移动的水合离子”，这就是知识，并非对知识的本原性思考。NaCl 水溶液是将 NaCl 固体加入纯水中所得的体系，NaCl 固体不导电，纯水几乎不导电，两者的混合物为何却能导电？这就说明混合后的体系中产生了新的“物质”，而且该“物质”很可能带电荷、能移动，法拉第（Michael Faraday）将这种“物质”定义为“离子”（ion），如此理解的“离子”便不再是死知识，而是一个基于学科本原性思考后的、具有学科思想的活知识。因而，运用本原性方式，可加深教师对化学学科知识及其思维方式和方法的深层次认识，从而引发学生的深度学习，发展学生的化学学科核心素养。结构化方式，要求教师基于化学知识的学科功能，将化学知识关联起来，形成有机的整体。例如，化学键与化合价，不少教师能理解其内涵，却难以理解其关联，如物质 AB，A 原子与 B 原子间以何种方式发生相互作用，本质上就是化学键问题，1 个 A 原子与多少个 B 原子以此种方式发生相互作用，本质上就是化合价问题。化学键与化合价的学科功能，其实就是在表征元素的原子的化学亲和力，化学键是对原子化学亲和力的定性表征，化合价则是定量表征。因而，运用结构化方式，可使教师形成对化学学科知识及其思维方式和方法的系统性认识，从而引发学生的迁移应用，解决真实问题，发展学生的化学学科核心素养。

二、本原性问题的凝练及结构化认识视角与思路的构建

（一）本原性问题的凝练

学科的本原性问题，是指导学科主题或学科知识产生的最原始的问题，即学科主题或学科知识是在解决原始问题的背景下产生的。例如，道尔顿（John

Dalton）的原子理论是为了解释“到底构成物质的最小微粒是什么”的本原性问题而产生的。在此之前，波义耳（Robert Boyle）已提出了元素概念，即元素是用化学方法不能再分的物质。那么波义耳的元素概念与道尔顿的原子概念，从学科功能视角来看，到底有何不同？虽然元素与原子都是表征物质的成分，但前者在宏观物质层面表征，后者在微观粒子层面表征，因此，道尔顿原子理论的学科功能，是提出了物质的微观成分问题，而物质的微观成分问题则属于化学学科的本原性问题。

（二）结构化认识视角与思路的构建

化学学科理解，不仅要抽提学科的本原性问题，而且要从本原上回答如何认识的问题，即认识视角与认识思路的问题，也即学科主题所蕴含的具有化学学科特质的思维方式和方法问题。

化学认识视角，是指对物质及其变化的特征及规律进行认识的侧面、角度或切入点。例如，道尔顿的原子理论所蕴含的认识视角是基于原子认识物质的成分，阿伏加德罗（Amedeo Avogadro）的分子理论是基于分子认识物质的成分，两者都是基于微观粒子视角认识物质的成分。如此一来，认识物质的成分便有了宏观的元素视角，以及微观的原子、分子视角。认识视角具有广泛的迁移价值，因此，核心素养取向的教学设计，应高度重视认识视角的抽提，使其显性化。

化学认识思路，是指对物质及其变化的特征及规律进行认识的程序、路径或框架。例如，盐溶液酸碱性的原因分析，首先，应分析溶液中存在的粒子；其次，分析其可能存在的相互作用与平衡关系，分析水的电离平衡移动，溶液中氢离子的浓度变化；最后，分析氢离子与氢氧根离子浓度的相对大小。

三、促进学科理解的教学实践路径

作为核心素养的重要组成部分，学科核心素养倡导学科教学要超越对知识与技能的简单传授，关注知识的起源、发展、价值和意义以及学科的内在本质和规律，引导学生从学科的视角理解世界和分析问题，形成学科意识和思维习惯。

（一）抽提认识视角与认识思路，建构化学学科思维方式

化学认识视角解决了“从哪里想”的问题，化学认识思路解决了“怎么想”的问题。化学认识视角一旦形成，便能启发和指导学生化学思维的方向，帮助学生寻找陌生情境下复杂化学问题的突破口；化学认识思路一旦形成，便能启发和指导学生化学思维的路径，帮助学生形成解决陌生情境下复杂化学问

题的分析框架。化学认识视角与认识思路，超越了一般的化学知识，故具有一般的方法论意义，对核心素养取向的教学具有极为重要的价值。抽提认识视角与认识思路，实质上就是建构化学学科思维方式。

（二）基于真实情境的教学与评价

新课标提出实施素养为本的教学，倡导真实问题情境的创设。真实情境能帮助学生建立正确的化学观念；多角度展示人类对微观结构的认识过程，促进学生对科学本质的理解；培养学生实事求是、严谨细致的科学态度、批判精神和创新意识等。

真实情境的创设，更多的是要基于情境，因为教学情境贯穿整个教学，也有专家把它叫作“一境到底”。贯穿教学始终就会基于情境来派生任务，为了任务的完成，中间要解决问题，整个情境是一个穿链子的过程，它不像过去是一个戴帽子的过程，所以对情境的要求，是比原来更高。为什么叫作创设？创设的含义更多的就是要把它整个贯穿在教学的始终。

创设真实且富有价值的问题情境。高考命题特征：无价值，不入题；无情境，不成题。

创设化学史情境，重演知识发生发展的过程。化学史记载了化学科学的基本形成与发展，其中所蕴含的科学思想、科学精神、科学方法是对高中生进行“素养为本”教育的重要资源。将化学史教育融入化学课堂教学中，使学生沿着化学历史的发展脉络构建相应的知识体系，促进对科学本质的认识，形成用严谨的逻辑思维解决化学问题的科学素养。

（三）教学材料呈现方式优化与评价

基于学科理解的教学，强调应用符合学科特质的教学方法模式，培养学生以本学科的认识角度和认识思路去学习理解新知。这是符合认知学习理论的，因此提出基于“认知负荷理论”，采用不同的课堂模式、不同的学生活动可以减少学生的认知负荷，提升学生的学习效果。针对学生产生认知负荷的原因采用相应的教学策略，形成较为稳定的教学活动结构框架和活动程序，构建相应的课堂评价模式，促进学生的学科理解。

（四）激发高阶思维的教学构建与评价

哈佛大学心理学教授戴维（David Perkins）也曾明确指出，日常思维，就像日常行走一样，是我们都具备的自然行为表现。但是良好的思维能力，就像是100码冲刺，是一个技术或技巧上的训练结果……短跑运动员需要教练教给他们冲刺100码的技巧；同样，良好的思维也需要经过相应良好的教学实践和练习才能获得。①

四、基于化学学科理解的教学案例

案例1：促进学科理解的高中化学实践探索——以“铁盐与亚铁盐”为例。

案例2：基于化学键的“有机物分子结构与性质”探析。

案例3：促进化学学科理解的“多重平衡”教学实践。

案例4：基于化学学科理解的教学实践——以“离子反应”为例。

案例5：素养为本的高中化学教学实践——以“金属的腐蚀与防护”为例。

案例6：基于化学史情境的项目式教学与评价——“破译元素周期表的密码”。

案例7：基于认知负荷理论的高三化学复习课“水解常数”教学探索。

案例8：促进学科理解的主题单元教学实践研究——以“离子反应与氧化还原反应”为例。

① 陈利斌．为思维而教［M］．上海：文汇出版社，2022：430.

案例1

促进学科理解的高中化学实践探索
——以“铁盐与亚铁盐”为例

一、教学背景分析

“宏观辨识与微观探析”和“证据推理与模型认知”是化学学科核心素养的两个重要方面。“铁盐与亚铁盐”包含“铁三角相互转换”及“Fe^{2+}、Fe^{3+}的检验方法”两个内容，具有发展学生上述两大化学学科核心素养的价值。本课例以深度教学理论为指导，基于化学学科理解构建教学与评价设计，发展学生的“宏观辨识与微观探析”和“证据推理与模型认知”等化学学科素养。

（一）教材对比分析

“铁盐与亚铁盐”在人教版必修1和鲁科版必修1中均位于“物质分类”“氧化还原反应”“离子反应”之后，由此可见，两个版本的教材在编写上有着相同之处，都旨在通过铁盐与亚铁盐这个典型例子的学习，进一步拓展和巩固学生对氧化还原理论和离子反应知识的理解和掌握，并促进学生对“化学物质及其性质具有多样性”的学科理解。

（二）课程标准分析

表1-1　“铁盐与亚铁盐”课程标准与学业要求

学习主题	内容标准	学业要求
“铁盐与亚铁盐”	结合真实情境中的应用实例或通过实验探究，了解铁及重要化合物的主要性质，了解这些物质在生产、生活中的应用	1. 能依据物质类别和元素价态列举某种元素的典型代表物。 2. 能列举、描述、辨识典型物质的重要化学性质及实验现象，并用方程式正确表示。 3. 能从元素价态的角度，预测物质的化学性质与变化，设计实验进行初步验证，并能分析、解释有关实验现象

（三）学情分析

本课例针对农村地区的高中学生群体。学生在前面两章已经学习了氧化还原理论、离子反应以及“钠和氯”知识，具备了一定的逻辑思维分析和化学实验探究的能力，但对理论知识的掌握尚显浅薄，特别是氧化还原理论，部分学生表现出了一定程度的困惑和迷惘。因此，本课例采取针对性的教学方法，帮助学生澄清概念，巩固理解。同时，通过创设与“贫血与补铁剂”有关的情境，联系日常生活，有效激发学生的学习兴趣，以期提高课堂教学成效。

二、教学与评价目标

第一，通过实验探究学会 Fe^{2+}、Fe^{3+} 的检验方法，提升学生实验探究能力，发展学生证据推理的核心素养。

第二，依据氧化还原反应理论，通过实验探究，掌握 Fe、Fe^{2+}、Fe^{3+} 三者相互转化的途径，建立转化思维模型。

第三，通过“过期补铁剂如何处理”探究活动，感受化学在社会生产和生活中的作用，培养科学态度和社会责任感。

三、教学重难点

（一）教学重点

1. 通过实验探究认识 Fe^{2+} 和 Fe^{3+} 的检测。

2. 通过实验探究及推理掌握 Fe、Fe^{2+}、Fe^{3+} 三者间的相互转化关系。

（二）教学难点

铁三角的相互转化。

四、教学方法与思路

1. 教学方法：情境教学法、问题解决法、实验教学法等。

2. 教学思路：化学学科理解是指教师对化学学科知识及其思维方式和方法的一种本原性、结构化的认识。本原性问题、认识思路与视角和概念层级是化学学科理解的三要素，本原性问题阐释了“解决什么问题”，认识思路与视角阐释了“如何解决问题”，概念层级则是主题大概念统领下的具体呈现方式。“铁盐与亚铁盐”课例中，所涉及的复分解型离子反应的本质是离子间通过静电作用相互结合，氧化还原反应的实质是电子转移，两者的共同本质都是微粒间的相互作用。此外，“铁盐与亚铁盐”还涉及“化学物质及其性质的多样性”的学科理解。本课例通过深入挖掘与“贫血与补铁剂”话题相关的化学学科背景知识，创设多个与其有关的情境，并在这些情境中创设层层递进的问题，引导学生从中探究、深入思考，实现课堂的深度教学。本课例的教学方法思路如图

1-1 所示。

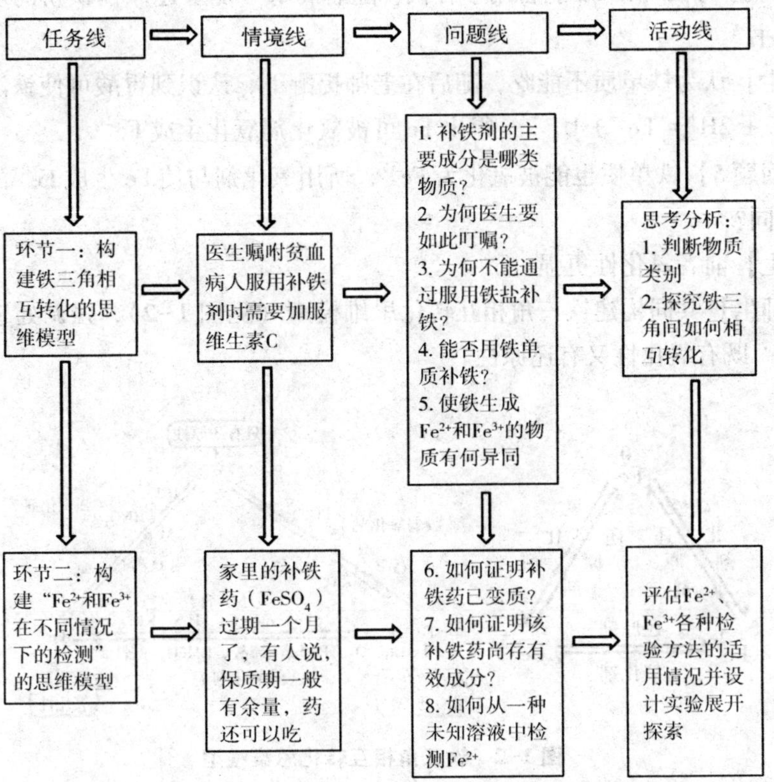

图 1-1 “铁盐与亚铁盐”教学思路

五、教学过程

【创设情境 1】生活中人们的贫血问题、展示缺铁性贫血治疗药物；医生嘱咐贫血病人服用补铁剂时需要加服维生素 C。

【问题 1】补铁剂的主要成分，从物质的组成对其进行分类，该物质属于哪类物质？

【生】亚铁盐？铁盐？

【问题 2】为何医生如此嘱咐？展示维生素 C 是还原剂的资料卡片。

【生】维生素 C 消耗掉 O_2，防止亚铁盐被 O_2 氧化，得出“Fe^{2+} 可被 O_2 氧化生成 Fe^{3+}”的结论。进一步总结出，Fe^{2+} 可被强氧化剂氧化生成 Fe^{3+}。

【问题 3】为什么不能用铁盐作为补铁剂？

【师】科普：人类血液里进化出来的血红蛋白的结构只能跟 Fe^{2+} 结合，不能

跟 Fe^{3+} 结合。

【问题 4】那铁单质能否用于补铁？随后展示“加了还原性铁粉的麦片的包装说明书”。

【生】认为铁单质不能吃，随后在老师提醒下，认识到胃酸可使铁溶解，复习了 $Fe + 2H^+ = Fe^{2+} + H_2\uparrow$，得出 Fe 可被氧化剂氧化生成 Fe^{2+}。

【问题 5】铁单质也能被氧化为 Fe^{3+}，所用氧化剂与使 Fe 生成 Fe^{2+} 的氧化剂有何不同？

【生】前者氧化性更强。

【师生】共同构建铁三角相互转化思维模型（见图 1-2），强调处于中间价态的 Fe^{2+} 既有氧化性又有还原性。

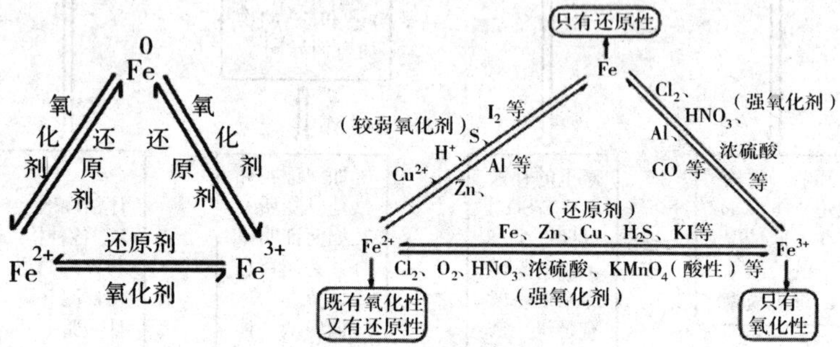

图 1-2 铁三角相互转化思维模型

【创设情境 2】家里的补铁剂（$FeSO_4$）过期一个月了，有人说，保质期一般有余量，过保质期不久的药还可以吃。

【问题 6】如何证明该补铁剂是否已变质？

【生】补铁剂变质，是指 Fe^{2+} 被 O_2 氧化生成 Fe^{3+}，所以只需要检测药物中是否含 Fe^{3+}。通过评估学过的检验 Fe^{3+} 的方法：溶液中 Fe^{3+} 呈棕黄色或加 NaOH 生成 $Fe(OH)_3$ 红褐色沉淀，得出在该具体情况下（存在 Fe^{2+} 及其他药物成分），这些方法不适用。

【师】讲授：含有 Fe^{3+} 的盐溶液遇到 KSCN 溶液时变成红色，该反应是检验 Fe^{3+} 的特征反应。

利用该方法，我们也可以间接用来检测溶液中是否含 Fe^{2+}，该如何操作呢？（提示：我们刚归纳的铁三角相互转化模型。）

【生】加强氧化剂，把 Fe^{2+} 氧化成 Fe^{3+}，然后再用 KSCN 溶液检测。

【师】根据同学们的思路，现在检测这支试管里的溶液是否含 Fe^{2+}，我先加强氧化性氯水，再加 2 滴 KSCN 溶液，溶液变红了，能说明溶液中原来含有 Fe^{2+} 吗？

$$2Fe^{2+} + Cl_2 = 2Fe^{3+} + 2Cl^-$$

【生】不能，若溶液本来含有 Fe^{3+}，如此操作，溶液也会变成红色。

【师】所以应该如何操作呢？

【生】先排除 Fe^{3+} 的干扰，可先加 KSCN 溶液，若不变红，再加强氧化剂氯水，若变红，则证明原溶液含有 Fe^{2+}，反之不含 Fe^{2+}。

【问题 7】如何证明该补铁药尚存有效成分？（若仍含有效成分，可用于浇花，为花补铁）

【生】若该药已变质含 Fe^{3+}，则不能用刚刚学到的“间接使用 KSCN 溶液”方法来检验。

【师】提示：刚刚学过的铁三角相互转化思维模型，根据 Fe^{2+} 有而 Fe^{3+} 无的化学性质来寻找检验方法。

【生】Fe^{2+} 有还原性，而 Fe^{3+} 无还原性，因此可加反应前后有明显现象变化的强氧化剂，如酸性 $KMnO_4$ 溶液。若仍含有 Fe^{2+}，可使酸性 $KMnO_4$ 溶液褪色，反之，不含 Fe^{2+}。

【问题 8】如何从一种未知溶液中检测 Fe^{2+}？

【师】注意，未知溶液，说明不能排除有其他物质存在。

【生】不能排除 Fe^{3+} 和其他还原性离子存在，因此，上述两种方法都不适用。

【师】讲授：检验 Fe^{2+} 的特征反应：试样+铁氰化钾→蓝色沉淀。

【师生】共同构建“Fe^{3+}、Fe^{2+} 在不同情况的检测”的思维模型。

（1）Fe^{3+} 的检测：试样+KSCN 溶液显红色。

（2）Fe^{2+} 的检测：

①试样+KSCN 溶液无明显现象，再加氯水，显红色。

②试样+酸性 $KMnO_4$ 溶液，酸性 $KMnO_4$ 溶液褪色（试样不含其他还原性物质）。

③试样+铁氰化钾溶液，产生蓝色沉淀。

六、教学反思与评价

本课例旨在结合真实情境中的应用实例和通过实验探究，让学生掌握 Fe^{2+}、Fe^{3+} 的检验方法，发展学生证据推理的核心素养，以及构建 Fe、Fe^{2+}、Fe^{3+} 三者关系的转化思维模型，并了解其在生产、生活中的应用。本课例突出体现了如下几点：

第一，通过一系列问题线索，层层深入，驱动学生思考，并通过实验探究验证。

第二，知识引导由浅入深，讲解注重循序渐进；着眼于学生的最近发展区，为学生提供带有难度的内容，发挥学生的潜能。

第三，在知识建构过程中，基于农村高中学生的实际水平，没有完全放手让学生独立建构，而是采用师生合作的形式，教师作为外部资源，主导学习过程，分阶段帮助学生去建构，达到预先设计的教学目标，遵循一种螺旋上升的培养理念，阶段性提升学生能力。

（吴晓达　广东省揭阳市揭西县钱坑中学）

案例2

基于化学键的“有机物分子结构与性质”探析

一、教学背景分析

（一）教材分析

有机化学是一门基于微粒组成与微粒间相互作用，即微观视角与化学键视角，研究有机物的组成、结构、性质、转化和应用的科学。在大单元的编排设计上，人教版选修3和鲁科版选修3都非常注重学科的社会价值以及认识视角的建构，但在呈现方式上略有差异。人教版选修3在内容编排上，将有机化学的发展史以及区别于无机化学的认识视角专门放在了教材的“引言”栏目，再以“基于碳骨架、官能团了解有机物的分类→基于共价键的类型与极性认识有机物的特殊性质与官能团的分类依据→基于有机物价键多样性认识有机物分子结构的多样性”为线，注重思维建构，将本质层面的化学键影响化整为零，螺旋渗透。鲁科版选修3则以“有机化学的发展历程→基于官能团认识有机物的分类与命名→基于化学键认识有机物的分子结构与性质”为线，注重价值引领，从宏观到微观渐入本质。

综上分析，本研究的课题确定为“基于化学键的‘有机物分子结构与性质’探析”。

（二）课程标准分析

《课程标准》指出，教师应开展素养为本的课堂教学，增进学科理解，重视以学科大概念为核心，使课程内容情境化、结构化。本部分隶属《课程标准》中选择性必修课程模块3的主题1.3——有机化合物中的化学键。在内容要求上，学生需认识有机物的分子结构决定于原子间的连接顺序与成键方式；认识官能团的种类并从官能团的视角认识有机物的分类；认识有机物分子中共价键的类型、极性及其与有机反应的关系；从化学键的角度认识官能团与有机物之间的转化。

基于《课程标准》的要求，本部分内容以必修模块中C_2H_4、C_2H_6与CH_3CH_2OH的典型化学性质为情境线，探析有机物分子中共价键的类型、极性对其分子结构与性质的影响，培养学生“基于化学键视角认识有机物的结构与性质”的高阶思维能力，发展学生的宏观辨识与微观探析、证据推理与模型认知等学科核心素养。

（三）学情分析

1. 学生已有基础

在必备知识上，学生通过必修第二册模块的学习，对于 C_2H_4、C_2H_6 以及 CH_3CH_2OH 等典型有机物的分子结构与性质已较为熟悉，通过“物质结构与性质”模块的学习，也认识了共价键的类型、键的极性与共价键稳定性的关系；在思维方法上，学生通过必修第二册模块的学习，也已经初步建立起“基于碳原子的价键多样性与有机物的空间多样性认识有机物分子结构”“基于碳骨架、官能团认识有机物分类与转化”的认识视角。

2. 学生认知关键点

化学是一门研究物质的微粒组成及其相互作用的科学，化学反应的实质是化学键的变化。有机物的分子结构受共价键的类型及键角影响，其性质受共价键的键能大小影响，基于共价键的类型与极性，认识共价键的稳定性及其对有机物的分子结构与性质的影响，是本部分内容中学生的认知关键点。

3. 学生认知障碍点

通过前面的学习，学生虽已认识化学键是一种微粒间的作用力，并建构起基于碳骨架、官能团认识有机物的分类与转化的认识视角，但仍属于单点结构认知阶段。学生尚未能基于化学键，理解有机物的结构、性质与转化，只会死记硬背常见有机物转化时的断键部位，如根据 CH_4 光照氯代可得 CH_3Cl，直接认为 C_2H_4 也能氯代得 $CH_2{=\!=}CHCl$；C_6H_5OH 具有弱酸性，就直接认为 CH_3CH_2OH 也具有酸性等。

4. 学生认知发展点

相比于无机反应，有机化学反应受反应条件的限制更大，且相同条件下的副反应更多，产物类型更复杂，但有机物的一切性质，均取决于其分子结构。因此，本部分内容在设计过程中，应指向化学反应的本质，将认知发展点放在共价键的类型、极性与相互作用对有机物分子结构与性质的影响层面，使学生对有机反应规律的认识上升至化学键层面，提高学生在有机合成中构建碳骨架与官能团的能力。

二、教学目标

第一，通过 C_2H_4 与 C_2H_6 的共价键类型探析，理解共价键类型与有机物分子结构和性质的关系。

第二，通过常见有机物的分类及性质探析，认识共价键间的相互作用对有机物分子性质的影响。

第三，通过 CH_3CH_2OH 的反应位点探析，发展学生对共价键极性影响有机物性质的认识水平。

三、教学重难点

（一）教学重点

共价键类型与有机物分子结构和性质的关系。

（二）教学难点

共价键间的相互作用对有机物分子性质的影响。

四、教学方法与思路

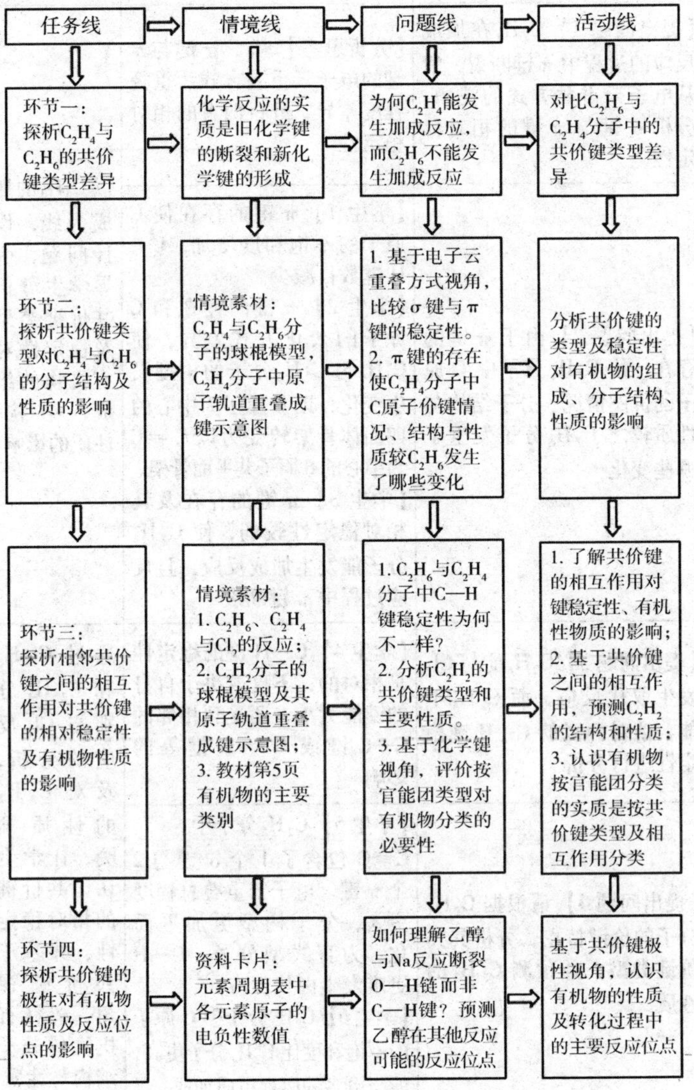

图 1-3　“有机物分子结构与性质”教学思路

五、教学过程

表 1–2 “有机物分子结构与性质”教学思路

环节	活动内容		活动功能（设计意图）	
	教师	学生	教、学功能	评价功能
环节一：探析 C_2H_4 与 C_2H_6 的共价键类型差异	【创设情境】化学反应的实质是化学键的变化，C_2H_4 能发生加成反应，而 C_2H_6 不能发生加成反应，请从化学键类型视角进行分析	【分析思考】对比 C_2H_6 与 C_2H_4 分子中的共价键类型差异	引导学生将认识视角从宏观性质层面深入微观作用力层面	诊断学生对共价键类型的认识水平
环节二：探析共价键类型对 C_2H_4 与 C_2H_6 的分子结构及性质的影响	【提出问题 1】C_2H_4 在加成反应的过程中 π 键断裂，请从电子云重叠方式的视角，分析 σ 键与 π 键的相对稳定性	【分析思考】基于 σ 键与 π 键的电子云重叠方式、重叠程度差异，分析两者的相对稳定性	以 C_2H_4 的加成为线，设计问题，引导学生分析共价键类型及稳定性对有机物的组成、结构、性质的影响	诊断并发展学生对共价键影响有机物分子组成、结构、性质的结构化认识水平
	【提出问题 2】由于 π 键的存在，使 C_2H_4 分子中 C 原子的价键情况、分子结构与性质较之 C_2H_6 分子发生了哪些变化	【学生 1】π 键的存在使 C 原子的不饱和度增加，C—H 键数目减少。 【学生 2】π 键的存在和 C 原子的杂化方式差异，使 C_2H_6 与 C_2H_4 分子的构型发生变化，以 C 原子为中心的四面体骨架转变为以 $C=C$ 为中心的 6 原子共平面骨架。 【学生 3】π 键的存在及其相对稳定性较弱，使 C_2H_4 分子能发生加成反应，且反应过程中 π 键断裂		
环节三：探析相邻共价键之间的相互作用对共价键的相对稳定性及有机物性质的影响	【提出问题 3】C_2H_6 能与 Cl_2 发生取代反应，而 C_2H_4 不能，请对两者的 C—H 键稳定性进行分析	【学生 4】C—H 键的稳定性是相对的，不仅取决于自身的键能大小，还受到相邻的 C—C 键或 $C=C$ 键等的影响	通过 C_2H_6 和 C_2H_4 分别与 Cl_2 反应的分析，及对 C_2H_2 的性质预测，让学生认识共价键的相对稳定性，并基于共价键视角，解释有机物的分子结构与性质	诊断并发展学生对化学键影响有机物分子结构、性质的认识水平，以及利用所学知识解释真实问题的高阶思维能力水平
	【提出问题 4】请根据 C_2H_2 分子的价键特点，分析其共价键类型，并预测 C_2H_2 的性质	【学生 5】C_2H_2 分子中，$C\equiv C$ 包含了 1 个 σ 键与 2 个 π 键，电子云重叠总程度更大，分子构型更加平面化，为直线型分子，C—H 更难发生卤代反应。 【学生 6】C_2H_2 分子中 C 原子的不饱和度比 C_2H_4 分子更高，能与更多的卤素单质加成		

续表

环节	活动内容		活动功能（设计意图）	
	教师	学生	教、学功能	评价功能
	【提出问题5】按照官能团类型，可把有机物分为醛、酮、羧酸、酯等。请从化学键视角对该分类方法进行评价	【分析思考】不同原子或原子团与C═O键中C原子成键后，对C═O的稳定性，以及有机物的结构、性质的影响，从而按官能团类型对有机物进行分析	引导学生基于化学键类型与作用视角看官能团，基于官能团分类视角看有机物的分类与性质	发展学生基于化学键对官能团、有机物进行分类的认识水平
环节四：探析共价键的极性对有机物性质及反应位点的影响	【资料卡片】元素周期表中各元素原子的电负性数值。 【提出问题6】乙醇能与金属Na反应产生H_2，如何理解该过程中断裂的是O—H键，而不是C—H键	【分析思考】根据各元素原子的电负性数值，比较CH_3CH_2OH分子中，各化学键的极性大小。 【学生7】O—H键的极性大于C—H键的极性，更容易断裂	以乙醇与金属Na反应为线，引导学生基于共价键极性视角，认识有机物的性质，及其在转化过程中的主要反应位点	发展学生对共价键稳定性，以及基于共价键视角认识有机物性质与转化的结构化认识水平
	【提出问题7】请根据各元素原子的电负性数值，预测CH_3CH_2OH在其他反应中可能的反应位点	【学生8】C—O键的极性也比较大，在其他的化学反应中，CH_3CH_2OH分子中的C—O键也可能是反应位点		

六、教学反思与评价

（一）立足学科理解，引发深度学习

化学学科理解是教师对化学学科知识及其思维方式和方法的一种本原性、结构化的认识。

基于学科理解，教师应多从学生的已有认知情况与认知发展情况进行教学设计。在必修阶段，学生已认识碳原子的成键方式多样性，故在选择性必修阶段的教学设计上，应将认识视角提升至有机物分子中共价键的类型、相互作用与极性层面，探析化学键对有机物组成、结构、性质与转化的影响，学生在探析问题情境的过程中，深度学习则自然发生。

（二）以学科大概念为核心，促进思维发展

化学键是相邻原子间的一种作用力，它的稳定性决定了有机物分子的组成、结构、性质和转化。本部分内容在设计上，坚持以大概念“价键决定结构，结

构决定性质”为核心，确立主题为“基于化学键的‘有机物分子结构与性质，探析”，围绕共价键的稳定性，将大概念拆解为“共价键的类型”“共价键的相互作用”“共价键的极性”三个核心概念，进行教学环节的设计与实施。在教学活动中，设计表现性评价任务——分析 C_2H_2 的价键类型和特点，预测其性质，学生能够自主类比 C_2H_4 的价键情况、结构和性质来进行分析，可见其高阶思维能力也能得以发展。

（三）重视教学评一体，让学科素养真正落地

教学活动应以学生为主体，发展学生的学科核心素养。本部分内容所承载的功能价值，就是发展学生的宏观辨识与微观探析、证据推理与模型认知素养，检验学科素养是否真正落地，则需围绕学科大概念下的教学主题，创设指向素养要求且具有可评价性的问题情境，具体如表 1-3 所示。

表 1-3　“有机物分子结构与性质”教学评价

<table>
<tr><th>大概念</th><th>核心概念</th><th>主题</th><th>问题</th><th>素养</th></tr>
<tr><td rowspan="7">价键决定结构，结构决定性质</td><td rowspan="2">共价键的类型</td><td rowspan="7">基于化学键的有机物分子结构与性质探析</td><td>1. 从电子云重叠方式的视角，分析 σ 键与 π 键的相对稳定性</td><td>宏观辨识与微观探析</td></tr>
<tr><td>2. π 键的存在，使 C_2H_4 分子中 C 原子的价键情况、分子结构与性质较之 C_2H_6 分子发生了哪些变化</td><td>宏观辨识与微观探析</td></tr>
<tr><td rowspan="3">共价键的相互作用</td><td>3. C_2H_6 能与 Cl_2 发生取代反应，而 C_2H_4 不能，请对两者的 C—H 键稳定性进行分析</td><td>证据推理与模型认知</td></tr>
<tr><td>4. 根据 C_2H_2 分子的价键特点，分析其共价键类型，并预测 C_2H_2 的性质</td><td>宏观辨识与微观探析，证据推理与模型认知</td></tr>
<tr><td>5. 按照官能团类型，可把有机物分为醛、酮、羧酸、酯等。请从化学键视角对该分类方法进行评价</td><td>证据推理与模型认知</td></tr>
<tr><td rowspan="2">共价键的极性</td><td>6. 如何理解乙醇与金属 Na 反应的过程中，断裂了 O—H 键，而不是 C—H 键</td><td>证据推理与模型认知</td></tr>
<tr><td>7. 请根据各元素原子的电负性数值，预测乙醇在其他反应中可能的反应位点</td><td>宏观辨识与微观探析，证据推理与模型认知</td></tr>
</table>

从学生的表现上来看，对于问题1、问题2，学生基本上都能准确回答；对于问题4，也能说出C_2H_2分子所含的共价键类型和加成反应性质，由此可见，学生的宏观辨识与微观探析素养的培养效果较好。对于问题6、问题7，也能根据各元素原子的电负性数值准确回答；但对于问题3、问题5，则只能理解教师的解释，未能自主分析成因。对于问题4，也只有部分学生能根据π键的影响，准确预测C_2H_2分子的构型。由此可见，学生的证据推理与模型认知素养仍有待提高，日常教学应更加注重培养学生的分析能力，注重思维模型的建构。

（叶秋耀　广东省东莞实验中学）

案例3

促进化学学科理解的“多重平衡”教学实践

一、教学背景分析

（一）教材分析

“化学平衡”在人教版必修1和鲁科版必修1中均占据了重要的篇幅，两者都通过化学反应的速率与限度主题的学习对化学平衡建立了认识视角与思路后，再通过水溶液中的行为进行应用实践与扩展迁移。此外，人教版注重与旧教材的衔接，从正、逆反应速率对比的视角进行过渡；鲁科版则从“反应方向→限度→快慢”视角进行教学，更注重于学科理解的认识思路与结构化认识思路的建构。

（二）课程标准分析

《课程标准》指出，教师在教学过程中应增进学科理解，重视以学科大概念为核心，让学生在真实情境中解释或解决实际问题，培养学生的化学学科核心素养。化学平衡不仅是高中化学教学的重、难点，更是培养学生的学科思维与学科核心素养的重要平台，《课程标准》在学业质量水平栏目中对学生的能力水平要求包括：能认识化学反应的多样性及复杂性；能根据化学平衡原理，说明物质转化的本质和规律；能从多角度对物质及其变化进行分析。

2019年12月，教育部考试中心正式发布了以“一核四层四翼”为核心的《中国高考评价体系》（以下简称《评价体系》），诠释了新高考的命题理念，为广大一线教师的教学与备考指明了方向。基于化学学科的学习内容，江合佩（厦门市教育科学研究院学生发展研究中心主任）、单旭峰（教育部考试中心副研究员）将考查情境分为学习探索情境、生活实践情境以及学术探索情境，并认为只有遴选合适的真实情境，才能做到价值引领、素养导向，有效考查关键能力与必备知识。环境改善、能源利用问题一直与社会发展密切相关，其中废旧催化剂的回收利用、碳中和以及氮氧化物治理更是近年来的社会热点议题，这些议题在解决过程中均要考虑主反应限度、副反应调控等多重平衡的实际影响，故常被作为试题命制的学术探索情境，考查学生的化学观念与思维方法。

（三）学情分析

在必备知识方面，学生已认识化学平衡状态的特征以及调控化学平衡状态的方法。在关键能力上面，学生能够初步基于学科本原，从浓度商（Q）与平衡常数（K）视角对化学反应的方向及其调控进行判断与解释，但基于实际调研（具体见教学过程），对真实情境中的多重平衡反应的认识水平仍处于朦胧阶段，运用所学知识分析实际问题的能力仍极为缺乏。因此，为增进学生的化学学科理解水平，发展学生的化学学科核心素养，教师应在教学中把教材各主题中的平衡问题进行统摄，并厘清其本原性问题——各组分浓度不变，$Q=K$。

二、教学目标

第一，通过化学单、多重平衡的课前问卷活动，诊断学生对真实情境中的多重平衡问题的认识水平。

第二，通过对高考原题中呈现的多重平衡问题的探析，发展学生对多重平衡体系中各组分特征的结构化认识水平。

第三，通过对市级联考题中的多重平衡问题探析，诊断并发展学生对多重平衡问题的化学学科理解整体水平。

三、教学重难点

（一）教学重点

真实情境中的多重平衡体系中的组分微粒变化与守恒关系。

（二）教学难点

对多重平衡问题的本原性理解与结构化认识思路。

四、教学方法与思路

课前诊断—归因分析—认识视角与思路建构—迁移评价（详见教学过程）。

五、教学过程

（一）课前诊断

为掌握学生对多重平衡状态的认识情况，研究者基于高中化学教学主题“难溶电解质的溶解平衡”中的常规情境，设计了相关问卷调研，调研样本选自本市某直属高中选考化学学科，且学科思维能力位于不同层级水平的高三学生，发出问卷共计 102 份，最终回收的有效问卷为 98 份，有效率为 96.1%，具体问题如下。

问题（1）：将足量的AgCl固体加入水中，充分搅拌后静置、过滤，所得滤液中 $c(Ag^+)\cdot c(Cl^-)$ 与 $K_{sp}(AgCl)$ 的相对大小。请写出你的依据。

问题（2）：已知25℃时，$K_{sp}(AgCl)=1.8\times10^{-10}$，$K_{sp}(AgI)=8.5\times10^{-17}$，向溶质浓度均为0.1mol/L的NaCl、NaI混合溶液中滴加 $AgNO_3$ 溶液，当恰好开始生成AgCl沉淀时，求此时 $\frac{c(Cl^-)}{c(I^-)}$。请写出你的思维过程。

问题（3）：已知 $Ca(HCO_3)_2$ 可溶于水，将饱和 $CaCl_2$ 溶液与饱和 $NaHCO_3$ 溶液等体积混合后，却能产生白色沉淀，如何解释该现象？

（二）归因分析

【学生】认真聆听，总结反思。

【教师】呈现问卷诊断情况，分析原因（具体内容如表1-4所示）。

问题（1）主要用于诊断学生对难溶电解质在水溶液中的单重溶解平衡的孤立认识水平；问题（2）则主要用于诊断学生对难溶电解质在水溶液中的双重溶解平衡的系统认识水平；问题（3）则选取真实情境，呈现实验理想与实际的现象矛盾，用于诊断学生对水溶液中的多重平衡的结构化认识水平。具体的调研结果如下。

对于问题（1），调研结果与理论依据的情况如表1-4所示：

表1-4　调研结果与理论依据

结果	样本数量及所占有效问卷的百分比	理论依据及所占有效问卷的百分比
$c(Ag^+)\cdot c(Cl^-)<K_{sp}(AgCl)$	29份：29.6%	①滤液中没有AgCl沉淀，故不存在AgCl的沉淀溶解平衡：19.4%。 ②无法提供依据，仅凭主观猜测：10.2%
$c(Ag^+)\cdot c(Cl^-)>K_{sp}(AgCl)$	17份：17.3%	①无法提供依据，仅凭主观猜测：17.3%
$c(Ag^+)\cdot c(Cl^-)=K_{sp}(AgCl)$	52份：53.1%	①再次加入AgCl沉淀，溶液中 $c(Ag^+)$ 与 $c(Cl^-)$ 浓度仍保持不变：20.4%。 ②固体或纯液体不写进溶解平衡表达式中：23.5%。 ③无法提供依据，仅凭主观猜测：9.2%

由表1-4可知，19.4%的学生的认识视角仍处于“宏观现象—实验结论”的二维水平，未能从微观变化与平衡视角进行深入分析；23.5%的学生能从数

学表达式的视角进行分析，却未能从溶度积常数与溶解平衡常数的视角对数学表达式的意义做出深入解释；36.7%的学生更是认识模糊，仅凭主观猜测便下定论。由此可见，学生对难溶电解质在水溶液中的单重溶解平衡认识水平上仍有待提高。

对于问题（2），调研结果与思维展示情况如表 1-5 所示：

表 1-5　调研结果与思维展示情况

结果	样本数量及所占有效问卷的百分比	思维展示情况及所占有效问卷的百分比
能指出正确答案，即$\frac{c(Cl^-)}{c(I^-)} \approx 2.1\times10^6$	84 份：85.7%	①AgCl 开始沉淀时，AgI 已经建立溶解平衡，故离子浓度比等于 K_{sp}之比：49.0%。 ②无法提供理论依据，仅从数学表达式的视角进行展示：36.7%
未能指出正确答案	14 份：14.3%	①无法提供任何依据：14.3%

问题（2）是高中化学教学中的最常见问题之一，但由表 1-5 中的数据可见，学生对于难溶电解质在水溶液中的双重溶解平衡的系统认识水平并不乐观，85.7%的答对率背后却有高达 36.7%的学生只是基于从数学表达式的视角进行分析，再加上未能指出正确答案的 14.3%比例，即有 51%的学生对难溶电解质在水溶液中的作用与平衡认识并不到位。相比问题（1）的单重溶解平衡的孤立认识情况，问题（2）的双重溶解平衡的系统认识情况之所以看似更加乐观，是因为学生对问题（2）的情境更加熟悉，即机械刷题固化了程式性思维。

对于问题（3），调研结果与解释情况如表 1-6 所示：

表 1-6　调研结果与解释情况

结果	样本数量及所占有效问卷的百分比	解释情况及所占有效问卷的百分比
白色沉淀为 $CaCO_3$	62 份：63.3%	①Ca^{2+} 与 HCO_3^- 电离出的 CO_3^{2-} 结合生成 $CaCO_3$沉淀：18.4%。 ②上述元素组成的物质中，只有 $CaCO_3$ 难溶于水：31.6%。 ③无法提供依据，仅凭主观猜测：13.3%
白色沉淀为 $CaCl_2$、NaCl 与 $NaHCO_3$的一种或多种	17 份：17.3%	①$CaCl_2$、NaCl 与 $NaHCO_3$等溶质因过饱和析出：7.1%。 ②无法提供依据，仅凭主观猜测：10.2%
未能提供答案	19 份：19.4%	①无法提供任何依据：19.4%

问题（3）属于电解质在水溶液中的多重平衡情境，对学生的综合能力水平要求较高。学生的已有认知包括：Ca（HCO_3）$_2$可溶于水；$CaCl_2$溶液与$NaHCO_3$溶液混合后，Ca^{2+}、Cl^-、Na^+与HCO_3^-之间不发生反应。但将饱和$CaCl_2$溶液与饱和$NaHCO_3$溶液等体积混合后，却能产生白色沉淀，显然不能仅凭四种微粒间的直接作用来解释该现象，若基于微粒间的平衡与相互作用视角进行分析，则不难得知白色沉淀为$CaCO_3$，其产生的过程如图 1-4 所示。

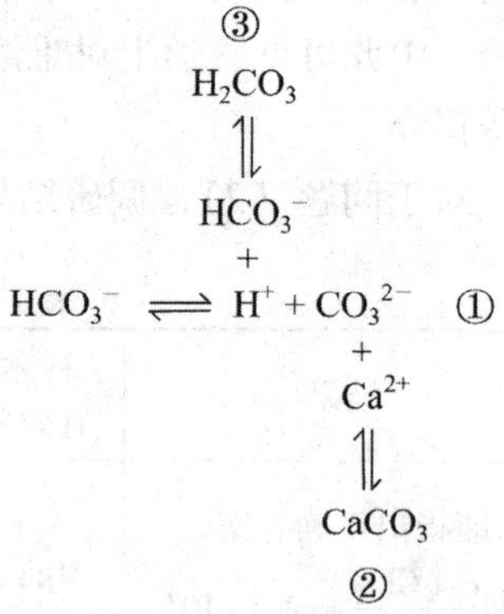

图 1-4　$CaCl_2$与$NaHCO_3$在水溶液中的微粒平衡与相互作用

HCO_3^-在水溶液中存在电离平衡①，生成H^+与CO_3^{2-}；Ca^{2+}与CO_3^{2-}发生反应②、H^+与HCO_3^-发生反应③，且反应②与反应③均使HCO_3^-的电离平衡正向移动，最终使得Q_c（$CaCO_3$）>K_{sp}（$CaCO_3$），从而产生白色沉淀。实际上，在 2021 年广东省高考化学试题的第 18 题第（5）问，就涉及了水溶液中Ba^{2+}与HCO_3^-、MnO_4^{2-}的多重平衡问题；而$MnCO_3$、$FeCO_3$等物质的制备，也是基于Mn^{2+}、Fe^{2+}等金属阳离子与HCO_3^-的多重平衡作用原理，并常用作真实情境，呈现于各类高考模拟题中。

由表 1-6 可知，仅有 18.4%的学生能够基于微粒间的相互作用与多重平衡视角对问题进行分析；31.6%的学生基于元素组成以及熟悉物质$CaCO_3$的溶解性视角进行猜测，7.1%的学生认为$CaCl_2$、NaCl 与$NaHCO_3$等溶质因过饱和析出，这些学生的认识视角仍停留在宏观的物质溶解性水平上，并不算是真正理解问题；42.9%的学生更是无法提供任何依据。综合问卷中三个问题的调研结果，可见学生对于多重平衡状态的认识水平亟待提高。

（三）认识视角与思路建构

【教师】多重平衡体系中，各反应物常常参与多个化学反应，各反应的限度大小受反应条件的影响程度不同，故而难以确定，但只要体系达到平衡时，各组分的浓度均保持不变，即均为平衡浓度，反应物的平衡转化率即为其在各反应中的平衡转化率之和。

【问题 1】我国力争于 2030 年前做到碳达峰，2060 年前实现碳中和。CH_4与CO_2重整是CO_2利用的研究热点之一。该重整反应体系主要涉及以下反应：

（a）CH_4（g）+ CO_2（g）⇌ 2CO（g）+ $2H_2$（g）　　ΔH_1

(b) CO_2 (g) + H_2 (g) ⇌ CO (g) + H_2O (g)　　ΔH$_2$

(c) CH_4 (g) ⇌ C (s) + 2H_2 (g)　　ΔH$_3$

(d) 2CO (g) ⇌ CO_2 (g) + C (s)　　ΔH$_4$

(e) CO (g) + H_2 (g) ⇌ H_2O (g) + C (s)　　ΔH$_5$

设 K_p^r 为相对压力平衡常数，其表达式写法：在浓度平衡常数表达式中，用相对分压代替浓度。气体的相对分压等于其分压（单位为 kPa）除以 p_0 (p_0=100kPa)。反应 a、c、e 的 $\ln K_p^r$ 随 $\frac{1}{T}$（温度的倒数）的变化如图 1-5 所示。

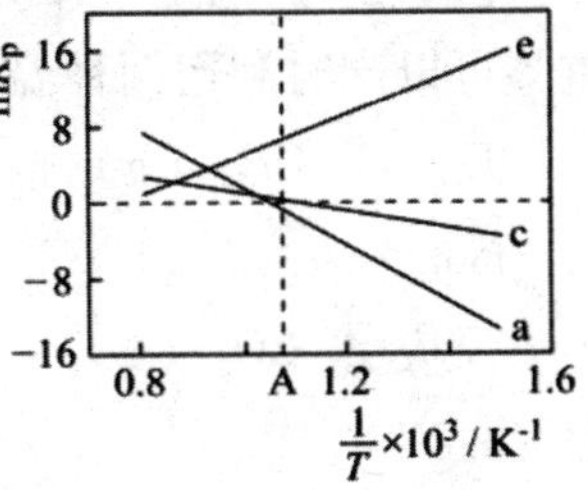

图 1-5

③在图中 A 点对应温度下、原料组成为 n (CO_2) ：n (CH_4) = 1∶1、初始总压为 100kPa 的恒容密闭容器中进行反应，体系达到平衡时 H_2的分压为 40kPa。计算 CH_4的平衡转化率。

【学生】由情境信息可知，CH_4与 CO_2重整过程中包含了 a—e 五个反应，只要体系达到平衡时，各组分的浓度均保持不变，即为平衡浓度；根据理想气体方程 $pV= nRT$ 可知，恒温恒容时，气体分压与其物质的量成正比，此时可用分压代替物质的量进行转化率计算。

由原料组成为 n (CO_2) ：n (CH_4) = 1∶1、初始总压为 100kPa，可知 $n_{始}$ (CH_4) = 50kPa；A 点对应温度下，反应 c 的 $\ln K_p^r$ = 0，可得平衡时 $[\frac{p(H_2)}{p_0}]^2 = \frac{p(CH_4)}{p_0}$，即平衡时 p (CH_4) = 16kPa，故 CH_4的平衡转化率为 $\frac{50kPa - 16kPa}{50kPa}$ × 100% = 68%。

【教师】吉布斯自由能（ΔG）是化学热力学的重要状态函数之一，根据吉布斯-亥姆霍兹方程与范特霍夫等温方程可得：

$$\Delta G = \Delta H - T\Delta S = -RT\text{In}K，则$$

$$\text{In}K = -\frac{\Delta H}{RT} + \frac{\Delta S}{R}$$

由于温度变化对 ΔH 与 ΔS 的影响非常小，故常忽略温度对它们的影响，当温度从 T_1上升至 T_2时，其对应的平衡常数 K_1、K_2与 T_1、T_2之间存在关系：

$$\text{In}\frac{K_2}{K_1} = -\frac{\Delta H}{RT_2} + \frac{\Delta H}{RT_1} = \frac{\Delta H}{R} \times \frac{(T_2 - T_1)}{T_1 \times T_2}$$

由上述关系式可知，若同等程度地改变温度，化学反应的 $|\Delta H|$ 越大，则其 K 值变化程度越大；在多重平衡体系中，也应基于 $|\Delta H|$ 与 ΔT、ΔK 的关系，重点关注受温度影响最大的反应。同时，此关系式也是高中化学教学中温度影响化学平衡移动的本原性认识。

【问题2】温室气体的利用是当前环境和能源领域的研究热点。CH_4 与 CO_2 重整可以同时利用两种温室气体，其工艺过程中涉及如下反应：

反应① $CH_4(g) + CO_2(g) \rightleftharpoons 2CO(g) + 2H_2(g)$　　$\Delta H_1 = +247.4\ kJ \cdot mol^{-1}$

反应② $CO_2(g) + H_2(g) \rightleftharpoons CO(g) + H_2O(g)$　　$\Delta H_2 = +41.2\ kJ \cdot mol^{-1}$

反应③ $CH_4(g) + \frac{1}{2}O_2(g) \rightleftharpoons CO(g) + 2H_2(g)$　　$\Delta H_3 = -35.6\ kJ \cdot mol^{-1}$

已知：$\frac{1}{2}O_2(g) + H_2(g) = H_2O(g)$　　$\Delta H = -241.8\ kJ \cdot mol^{-1}$，一定条件下，向体积为 VL 的密闭容器中通入 CH_4、CO_2 各 1 mol 及少量 O_2，测得不同温度下反应平衡时各产物产量如图 1-6 所示。

图 1-6 中 a 和 b 分别代表产物________和________，当温度高于 900 K，H_2O 的含量随温度升高而下降的主要原因是__________________________________。

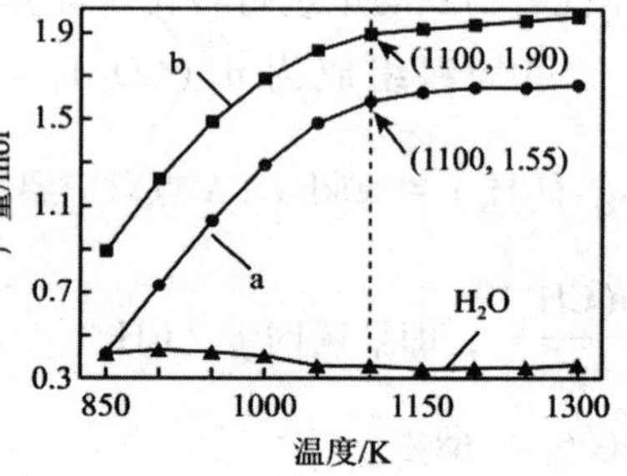

图 1-6

【学生】由于 O_2 只有少量，因此反应①、②为主反应，根据两反应中 CO 与 H_2 的变化情况可知 a 代表 H_2，b 代表 CO。此外，也可以根据各反应中 CO 与 H_2O 的变化情况进行分析：CO 的产量始终高于 H_2O，即曲线 b 代表 CO，曲线 a 代表 H_2。

值得探讨的是，温度高于 900 K 时，H_2O 的含量随温度升高而下降的主要原因，命题人提供的参考答案是高于 900K 时，H_2O 开始分解。但有不少教师对此提出了疑问，理由是温度升高，反应②平衡正移，H_2O 的产量也会提高。若从 $|\Delta H|$ 与 ΔT、ΔK 的关系分析，可知 H_2O 分解的反应限度比反应②的限度受温度变化影响更大，故参考答案是符合科学依据的。

【问题3】McMorris 测定和计算了在 136～180℃ 范围内下列反应的平衡常

数 K_p：

反应 1：$2NO(g) + 2ICl(g) \rightleftharpoons 2NOCl(g) + I_2(g)$ K_{p1}

反应 2：$2NOCl(g) \rightleftharpoons 2NO(g) + Cl_2(g)$ K_{p2}

得到 $\lg K_{p1}-1/T$ 和 $\lg K_{p2}-1/T$ 均为线性关系，如图 1-7 所示。

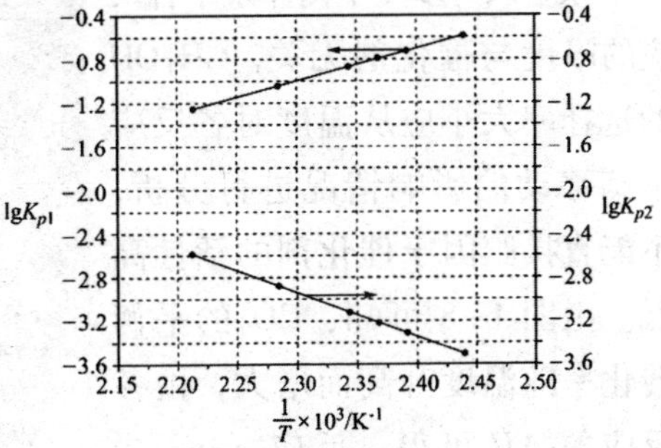

图 1-7

反应 $2ICl(g) \rightleftharpoons Cl_2(g) + I_2(g)$ 的 ΔH ________ 0，写出推理过程。

【学生】由图 1-7 可知，反应 1 的 $\Delta H_1 < 0$，反应 2 的 $\Delta H_2 > 0$，且 ΔK_{p2} 受 ΔT 的影响程度比 ΔK_{p1} 大，由 $|\Delta H|$ 与 ΔT、ΔK 的关系可知，$|\Delta H_2| > |\Delta H_1|$，故 $\Delta H = \Delta H_1 + \Delta H_2 > 0$。

（四）迁移评价

【问题 4】CO_2 的资源化利用能有效减少 CO_2 排放，缓解能源危机。用 CO_2、H_2 为原料合成甲醇（CH_3OH）过程主要涉及以下反应：

（a）$CO(g) + 3H_2(g) \rightleftharpoons CH_3OH(g) + H_2O(g)$ $\Delta H_1 = -49 kJ \cdot mol^{-1}$

（b）$CO_2(g) + H_2(g) \rightleftharpoons CO(g) + H_2O(g)$ $\Delta H_2 = +41.2 kJ \cdot mol^{-1}$

（c）$\frac{1}{2}CO(g) + H_2(g) \rightleftharpoons \frac{1}{2}CH_3OH(g)$ $\Delta H_3 = -41.5 kJ \cdot mol^{-1}$

使用新型催化剂，让 1mol CO_2 和 3mol H_2 在 1L 密闭容器中只发生反应 a、b，CO_2 平衡转化率和甲醇选择率（甲醇选择率是指转化生成甲醇的 CO_2 的物质的量分数）随温度的变化趋势如图 1-8 所示。

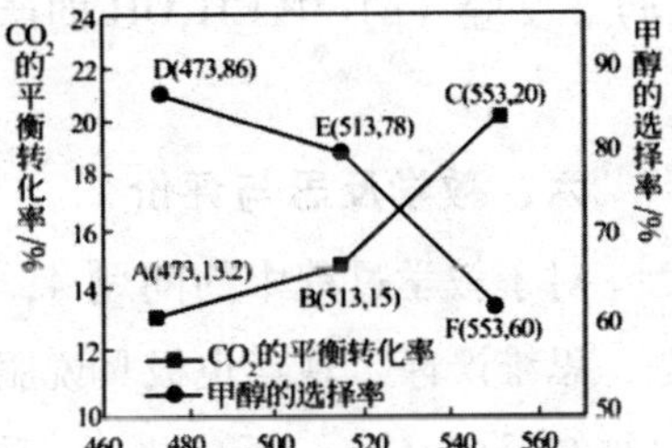

图 1-8

由图 1-8 可知，适宜的反应温度为____________。

【学生 1】CH_3OH 的平衡产率应为 CO_2 的平衡转化率和甲醇选择率乘积，473K 时为 11.35%，513K 时为 11.7%，553K 时为 12.0%。

【学生 2】473K 与 553K 的平衡产率相差不大，选择 473K 能够降低能耗，节约成本；同时 CO_2 也可通过循环利用的方式，提高其实际利用率。

【学生 3】CH_3OH 在 473K 的选择率最高，可见催化剂在 473K 的活性最好。

【学生 4】473K 与 553K 相差不大，对能耗成本的影响程度也缺乏有力论据，至于 CO_2 的循环利用则不管在任何温度下都能实施。

【学生 5】具体如图 1-9 所示：

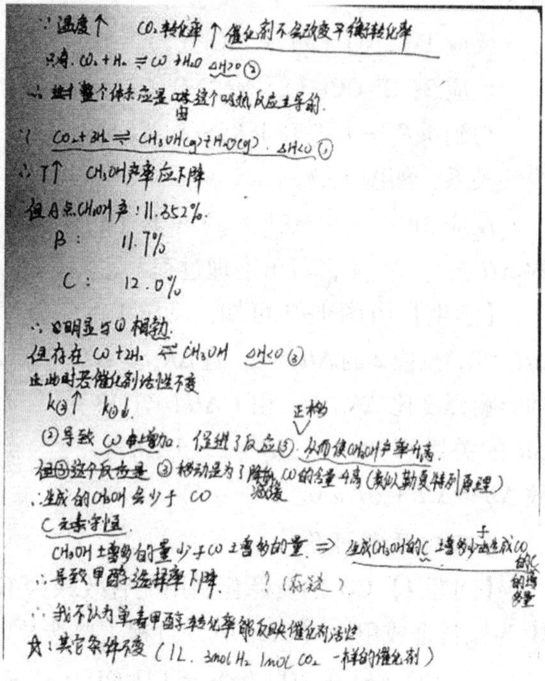

图 1-9

该生认为多重平衡体系中各反应的限度与催化剂无关，CH_3OH 的选择率大小应从温度对各反应平衡移动的影响情况进行分析，不能直接归因于催化剂的活性高低。由图 1-8 可知，CO_2 的平衡转化率随温度升高而增大，由各反应的 ΔH 可得，反应（b）受温度影响最大；反应（a）、反应（c）均为放热反应，CH_3OH 的平衡产率本应随温度升高而降低，但与计算结果不符，由此分析反应（b）平衡正移导致 CO 含量增大，CO 含量增大对反应（a）、反应（c）的影响程度大于温度，因而 CH_3OH 的平衡产率随温度升高而升高；CO_2 在各反应中分别转化为 CH_3OH 与 CO，根据勒夏特列原理，反应（a）、反应（c）中 CH_3OH 的产量低于 CO 的产量，因而 CH_3OH 的选择率降低。

六、教学反思与评价

对于教学过程中的问题 4，不可否认，学生 5 能基于多重平衡体系分析问题，思维严谨，观点也极具说服力。但若从 $|\Delta H|$ 与 ΔT、ΔK 的关系分析，即可得知反应（a）、反应（c）受温度影响比反应（b）更大，CH_3OH 的产率随温度升高而升高显然不符合客观事实。由此可见，多重平衡固然是新高考背景下能有效考查学生的学科思维与学科素养的命题素材，但广大一线教师与学生对其解读与探索之路仍任重道远。

（一）教学应立足《课程标准》与新教材，注重知识与思维建构的结构化

化学学科理解是教师对化学学科知识及其思维方式的一种本原性、结构化认识，本原性要求教师应多从学生的认知情况、本学科与跨学科的视角进行设计思考；结构化则要求教学过程中需厘清学科大概念、次级大概念、基本概念

与基本知识的层级关系。对于化学平衡主题，四者的层级关系如表 1-7 所示：

表 1-7 学科大概念、次级大概念、基本概念与基本知识的层级关系

学科大概念	化学平衡		
次级大概念	平衡状态	平衡常数 K	平衡移动
基本概念（按学习进阶排列）	（1）单一平衡状态 （2）等效平衡状态 （3）多重平衡状态	（1）浓度平衡常数 K_c：电离常数 K_a、K_b、离子积常数 K_w、水解常数 K_h、溶度积常数 K_{sp} （2）分压平衡常数 K_p （3）相对压力平衡常数 K_p^r、标准压力平衡常数 $K^\ominus$等	（1）勒夏特列原理 （2）浓度商 Q_c
基本知识	平衡状态的标志	平衡常数与平衡转化率的计算	影响化学平衡的因素

化学平衡隶属于化学热力学问题，而化学反应速率则隶属于化学动力学问题。对比人民教育出版社分别在 2004 年与 2019 年出版的《高中化学选修 4》与《高中化学选择性必修 1》两版教材，两者虽在教学主题上基本一致，但在教学内容的取舍与呈现方式上已有重大调整。对于化学平衡主题，新教材《高中化学选择性必修 1》删去了旧教材《高中化学选修 4》中正、逆反应速率的相对大小比较与图像问题，只在第二章章末的“整理与提升”栏目简单提及了正、逆反应速率是否相等与化学平衡的关系，而在表示与解释时，却立即回归到浓度商 Q_c与平衡常数 K 的本原问题的认识视角上。2019 年山东科学技术出版社出版的《高中化学选择性必修 1》中的化学平衡主题中没有提及正、逆反应速率，只从温度变化、K 值大小变化与 ΔH 的关系，以及浓度商 Q_c与平衡常数 K 的关系来解释化学平衡移动问题，最后抽提出勒夏特列原理。对于等效平衡状态，常以不同投料情况为情境，讨论平衡移动及反应物的平衡转化率问题，实质上仍是浓度商 Q_c与平衡常数 K 的关系问题。综上所述，教师在教学过程中只有立足《课程标准》，对比解读不同版本教材，注重知识与思维建构的结构化，才能发展学生的化学学科核心素养。

（二）备考应以《评价体系》为引领研究高考题，注重培养学生的质疑精神

《评价体系》指出，高考试题不仅要为国家选拔人才，还要起引导教学的指挥棒作用。2021 年，广东省正式实施新高考模式，并以《评价体系》为引领，

在省市级模拟题的命制上，寻求最新的考查情境，创设实际问题。对比 2021 年全国甲、乙卷，2021 年广东，以及 2022 年广东省一模的反应原理题，不难发现，它们在多重平衡状态的考查上有着不少共同点，具体如表 1-8 所示。

表 1-8　2021—2022 年试题对多重平衡状态的考查内容

试题出处		2021 年全国甲卷	2021 年全国乙卷	2021 年广东高考题	2022 年广东省一模
题号		第 28 题（2）	第 28 题（2）、（3）	第 19 题（1）、（2）、（4）	第 19 题（3）
考查内容	必备知识	①图像解读：根据组分含量 x-T 图，分析反应条件对平衡的影响；反应条件的选取 ②平衡计算：组分的平衡转化率计算	①图像解读：根据 K-T 图，判断 ΔH 大小 ②平衡计算：组分的分压计算，K 值计算	①图像解读：分析反应条件对平衡的影响；根据 K-T 图像判断反应热效应 ②平衡计算：组分的平衡转化率计算	①图像解读：根据组分含量 ϕ-T 图，分析反应条件对平衡的影响 ②平衡计算：组分的分压计算，K_p 值计算
	关键能力	理解与辨析、分析与推测			
	学科核心素养	变化观念与平衡思想、证据推理与模型认知			

多重平衡是化工生产中的真实情境，与高中化学学习关联度高，用于试题命制则能全面考查学生利用所学知识解决实际问题的能力，符合《评价体系》中“服务选才、引导教学”的要求。由表 1-8 可知，对于多重平衡的考查，各地高考试题在考查内容、能力与素养层面均具有较高的相似性，因此，教师在备考过程中应以《评价体系》为引领研究高考题，这样才能有效提升备考的精准度。各地的省市级模拟题在命制时，也是以研究高考为前提，但由于命题团队在学术与实践背景上的差异，模拟题命制在试题情境的真实性及本原性上，大多仍需考证，而培养学生的质疑精神，则利于教学相长，真正落实立德树人的根本任务。

（叶秋耀　广东省东莞实验中学）

案例4

基于化学学科理解的教学实践
——以“离子反应”为例

一、教学背景分析

（一）教材分析

对人教版和鲁科版高中化学教材中离子反应的内容进行对比分析，其结果如下：

1. 知识点覆盖和深度。两个版本的教材在知识选取方面基本一致，都遵循《课程标准》，但鲁科版教材内容与《课程标准》完全一致。

2. 素材的丰富性。人教版的素材相对单一，主要是知识性的素材，而鲁科版的素材更为丰富，既有前人的研究过程，也联系了实际生活。

3. 活动与方法。人教版教材通过资料卡片和思考活动来培养学生的思维能力，鲁科版教材则通过联想质疑、交流研讨和迁移应用栏目来培养学生的批判质疑能力、科学态度和迁移运用能力。

4. 教学方法和实验设计。鲁科版更注重学生的探究性学习，通过实验和问题解决等方式引导学生主动参与学习过程；而人教版更侧重于传统讲授式教学，以教师为中心进行知识传授。

5. 版面设计。鲁科版教材的版面设计较为活泼，采用丰富的图片和图表以及实例来呈现知识内容，有助于激发学生的学习兴趣。

综上所述，人教版和鲁科版在离子反应的教学内容上各有侧重点，教师在选择教材时应根据学生的实际情况和需求，以及自己的教学风格来决定使用哪一版教材。同时，教师可以结合两版教材的优点，互补不足，以达到最佳的教学效果。

（二）课程标准分析

“离子反应”属于《课程标准》中“常见的无机物及其应用”主题。离子反应的内容对于开阔学生的微观视野、从微粒层面深入理解化学反应的机理都具有十分重要的意义。本部分以分类为中心，介绍物质的分类、化学反应的分类。第一课时学习酸、碱、盐在水溶液中的电离情况，并从电离的角度深化酸、碱、盐的定义，水到渠成地转入对离子反应的讨论。第二课时从概念出发，结合探究实验，总结离子反应发生的条件。本部分内容在中学阶段占有极其重要的地位，贯穿于中学化学教材的始终。在中学化学中要学习许多重要元素及其化合物的知识，都可能涉及离子反应及其方程式的书写。学好这一部分内容，能揭示溶液中化学反应的本质。既巩固了前面已学过的电离知识，又为后面元素化合物知识、电解质溶液的学习奠定基础。本节课内容属于概念与基础理论部分，在教材中起着“承上启下”的作用，其中，“承上”是指对初中教材中涉及的“酸、碱、盐在水溶液中能够导电”实验事实的深化学习，“启下”是指为后面元素化合物和电解质溶液等相关内容的学习奠定基础。

（三）学情分析

第一，学生已具备的基础知识：对物质的分类、常见物质的溶解性、溶液的导电性、电解质的概念、电离的概念、复分解反应等知识，已有一定的认识。

第二，学生已具备的基本技能：掌握了一定的基本实验操作技能以及记录描述实验过程及现象的能力。

第三，需要发展的能力：认识物质的视角“由宏观到微观”再“由微观到宏观”自由切换的能力；建构离子反应方程式正确书写的思维模型。

二、教学目标

第一，通过宏观现象观察和溶液中微观粒子变化的分析，建构离子反应的概念，培养学生的宏微思想和微粒观。

第二，通过实验探究和分析总结，掌握离子反应的意义和离子反应发生的条件，培养学生基于证据推理的思想和变化观念。

第三，通过离子方程式的正确书写分析和教学，培养学生的守恒思想、变化观念和化学符号表征能力，促进学生形成基于证据推理与模型认知的化学认知方法。

三、教学重难点

（一）教学重点

离子方程式的书写。

（二）教学难点

离子方程式的书写、书写离子方程式的拆分原则。

四、教学方法和思路

本节课的教学设计理念是基于培养学生化学学科核心素养，为了有效落实核心素养的教学目标，本节课采用小组探究学习方式，教师创造性地将教材中的演示实验改为学生分组探究实验，且增加一个小组讨论。通过实验探究和小组讨论的方式，让学生学会从微观粒子和微粒变化的角度，领悟宏观物质转化的微观过程，从而建构起基于证据的推理能力；通过对溶液中微粒的分析，建构起微粒观与物质转化观，从而促进学生建构起“知识—方法—思维”的认知模型，培养学生的探究能力、应用能力和创新思维能力。

五、教学过程

表 1-9 “离子反应”教学过程设计

<table>
<tr><th>教学步骤</th><th>教师活动</th><th>学生活动</th><th>设计意图</th></tr>
<tr><td>【新课引入】</td><td>播放离子反应视频《感受化学之美》。
【提问】视频中这些发生在溶液当中的化学反应，它们的反应实质是什么呢？发生这些反应又需要哪些条件呢？为了解决这些问题，这节课我和同学们一起来学习离子反应。
【板书】一、离子反应</td><td>观看实验视频并思考</td><td>体验并感受化学之美，激发学生的学习兴趣，引入离子反应的学习</td></tr>
<tr><td>【活动任务一】离子反应概念的探究</td><td>提问：电解质在溶液里的反应必定有离子参加，是否任意两种或多种电解质溶液混合都能够发生离子反应呢？离子反应的本质又是什么呢？
请完成【改进实验探究一】。
<table>
<tr><th>[实验1-3]</th><th>现象</th><th>混合前溶液中离子</th><th>混合后溶液中离子</th><th>新物质</th></tr>
<tr><td>1. Na_2SO_4与KCl溶液混合</td><td></td><td></td><td></td><td></td></tr>
<tr><td>2. 向Na_2SO_4溶液加入$BaCl_2$溶液</td><td></td><td></td><td></td><td></td></tr>
</table>
教师归纳和补充学生的回答，并得出离子反应的概念和本质
【板书】（一）离子反应的概念：有离子参加或生成的反应</td><td>【完成实验探究任务 1】1. 完成分组探究实验，写好实验报告，并进行小组讨论和成果汇报。
2. 思考、讨论：实验 1 有无明显现象，原因是什么？实验 2 中反应说明了什么？上述实验“2”的反应实质是什么？(从溶液微观粒子角度分析它们的原因)</td><td>1. 培养“自主、合作、探究”的学习方式，使学生养成良好的实验素养、探究能力、分析能力、语言表达能力。
2. 让学生通过实验探究与讨论，体会溶液中离子反应的实质</td></tr>
</table>

续表

<table>
<tr><th>教学步骤</th><th>教师活动</th><th>学生活动</th><th>设计意图</th></tr>
<tr><td>【活动任务二】离子反应发生条件探究</td><td>【新增探究实验二】认识酸、碱、盐在水溶液中的反应
<table>
<tr><th>[实验1-4]</th><th>现象</th><th>发生反应的离子</th><th>没有变化的离子</th><th>化学反应方程式</th></tr>
<tr><td>1. 向2mL $CuSO_4$溶液中加2mL NaOH溶液</td><td></td><td></td><td></td><td></td></tr>
<tr><td>2. 向2mL NaOH溶液中滴入几滴酚酞溶液，再加入2mL稀盐酸，至溶液恰好变色为止</td><td></td><td></td><td></td><td></td></tr>
<tr><td>3. 向盛有2mLNa_2CO_3溶液的试管里加入2mL稀盐酸</td><td></td><td></td><td></td><td></td></tr>
</table></td><td>【完成实验探究任务2】完成实验操作，写好实验报告，并进行小组讨论和成果汇报</td><td>1. 培养“自主、合作、探究”的学习方式，使学生养成良好的实验素养、探究能力、分析能力、语言表达能力。
2. 让学生通过实验探究与讨论，进一步领会溶液中离子反应的本质和离子反应发生的条件</td></tr>
<tr><td>【活动任务三】体验离子之间的反应实质</td><td>【提问】请根据上述实验，归纳得出酸、碱、盐在水溶液中发生反应的实质是什么？酸、碱、盐在水溶液中发生反应的条件是什么？
教师小结和补充学生的回答，并得出离子反应的本质和酸、碱、盐在溶液中发生离子反应的条件。
【板书】（二）离子反应的本质：溶液中有部分离子的量发生减少
（三）酸、碱、盐在溶液中发生离子反应的条件：生成气体；生成沉淀；生成难电离物（水）
教师设计离子组合游戏、告知游戏规则、强调游戏安全问题。
规则：9位同学分两组，4位同学拿阳离子（Cu^{2+}、Ba^{2+}、NH_4^+、H^+），5位同学拿阴离子（SO_4^{2-}、Cl^-、NO_3^-、OH^-、CO_3^{2-}），听到老师叫“开始”，手中离子能反应的两位同学结合到一起者胜利，两种离子若不能反应则失败。
（奔跑时注意游戏安全!）
反思追问：这些离子还有哪些相互结合方式呢？请各小组同学们思考并讨论</td><td>【完成游戏】解说各离子之间能反应的原因。
【反思、讨论】还有那些相互结合方式可以发生离子反应</td><td>1. 让学生在游戏中学到知识，体验学习的快乐。
2. 让学生在学习中学会反思，拓展知识</td></tr>
</table>

续表

教学步骤	教师活动	学生活动	设计意图
【活动任务四】探寻离子反应的意义和离子方程式书写的步骤	溶液中酸、碱、盐的反应的实质是离子之间的反应，我们用实际参加反应的离子来表示化学反应的式子就叫离子方程式。 【板书】二、离子方程式 概念：用实际参加反应的离子来表示化学反应的式子。 意义： 1. 揭示反应的本质。 2. 不仅表示一个具体反应，而且可以表示一类反应。 【提问】离子方程式更有助于我们把握电解质在溶液中反应的本质，那如何书写离子方程式呢？离子方程式书写有哪几个步骤？其中哪一个步骤最难？书写要注意哪些问题呢？（学生阅读教材） 【板书】三、离子方程式的书写 步骤：写→拆→删→查	【教材阅读】根据老师提问进行教材阅读，自学离子反应方程式的书写步骤和注意事项。 【分享】分享自学成果，回答老师的提问	培养学生的自学能力、阅读能力、通过阅读获得有效信息的能力
【活动任务五】探寻离子反应方程式书写的要领和注意事项	【练习】1. 仔细观察下列离子方程式，并讨论回答下列问题。 ①锌与稀硫酸反应制取氢气：$Zn+2H^{+}=Zn^{2+}+H_2\uparrow$ ②用稀盐酸除去铁表面的铁锈：$Fe_2O_3+6H^{+}=2Fe^{3+}+3H_2O$ ③二氧化碳通入澄清石灰水：$CO_2+Ca^{2+}+2OH^{-}=CaCO_3\downarrow+H_2O$ ④氯气置换出溴化钠溶液中的溴：$Cl_2+2Br^{-}=Br_2+2Cl^{-}$ ⑤氨水和醋酸混合：$NH_3\cdot H_2O+CH_3COOH=CH_3COO^{-}+NH_4^{+}+H_2O$ 【提问】 1. 书写离子方程式时，哪些物质应拆写成离子的形式？哪些物质不能拆写成离了的形式？ 2. 还发现了离子方程式书写的哪些规律（从原子、电荷角度分析）？ 教师对学生的回答做出评价和补充，并指导学生记忆常见的易溶、易电离物质与难溶、难电离物质	【讨论并总结】离子方程式书写时，需要拆分的物质和需要保留化学式的物质类别	培养学生分析和归纳的能力

续表

教学步骤	教师活动	学生活动	设计意图
	【教师总结规律】 同学们加强记忆！ 1. 易溶、易电离的物质（可拆） 强酸：H_2SO_4、HCl、HNO_3 强碱：NaOH、KOH、Ca（OH）$_2$、Ba（OH）$_2$ 可溶性盐（记忆溶解性表格） 2. 难溶、难电离的物质　（不可拆） 难溶性碱：如 Mg（OH）$_2$、Cu（OH）$_2$、Fe（OH）$_3$等。 难溶性盐：如 $BaSO_4$、AgCl、$CaCO_3$、$BaCO_3$等。 难电离：弱酸（H_2S、HClO、H_2SO_3、CH_3COOH等）		
【活动任务六】巩固提升离子反应方程式书写要领	【布置课堂练习】 【练习】2. 按离子方程式书写步骤写出以上“探究实验二”发生反应的离子方程式（小组成员分工合作，每人至少写一个不同反应的离子方程式）。 教师应用移动教学终端，将学生的作答情况及时地反馈与分享，让他们对自己的作答进行解说，让其他学生对展示学生的成果进行评价，并指出优点和错误	【书写表达】1. 小组成员完成离子方程式的书写。 2. 对展示的答案进行讨论和评价	1. 培养学生的微粒观、符号观等化学核心素养。 2. 培养学生的表达能力、反思能力、思辨能力
【活动任务七】迁移应用离子反应方程式书写要领	【教师布置任务】 按书写步骤写出下列反应的离子方程式。 1. 碳酸钙与盐酸反应； 2. 硫酸铜溶液与氢氧化钡溶液反应； 3. 铝单质与硫酸铜溶液反应。 教师针对学生的作答和同学之间的点评，教师做归纳性的小结	【展示评价】学生上黑板展示书写过程，同小组同学进行错误纠正，并解说书写过程	让学生之间相互学习，激发学习热情
【课堂小结与作业布置】	1. 归纳离子反应的概念、离子反应的本质、离子反应的发生条件和离子方程式的书写步骤、书写注意事项。 2. 布置作业	总结所学内容，完成相应作业	更精练、系统化地对今天所学习的知识进行总结回顾，巩固今天所学新知，引导学生自主学习

六、教学反思与评价

化学对学生微观的思维方式，即微粒观的培养作用是其他学科所不能代替的。在初中化学的学习中，学生建立了初步的微粒观，但是一般只能从微观角度认识物质的组成与结构，是一种对于微观世界的静态认识，对于动态的化学反应的认识局限于从宏观角度认识化学反应的相关物质和现象，相对比较难以认识到化学反应的微观本质。“离子反应”是学生第一次真正需要从微观角度来看待和认识的化学反应。本节课的核心素养教学为：（1）培养学生的微粒观、转化观、守恒观等化学核心观念和素养；（2）逐步让学生掌握从宏观、微观、符号三种维度认识和理解物质及其变化的三重表征思维方式的形成；（3）培养学生的实验探究能力和创新能力。

为了有效落实本节课的核心素养目标，在学习离子反应的实质及其反应发生条件的教学中，将教材中的演示实验改为学生分组探究实验，并且将实验1-3单一问题研究改为“由实验现象、混合前溶液中离子、混合后溶液中离子、新物质生成分析与研究”四个具有探究性质的实验，增加了Na_2SO_4与KCl溶液的混合问题讨论。首先让学生独立完成探究实验，然后让学生对溶液中混合前后微观粒子种类进行讨论、分析、汇报。学生分析和回答：Na_2SO_4与KCl溶液混合观察不到现象，实际上只是Na_2SO_4电离出的Na^+、SO_4^{2-}与KCl电离出的K^+、Cl^-的简单混合，离子之间没有发生化学反应；而Na_2SO_4与$BaCl_2$溶液混合，观察到白色沉淀现象，实质是溶液中的Ba^{2+}与SO_4^{2-}发生了反应，生成不溶于水的$BaSO_4$沉淀。通过探究问题设计与回答，让学生学会从微观粒子的角度，领悟宏观物质转化的微观过程，从而让学生建构起基于证据的推理能力，培养学生的化学微粒观与物质转化观。在探索离子反应发生条件的问题时，为了进一步强化学生的化学微粒观与物质转化观，增加了探究实验二，让学生从微观粒子变化的角度，领悟宏观物质转化的微观过程，进一步强化学生的化学微粒观和转化观。在学生观察实验现象、分析微观粒子变化的基础上，最后引导学生用离子方程式将转化关系表示出来，使学生更加深刻理解反应过程中的离子变化，从而实现从宏观表征到微观表征、从微观表征到符号表征的抽象，促进学生三重表征思维方式的形成。学生通过独立完成探究实验，分析实验结论，培养学生动手实验的能力、应用所学知识解释和表达结果的能力，并且通过个体和团队的探究与讨论，使隐含的知识、方法、思维等逐步显露出来，从而促进学生“知识—方法—思维”认知模型建构，培养学生的探究能力、应用能力和创新思维能力。

通过对本教学设计的学习，学生不仅较好地掌握了离子反应的概念、本质，而且在这些概念建构的过程中，充分发展了学生的微粒观和宏微结合的化学学科素养，体现了让学生掌握从宏观、微观、符号三种维度认识和理解物质及其变化的三重表征思维方式，既掌握了作为化学学习基础的化学概念，又实现了提高化学学科素养的总目标。

（肖彬清 广东省韶关市乐昌市城关中学）

案例5

素养为本的高中化学教学实践
——以“金属的腐蚀与防护”为例

一、教学背景分析

（一）教材对比分析

“金属的腐蚀与防护”在人教版教材中是选择性必修1第四章第三节的内容，本节内容是第一节原电池和第二节电解池的拓展应用。由于金属材料在生产和生活等方面应用广泛，金属腐蚀现象普遍，危害较大，能够运用电化学基本原理进一步解决实际的生活生产问题，可以上升到化学联系生活的应用阶段。而在鲁科版“金属的腐蚀与防护”是选择性必修1第一章第三节的内容，利用电化学认知模型，应用原电池和电解池的工作原理，分析解释金属电化学腐蚀原理，设计金属的防腐措施。在人教版和鲁科版教材中这节内容都将氧化还原知识和电化学知识融会贯通，很好地解释了初中阶段无法揭示的关于金属腐蚀的原理，在落实新课标的同时培养学生的科学探究、证据推理、社会责任等化学学科素养。

（二）课程标准分析

“金属的腐蚀与防护”隶属于选择性必修课程的模块1化学反应原理中的“主题1：化学反应与能量”，在该主题下，本节课的内容要求是了解金属腐蚀的本质，知道金属腐蚀的危害，了解防止金属腐蚀的措施。学业要求是利用电化学原理解释金属腐蚀的现象，选择并制定防腐措施。在原电池和电解池的电化学知识的基础之上，通过问题驱动、实验探究等教学手段，认识金属腐蚀的本质和危害，使理论知识和生活中的真实问题相结合，联系实际，激发学生的学习兴趣，关注学生的认知发展。

（三）学情分析

学生为高二物理类普通班的学生，使用人教版教材，在初中化学课程中学生已经学习过一些金属腐蚀与防护的知识，对于金属腐蚀的危害、铁制品锈蚀的条件和金属保护的方法都有所了解，结合已学的第一节和第二节电化学的原理以及高一的氧化还原反应知识，这些都为本节课的学习创造了知识储备条件。面对本节课的内容，学生有极大的解决实际问题的热情，迫切地想通过课内外资料和本节课的学习认识金属腐蚀的主要类型，理解金属腐蚀的本质及其原因。

二、教学目标

第一，通过情境创设，联系课堂知识和实际生活，诊断和发展学生的社会责任感。

第二，通过任务驱动和问题驱动的教学模式，认识金属腐蚀的主要类型，诊断和发展学生的化学思维和高阶思维水平以及分析和解决问题的能力水平。

第三，通过实验探究活动，学生探究金属腐蚀的本质及其原因，诊断和培养学生动手动脑能力以及小组协助能力，发展学生科学探究、证据推理的化学学科素养。

第四，通过课堂练习，诊断学生对知识点掌握的能力水平和效果。

三、教学重难点

（一）教学重点

金属的电化学腐蚀原理。

（二）教学难点

金属发生吸氧腐蚀的原理。

四、教学方法与思路

1. 教学方法：情境创设、问题驱动、实验探究、练习巩固。
2. 教学思路：

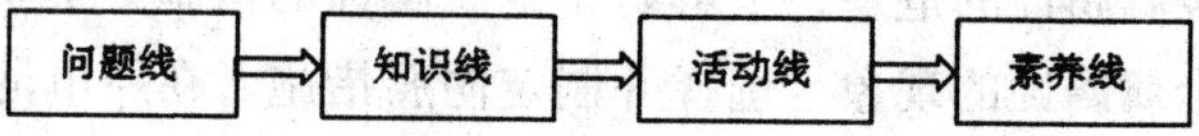

图 1-10

五、教学过程

表 1-10 “金属的腐蚀与防护”教学过程设计

教学环节	师生活动	设计意图
【情境创设，导入新课】	【情境创设】  生活中常见的金属的腐蚀 资料：我国每年因为金属腐蚀所造成的经济损失约占国民生产总值的 5%，全世界每年因生锈损失的钢铁约占世界钢铁年产量的 1/4，超过每年各项大灾（火灾、风灾及地震等）损失的总和。 视频：港珠澳大桥的简介。 【提出问题】如何防止港珠澳大桥结构中的钢材被腐蚀	通过生活中常见的金属腐蚀的图片与资料和港珠澳大桥简介的视频，创设情境，并提出问题，导入新课的内容，激发学生的求知欲，让学生能够快速进入知识的学习状态
【任务一】理解金属腐蚀的概念	【问题 1】回忆初三化学铁生锈相关知识，铁在干燥的条件下能否被腐蚀？并说明理由。 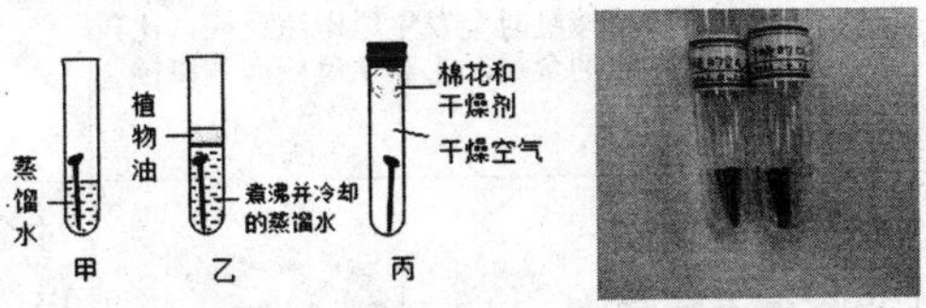 铁钉保存在干燥的空气和氯气中的腐蚀 【学生思考与回答】铁生锈的条件：氧气和水。 铁在干燥的条件下能被腐蚀，理由是铁钉保存在干燥的氯气中被腐蚀	复习初中化学铁生锈的相关知识，为学习新知做准备。利用“铁钉保存在干燥的空气和氯气中的腐蚀”对照实验展示的现象，造成学生认知上的冲突
	【问题 2】铁的生锈和金属腐蚀是否为同一个概念呢？ 【学生思考与回答】不同概念，铁生锈是金属腐蚀的其中一种情况。 【知识讲授】金属腐蚀概念：金属或合金与周围的气体或液体发生氧化还原反应而引起损耗的现象	由铁生锈和金属腐蚀的区别，引出金属腐蚀的概念，培养学生归纳比较的能力

续表

教学环节	师生活动	设计意图
【任务二】探究金属腐蚀的本质	【问题1】金属腐蚀的本质是什么？金属在反应中做氧化剂还是还原剂？ 【学生思考与回答】金属腐蚀的本质：金属单质失去电子被氧化：$M - ne^- = nM^+$，金属在反应中做还原剂	从氧化还原反应和微观角度分析金属腐蚀的本质，培养学生的宏观辨识和微观探析的核心素养
	【问题2】根据已有知识，理论上氧化还原反应能够构成什么电化学装置？ 【学生思考与回答】理论上氧化还原反应能够构成的电化学装置有原电池（自发）和电解池（非自发）	为引出金属腐蚀分类的知识做铺垫，提高学生分析问题和解决问题的能力
【任务三】探究金属腐蚀的条件	【问题】如果要构成原电池并对外输出电流，需要具备什么条件？ 【学生思考与回答】形成原电池的条件：（1）自发的氧化还原反应；（2）闭合回路；（3）电解质溶液；（4）电极材料。 【知识讲授】 金属腐蚀——能否构成原电池—— **化学腐蚀**：金属与其表面接触的一些物质（如 O_2、Cl_2、SO_2）直接反应而引起的腐蚀 **电化学腐蚀**：当不纯的金属与电解质溶液接触时会发生原电池反应，比较活泼的金属发生氧化反应而被腐蚀	为引出金属腐蚀分类的知识做铺垫，复习形成原电池的条件
【任务四】化学腐蚀与电化学腐蚀探究	【问题1】铁在干燥氯气中被腐蚀，属于哪种腐蚀？ 【学生思考与回答】化学腐蚀，因为直接接触直接反应	对金属腐蚀分类知识的巩固，并对前面展示“铁在干燥氯气中被腐蚀”的现象给予回应
	【问题2】化学腐蚀与电化学腐蚀哪一种在日常生活中更普遍？为什么？ 【学生思考与回答】电化学腐蚀更普遍，因为大部分金属是合金材料	培养学生在化学中的分类思想，培养学生思考问题与实际生活联系的思维方式
	【问题3】化学腐蚀与电化学腐蚀哪种腐蚀危害性更大？为什么？ 【学生思考与回答】电化学腐蚀；构成原电池发生反应更快	由腐蚀快慢问题，复习构成原电池可以加快化学反应速率

续表

<table>
<tr><th>教学环节</th><th>师生活动</th><th>设计意图</th></tr>
<tr><td rowspan="2">【任务四】化学腐蚀与电化学腐蚀探究</td><td>【实验探究 1】在烧杯内加入一粒纯度较高的锌粒，然后向烧杯中加入 30mL 稀硫酸，接下来再插入铜丝接触锌粒，观察现象。
<table><tr><th></th><th>实验现象</th><th>金属腐蚀类型</th></tr><tr><td>铜丝不接触锌粒</td><td></td><td></td></tr><tr><td>铜丝接触锌粒</td><td></td><td></td></tr></table>培养学生学习化学的兴趣，增强学生科学探究的精神，落实学生“科学探究”和“证据推理”的核心素养</td><td></td></tr>
<tr><td>【问题 4】铜丝插进去接触锌粒后发生何种腐蚀？速率更快说明什么问题？锌粒表面的气泡说明什么问题？
【学生思考与回答】电化学腐蚀；电化学腐蚀速率更快，危害更大；两种腐蚀同时进行。
【实验归纳小结】金属在发生电化学腐蚀的时候，同时伴随着化学腐蚀</td><td>两组实验现象进行对照，提高学生分析问题和解决问题的能力。检验学生对本节课知识内容的掌握情况</td></tr>
<tr><td rowspan="3">【任务五】吸氧腐蚀与析氢腐蚀的探究</td><td>【实验探究 2】港珠澳大桥的桥墩常年浸泡在海水中，受到海水的侵蚀。下面用铁钉代替桥墩的钢材，用食盐水代替海水，进行模拟桥墩被侵蚀实验。实验操作见课本 P112 实验 4-3（1）
<table><tr><td>实验装置图</td><td>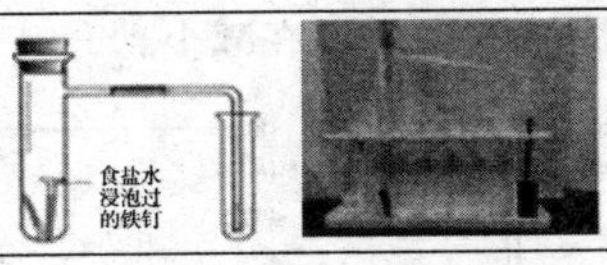</td></tr><tr><td>实验现象</td><td></td></tr></table></td><td>模拟实验，培养学生学习化学的兴趣，提高学生动手动脑的能力，增强学生科学探究的精神，落实学生“科学探究”和“证据推理”的核心素养</td></tr>
<tr><td>【问题 1】导管中水柱为什么会上升？发生化学腐蚀还是电化学腐蚀？为什么？
【学生思考与回答】管内压强减小，有气体消耗；发生电化学腐蚀，铁与食盐水不反应</td><td>培养学生分析问题和解决问题的能力</td></tr>
<tr><td>【问题 2】能否设计实验证明该装置消耗的是氧气，且能将化学能转化为电能？并检验正极和负极反应的产物，书写电极反应。
资料：铁钉主要是碳铁合金，Fe^{2+}可以与 $K_3[Fe(CN)_6]$ 溶液产生特征蓝色沉淀 $KFe[Fe(CN)_6]$</td><td>继续追问，结合资料设计实验证明实验 2 现象的推测是否正确。为理解钢铁吸氧腐蚀的原理，进行深度学习</td></tr>
</table>

续表

教学环节	师生活动	设计意图
【任务五】 吸氧腐蚀与析氢腐蚀的探究	【学生思考与交流】 【实验探究 3】 ①按图组装原电池装置（取 50mL 氯化钠溶液），观察电流表指针偏转情况。 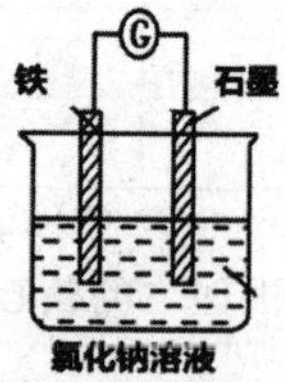 ②取铁片用砂纸打磨后水平放置在 100mL 烧杯口，滴加 5—6 滴饱和 NaCl 溶液于铁片中央，然后滴加 2 滴 $K_3[Fe(CN)_6]$，再滴加 1 滴酚酞，观察现象。  【有效证据】通过手持传感技术数字化实验，能够真实反映实验温度的变化和氧气浓度的变化。通过该定量实验可证明吸氧腐蚀中 O_2 浓度在减小。 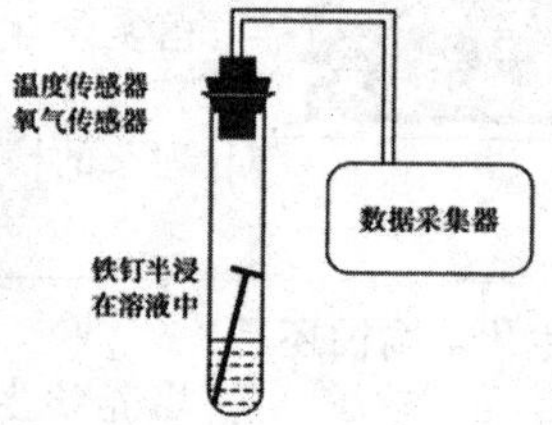 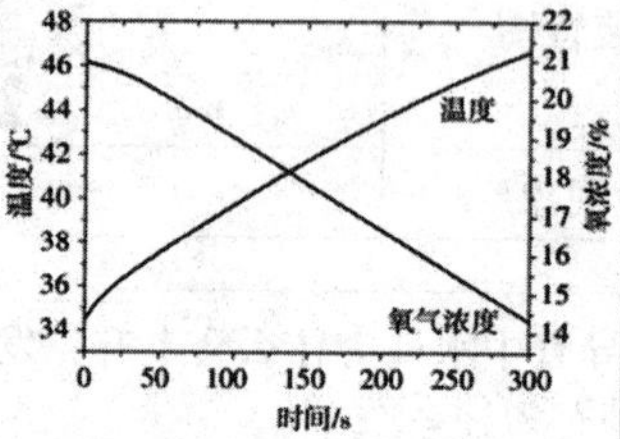 【知识讲授】钢铁吸氧腐蚀的电极反应及总反应式	将钢铁吸氧腐蚀的微型原电池放大成经典的原电池，以更好地理解吸氧腐蚀是一种原电池式的腐蚀。通过创新性实验验证正负极的产物，并利用手持传感技术数字化实验的有效证据来证实实验现象的真实性。提高学生的动手动脑的能力，增强学生科学探究的精神，培养学生“科学探究”和“证据推理”的核心素养
	【问题 3】由于环境问题，港珠澳大桥还要面临酸雨（pH<5.6）的侵蚀，如果在铁片（模拟桥的钢材结构）表面滴加几滴稀硫酸（模拟硫酸型酸雨），预测会有怎样的现象发生？ 【学生思考与交流】	港珠澳大桥所处的外界环境，除了受到海水的侵蚀，还会受到酸雨的侵蚀，为钢铁的析氢腐蚀的知识做铺垫

续表

<table>
<tr><th>教学环节</th><th>师生活动</th><th>设计意图</th></tr>
<tr><td rowspan="3">【任务五】吸氧腐蚀与析氢腐蚀的探究</td><td>【实验探究 4】在实验探究 3 装置的铁片背面（砂纸打磨）中滴加 5 滴稀硫酸，观察溶液区域的现象。书写电极反应。
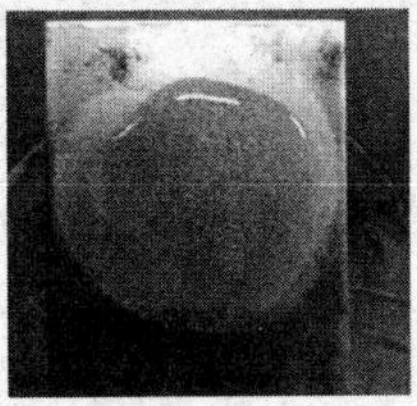
【知识讲授】钢铁析氢腐蚀的电极反应及总反应式</td><td>通过模拟实验，提高学生动手动脑的能力，增强学生科学探究的精神，培养学生“科学探究”和“证据推理”的核心素养</td></tr>
<tr><td>【问题 4】滴加硫酸产生什么气体？为什么开始有气泡产生，随着时间推移，慢慢没有气泡出现，溶液还呈酸性？

【学生思考与回答】钢铁表面水膜酸性很弱或呈中性时，发生吸氧腐蚀；酸性很强时，发生析氢腐蚀</td><td>针对实验提出问题，让学生明白滴加硫酸先发生析氢腐蚀，氢离子浓度降低之后发生吸氧腐蚀，让学生理解吸氧腐蚀和析氢腐蚀的关系</td></tr>
<tr><td>【问题 5】钢铁的电化学腐蚀是吸氧腐蚀还是析氢腐蚀？与什么有关？
【学生思考与回答】跟环境中氢离子的浓度大小有关，随着氢离子浓度的变化，电化学腐蚀的类型是动态变化的。
【有效证据】钢铁腐蚀资料
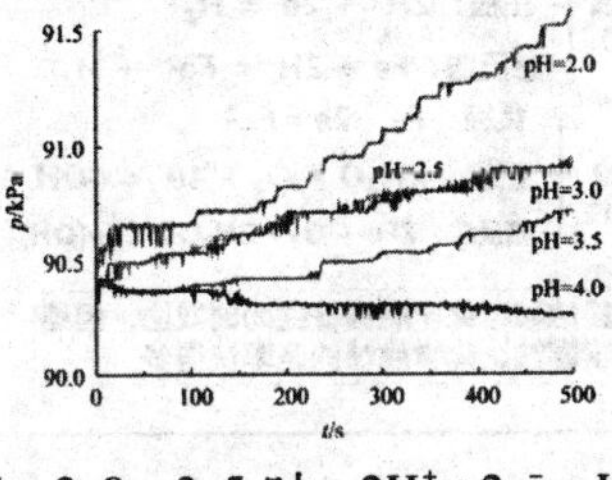

pH=2.0、2.5、3.0、3.5 时，$2H^+ + 2e^- = H_2\uparrow$（析氢腐蚀）
pH=4.0 时，$O_2 + 4e^- + 4H^+ = 2H_2O$（吸氧腐蚀）</td><td>通过追问，让学生理解钢铁吸氧腐蚀和析氢腐蚀与溶液酸碱性有关，并通过钢铁腐蚀资料的图像数据提供有效证据</td></tr>
</table>

续表

<table>
<tr><th>教学环节</th><th>师生活动</th><th>设计意图</th></tr>
<tr><td>【任务六】吸氧腐蚀的应用</td><td>【吸氧腐蚀的应用】暖贴的解密

品　　名：一次性保暖贴
主要成分：铁粉、水、食盐、活性炭、蛭石、吸水性树脂
产品性能：平均温度 55 ℃，最高温度 63 ℃，发热时间 12 小时以上
使用说明：使用时将外包装袋撕开，取出内袋，将保护衬纸揭下，贴在需要取暖或热敷部位的内衣外侧。使用完后，从衣服上撕下即可【严禁直接接触皮肤】
【知识讲授】铁粉是负极材料，水和食盐组成离子导体，活性炭是正极材料，蛭石是保温材料，吸水性树脂持续提供水并控制出水量。一次性保暖贴是吸氧腐蚀在生活中最为典型的应用</td><td>化学联系生活，让学生理解化学腐蚀的两面性，一方面会造成钢铁的损失，另一方面能够在我们生活中的某些领域为我们所用</td></tr>
<tr><td>【课堂小结】</td><td>用思维导图师生共同对本课开展小结：
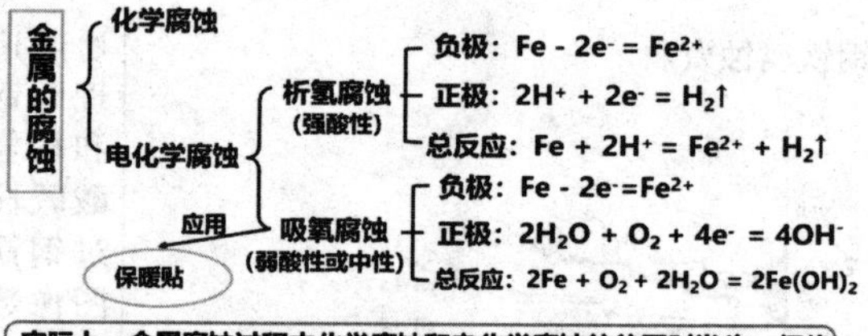

实际上，金属腐蚀过程中化学腐蚀和电化学腐蚀往往同时发生，但绝大多数属于电化学腐蚀。电化学腐蚀比化学腐蚀的速率快得多</td><td>让学生明确本节课学习所要掌握的主要内容，并回到本节课的起点，结合钢铁腐蚀的原理，思考如何去保护港珠澳大桥不被腐蚀，为下一课时做铺垫</td></tr>
</table>

六、教学反思与评价

本节课从保护港珠澳大桥的情境出发，联系课堂知识和实际生活，让学生能够运用电化学基本原理进一步解决实际的生活生产问题。通过任务驱动和问题驱动的教学方式，设置问题串，层层深入，并结合实验探究活动的开展，促使学生从宏观到微观角度去了解金属腐蚀的概念和分类，探究金属腐蚀的本质，感受吸氧腐蚀在生活中的应用，培养学生的化学思维和高阶思维，提高学生动手能力、小组协助能力以及分析和解决问题的能力，落实和发展学生的科学探究、证据推理、社会责任等化学学科核心素养。本课教学效果良好，学生的课堂参与度高，达到了教学预期。

（李明 广东省东莞市第四高级中学）

案例 6

基于化学史情境的项目式教学与评价
——“破译元素周期表的密码”

一、学习内容分析

新版化学教材第四章物质结构元素周期律是高中化学元素及其化合物的核心，既是对前面两章学习过的钠、氯、铁三种元素内容的总结、延伸和应用，也为后面即将学习的其他元素做好准备，重在让学生确立结构决定性质的化学思维，在元素及其化合物的学习过程中建立模型意识，学会用模型认知和证据推理来分析化学问题。

而原子结构与元素周期表是新版化学必修 1 第四章第一节的内容，本节共包含原子结构、元素周期表、核素、元素性质与原子结构四部分内容，四部分内容相辅相成，从原子结构的角度认识清楚元素周期表的结构，进而分析周期表中原子结构与元素性质的关系，为元素“位、构、性”关系确立打下良好基础，从而为下一节元素周期律的学习做好铺垫，帮助学生形成证据推理和模型认知的核心素养。

本课时内容是第一节的第四个课时，即以碱金属和卤素为例掌握同主族的元素性质相似性和递变性的规律，理解原子结构和元素性质的关系。而这一课时的内容是第一节内容与第二节内容的关键联系，学习掌握了同主族元素原子结构、元素性质和元素周期表中的位置关系，同周期的就可以以此类推，所以本节内容是形成学生证据推理和模型认知核心素养的关键。

二、学情分析

高一学生学习化学的热情还来自对化学实验的好奇心，在进入高中学习部分化学理论知识，初步系统地了解了三大元素钠、氯、铁之后，进行元素周期律的学习，对学生建立元素化合物的学习模型是非常适合的，深入学习结构决定性质的内涵，建立证据推理的意识对后面其他元素的学习是非常有帮助的，也有益学习思维的深化。但是，高一的学生缺乏化学学习的整体意识，还缺乏建立知识点之间联系的观念，更加缺乏对知识背后的知识的理解，很多问题停留在记忆的层面，所以在课堂学习的过程中要突出学科思维的构建，在对知识的表象理解基础上，培养化学的核心素养，突出模型认知和证据推理的核心素养，培养化学的科学素养。

三、教学重难点分析

本节课教学的重点是同主族元素性质的相似性和递变性，从原子结构的角度解释其原因，建立用原子结构推测元素性质的模型，学会用证据推理的方式分析预测未知元素的性质。教学难点是建立学生原子结构和元素性质之间联系的认知模型和预测未知元素的性质。

总的来说，在元素周期表这一模块中，学生学习的重难点主要有三个：

第一，读取数据，分析性质递变规律。

第二，从原子结构的角度分析性质递变的原因。

第三，根据同主族结构变化规律预测元素的性质。

四、教学目标与评价目标

表 1-11 “破译元素周期表的密码”教学与评价目标

	教学目标	评价目标
宏观辨识与微观探析	能以碱金属和卤素为例，联系宏观化学性质与微观原子结构之间的关系	从同主族的角度认识元素“位、构、性”之间的关系
变化观念与平衡思想	认识碱金属和卤素在元素周期表中排列位置的含义，理解同主族元素性质的相似性和递变性	会从原子结构变化的角度推测同主族元素性质的变化规律
证据推理与模型认知	能运用原子结构模型说明典型金属和非金属元素的性质及其递变规律；能收集和表述实验证据，基于实验事实得出结论	会通过比较同主族原子结构示意图比较金属性和非金属性的递变规律；观察碱金属和卤素性质对比试验，得出性质递变规律
科学探究与创新意识	开展卤素置换反应微型实验，能通过实验探究物质的性质和变化规律	完成微型实验，能通过实验观察现象
科学态度与社会责任	通过化学史的学习，理解科学研究的不易，体会科学研究的精神	能体验科学研究的严谨性和科学的发展过程

五、教学评过程

（一）设计思路

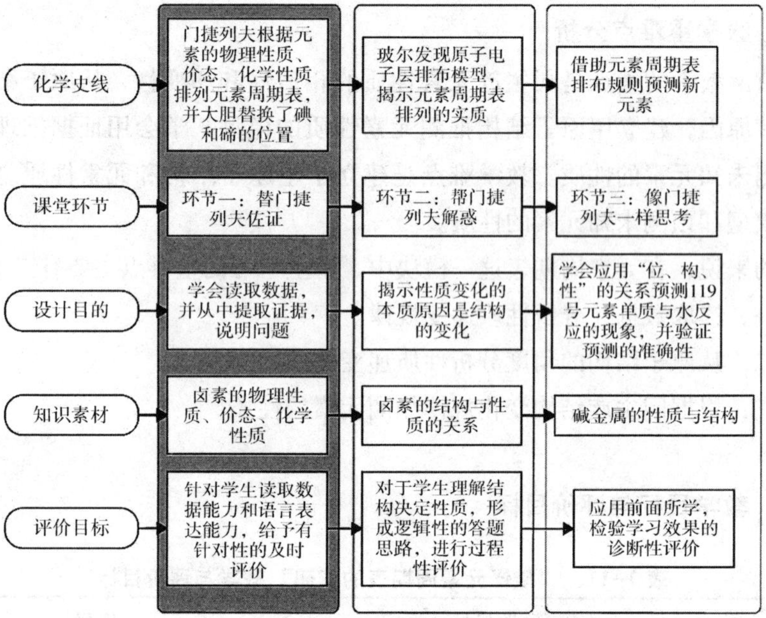

图 1-11　“破译元素周期表的密码”设计思路

（二）具体过程

1. 课前准备

表 1-12　课前准备活动

学习任务	学生活动	教师活动
【学习任务】了解元素周期表发现的历史。 【评价任务】诊断并发展学生对化学史的认识水平	课前阅读课本第 92 页科学史话，了解元素周期表发现的历史	引导学生阅读课本第 92 页科学史话，了解元素周期表的发展历史

设计意图：以化学史为背景的项目式学习，在课前要求学生了解相关历史，为后面的学习做铺垫，另外营造历史的氛围，可以提高学生对于化学史的认识水平。

2. 过程环节一

表 1-13 替门捷列夫佐证

<table>
<tr><th>学习任务</th><th>学生活动</th><th>教师活动</th></tr>
<tr><td rowspan="4">【学习任务 1】熟悉卤素物理性质和化学性质的递变规律。
【评价任务 1】诊断并发展学生对同主族非金属元素性质递变的认识水平</td><td>1. 了解门捷列夫的排列规则，思考问题：（1）碘元素和碲元素的排列为什么违反了门捷列夫的规则？（2）能帮他证明碘和碲位置替换是正确的吗？（3）能从哪些方面佐证</td><td>1. 展示门捷列夫及元素周期表的第一张手稿，讲述门捷列夫的排列规则，并提出疑问：（1）碘元素和碲元素的排列为什么违反了门捷列夫的规则？（2）你能帮他佐证吗？（3）能从哪些方面佐证</td></tr>
<tr><td>2. 比较碘和碲的物理性质及化合价，积极回答问题，通过碲的化合价和颜色不符合卤素的变化规律确定碲不属于卤素，初步得到同主族元素物理性质和化合价的变化规律</td><td>2. 引导学生观察卤素物理性质和价态的表格，分析找出碘是卤素，而碲不是卤素的证据</td></tr>
<tr><td>3. 查阅课本资料，整理卤素单质与氢气化合的相似性和递变性规律</td><td>3. 提出问题：碘作为卤素和其他卤素的化学性质有什么相似之处呢？引导学生查看课本第 96 页卤素与氢气的化合反应，并整理相似性和递变性</td></tr>
<tr><td>4. 完成微型分组实验，并整理实验现象，得出卤素单质氧化性递变规律</td><td>4. 提出卤素也可发生类似金属的置换反应，指导学生完成微型分组实验 4-1。在实验中，提醒学生注意对照试验和定量溶液体积
<table>
<tr><th colspan="2">序号</th><th>注射器</th><th>西林瓶</th></tr>
<tr><td colspan="2">液体体积</td><td>0.5mL</td><td>2mL</td></tr>
<tr><td rowspan="3">实验组</td><td>1</td><td>2mol/L NaBr(aq)</td><td>氯水</td></tr>
<tr><td>2</td><td>2mol/L KI(aq)</td><td>氯水</td></tr>
<tr><td>3</td><td>2mol/L KI(aq)</td><td>溴水</td></tr>
<tr><td rowspan="2">对照组</td><td>4</td><td>蒸馏水</td><td>氯水</td></tr>
<tr><td>5</td><td>蒸馏水</td><td>溴水</td></tr>
</table></td></tr>
</table>

设计意图：通过对数据的处理，提高学生读数能力，培养学生证据意识和科学思维的严谨性。利用已经学习过的氯的性质做比较，让学生学会对比学习。通过分组实验，培养学生实验动手能力，增强学习化学的兴趣，学会用实验的手段验证结论的方法。在实验中，改进课本普通实验为密封、微量实验，改进了毒性问题，也安排了对照试验，避免溶液稀释所带来的影响。

3. 过程环节二

表 1-14　帮门捷列夫解惑

<table>
<tr><th>学习任务</th><th>学生活动</th><th>教师活动</th></tr>
<tr><td rowspan="5">【学习任务 2】掌握通过原子结构解释元素性质的方法。
【评价任务 2】诊断并发展学生对结构决定性质的认识水平</td><td>1. 回答问题并归纳由原子结构推证性质变化的答题模板：
卤素原子最外层电子数都为 7 个，都易得一个电子，同主族元素从上至下电子层数逐渐减弱，原子半径逐渐增大，原子核对最外层电子的吸引力逐渐减弱，得电子的能力逐渐减弱，单质的氧化性逐渐增强，元素的非金属性逐渐减弱</td><td>1. 引导学生从原子结构的角度找出卤素化学性质递变的原因</td></tr>
<tr><td colspan="2"><table>
<tr><th>卤素</th><th>原子结构示意图</th><th>最外层电子数</th><th>电子层数</th><th>原子半径</th><th>原子核对最外层电子的吸引力</th><th>得电子能力</th><th>单质的氧化性</th><th>元素的非金属性</th></tr>
<tr><td>F</td><td></td><td rowspan="4">7
都易得一个电子</td><td>2</td><td rowspan="4">逐渐增大 ↓</td><td rowspan="4">逐渐减弱 ↓</td><td rowspan="4">逐渐减弱 ↓</td><td rowspan="4">逐渐减弱 ↓</td><td rowspan="4">逐渐减弱 ↓</td></tr>
<tr><td>Cl</td><td></td><td>3</td></tr>
<tr><td>Br</td><td></td><td>4</td></tr>
<tr><td>I</td><td></td><td>5</td></tr>
</table></td></tr>
<tr><td>2. 理解概念，整理笔记</td><td>2. 展示出非金属性的定义，并且通过比较清楚和氧化性的关系</td></tr>
<tr><td>3. 回答问题归纳非金属性的判断方法：
(1) 非金属单质与氢气化合的难易程度，越容易，元素非金属性越强。
(2) 化合生成气态氢化物的稳定性，越稳定，元素非金属性越强。
(3) 单质的氧化性越强，元素的非金属性越强。
(4) 最高价氧化物的水化物（最高价含氧酸）的酸性 $HClO_4 > HBrO_4 > HIO_4$，越强，元素非金属性越强</td><td>3. 提出问题：根据之前的化学性质对比找出能够判断非金属性强弱的方法有哪些</td></tr>
<tr><td>4. 回答问题，辨析概念</td><td>4. 提出问题：已知酸性 HF<HCl<HBr<HI，所以非金属性 F<Cl<Br<I。这种说法对吗</td></tr>
</table>

续表

学习任务	学生活动	教师活动
【学习任务2】掌握通过原子结构解释元素性质的方法。 【评价任务2】诊断并发展学生对结构决定性质的认识水平	5. 了解原子结构的发现晚于门捷列夫排列出元素周期表！学习科学的研究精神	5. 提出疑问：通过比较原子结构我们能很顺利地解释卤素性质变化的原因，而门捷列夫当年打破了相对原子质量排列的顺序并将它们调换了，他非常的勇敢，但是为什么他没有考虑原子结构呢？给出化学史的时间轴，引导学生体会科学研究的不易
	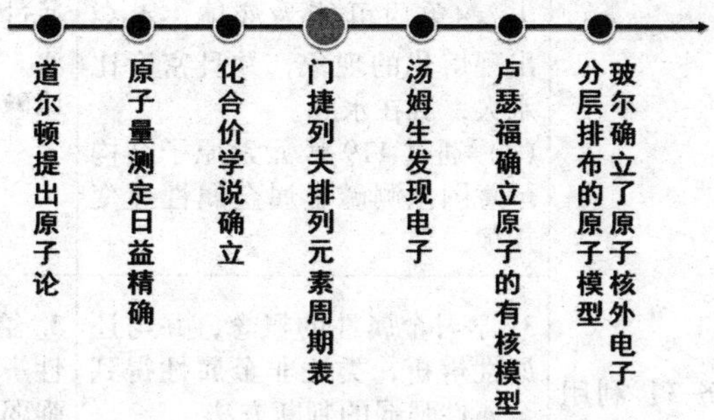	

设计意图：掌握通过原子结构推断元素性质的一般方法，初步形成由原子结构推断元素性质的答题模板，辨析理解概念，培养学生的条理性和逻辑性，了解化学史和科学研究的不易，培养学生的科学素养。

4. 过程环节三

表 1-15 像门捷列夫一样思考

学习任务	学生活动	教师活动
【学习任务3】利用原子结构解释卤素性质的递变规律。 【评价任务3】诊断并发展学生对同主族金属元素性质递变的认识水平	1. 阅读“镓的故事”，了解元素周期表的重要功能：预测未知元素的性质	1. 展示“镓的故事”，讲述元素周期表最重要的用途：预测未知元素的性质

续表

学习任务	学生活动	教师活动
	2. 思考问题：$_{119}$×单质与水的反应现象是什么？ (1) 确定119号元素的位置：第八周期第ⅠA族。 (2) 同主族钠和水的反应现象简述为：浮、熔、游、响、红。 (3) 通过碱金属物理性质表格预测$_{119}$×单质的物理性质，得出$_{119}$×单质可能为液体，不会出现熔化的现象，并且密度比水大，沉在水底。 (4) 通过119号元素原子结构示意图预测碱金属金属性递变规律	2. 提出问题：预测$_{119}$×单质与水的反应现象是什么？ 引导学生先确定位置，再找到同主族熟悉的钠与水的反应现象对比研究。 通过问题驱动，引导学生从物理性质、化学性质和原子结构的角度对比碱金属元素
【学习任务3】利用原子结构解释卤素性质的递变规律 【评价任务3】诊断并发展学生对同主族金属元素性质递变的认识水平	3. 学习金属性的概念，并与还原性辨析，类比非金属性得到金属性强弱的判断方法	3. 给出金属性的概念，并与还原性辨析，类比非金属性得到金属性强弱的判断方法

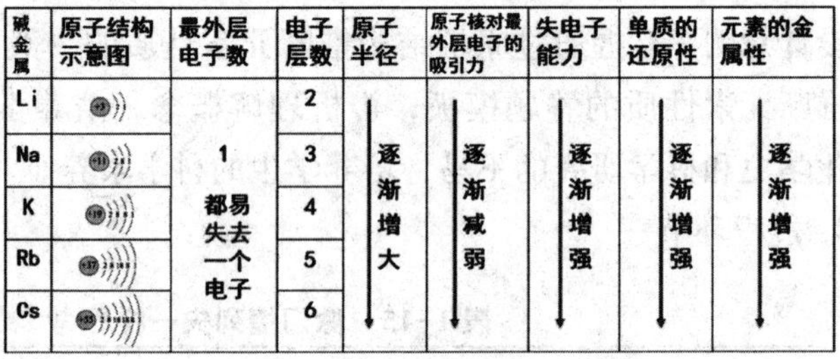

碱金属	原子结构示意图	最外层电子数	电子层数	原子半径	原子核对最外层电子的吸引力	失电子能力	单质的还原性	元素的金属性
Li		1 都易失去一个电子	2	逐渐增大	逐渐减弱	逐渐增强	逐渐增强	逐渐增强
Na			3					
K			4					
Rb			5					
Cs			6					

学习任务	学生活动	教师活动
	4. 预测$_{119}$×单质与水的反应现象： 本身为液体，滴入水中沉在水底，迅速游走，剧烈爆炸，反应后的溶液滴入酚酞显红色	4. 引导学生归纳上述结论，预测$_{119}$×单质与水的反应现象
	5. 观看视频，确定预测现象正确	5. 播放铯和水的反应视频。引导学生脑补$_{119}$×单质与水的反应现象

设计意图：了解元素周期表的重要用途。本环节体现了“教、学、评”一体化的过程，学生即学即用，检验学生学习的结果，评价学生是否掌握同主族性质递变规律，掌握同主族元素原子结构推测元素性质的一般方法，形成答题思维模型，体现深度学习的特点。

5. 课堂小结

表 1-16　课堂小结

学习任务	学生活动	教师活动
【学习任务 4】明确元素周期表的排列密码就是原子结构和元素性质之间的关系。 【评价任务 4】诊断并发展学生对化学史的了解并提高其认识水平	课堂小结	1. 总结学习内容，得到元素周期表排列的密码就是原子结构。 展示某款智能手机使用的快充技术就是靠门捷列夫一百多年前预言的“镓”的氮化物实现的，那么现在的科学家也已经开始按照元素周期表的规律寻找 119 和 120 号元素了。 2. 推荐阅读书目《决战元素周期表》和论文《门捷列夫发现元素周期表的启示》

设计意图：学以致用、科学精神教育，通过推荐阅读书目增加学生的学习兴趣，扩展知识面，增强对化学史的了解。

六、教学反思

（一）化学史应用的反思

化学史材料在中学化学中出现的并不多，多数在使用时只是展示图片，或是讲个故事，但是经过本节课的研究，对于元素周期表这一模块，化学史材料相对完整且丰富，所以在课前就已考虑如何更充分地利用化学史料，体现历史的价值。

通过仔细研究发现，在元素周期表的发现过程中，还隐藏了一些故事，门捷列夫当年之所以没有发现元素周期律的实质，主要是受制于当时的科学界还没有发现原子核外电子排布模型。仔细思考，这样的科学研究过程，不正和我们学生现在要解决的问题是一样的吗？即在现有素材的基础之上，提取自己所需数据，整理归纳，找到规律。

所以在课程的设置中，也充分地应用了这一点。课程的三个环节分别模拟了发现元素周期律前——利用性质排列元素位置；发现原子核外电子排布后——利用结构解释元素周期表排列原因；发现元素周期表之后——利用元素周期表模拟预测未知元素性质。

在这样的化学史背景下，学生的学习会更有代入感，实际体验当年科学家是如何解决问题的，激发学生进行科学研究的兴趣。

（二）项目式教学反思

项目式教学中，在项目任务驱动下，学生的学习目标会不自觉地变得更加明确，学习的目的性和方向性会更好。在这一节课中，设计了三个小项目，要求学生完成。在“佐证”环节，学生会主动读取数据，通过训练规范的语言表达，提高学生对数据的整理能力和提炼能力。

在“解惑”环节，学生在前面的课程中已经学习过原子核外电子排布规则，可以利用已经学习过的知识解决现在的问题，这样学生的学习会更有成就感，更有利于以后的学习。

在“思考”环节，本身按照课表内容是要学习碱金属的性质递变规律，但以往在学习本节内容的时候，因为内容繁多，所以导致教师基本都是满堂灌或者拖堂才能讲完，但是学习内容都是相同的，学到的方法远比知识点重要得多，正所谓，授人以鱼不如授人以渔。所以在这一环节，只选择了119号元素单质与水反应的现象作为研究对象。首先研究对象是未知的，学生会有点胆怯，但是随着教师带领其进行一步步的分析，与旧知识钠与水的反应建立起联系之后，学生会有恍然大悟的感觉，再回头得到的就是解决这类问题的思路和方法了。

（三）问题驱动式教学反思

以本节课第三环节为例，原本在面对学习任务——预测119号元素单质与水的反应现象时，学生对这一未知元素的性质的探索感到有些胆怯，然而，教师在课堂中巧妙地运用了问题驱动法，引导学生一步步深入思考，带领他们分析问题并寻求解决方案。如下示例：

师：请你预测119号元素单质与水的反应现象是什么？

生：（思考问题，没有人快速回答）

师：既然我们是像门捷列夫一样思考，利用元素周期表预测119号元素单质的性质，那么我们首先要知道什么呢？

生：119号元素的位置。

师：119号元素在元素周期表中的位置在哪里呢？

生：（部分学生小声回答“第八周期”）

师：现在的元素周期表总共有多少种元素呢？

生：118种。

师：那么，118号元素在周期表中的位置在哪里呢？

生：第七周期零族。

师：那么 119 号元素的位置在哪里呢？

生：第八周期第ⅠA族。

师：有了 119 号元素的位置，我们再来考虑，如果我们要预测 119 号元素单质与水的反应现象，我们需要已知什么材料？

生：（回答问题）

师：我们需要什么数据？

生：（回答问题）

在课堂问答的过程中，教师教给学生解决这类问题的一般思路和方法。在课堂中教师的提问，就是学生思考的方向提示，所以课前应该仔细琢磨问题的提出方式，提升学生的思维能力。

（赵雅婷 广东省东莞市东莞中学松山湖学校）

案例7

基于认知负荷理论的高三化学复习课“水解常数”教学探索

一、学习内容分析

由于化学学科知识点繁多、零散，学生在高三学业复习过程中，普遍承受较大的学习压力。学生在课堂学习过程中产生较大的认知负荷，一般难以被调动积极性，很容易产生无趣、疲惫感，导致上课效率低、收获少，进而影响复习效果。因此，在高三化学复习过程中，如何进行有效的课堂教学设计，从而达到既减轻学生学习压力，又提高复习效率，在巩固知识的基础上提升学生的知识应用能力，达到培养学生的化学核心素养的目的。这是一个值得深入研究的教学难题。

二、认知负荷理论概述

关于如何通过缓解压力来提升效率的问题，早在20世纪80年代就有了相关研究，澳大利亚心理学家约翰·斯威勒（John Sweller）提出了认知负荷理论。认知负荷是指在一个特定的作业时间内施加于个体认知系统的心理活动总量，包含三大类负荷：内在认知负荷、外在认知负荷和相关认知负荷。学生在学习过程中，同时承受着这三种认知负荷。其中，内在认知负荷主要由教材的编排引起，外在认知负荷主要由学习压力、教学设计方式不当引起。内在、外在负荷均不利于学生学习。相关认知负荷是学生构建知识网络、形成图式时所产生的负荷，这是一种有利的认知负荷，因为由此构建的知识网络、图式可以用来解决同类型问题从而有效降低外在认知负荷。因此，有效的复习课堂设计应该达到既减少学生内在、外在认知负荷，又提高学生相关认知负荷的目标。

三、基于认知负荷理论的复习课设计

基于对以上问题的思考，笔者在认知负荷理论的指导下，以“水解常数”复习课为例，进行减少学生认知负荷、提高学习效率的复习课堂教学设计。

“水解常数”内容出现在选修4教材第三章第三节“盐类水解”内容之后的

小字部分，包含定义、表达式推导等内容，对高二阶段的学生来说属于课外拓展知识。而随着学生完成高中化学学科内容，进入高三的全面复习，学生的知识水平、学习能力也得到了相应的提升。在高二阶段非考点的内容在高考中变成了考点，因此，非常有必要对水解常数的内容进行梳理和复习。

本节课教学内容如图 1-12 所示：

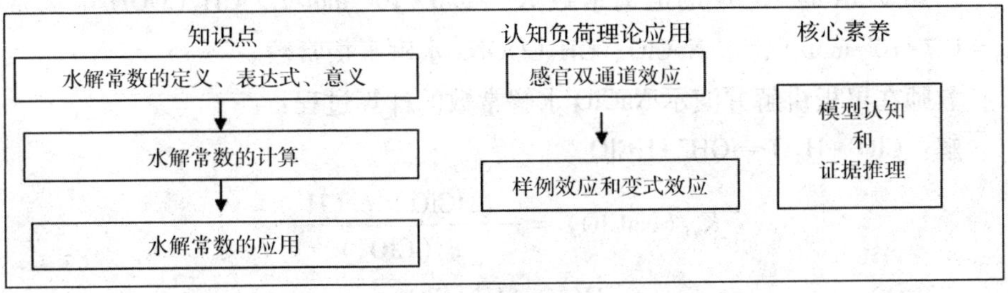

图 1-12 “水解常数”复习课教学内容设计

（一）利用感官双通道效应回顾水解常数概念

水解常数的定义、表达式及意义等知识是水解常数计算和应用的基础。因此，在水解常数计算和应用知识复习之前，首先对以上基础知识进行复习。认知负荷理论认为，声音形式、图像加书面文本共同呈现所产生的学习效果优于单纯的书面文本形式呈现的学习效果。因此，通过播放提前制作好的微课来供学生复习水解常数的基础知识，充分利用听觉和视觉通道加工信息，能够扩展工作记忆的容量，有效降低学生的外在认知负荷。

（二）利用样例效应和变式效应突破盐类水解常数计算和应用难点

样例效应是指在化学教学过程中，通过一个样例先向学生展示解决问题的方法和步骤，学生通过对样例的学习，归纳形成解决问题的图式，用以解决新的问题。认知负荷理论认为，样例效应有助于减少学生学习过程中的错误，减少无效认知负荷的产生，促进学生学习的迁移能力，提高学生的相关认知负荷。

变式效应指的是改变样例的部分内容或改变样例—问题间呈现方式，学生通过识别原样例与变式样例的共同特征，将原样例的解决方法迁移到变式样例的解决方法上来。斯威勒等研究表明，在样例学习期间，提供变式的样例，一方面，有利于促使学生对相似或相关特征与无关特征进行区分，促进问题图式的建构；另一方面，为学生提供了辨认相似特征的机会，扩展样例适用范围，从而促进或增强图式发展和迁移。

在考题中，盐类水解常数计算与应用知识点通常与酸或碱的电离平衡、离子浓度相对大小等知识点相伴出现，这就增加了试题解决的难度，很多学生看到题目一时无法下手，增加了学生的外在认知负荷。本教学设计通过 1 个样例展开盐类水解常数的计算，利用变式效应，通过一步步改变样例，逐步加深难度，拓展盐类水解常数的计算和应用知识。

【样例 1】一元弱酸对应的强碱弱酸盐水解常数的计算

已知 298K 时 HClO 的电离常数 $K_a=3.0\times10^{-8}$ mol/L，CH_3COOH 电离常数 $K_a=1.7\times10^{-5}$ mol/L，求 NaClO、CH_3COONa 水解平衡常数。

教师在黑板讲解并演示 NaClO 水解常数的计算过程：

解：$ClO^-+H_2O \rightleftharpoons OH^-+HClO$

$$K_h\text{（NaClO）}=\frac{c\text{（HClO）}c\text{（}H^+\text{）}}{c\text{（}ClO^-\text{）}}$$

$$HClO \rightleftharpoons H^+ + ClO^-$$

$$K_a\text{（HClO）}=\frac{c\text{（}ClO^-\text{）}c\text{（}H^+\text{）}}{c\text{（HClO）}}$$

$$K_h\text{（NaClO）}=\frac{c\text{（HClO）}c\text{（}OH^-\text{）}}{c\text{（}ClO^-\text{）}}=\frac{c\text{（HClO）}K_w}{c\text{（}ClO^-\text{）}c\text{（}H^+\text{）}}=\frac{K_w}{K_a\text{（HClO）}}=\frac{10^{-14}}{3.0\times10^{-8}}$$

$$=3.33\times10^{-7}$$

由教师对例题的演示，学生可以提炼出由酸电离常数计算水解常数的步骤是（见图 1-13）：

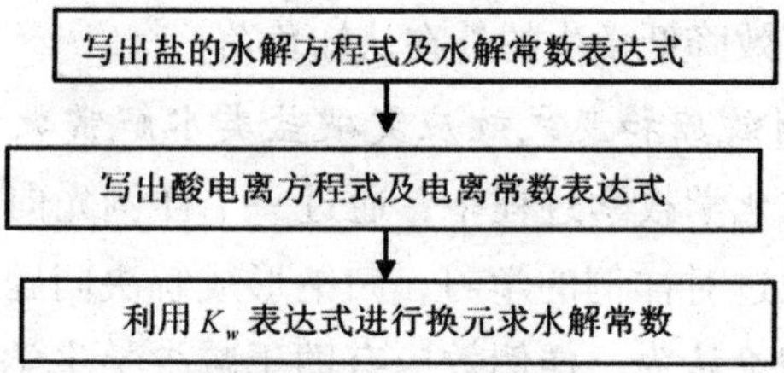

图 1-13　学生提炼计算水解常数的步骤

学生根据教师的样例演示及归纳出的水解常数计算步骤，计算出 CH_3COONa 水解平衡常数。计算结果是：

K_h（CH_3COONa）$=K_w/K_a$（CH_3COOH）$=10^{-14}/$（1.7×10^{-5}）$=5.88\times10^{-10}$

通过两道习题的对比归纳，总结出一元弱酸对应的强碱弱酸盐水解常数的计算公式：

$$K_h=\frac{K_w}{K_a}$$

凡是涉及计算，都是学生学习的难点，对计算的恐惧使学生在面对水解常数计算题时外在认知负荷增加。利用样例效应，教师向学生逐步分解水解常数计算具体的详细的解答步骤，学生掌握了计算的方法，也就削弱了自身对计算的恐惧，有效降低了外在认知负荷；同时，具体的答题步骤有助于学生归纳出解答水解常数计算的方法，形成解决方法程序化的思维，培养了学生模型建构的核心素养，提高了相关认知负荷。再遇到类似的题目，只要注意样例解答中与图示有关的信息，就会减少错误的尝试，进一步降低外在认知负荷。

【变式 1】一元弱碱对应的强酸弱碱盐水解常数的计算

已知 25℃时，$NH_3 \cdot H_2O$ 的电离平衡常数是 K_b，则 NH_4Cl 溶液的水解平衡常数 K_h 是多少？

该题目由求一元弱酸对应的强碱弱酸盐改成了求一元弱碱对应的强酸弱碱盐水解常数，但计算方法类似，学生根据一元弱酸对应的强碱弱酸盐水解常数的计算步骤，可以推出一元弱碱对应盐的水解常数计算步骤，轻松地解决该题目。

解：$K_h(NH_4Cl)=\dfrac{c(NH_3 \cdot H_2O)c(H^+)}{c(NH_4^+)}=\dfrac{c(NH_3 \cdot H_2O)K_w}{c(NH_4^+)c(OH^-)}=\dfrac{K_w}{K_b(NH_3 \cdot H_2O)}$

同时，又能总结出一元弱碱对应的强酸弱碱盐水解常数计算公式：$K_h=\dfrac{K_w}{K_b}$。

由此，拓展盐类水解常数的计算步骤是（图 1-14）：

写出盐的水解方程式及水解常数表达式

↓

写出酸或碱电离方程式及电离常数表达式

↓

利用 K_w 表达式进行换元求水解常数

图 1-14　学生拓展计算水解常数的步骤

【变式 2】二元弱酸对应的强碱弱酸正盐水解常数的计算

25℃时，H_2CO_3 的电离平衡常数是 $K_{a1}=4.3\times10^{-7}$，$K_{a2}=5.6\times10^{-11}$，则 Na_2CO_3 溶液的一二级水解平衡常数 K_{h1}、K_{h2} 分别是多少？

解：$H_2CO_3 \rightleftharpoons H^+ + HCO_3^-$

$$K_{a1} = \frac{c(HCO_3^-)c(H^+)}{c(H_2CO_3)}$$

$HCO_3^- \rightleftharpoons H^+ + CO_3^{2-}$

$$K_{a2} = \frac{c(CO_3^{2-})c(H^+)}{c(HCO_3^-)}$$

$CO_3^{2-} + H_2O \rightleftharpoons HCO_3^- + OH^-$

$$K_{h1} = \frac{c(HCO_3^-)c(OH^-)}{c(CO_3^{2-})} = \frac{c(HCO_3^-)K_w}{c(CO_3^{2-})c(H^+)} = \frac{K_w}{K_{a2}}$$

$HCO_3^- + H_2O \rightleftharpoons H_2CO_3 + OH^-$

$$K_{h2} = \frac{c(H_2CO_3)c(OH^-)}{c(HCO_3^-)} = \frac{c(H_2CO_3)K_w}{c(HCO_3^-)c(H^+)} = \frac{K_w}{K_{a1}}$$

由此可得出，二元弱酸对应的强碱弱酸正盐：$K_{h1} = \frac{K_w}{K_{a2}}$，$K_{h2} = \frac{K_w}{K_{a1}}$。

该题目将原样例的一元弱酸对应的强碱弱酸盐改成了二元弱酸对应的强碱弱酸盐的水解常数的计算，难度增大了，但学生只要按照原来提炼出的水解常数计算步骤分步写出方程式及表达式再进行计算，最终也可以得出正确答案。

但在这个例题中，还存在一个陷阱，有些学生贪图简便，直接套用一元弱酸对应的强碱弱酸盐的水解计算公式，认为 $K_{h1} = K_w/K_{a1}$、$K_{h2} = K_w/K_{a2}$，这就犯了经验主义的错误。殊不知，盐的水解常数只与对应的弱酸或弱碱的电离常数成反比例关系，在运用公式时一定要找准盐对应的弱酸或弱碱，例如，在变式 2 中，Na_2CO_3对应的弱酸是 HCO_3，碳酸氢盐对应的弱酸是 CO_3^{2-}，这给了学生一个启示：公式都有适用范围，需要通过推导验证，不能生搬硬套。从而发展学生模型认证和证据推理的学科核心素养。

【变式 3】利用水解常数判断二元弱酸的酸式盐溶液酸碱性

常温下，H_2S 的 $K_{a1} = 1.3\times10^{-7}$，$K_{a2} = 7.1\times10^{-15}$。试判断 0.1mol/L 的 NaHS 溶液显______性，溶液中粒子浓度大小：c（H_2S）______ c（S^{2-}）。（写出推导过程）

分析：NaHS 溶液中同时存在 HS^-的电离和水解平衡，电离产生氢离子呈酸性，水解产生氢氧根离子呈碱性，溶液最终的酸碱性由电离程度和水解程度的相对大小决定。因此题目本质在于比较 HS^-电离常数和水解常数的大小。根据变式 3 建构的图式，找准盐对应的弱酸，求出 NaHS 的水解常数，再与电离常数进行比较。

解：NaHS 溶液中同时存在 HS^- 的电离和水解平衡：

$HS^- \rightleftharpoons S^{2-} + H^+$ 属于 H_2S 的第二步电离，$K_{a2} = 7.1 \times 10^{-15}$

$HS^- + H_2O \rightleftharpoons H_2S + OH^-$ HS^- 对应的弱酸是 H_2S，与 H_2S 第一步电离有关

$$K_{h2} = \frac{K_w}{K_{a1}} = \frac{10^{-14}}{1.3 \times 10^{-7}} \approx 10^{-7} > K_{a2}$$

因此，HS^- 的水解程度大于电离程度，溶液中 $c(OH^-) > c(H^+)$，呈碱性；$c(H_2S) > c(S^{2-})$。

由此，拓展盐类水解常数的计算和应用步骤是（见图 1-15）：

写出盐的水解方程式及水解常数表达式

↓

找准盐对应的弱酸或弱碱，写出酸或碱电离方程式及电离常数表达式

↓

利用 K_w 表达式进行换元求水解常数

↓

根据 K 值大小判断溶液酸碱性

图 1-15 学生拓展盐类水解常数的计算和应用步骤

【变式 4】判断同浓度一元弱酸与其对应盐混合溶液酸碱性

已知常温下，HCN 的 $K_a = 6.2 \times 10^{-10}$，浓度均为 0.5mol/L 的 NaCN 和 HCN 的混合溶液显______性，溶液中粒子浓度大小：c（HCN）______ c（CN^-）。

变式 4 在变式 3 的基础上改变了题目的计算对象，与变式 2 属于同质异形题，本质上都是考查通过比较电离常数与水解常数大小来判断溶液的酸碱性。通过变式 4 的练习，学生理解并巩固了盐类水解计算和应用的方法，形成了解决这一类相关问题的思维模型，促进了相关认知负荷的提升。

四、教学反思

基于认知负荷理论进行教学设计，为改变传统教学方式，减轻学生学习压力，降低学生认知负荷提供了理论依据和方法。教学实践证明，感官双通道效应有利于提高学生对知识的吸收效率，对于复杂、有难度的知识点，利用样例效应和变式效应层层推进课堂教学，引导学生由浅入深、由易到难逐步加深对知识的理解和掌握，有利于减轻学生外在认知负荷，提升相关认知负荷，有效地提高了高三学生复习的效率；帮助学生构建图式认知形成知识结构化、解决

问题程序化的思维，促进学生的深度学习，有利于学生学科核心素养的培育和发展。

（林铃　广东省东莞市第六高级中学）

案例 8

促进学科理解的主题单元教学实践研究
——以“离子反应与氧化还原反应”为例

一、教学背景分析

郑长龙指出，“宏观辨识与微观探析”和“变化观念与平衡思想”是最能体现化学学科特点的化学学科核心素养。“离子反应”与“氧化还原反应”是高中化学学习的重要内容，承载着发展学生上述两大化学学科核心素养的功能价值。从现有文献来看，对“离子反应”与“氧化还原反应”的研究主要聚焦于核心概念的进阶教学、试题分析与作业设计等方面。谭湘湘等人以“离子反应”为例，认为建立解决问题的思维方式和方法是促进学科理解的关键；① 门文茹等人从学科知识、学科价值等五个维度进行基于学科理解的“氧化还原反应”复习课教学策略研究，但两者均缺乏有效的评价方案；② 鲍文亮等人将“离子反应”与“氧化还原反应”的主题大概念定义为“透过现象看本质”，但未将两者的本质共性进行关联统摄。③

本案例将以主题大概念为统领，基于化学学科理解构建单元教学与表现性评价设计，以期更好地发展学生的“宏观辨识与微观探析”和“变化观念”等化学学科素养。

（一）教材对比分析

“离子反应”与“氧化还原反应”在人教版必修 1 和鲁科版必修 1 中均位于“物质分类”内容之后，“常见无机物的性质与转化”内容之前。由此可见，两个版本的教材在编写上有着相同之处，均强调学生在认识视角上应先基于元素组成对化学物质进行分类，同时预测其宏观化学性质，再进阶至宏观到微观的视角分析物质的组成微粒，以及微粒在水溶液等环境中的相互作用，最终逐渐

① 谭湘湘，何彩霞．促进化学学科理解的单元教学实践——以“离子反应”单元为例［J］．化学教学，2022（11）：49-53.

② 门文茹，孔德顺，廖春泉．指向学生学科理解的氧化还原反应专题复习策略［J］．云南化工，2022，49（6）：133-136.

③ 鲍文亮，李贝贝，周雯，等．大概念统领下单元作业的设计与实践——以“氧化还原反应和离子反应”单元为例［J］．化学教学，2023（1）：83-87，96.

形成分析常见无机物性质与转化的结构化认识思路。

（二）课程标准分析

“离子反应”与“氧化还原反应”隶属于《普通高中化学课程标准（2017年版2020年修订）》（以下简称《课程标准》）中“常见的无机物及其应用”主题，其内容标准与学业要求如下（见表1-17）：

表1-17 内容标准与学业要求

学习主题	内容标准	学业要求
离子反应	1. 认识电解质在水溶液或熔融状态下能发生电离。 2. 认识离子反应及其发生的条件。 3. 了解常见离子的检验方法	1. 能利用电离、离子反应、氧化还原反应等概念对常见的反应进行分类与分析说明。 2. 能列举、描述、辨识典型物质的重要化学性质及实验现象，并用方程式正确表示。 3. 能从元素价态的角度，预测物质的化学性质与变化，设计实验进行初步验证，并能分析、解释有关实验现象。 4. 能有意识运用所学的知识或寻求相关证据参与社会性议题的讨论
氧化还原反应	1. 认识有化合价变化的反应是氧化还原反应。 2. 了解氧化还原反应的本质。 3. 知道常见的氧化剂与还原剂	

（三）学情分析

本单元的学习主体为高一年级学生。在必备知识上，能判断化学物质的类别、化合物中各组成元素的化合价，以及熟悉物质的化学性质；在思维能力上，学生已初步建构起基于元素组成认识化学物质，以及基于物质变化类型对化学反应进行分类的认知模型；在实践能力上，学生也已掌握简单的实验操作技能。然而，学生现阶段的知识与能力水平都是表层、碎片化的，选取了本市某直属高中不同层次的学生进行课前访谈，从访谈结果得知：大部分学生对微粒之间相互作用的类型与结果认识模糊，只能记住元素的常见化合价，判断常见的简单化合物中元素化合价，对元素化合价的功能价值与化学史背景一无所知；能够进行简单的实验操作并描述其现象，但未意识到化学实验的作用是为了验证理论猜想，缺乏“提出猜想→设计简单实验→预测现象→得出结论”的科学思维与探究意识。

本单元结合《课程标准》、教材编排与学情，以“物质微粒间的相互作用”为主题大概念，以“离子反应与氧化还原反应”为单元主题的名称。

二、教学目标

第一，通过对 NaCl、HCl、$BaSO_4$、蔗糖等物质的导电实验探析，初步建立起对化学物质在不同环境下的组成微粒及微粒变化的认识思路。

第二，通过对 $Ba(OH)_2$溶液分别与 Na_2SO_4溶液、$CuSO_4$溶液反应时的电导率变化情况探析，初步建立起“宏观物质—微观组成”的认识视角，以及基于“宏观辨识—微观探析—符号表征”的微粒间相互作用的结构化认识思路。

第三，通过对 H、Na、Cl 的原子结构及单质的化学性质辨识，将认识视角提升至“宏观物质—介观元素—微观组成”水平。

第四，通过酸性 $KMnO_4$溶液分别与 H_2O_2、KI 溶液反应的实验活动，初步建立起学生“提出猜想—设计简单实验—预测现象—得出结论”的科学探究思路。

第五，通过对“84 消毒液”的主要成分、产品说明分析，以及巴西奥运会“绿藻”事件的分析，诊断并发展学生基于认识视角以及认识思路，解释实际问题的能力水平。

三、教学重难点

（一）教学重点

建立“宏观物质—微观组成”的认识视角，以及基于“宏观辨识—微观探析—符号表征”的微粒间相互作用的结构化认识思路。

（二）教学难点

建立“提出猜想—设计简单实验—预测现象—得出结论”的科学探究思路。

四、教学方法与思路

化学学科理解是指教师对化学学科知识及其思维方式和方法的一种本原性、结构化的认识。本原性问题、认识思路与视角和概念层级是化学学科理解的三要素，本原性问题阐释了“解决什么问题”，认识思路与视角阐释了“如何解决问题”，概念层级则是主题大概念统领下的具体呈现方式。复分解型离子反应的本质是离子间通过静电作用相互结合，氧化还原反应的实质是电子转移，两者的共同本质都是微粒间的相互作用。本单元教学的主题大概念与学科理解关系如下（见图 1-16）：

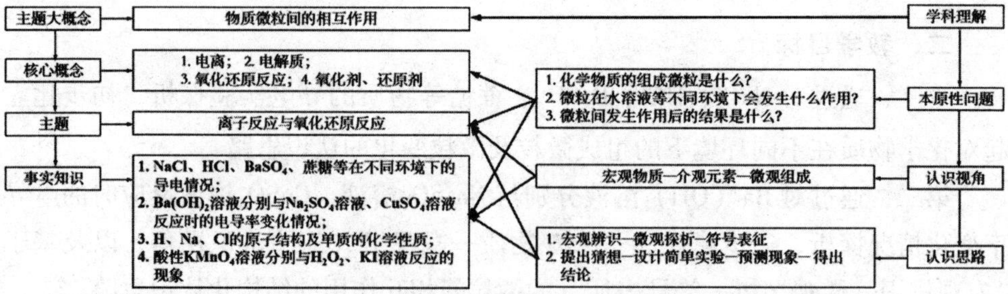

图 1-16　“离子反应与氧化还原反应”主题大概念与学科理解关系

针对本单元的学习目标和表现性任务，结合学生的学习境况，将本单元的核心概念和教学任务分解成 4 个课时对应的学习任务。第 1 课时的主题为电解质的电离，第 2 课时的主题为离子反应，第 3 课时的主题为氧化还原反应，第 4 课时的主题为应用认识视角与思路。最后将主题大概念的本原性问题转化为问题链，将核心概念与关键技能蕴含于单元活动任务中，各项活动具有一定的指向性，根据逆向设计①单页模板中“WHERETO”七要素，对学习活动进行编码，具体如下（见表 1-18）：

表 1-18　单元学习活动

课时计划	问题链	学习活动	活动编码
第 1 课时	NaCl、HCl、$BaSO_4$、蔗糖分别由什么微粒组成？在水溶液和熔融状态下，上述物质的微粒会发生什么变化	学生思考分析，并进行导电性实验探究	W/E_1
	表现性任务	学生根据实验现象，辨识物质本身的组成微粒，以及在不同环境下微粒的变化	
第 2 课时	往 Ba（OH）$_2$ 溶液中分别滴入 Na_2SO_4溶液和 $CuSO_4$溶液，电导率曲线有所不同，如何基于微观层面进行解释	学生进行实验，利用电导率仪测定电导率变化，讨论分析	W/E_1
	表现性任务	学生根据实验现象，描述反应过程中物质微粒的相互作用与结果	

① 威金斯，麦克泰格．追求理解的教学设计［M］．闫寒冰，宋雪莲，赖平，译．上海：华东师范大学出版社，2017：3.

续表

课时计划	问题链	学习活动	活动编码
第 3 课时	如何基于 H、Na、Cl 的原子结构以及 NaCl、HCl 的微粒组成，认识金属 Na、H_2分别与 Cl_2的反应过程	学生思考讨论，并进行小组汇报	W/R
	表现性任务	学生根据原子结构示意图，分析各原子得失电子能力，结合 NaCl、HCl 的微粒组成，描述各反应的过程	
第 4 课时	如何基于认识视角，预测酸性 $KMnO_4$溶液分别与 H_2O_2、KI 溶液的反应？ 如何认识“84 消毒液”的主要性质？ 如何基于微粒间的相互作用，解释巴西奥运会“绿藻”事件	学生根据相关材料，思考分析，提出猜想，设计实验进行验证，并归纳总结	W/H/E_1/R/E_2
	表现性任务	学生基于元素化合价、物质的组成微粒及相互作用，提出猜想并验证；学生运用所学知识与相关材料，在真实情境中分析问题，并设计实验验证	

说明：在《追求理解的教学设计》中，作者威金斯和麦克泰格提出了“WHERETO”七要素，即 W（方向与原因）、H（吸引与保持）、E（探索与体验、准备与使能）、R（反思、重新考虑与修改）、E（评价）、T（定制）与 O（组织）。其中，“WHERETO”中的第一个“E”为“E_1”，第二个“E”为“E_2”。

五、教学过程

针对本单元的教学设计，现选取第 4 课时的教学实录作为实践研究的参考路径。

【资料卡片 1】常见的含碘物质：（1）KI 溶液无色，且不与淀粉反应；（2）I_2微溶于水，水溶液呈黄色，遇到淀粉变蓝。

【资料卡片 2】常见的含锰物质：（1）K_2MnO_4可溶于水，溶液呈绿色；（2）MnO_2难溶于水，为黑色固体；（3）$MnSO_4$可溶于水，溶液接近无色。

【师】如何认识 KI、$KMnO_4$可能具有的化学性质？请说明你的依据。

【生 1】K 的活泼性（还原性）强于 Na，K 原子比 Na 原子更容易失去电子，生成的 K^+稳定性强。

【生 2】根据资料卡片，I 元素的常见化合价包括-1、0 价，KI 中 I 元素为-1 价，KI 具有还原性，能与氧化剂反应生成 I_2。

【生 3】Mn 元素的常见化合价包括+2、+4、+6、+7 价，$KMnO_4$中 Mn 元素为+7 价，酸性 $KMnO_4$具有氧化性，能与还原剂反应生成 K_2MnO_4、MnO_2、$MnSO_4$等物质。

【师】如何设计实验验证 KI、$KMnO_4$的化学性质？请提供实验方案。

【实验药品与仪器】KI 溶液、酸性 $KMnO_4$溶液、淀粉溶液、试管、胶头滴管等。

【生 1】向装有少量酸性 $KMnO_4$溶液的试管中逐滴滴入过量 KI 溶液，若溶液变绿则生成 K_2MnO_4；若有黑色固体产生则生成 MnO_2；若溶液褪至几乎无色则生成 $MnSO_4$。

【生 2】再向反应后的溶液中加入淀粉溶液，若溶液变蓝，则有 I_2生成。

【师】预测物质的氧化性、还原性的一般思路是什么？

【生 1】预测物质氧化性、还原性的一般思路：判断元素化合价→根据化合价判断物质性质→设计实验进行验证，具体如下（见图 1-17）：

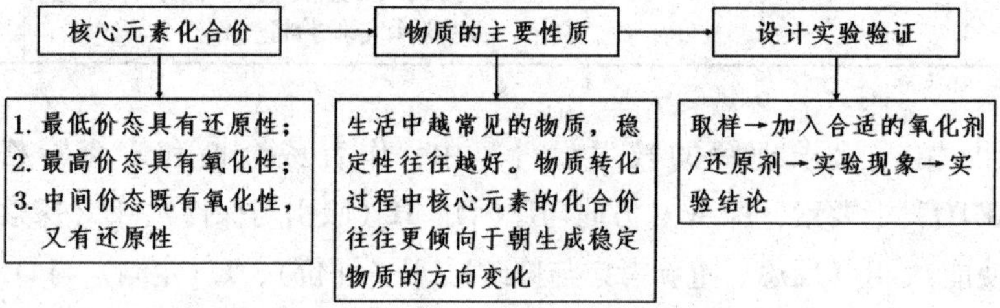

图 1-17　预测物质的氧化性、还原性的一般思路

【师】如何基于上述认识思路，预测 H_2O_2的化学性质？

【生】如图 1-18 所示：

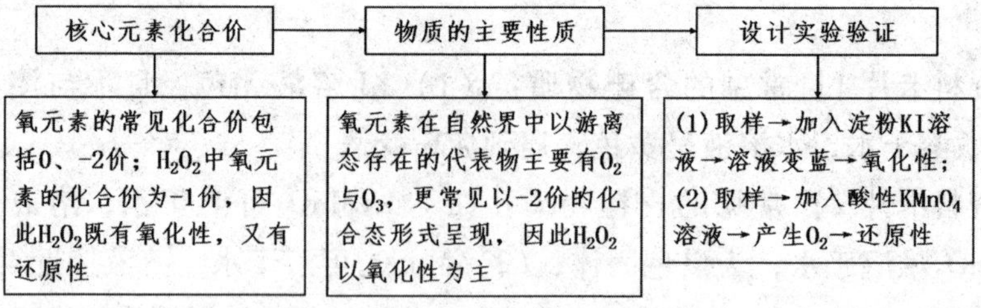

图 1-18　H_2O_2的化学性质

【师】如何设计实验验证 H_2O_2 的化学性质？请提供实验方案。

【实验药品与仪器】KI 溶液、酸性 $KMnO_4$ 溶液、淀粉溶液、5% H_2O_2 溶液、试管、胶头滴管、带火星的木条等。

【生 1】向装有少量 5% H_2O_2 溶液的试管中滴入几滴 KI 溶液和淀粉溶液，若试管中溶液变蓝，则证明 H_2O_2 具有氧化性。

【生 2】向装有少量 5% H_2O_2 溶液的试管中滴入几滴酸性 $KMnO_4$ 溶液，并将带火星的木条放在试管口，若酸性 $KMnO_4$ 溶液褪色，且木条复燃，则证明 H_2O_2 具有还原性。

【情境背景】2016 年巴西游泳池"绿藻"事件——工作人员误将 H_2O_2 消毒剂代替了此前一直使用的含氯消毒剂投入游泳池中，使藻类在富氧环境中生长。

【师】如何解释 H_2O_2 消毒剂在游泳池中产生大量氧气的原因？

【资料卡片】"84 消毒液"是生活中一种常见的含氯消毒剂，其有效成分为 NaClO。

【生 1】Cl 元素在自然界中的常见化合价为-1 价，NaClO 中 Cl 元素的化合价为+1 价，因此 NaClO 具有氧化性，H_2O_2 被氧化从而产生 O_2。

【生 2】NaClO 能够催化 H_2O_2 分解从而产生 O_2。

【师】如何设计实验验证你们的猜想？请提供实验方案。

【实验药品与仪器】NaClO 溶液、5% H_2O_2 溶液、试管、胶头滴管、带火星的木条。

【生】向装有足量 5% H_2O_2 溶液的试管中滴入几滴 NaClO 溶液，并将带火星的木条放在试管口，且木条能够持续复燃一段时间，则 NaClO 能催化 H_2O_2 分解；若木条只是短暂复燃，则再向试管中滴入几滴 NaClO 溶液，木条重新复燃则说明 H_2O_2 被氧化产生 O_2。

【师】通过本单元的学习，你从中得到了哪些启发？请谈谈你的认识。

【生 1】生活中许多的消毒剂通常都具有氧化性，不同的消毒剂不能随意混合使用。

【生 2】化学对我们的生活等方面有着重要的应用价值。

【师】离子反应与氧化还原反应的本质都是物质微粒之间的相互作用。我们应从微粒组成与相互作用的视角研究化学物质之间的反应，并用化学实验验证猜想。

六、教学反思与评价

"离子反应与氧化还原反应"是高中化学学习中的重要内容，也是分析物质的性质与转化的重要思想观念，但学生在学习实践中往往只能停留于理解层次，未能主动应用其分析解决实际问题，故常只能在教师的引导下正确分析问题；教师的课堂教学效果也看似良好，实则不尽如人意。基于化学学科理解，凝练本原性问题，让学生建构起认识视角与结构化认识思路，并不断运用认识视角与思路解决真正情境中的问题，最终将化学思维转为化学观念，则主题大概念的教学才能真正落地。

（叶秋耀　广东省东莞实验中学）

模块二　基于思维模型构建与应用的教学

一、思维模型的研究综述

（一）思维模型的研究缘起

在教学中，我们经常遇到这样的问题：讲过很多遍的知识，仍有学生不会；学生基础知识掌握得不错，但是遇到复杂问题则不知所措；很多简单的问题，学生解答时丢三落四，导致会做的题目拿不到分或者拿不全分；学生有知识，无能力；有知识，无应用，尤其不能解决真实情境下的真实问题；对知识、原理的理解停留在表面，不能精准洞悉本质，无法进行迁移知识，架起新知阶梯。

遇到难题学生无从下手，是因为学生缺乏把复杂问题转化为简单问题的转化思维；做题时不注重细节，是因为学生缺乏程序思维；有知识，无应用，是因为学生缺乏创新思维；无法架起新知与旧知之间的阶梯，是因为学生缺乏迁移思维。培养学生转化思维、程序思维、创新思维和迁移思维等思维素养的途径有很多，基于化学核心素养的模型认知教学，通过思维模型构建的过程，是培养思维素养比较有效的途径。

（二）思维模型的研究意义

综上所述，基于思维模型构建与应用的教学主要解决四个问题，问题解决方案如图 2-1 所示。

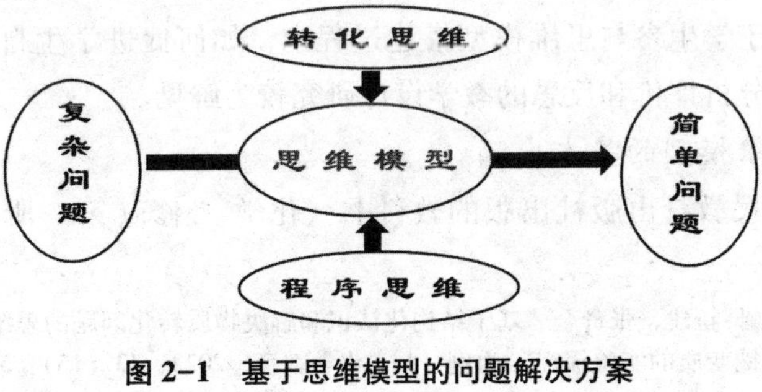

图 2-1　基于思维模型的问题解决方案

第一，转化思维模型构建。讲过很多遍的知识，仍有学生不会；学生基础知识掌握得不错，但是遇到复杂问题则不知所措，故需以转化思维模型解决问题。

第二，程序思维模型构建。很多简单的问题，学生解答时丢三落四，导致会做的题目拿不到分或者拿不全分，故需以程序思维模型解决问题。

第三，创新思维模型构建。学生有知识，无能力；有知识，无应用，尤其不能解决真实情境下的真实问题，故需以创新思维模型解决问题。

第四，迁移思维模型构建。对知识、原理的理解停留在表面，不能精准洞悉本质，无法进行迁移知识，架起新旧知识的阶梯，故需以迁移思维模型解决问题。

（三）思维模型的研究现状

郑婷婷等人在《基于结构化认识和解决物质转化问题的思维模型建构》中讲到，模型是从具体原型、事实中抽取本质属性，对具体事物抽象化、简易化的一种思维方法，可分为物质模型和思维模型。① 前者主要是对具体实物的形象化表现，如分子模型、原子模型等。后者则指学习者能够根据已有知识和经验对客观事实进行联系、推测、加工处理后形成的处理问题和解决问题的最本质的观念和素养，把这些抽象的观念和思路搭建起来形成可视化的思维导图，如一些概念、公式、规律等。相关模型建构或认知的研究，从中国知网（CNKI）数据库中可发现文献颇丰，近 3 年来每年发表相关论文均在 150 篇以上，领域多在生物、物理、数学学科，方向主要是教育教学模型的建构。纵观国内外有关模型的研究，发现国外对建模的研究从理论到实践都相对比较成熟，主要从建模理论、建模教学、建模能力培养三个视角为国内研究提供了丰富素材，促进了国内关于教学建模研究的丰富与发展。其中，在理论研究上定义了模型的概念，明确了建模历程以及模型在教学中的功能和作用；在实践上开展了大量模型建构与教学结合的应用研究，主要涉及在课堂中通过分析问题、构建模型来帮助学生初步建立解决问题的框架，强化分析思路等方面的研究。但文献研究也发现，关于学生参与思维模型搭建过程中，如何促进学生自主对模型进行修正和调试、分析评价和反思的教学设计研究较为鲜见。

（四）思维模型的基本内涵

2019 年人民教育出版社出版的教科书《化学 必修（第一册）》定义模型

---

① 郑婷婷，吴新建，张贤金．基于结构化认识和解决物质转化问题的思维模型建构——以“氢氧化钠变质的实验探究”为例［J］．化学教育，2022，43（15）：57-62.

为：模型就是对研究对象进行实验观察和证据推理的基础上，利用简化、抽象和类比的方法，将反映对象的本质特征形成一种概括性描述或认识思路。建模能力是学习自然科学的核心能力，是发展学生核心素养的关键能力之一。模型认知是化学学科核心素养的基本组成。模型认知包括实物模型和思想模型两类。思想模型是实物模型在思维中的引申，是一类具有一定形态结构特征的具象模型；另一类是以抽象思维方法构建的抽象模型，本研究属于此类。

邱美虹认为，建模是模型产出的一个动态过程。① 建模需要考虑多个问题：进行假设、设定建立模型时的目标、确定模型的成分、考虑某些可能衍生出的其他问题，选择并建立适当的模型，不断地进行检验并修正发展新的模型。通过建模过程，学生才能了解知识具有建构性，并且能促进理解科学本质。

袁野认为，建模是将研究对象进行抽象化、去粗化、精选化，从而得到简约、精练的模型过程。建模是建立模型的思想、过程。学生利用建模解决化学问题包括四个阶段：问题表征、模型建构、模型检验、模型应用。②

综上所述，模型建构即建模是一个建立模型的动态过程，建模的目的是得到解决相关实际问题的简便的模型。建模的过程是复杂的，不可能一蹴而就，而是需要在过程中不断检验、修正并完善的。最后再把模型应用在新的问题情境中从而解决问题，以此培养学生的模型建构与模型应用的相关能力。

(五) 思维模型的理论基础

模型建构的过程是学生科学探究的过程，是建立在发展学生的科学思维之上的。模型建构不仅是为了让学生掌握知识，更注重的是模型建构的过程，让学生在这个过程中通过思维方法的运用，掌握一定的知识，发展学生的科学思维。

1. 建构主义理论

建构主义理论认为，知识并不是客观的，不同的个体对知识的理解程度不同，存在一定的主观性。学生对知识的认识体现在已有的经验基础上，自主建立新旧知识的联系，在对旧知识的理解上主动建构新知识。学生不是被动地接受知识，而是从已有认知结构出发，将头脑中已经存在的知识重新进行加工，实现知识的同化与顺应。教师应根据学生的知识基础和经验背景，给学生提供相关的情境，学生通过对实际情境的分析，发现并解决问题，引导学生主动建构知识框架。模型建构以建构主义理论为依据，注重在教学中通过创设情境、设置问题等引导学生主动参与建模。通过搭建新旧知识之间的桥梁，启发学生

---

① 邱美虹．模型与建模能力之理论架构［J］．科学教育月刊，2008，306：2-9.

② 袁野．高中生化学问题解决中建模能力的研究［D］．扬州：扬州大学，2009.

对新知识的建构，主动参与建模过程，使学生成为知识的建构者。

2. 认知主义学习理论

认知主义学习理论的主要观点是学习产生于个体内部对认知的变化，比S—R（刺激—反应）联结更为复杂。托尔曼（Edward Chase Tolman）认为不管什么样的学习都有一定的目的性，指出学生的学习必须建立在已有的认知上。皮亚杰（Jean Piaget）与布鲁纳（Jerome Seymour Bruner）强调学生已有认知结构的重要性，认为学习的本质不是学生被动地接受知识，而是要主动地形成认知。奥苏贝尔（David Pawl Ausubel）倡导“有意义学习”，认为学习者通过建立新旧知识的联系实现知识的同化，才是有意义的学习。①

模型建构是在学生对知识已知的条件下进行的建构活动，是为了让学生通过建构模型巩固所学知识，主动地建构知识体系，肯定学生的学习主动性。因此，在教学过程中，教师要在学生已有的认知基础上，采用一定的教学策略，引导学生把要学习的知识与已经学过的知识联系起来，建立新旧知识的联系，从而完成建模。

3. 合作学习理论

合作学习理论最早起源于美国的教育领域，是指为了完成某一项共同的任务，把学生分为几个小组，通过组内合作的方式共同完成学习任务。合作学习注重学生间的互帮互助、团结合作，为了共同的学习目标而努力，能够促进学生团结协作能力、创新思维能力的提高，进而提高学生在学习中的主观能动性。为了保证合作学习的有效性与互助性，每个小组内的学生应该具有一定的差异性。因此，教师在对班级中的学生进行划分时，应该考虑每一个学生的特点与学习能力，保证学生之间能够相互促进、相互影响，共同完成学习活动。

模型建构是以小组为单位进行的，能够充分发挥学生间的团结协作能力，促进学生间思维的碰撞。学生在自主学习后，以小组合作探究的形式进行建模。教师在对学生进行分组时，应该充分考虑学生间的差异，实现真正意义上的合作建模。

4. 信息加工理论

信息加工理论认为个体获得知识的过程是对头脑中的各种信息进行重新加工的过程。加涅（Robert Mills Gagne）提出知识的最终获得是个体不断学习的过程，在这个过程中，需要对接触到的信息进行各种由简单到复杂的加工，主

① 侯晓君．科学思维视域下模型建构在高中生物学教学中的应用研究［D］．济南：山东师范大学，2022.

要包括动机、领会、获得、保持、回忆、概括、操作和反馈八个阶段。① 总而言之，学习和信息加工是密不可分的，学习涉及的每个阶段都需要学习者在头脑中对各种信息进行处理，直到获得预期的学习目标。

在模型建构过程中，学生需要在对原型进行分析的基础上，抽取原型的本质特征，从而建构模型，这个过程就是知识在学生头脑中进行加工的过程。通过信息加工建构模型，一方面能够加深对知识的理解，另一方面对信息进行加工的过程也是学生思维发展的过程，能够促进学生思维的发展。

二、思维模型构建的流程

以“把课堂还给学生”理念为指导，以有效问题为引领，以合作学习为方式，以实验探究为手段，培养学生由被动接受转化为主动学习。

基本上形成了基于化学核心素养的模型认知教学（如图 2-2 所示）和思维模型在高三二轮复习中应用的基本思路和框架（如图 2-3 所示），初步探索出一条培养学生思维能力的途径：一是以课堂为中心，对学生进行模型认知的培养，以实现学科能力培养在理论上的突破；二是利用周练有计划有目的地进行不同层次的学科能力的实践与研究，保证学科能力培养分层分期的达成；三是与结合学校开展的研究性学习活动，在高二组织学生进行一次以收集、整理能力培养为主的研究性活动相结合，为不同学科能力的培养提供有益的补充。从而初步形成一条将教、学、考有机结合起来的学科能力培养分层化、系统化、常规化、有效化的教学之路。

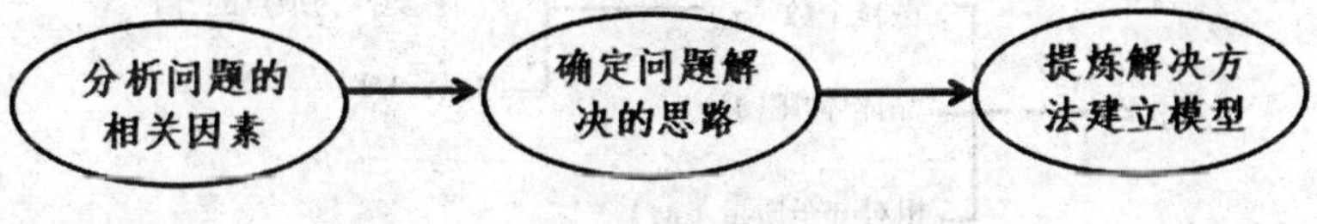

图 2-2 思维模型构建的基本流程

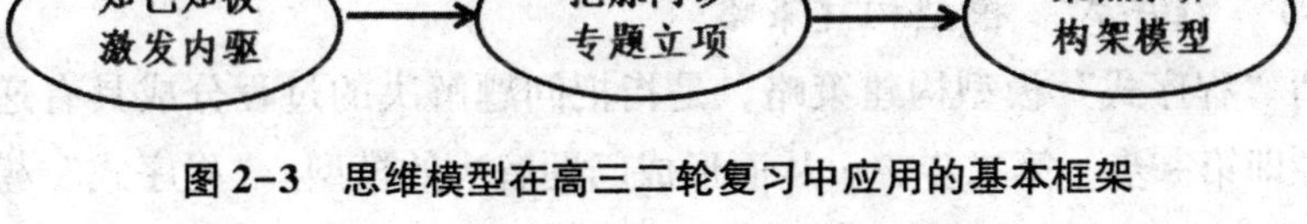

图 2-3 思维模型在高三二轮复习中应用的基本框架

---

① 万星辰．加涅的信息加工理论与教学实践简述［J］．教书育人（高教论坛），2015（2）：74-75.

形成“四步”教学设计：第一步，通过相关旧知识的回忆为新知识建立思维框架；第二步，讲授新知识，让学生动手构建图的模型；第三步，学生共同探讨模型正确与否；第四步，修改模型，做题巩固。

三、思维模型构建的策略

（一）“分解式”模型构建策略

所谓“分解式”模型构建策略，即把复杂问题分解为若干个简单问题，通过对简单问题的解决，从而形成问题解决的模型。“分解式”模型构建策略是解决复杂问题的有效途径，在模型的构建过程中，培养学生解决复杂问题的能力。

例如，晶胞密度计算是晶体考查的重要知识点之一，也是考查学生分析问题、解决问题能力的较好素材。晶体结构的计算常常涉及如下数据：晶体密度（ρ）、阿伏加德罗常数（N_A）、微粒的相对分子质量（M）、晶体体积（V）、微粒间距离（d）、微粒半径（r）、夹角等，密度的表达式往往是列等式的依据。若 1 个晶胞中含有 x 个微粒，则 1 mol 晶胞中含有 x mol 微粒，其质量为 xM（M 为微粒的相对分子质量）；又 1 个晶胞的质量为 ρV，则 1 mol 晶胞的质量为 ρVN_A。根据密度公式 $\rho=\dfrac{xM}{VN_A}$，把构建晶体密度计算问题分解成“微粒个数”“晶胞体积”和“相对分子质量”三个小问题，具体的思维模型如图 2-4 所示。

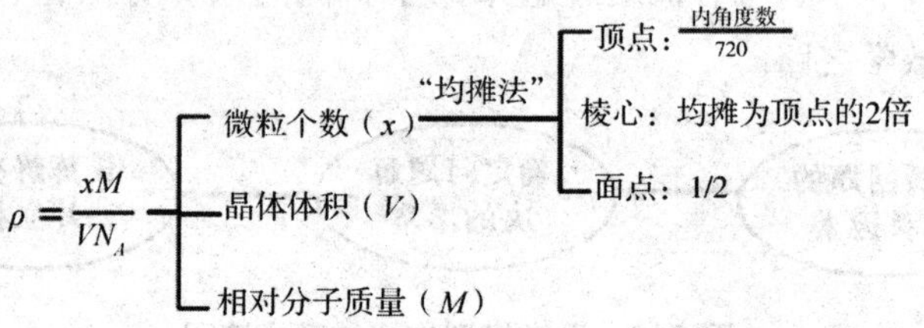

图 2-4　晶胞密度相关计算的思维模型

（二）“程序式”模型构建策略

所谓“程序式”模型构建策略，是指把问题解决的过程分成具有递进关系的步骤，即第一步、第二步……从而形成问题解决的模型。“程序式”模型构建策略，是培养学生程序化思维能力的有效途径。

例如，有关滴定的计算思维模型（见图 2-5），第一步确定未知物质，第二步确定已知物质，第三步确定已知物质与未知物质的关系式，第四步摆数据，第五步列方程。

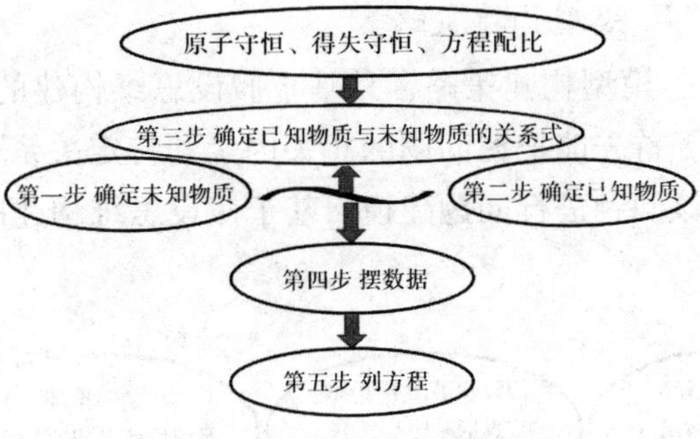

图 2-5 滴定的计算思维模型

（三）“转化式”模型构建策略

所谓“转化式”模型构建策略，根据最近发展区理论，把陌生问题转化为熟悉问题，通过借鉴熟悉问题的解决方法，从而形成问题解决的模型。“转化式”模型构建策略，是培养学生转化思维能力的有效途径。

例如，学习了 CO_2、CH_4、NH_4Cl 等化合物电子式的书写后，让学生把陌生的 CS_2、CCl_4、PH_4F 分别转化为熟悉的 CO_2、CH_4、NH_4Cl。

（四）“分类式”模型构建策略

所谓“分类式”模型构建策略，是基于分类观构建问题解决的模型。“分类式”模型构建策略，在模型的构建过程中，很好地培养了学生的分类观。

例如“微粒大小比较”时，首先确定电解质溶液的组分，然后对组成组分的微粒按照“直接组成微粒”和“电离或水解生成微粒”进行分组，因为电离或水解都比较微弱，所以“直接组成微粒”大于“电离或水解生成微粒”。对于直接组成微粒，先假设微粒不发生电离或水解，按照微粒数目比较大小，若微粒数目相同，则再考虑微粒是否发生电离或水解；对于电离或水解生成的微粒，先判断溶液的酸碱性，若溶液显酸性，则在该组中 H^+ 最大，OH^- 最小，其他电离或水解生成的微粒在中间。构建的“微粒大小比较”思维模型如图 2-6 所示。

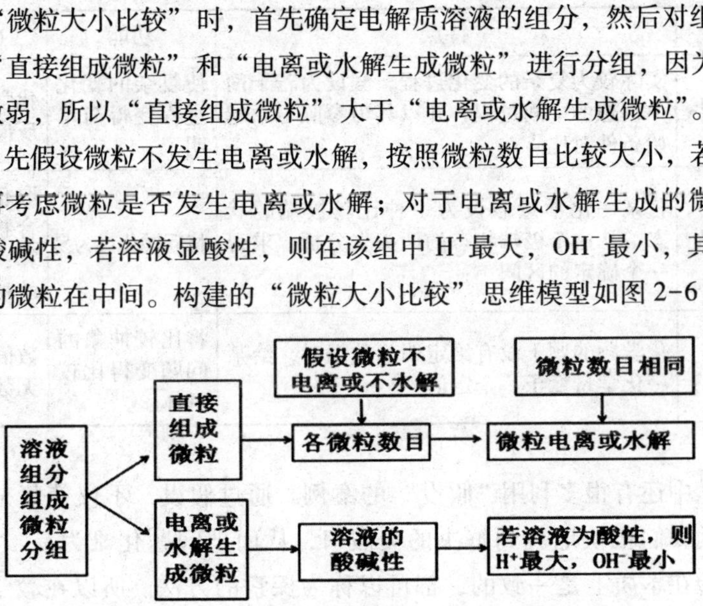

图 2-6 “微粒大小比较”思维模型

（五）“假设式”模型构建策略

所谓“假设式”模型构建策略，是基于假设思维构建的解决问题的模型。对某一类问题而言，首先能把握问题的相关因素和特定关系，然后对问题进行综合分析，最终对该问题进行问题建模。基于假设思维构建的化学习题解题模型如图 2-7 所示。

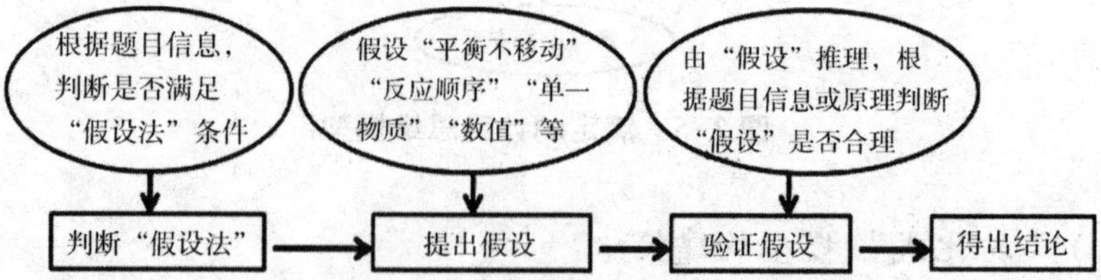

图 2-7　基于假设思维构建的化学解题模型

在化学习题教学中，可以把这种对解题思路进行建模的结果称为解题模型。在此，仅对用假设思维构建的解题模型进行介绍。参照表 2-1 提到的不同“假设法”的特点、功能以及适用范围，根据每种类型的化学习题，把假设思维与解题模型的思想在化学习题中有机融合。利用解题模型，抓住问题的本质，解析同一类化学习题。

表 2-1　不同“假设法”的特点、功能和适用范围

名称	特点	功能	适用范围
过程假设法	实际较为复杂的变化过程，假设为若干简单理想的中间过程，并以其为参照与原起始条件对比	使复杂的变化过程变得简单明了	化学平衡过程；反应过程等
极端假设法	将某一化学量假设为一种比较极端的状态，从这个极端状态的两头去分析，求得一个确定的区间	将问题化难为易	取值范围，混合物的相关计算；等效平衡的初始态等
赋值假设法	化学题的题干没有给定明确数据时，给某一化学量赋予一个定值	将比较抽象的问题变得比较具体	数值大小比较；无数值计算等

在教学中还有很多利用“假设”的案例。通过假设，不仅使复杂的问题简单化，帮助我们很快地找到解决的突破口，从而把问题化难为易，而且假设、猜想和实验在本质上是一致的，都可以称为探索的方法。所以在教学中，如果习惯用这种思维去教学生，那么就会使学生在生活中习惯用假设法去探索这未

知的世界，让他们对这世界充满好奇。假设思维的培养，不仅是培养学生辩证思维的重要方法，还是培养学生核心素养的需要。

（六）“进阶式”模型构建策略

所谓“进阶式”模型构建策略，是基于思维进阶构建的解决问题的模型。在模型构建中，以“最近发展区”为指导，以“思维进阶”为导向，通过“进阶问题”，引导学生构建解决问题的模型。

例如，学习弱电解质电离平衡计算：

问题一：25℃时，已知 HA 的电离平衡常数为 1.0×10^{-7}，求 0.10mol/L HA 的 pH。

问题二：25℃时，已知 HA 的电离平衡常数为 1.0×10^{-7}，0.20mol/L HA 溶液和 0.20mol/L NaA 溶液等体积混合（忽略混合前后体积的变化），求混合溶液的 pH。

问题三：25℃时，已知 HA 的电离平衡常数为 1.0×10^{-7}，0.40mol/L HA 溶液和 0.20mol/L NaOH 溶液等体积混合（忽略混合前后体积的变化），求混合溶液的 pH。

通过条件从一到多的变换，提炼解题模型，归纳解题方法，培养学生的发散思维。

四、思维模型在高中化学教学中的应用

（一）思维模型在元素化合物学习中的应用

元素化合物是化学学习的基础，在整个高中化学学习中占有重要的地位，同时该部分知识能渗透“宏观辨识与微观探析”“证据推理与模型认知”“科学态度与社会责任”等多种化学核心素养。高考题中，除了纯粹的考查元素化合物外，还可以通过物质结构与元素周期律、实验题、工业流程题等题型进行考查。元素化合物的考查形式也是多种多样：化学（离子）反应方程式、物质（离子）检验、计算等。元素化合物部分由于知识点较多，学生掌握起来比较麻烦。如何借助思维模型提高学生对元素化合物的学习能力呢？本研究以氮元素化合物的学习为例。

氮元素具有多种可变化合价，是历年高考的必考点和热点，涉及的题型既有选择题，又有实验题及计算题等。本小节通过构建“氨气性质思维模型”“硝酸性质思维模型”“硝酸计算思维模型”和“陌生氮元素化合物分析思维模型”，突破氮元素化合物知识的难点，供同仁在教学时参考借鉴。

1. 思维模型的构建与应用

（1）氨气性质思维模型

高考中有关氨气考点主要集中在氨气的制备、氨气的检验以及氨气的性质。氨气的物理性质重点考查极易溶于水及其“喷泉实验”原理，而氨气的化学性质主要体现在：价态性质的还原性、类别性质的碱性及其特殊性的络合反应等。构建的氨气性质思维模型如图 2-8 所示。

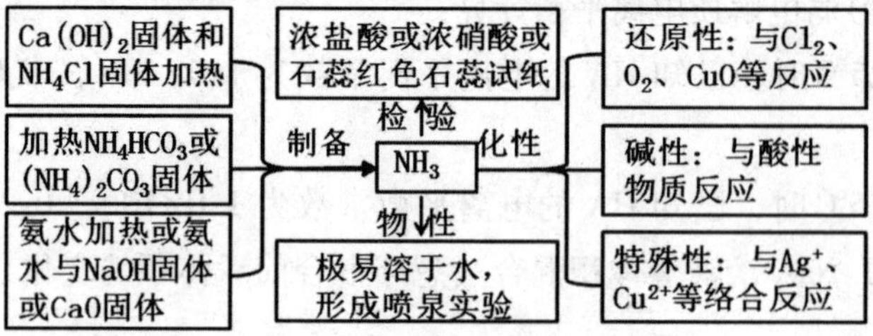

图 2-8　氨气性质思维模型

（2）硝酸性质思维模型

高考中有关硝酸的考查是一个热点，主要集中在硝酸盐和酸组成间接硝酸及其硝酸的化学性质。硝酸的化学性质主要考查硝酸体现氧化性时对应的不同产物：一般而言，浓硝酸对应的还原产物为 NO_2，稀硝酸对应的还原产物为 NO，但是有时题目信息会给出硝酸对应的其他的还原产物。构建的硝酸性质思维模型如图 2-9 所示。

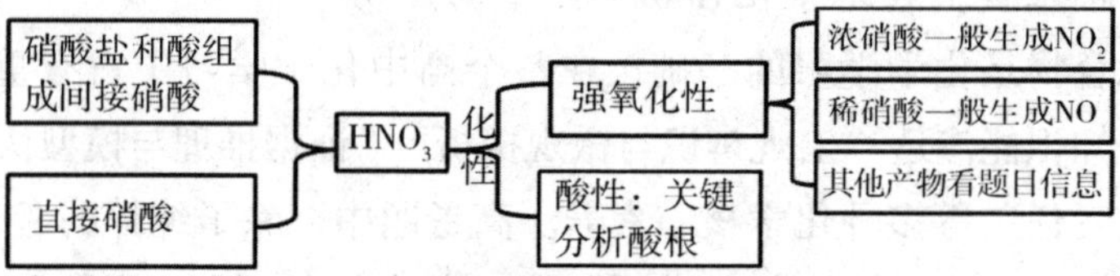

图 2-9　硝酸性质思维模型

（3）硝酸计算思维模型

硝酸的相关计算是高考的热点，也是难点。解决硝酸的相关计算，主要抓住两个“守恒”：一是氮原子守恒，找到氮元素反应后的存在形式：一般为 NO、NO_2、N_2O_4、硝酸盐等，列出氮原子守恒表达式；二是得失电子守恒，找到氮元素得到的电子总数和与其反应的还原剂失去的电子总数，列出电子守恒表达式。构建的硝酸计算思维模型如图 2-10 所示。

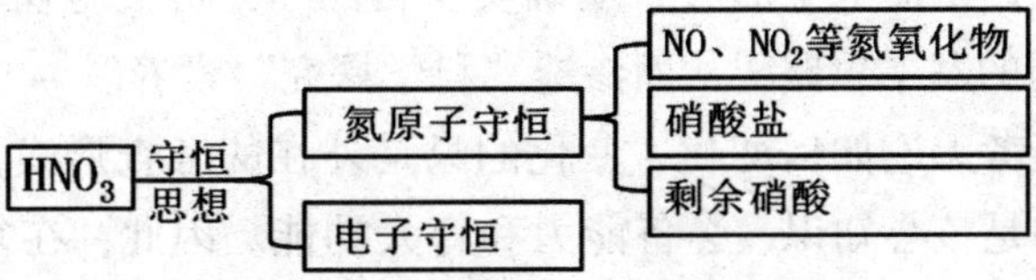

图 2-10　硝酸计算思维模型

(4) 陌生氮元素化合物分析思维模型

陌生氮元素化合物考查考生的信息阅读能力及其知识迁移能力，是考生容易失分的考点。

分析陌生氮元素化合物的性质，是考生非常棘手的问题。其实，陌生物质的性质分析，重点是根据其特点，类比成熟悉的物质，利用熟悉物质的性质进行解答即可。构建的陌生元素化合物分析思维模型如图 2-11 所示。

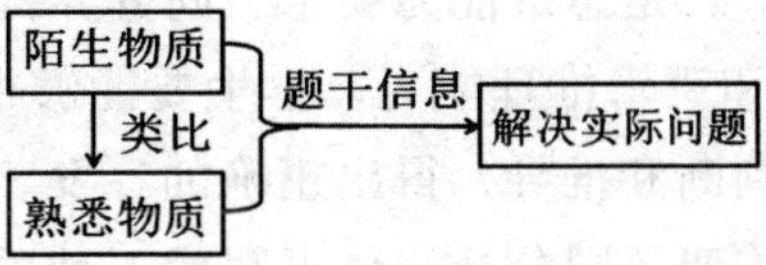

图 2-11　陌生元素化合物分析思维模型

2. 备考建议

在对元素化合物进行复习时，学生反馈最多的是化学性质多、反应类型多，而化学的核心内容是物质的化学性质，化学性质重要的表达方式是化学反应方程式。

(1) 构建性质思维模型，培养“模型认知”素养

帮助学生理解化学性质、化学反应和反应现象三者之间的关系（如图 2-12 所示），引导学生运用分类观构建物质化学性质的思维模型，是整合知识和培养“模型认知”素养的有效途径。

图 2-12　化学性质、化学反应和反应现象三者的关系

(2) 注重实验探究，渗透“科学探究”素养

化学是以实验为基础的学科，实验题是高考的重点，是元素化合物的重要考查形式。在对元素化合物进行复习时，一方面要重视基础实验，另一方面也

要增加探究实验，帮助学生形成“明确实验目的—分析实验现象—运用化学性质”分析实验题的基本思路，从而渗透“科学探究”素养。

实际上，高考无论如何变化，变化的只是外在的考查形式、试题内容和试题情境，不变的是核心知识、必备能力和育人功能。因此，在复习中要重视基础、提升能力和培养素养。

（二）思维模型在同分异构体书写中的应用

同分异构体的书写及数目确定是高考的必考点，通常有两种考查形式：一是以选择题的形式考查同分异构体的数目，二是以非选择题的形式考查某些具有特定结构的同分异构体。

同分异构体的考点难度大，原因主要有两点：一是基础知识储备要求，学生需要掌握各类有机物的结构、性质和反应机理，以及同分异构体的概念和判断方法。这些基础知识是解答同分异构体题目的基础，如果储备不足，就会影响答题的速度和准确度。二是思维能力要求，同分异构体的判断和书写需要学生具有较强的思维能力和逻辑推理能力。学生要能够根据题目的信息和要求，灵活运用所学知识进行判断和推导，得出正确的答案。本书提炼出同分异构体书写的两种基本方法，构建了同分异构体书写的五种思维模型，提出了解决同分异构体书写难题的三点建议。

1. 基于等效氢法构建的思维模型

“等效氢”就是在有机物分子中处于相同或完全对称位置的氢原子，任一等效氢原子若被相同取代基取代所得产物都属于同一物质。等效氢的判断规律有三个：一是同一碳原子上的氢原子等效，二是同一碳原子上的甲基上的氢原子等效，三是位于对称位置上的碳原子上的氢原子等效。等效氢法适用于以下三种情况：

（1）一元取代。即一个H原子被一个原子或固定的基团取代。例如，一卤（氯）代烃：看作氯原子取代烃分子中的氢原子；一元醇：看作—OH原子取代烃分子中的氢原子；一元醛：看作—CHO原子取代烃分子中的氢原子；一元羧酸：看作—COOH原子取代烃分子中的氢原子；等等。一元取代同分异构体书写模型如图2-13所示。

图2-13　一元取代物同分异构书写模型

（2）二元取代。连用两次等效氢，即先用等效氢法写出一元取代的结构，在一元取代结构的基础上，再用等效氢法寻找二元取代的结构，但是需要注意的是，寻找二元取代的同分异构体时容易重复计算。第二次二元取代同分异构体书写模型见图 2-14。

不饱和度 ⟹ 碳链异构 ⟹ 等效氢 ⟹ 等效氢

图 2-14　二元取代物同分异构书写模型

（3）苯环上的三元取代物。以苯环上的二元取代为基础，再利用等效氢，苯环上的三元取代物同分异构书写模型见图 2-15。

不饱和度 ⟹ 邻间对 ⟹ 等效氢

图 2-15　苯环上的三元取代物同分异构书写模型

经过分析可知，若苯环上连有 3 个相同的取代基，其结构有 3 种；若苯环上连有—X、—X、—Y 3 个取代基，其结构有 6 种；若苯环上连有—X、—Y、—Z 3 个不同的取代基，其结构有 10 种。

2. 基于插入法构建的思维模型

插入法，是在有机物结构式中的某个化学键的位置插入原子而得到新的有机物的结构，适用于烯、炔、醚、酯等的同分异构体，其书写模型见图 2-16。

不饱和度 ⟹ 碳链异构 ⟹ 插入

图 2-16　插入法同分异构体书写的思维模型

例如醚：醚键可以理解为在 C—C 单键之间插入氧原子，以“$C_5H_{12}O$”为例，先写出 C_5H_{12} 的碳链异构，然后在 C—C 之间插入 O 原子（箭头指向是指在 C—C 单键之间插入氧原子）：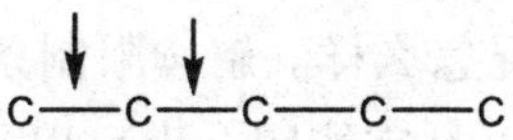、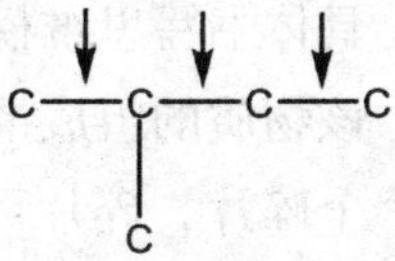、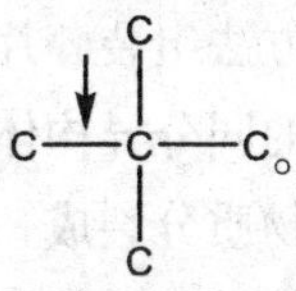。

再例如酯：酯可以理解为在 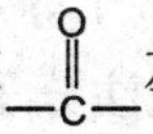 左、右两边插入氧原子，可以先找出酮，再插入氧，以“$C_5H_{10}O_2$”为例：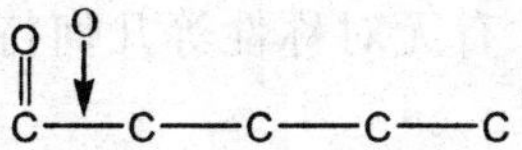、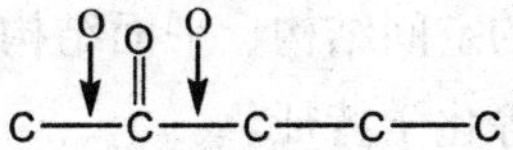、

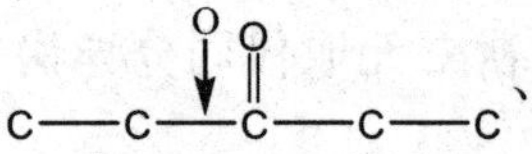、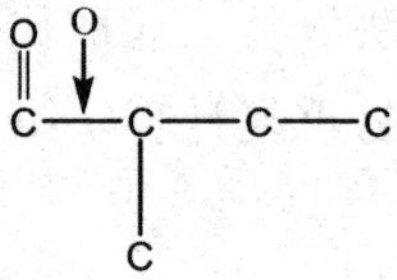、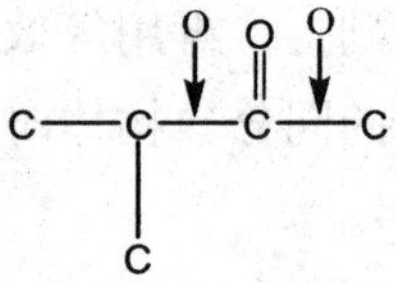、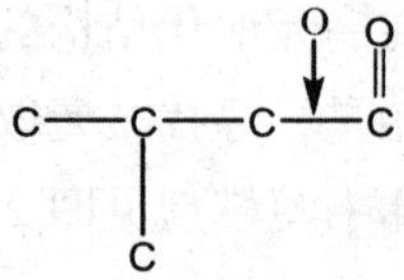、

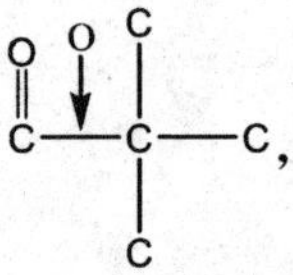，需要注意的是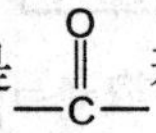若在链端，只能在一边插入氧原子，另外要注意对称性，此法对含苯环的有机物非常有效。

3. 限定条件同分异构体书写的思维模型

限定条件同分异构体书写是高考中的高频考点，是特优生的拉分点，考生对限定条件同分异构体书写困难的原因有哪些？（1）基础知识不扎实。考生可能会因为对化学基础知识掌握不够扎实，如官能团的性质、碳链异构、位置异构、立体异构等概念不清晰，导致在书写同分异构体时无法准确应用这些知识。（2）思维缺乏有序性。面对限定条件时，考生可能缺乏有序性的思考，导致思维混乱，无法快速、完整地确定满足要求的所有同分异构体的结构简式。这可能会导致漏写、错写等问题。（3）对限定条件理解不足。考生可能会因为对题目中的限定条件理解不足，无法准确判断需要考虑的官能团、碳链结构等关键因素。这可能导致列出的同分异构体不符合题目要求，或者无法列举出所有可能的同分异构体。（4）缺乏实践经验。同分异构体的书写需要一定的实践经验，如果考生平时练习较少，缺乏解题的熟练度，可能会在面对限定条件时感到困难。（5）缺乏解题策略。有效的解题策略可以帮助考生更好地理解和解决问题。如果考生没有掌握有效的解题策略，可能会在面对限定条件时感到无从下手。

对于限定条件同分异构体书写，首先阅读题干明确要求，然后根据要求确定碎片，再根据碎片计算不饱和度，根据不饱和度确定书写方法，最后根据书写方法组装碎片，具体书写思维模型见图 2-17。确定碎片就是明确书写什么物质的同分异构体，该物质的组成情况怎么样。解读限制条件，从性质联想结构，将物质分裂成一个个碎片，碎片可以是官能团，也可以是烃基（尤其是官能团之外的饱和碳原子）；所谓书写方法，是基于等效氢构建的思维模型和基于插入法构建的思维模型；而组装碎片时，要关注分子的结构特点，包括组装的分子的空间结构、平面结构、有无对称性等几何特征和包括等效氢、核磁共振氢谱等化学特征。

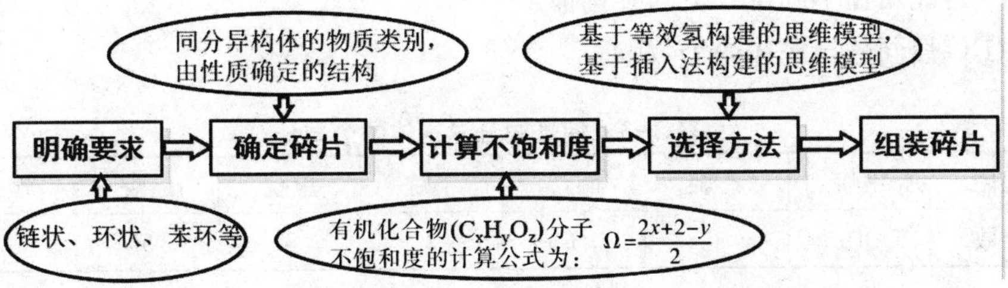

图 2-17　限定条件同分异构体书写的思维模型

4. 突破同分异构体书写难点的建议

同分异构体的考点分析涉及多个方面，要求考生具备扎实的化学基础知识、良好的逻辑推理能力和综合应用能力。突破同分异构体书写的难点，需要解决好以下几个问题。

（1）熟练掌握官能团的性质

高考中同分异构体的书写，尤其是限定条件同分异构体的书写，往往是根据性质确定碎片，官能团的性质掌握熟练程度直接影响同分异构体的书写。常考的官能团性质如表 2-2 所示。

表 2-2　高考常见的官能团性质

常见限定条件	对应的官能团或结构
能与 $NaHCO_3$或 Na_2CO_3溶液反应放出气体（CO_2）	—COOH
能与钠反应产生 H_2	—OH 或—COOH
能与 Na_2CO_3溶液反应	—OH（酚）或—COOH
能与 NaOH 溶液反应	—OH（酚）或—COOH 或—COOR 或—X
能发生银镜反应	含醛基（—CHO）、甲酸酯（HCOOR）
能与 $FeCl_3$溶液发生显色反应	—OH（酚）
能发生水解反应	—COOR 或—X 或—CONH—
既能发生水解反应又能发生银镜反应（或水解产物能发生银镜反应）	甲酸酯（HCOOR）

（2）熟记常见同分异构体的数目

熟记常见同分异构体的数目，是提高做题效率的关键。掌握碳链异构的概念，能够列举出给定碳原子数目的所有可能碳链结构；理解位置异构，能够判断同一官能团在不同位置上的异构体。

①烷烃同分异构体的个数

表 2-3　烷烃同分异构体的个数

烷烃	甲烷	乙烷	丙烷	丁烷	戊烷	己烷	庚烷
个数	1	1	1	2	3	5	9

②烷基的个数

表 2-4　烷基的个数

烷基	甲基	乙基	丙基	丁基	戊基
个数	1	1	2	4	8

③含苯环同分异构体的数目

若苯环上连有 2 个取代基，其结构有邻、间、对 3 种；若苯环上连有 3 个相同的取代基，其结构有 3 种；若苯环上连有—X、—X、—Y 3 个取代基，其结构有 6 种；若苯环上连有—X、—Y、—Z 3 个不同的取代基，其结构有 10 种。

（3）熟练掌握同分异构体的模型

书写同分异构体需要一定的逻辑推理能力，考生需要根据已知信息推断出可能的结构；在列举同分异构体时，需要注意避免重复，确保每个异构体都是唯一的。熟练掌握同分异构体的模型，是提高同分异构体书写准确的重要措施。

（三）思维模型在物质结构与性质中的应用

物质结构包括原子结构（原子核外电子排布、原子的杂化方式、元素电负性大小比较、元素金属性、非金属性的强弱）、分子结构（化学键、分子的电子式、结构式、结构简式的书写、化学式的种类、官能团等）、晶体结构（晶体类型的判断、物质熔沸点的高低、影响因素、晶体的密度、均摊方法的应用等）。本题考查物质结构内容，涉及前 36 号元素核外电子排布式的书写、元素周期律、第一电离能规律、空间构型、杂化轨道、晶体熔点高低的判断、晶体类型以及晶胞的计算等知识，要求考生掌握基础知识，做到知识的灵活运用等，考查了学生综合运用所学化学知识解决相关化学问题的能力。只有掌握这些，才可以更好地解决物质结构的问题。本书通过构建“分析晶体熔沸点的思维模型、分析空间立体构型的思维模型和晶体密度相关计算的思维模型”，突破考查电解质溶液知识的难题，供同仁在教学时参考借鉴。

1. 思维模型的构建与应用

（1）分析晶体熔、沸点的思维模型

在分析晶体熔、沸点时，首先判断晶体属于同种类型还是不同种类型，若为不同种晶体类型，则按照一般规律：原子晶体>离子晶体>分子晶体，而金属晶体的熔、沸点差别很大，如钨、铂等沸点很高，汞、镓、铯等沸点很低，金属晶体一般不参与比较。若为同种晶体类型，原子晶体中原子半径小的键长短，键能大，晶体的熔、沸点高；离子晶体，一般来说，阴、阳离子所带电荷数越多，离子半径越小，则离子间的作用力就越强，其离子晶体的熔、沸点就越高；分子晶体，分子间作用力越大，物质的熔、沸点越高；具有氢键的分子晶体，熔、沸点反常高；金属晶体，金属离子半径越小，离子所带电荷数越多，其金属键越强，金属熔、沸点就越高。构建分析晶体熔、沸点的思维模型如图 2-18 所示。

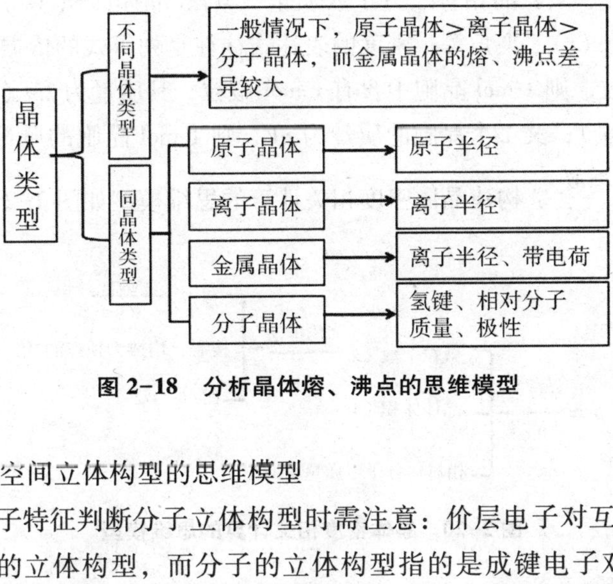

图 2-18 分析晶体熔、沸点的思维模型

（2）分析空间立体构型的思维模型

由价层电子特征判断分子立体构型时需注意：价层电子对互斥模型说明的是价层电子对的立体构型，而分子的立体构型指的是成键电子对的立体构型，不包括孤电子对。①当中心原子无孤电子对时，两者的构型一致。②当中心原子有孤电子对时，两者的构型不一致；价层电子对互斥模型能预测分子的几何构型，但不能解释分子的成键情况，杂化轨道理论能解释分子的成键情况，但不能预测分子的几何构型。两者相结合，具有一定的互补性，可达到处理问题简便、迅速、全面的效果。分析空间立体构型时，对于 AB_m 型分子或离子，可以先根据价层电子对互斥模型判断出杂化类型，再根据有无孤对电子最终判断分子或离子的空间构型；而对于 A_nB_m 型分子或离子，要根据结构求出 σ 键数和孤对电子的数目判断出杂化类型，再根据有无孤对电子最终判断分子或离子的空间构型。构建分析空间立体构型的思维模型如图 2-19 所示。

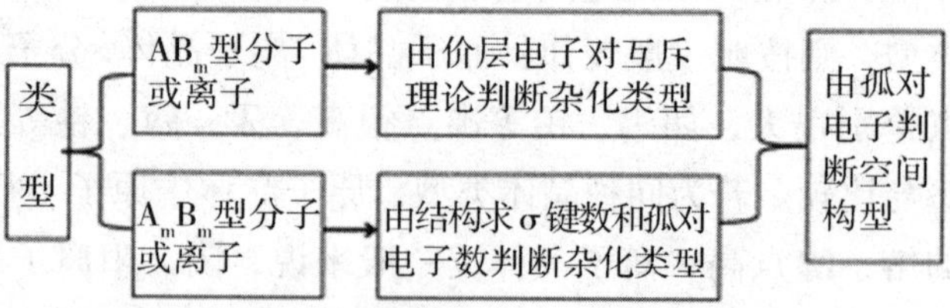

图 2-19　分析空间立体构型的思维模型

（3）晶体密度相关计算的思维模型

晶胞计算是晶体考查的重要知识点之一，也是考查学生分析问题、解决问题能力的好素材。晶体结构的计算常常涉及如下数据：晶体密度（ρ）、阿伏加德罗常数（N_A）、微粒的相对“分子”质量（M）、晶体体积（V）、微粒间距离（d）、微粒半径（r）、夹角等，密度的表达式往往是列等式的依据。若 1 个晶胞中含有 x 个微粒，则 1 mol 晶胞中含有 x mol 微粒，其质量为 xM（M 为微粒的相对“分子”质量）；又 1 个晶胞的质量为 ρV，则 1 mol 晶胞的质量为 $\rho V N_A$，因此密度公式 $\rho = \frac{xM}{VN_A}$。构建晶体密度相关计算的思维模型如图 2-20 所示。

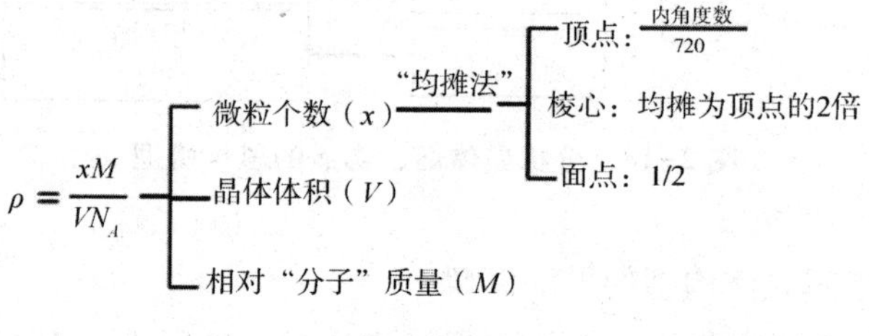

图 2-20　晶体密度相关计算的思维模型

2. 备考建议

（1）结合考纲，夯实基础

二轮复习时，教师应引导学生依据《考试大纲》，结合教材，逐一把考点消化。对于晶体结构的相关计算，一是要掌握晶体“均摊法”的原理，二是要有扎实的立体几何知识，三是要熟悉常见晶体的结构特征，并能融会贯通，举一反三。

（2）精选习题，适量训练

在复习中，除了要注重知识网络的构建，也要重视练习。选择高考热点、难点、易错点等典型题目进行适量练习，在训练中掌握常考题目的套路，寻找创新题的答题模式。

（3）细研真题，构建模型

把同种类型的高考题放在一起，准确了解高考题型、命题方式、命题意图和热点、难点，通过构建思维模型，形成高效的解题思维，提高解题效率，提升解题能力。

（四）思维模型在实验装置分析中的应用

实验题是高考的重点、热点和难点，在高考试题中主要以物质的制备或性质实验为载体，结合实验操作，探究物质性质等命题，题型主要包括：以物质制备为背景的实验题，以实验探究为背景的实验题，以实验方案设计为背景的实验题，以定性、定量分析为背景的实验题。

在高三复习中，发现教师很难提升学生的学习方法与学习能力，也缺乏对学生思维方法的指导，导致学生的思维水平没有明显上升，进而使得学生无法快速找到解决问题的思路和方法。解答实验题的关键是对实验装置的分析和理解，本书尝试通过构建实验装置分析思维模型来解决，取得了意想不到的效果。

1. 思维模型的构建与应用

（1）制备实验装置分析思维模型的构建与应用

物质制备型的化学实验，首先从实验的目的出发，结合实验原理，寻找制备该物质所需要的实验药品。以制备需要的实验药品为线索，分析或寻找制备该药品的实验装置。为了得到纯净干燥的原料，需要对制备出来的物质进行除杂。选择怎样的除杂装置，首先根据反应物的挥发性和可能的副反应分析杂质的成分，再根据杂质性质确定除杂顺序。制备完原料后，再根据实验原理确定发生装置，注意根据题目信息及其物质本身的性质，增加保护装置，最后要考虑是否需要尾气处理装置。制备实验装置分析思维模型如图 2-21 所示。

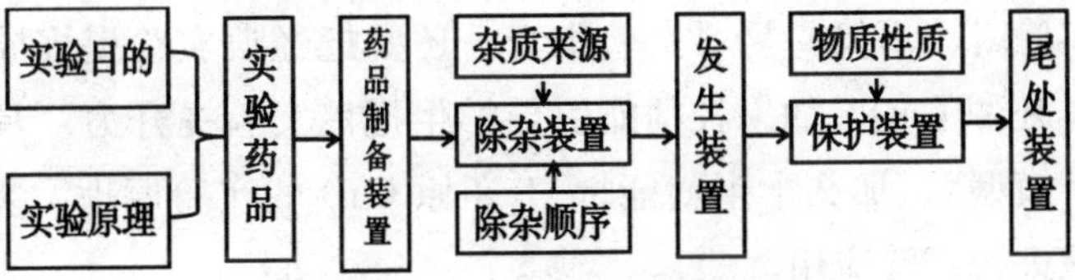

图 2-21 制备实验装置分析思维模型

（2）探究实验装置分析思维模型的构建与应用

探究物质成分型的化学实验，首先从实验的目的出发，结合实验原理，确定需要检验的物质有哪些，根据检验物质的化学性质，确定单独检验该物质或离子所需要的试剂，然后根据检验物质之间的互不干扰原则确定检验的顺序，最后要考虑是否需要尾气处理装置。探究实验装置分析思维模型如图 2-22 所示。

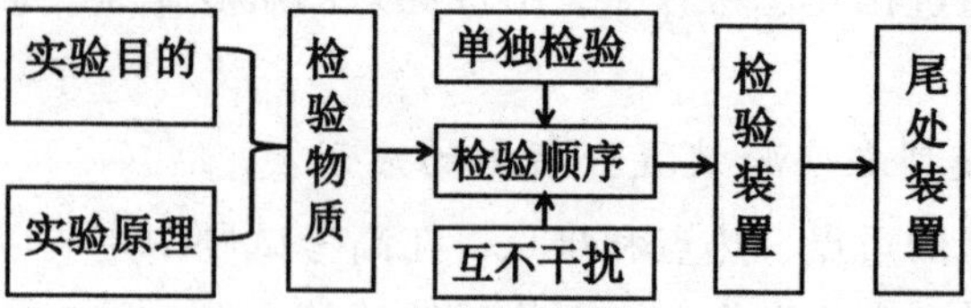

图 2-22　探究实验装置分析思维模型

2. 备考建议

实验题无论是对知识的要求还是对能力的要求都是综合性的，不但考查学生的化学实验与探究能力，而且考查学生的知识与应用能力，所以在复习时既要重视知识的归纳总结，又要注重学生能力的提升。

（1）形成知识框架，提升知识应用能力

知识应用的前提是归纳总结，而把零散、繁杂的知识整合到一起，就需要寻找彼此的联系，从而形成知识体系。例如，关于化学实验从安全角度常考虑的主要因素如下：净化、吸收气体及熄灭酒精灯时要防止液体倒吸；进行某些易燃易爆实验时要防爆炸（如 H_2还原 CuO 应先通 H_2，气体点燃前先验纯等）；防氧化（如 H_2还原 CuO 后要“先灭灯再停氢”，白磷切割宜在水中进行等）；污染性的气体要进行尾气处理；有粉末状物质参加的反应，要注意防止导气管堵塞；防吸水（如实验取用、制取易吸水、潮解、水解的物质时宜采取必要措施，以保证达到实验目的）。

（2）构建思维模型，培养“模型认知”素养

在复习实验时，不仅要复习实验本身，还要把经典实验提炼成实验分析模型，例如，H_2还原 CuO，如果教师能引导学生把该实验提升为“具有还原性物质的实验分析模型”，那么学生就能把 H_2还原 CuO 的实验原理、装置分析、实验步骤等知识进行迁移应用。

（五）思维模型在氧化还原反应中的应用

氧化还原反应这一基本概念贯穿整个高中化学，是高考的热点之一，分析近五年的新课标全国卷不难发现，有关氧化还原反应知识的考查分值在 10 分左右。对氧化还原反应基础知识的考查更注重利用基本概念来解决实际问题，重

点考查氧化还原反应概念的辨析及其联系、陌生氧化还原方程式的书写以及氧化还原反应的相关计算等。氧化还原反应的规律在高考中主要体现在应用电子守恒规律解答有关计算上，在新情境中运用所学氧化还原反应规律解决实际问题是今后的命题趋势。在新情境中进行考查氧化还原反应的相关知识，难度大。本书通过构建“氧化还原反应概念分析思维模型、氧化还原反应方程式书写思维模型和氧化还原反应计算思维模型”，突破考查氧化还原反应相关知识的难题，供同仁在教学时参考借鉴。

1. 思维模型的构建与应用

（1）氧化还原反应概念分析思维模型

氧化还原反应的相关概念较多，也容易混淆。高考对氧化还原反应基本概念的考查主要涉及相关概念的判断，同时考查考生对氧化还原反应基本规律的掌握情况，题目有较高的区分度。为了让学生清晰氧化还原反应的相关概念，构建的氧化还原反应概念分析思维模型如图 2-23 所示。

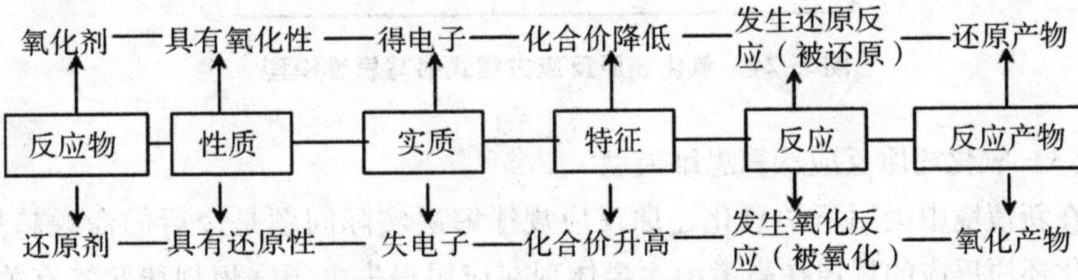

图 2-23 氧化还原反应概念分析思维模型

（2）氧化还原反应方程式书写思维模型

氧化还原反应方程式的书写则重在综合运用，对考生的要求较高，出现频率也很高，属于难度适中的题目。氧化还原反应方程式是由氧化还原剂、氧化还原产物和缺项部分共同组成，所以书写氧化还原反应方程式就是寻找氧化还原剂、氧化还原产物和缺项部分，然后根据得失电子守恒、原子守恒和电荷守恒配平即可。氧化还原剂的寻找，一方面根据物质的化学性质判断其氧化还原性，另一方面对于有图像的题目可根据图像信息进行判断。氧化还原产物的寻找，一方面根据氧化还原剂对应的产物确定（见表 2-5），另一方面对于有图像的题目可根据图像信息进行判断。对应缺项部分的判断，首先对主要的反应物和对应的生成物进行基本配平，根据原子守恒判断缺少的原子是氢原子还是氧原子，然后根据溶液的酸碱性和电荷守恒（离子方程式），最终判断出缺项的部分。构建的氧化还原反应方程式书写思维模型如图 2-24 所示。

表 2-5　常见的氧化剂及对应的还原产物、还原剂及对应的氧化产物

氧化剂	Cl_2	O_2	浓 H_2SO_4	HNO_3	$KMnO_4$（H^+）	Fe^{3+}	$KClO_3$	H_2O_2
还原产物	Cl^-	O^{2-}	SO_2	NO 或 NO_2	Mn^{2+}	Fe^{2+}	Cl^-	H_2O
还原剂	I^-（HI）	S^{2-}（H_2S）	CO、C	H_2	NH_3	SO_2、SO	H_2O_2	Fe^{2+}
氧化产物	I_2	S	CO_2	H^+	NO	SO	O_2	Fe^{3+}

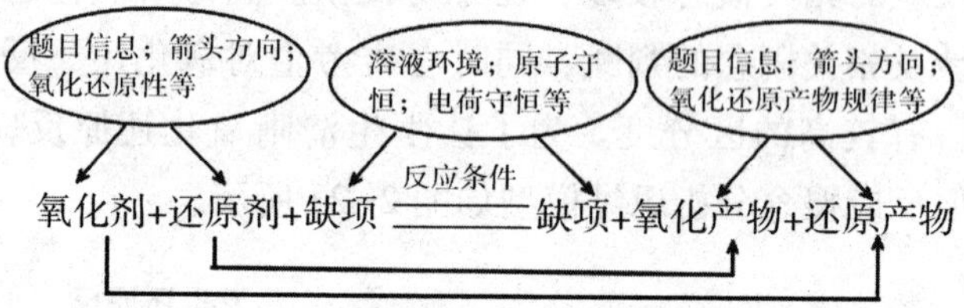

图 2-24　氧化还原反应方程式书写思维模型

（3）氧化还原反应计算思维模型

在新情境中运用所学氧化还原反应规律解决实际问题是今后的命题趋势，而氧化还原反应的规律在高考中主要体现在应用得失电子守恒规律解答有关计算上。在进行氧化还原反应的计算时，首先寻找氧化剂、还原剂及其对应的产物，根据得失电子守恒，找到氧化剂与还原剂之间的关系，然后根据题目信息，寻找已知量与未知量，列出二者的比例关系，进而进行计算。构建的氧化还原反应计算思维模型如图 2-25 所示。

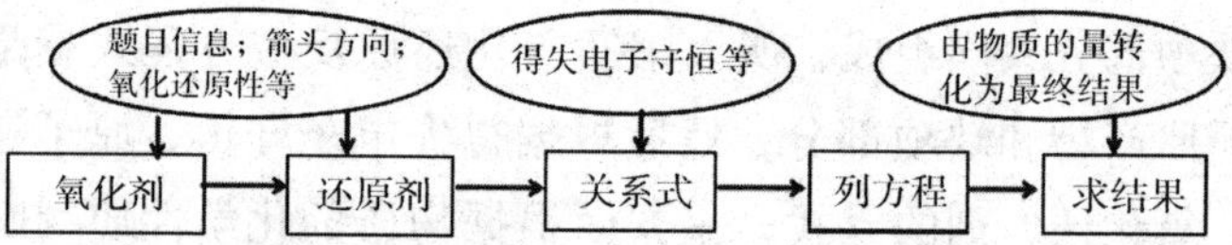

图 2-25　氧化还原反应计算思维模型

2. 氧化还原反应考点的备考建议

（1）分析命题趋势

氧化还原反应是高中化学的重点内容，是元素化合物知识的重要呈现形式，在生活、工业生产等中有重要的应用。氧化还原反应能够考查学生的证据推理与模型认知、科学探究与创新意识等化学核心素养，以新物质、新材料等为载体，频繁出现在工业流程题、化学实验题、化学原理题等题目中。因此，在复习氧化还原反应时，应创设新情境，重视在情境中应用。

（2）重视核心知识

考查内容万变不离其宗，所以要重视核心知识和基本方法，以不变应万变。氧化还原反应的核心知识：一是氧化还原反应的相关概念，二是氧化还原反应的基本规律。氧化还原反应分析的基本方法：一是抓住化合价的变化，二是熟悉得失电子守恒规律。

（六）思维模型在多重平衡分析中的应用

研究近四年的全国卷不难发现，有关“化学反应速率与化学平衡计算”的考点每年必考（见表 2-4），高考题目也从单一的平衡体系，已经发展到多重平衡体系（2018 年全国 I 卷、2019 年天津卷和 2020 年山东卷）。对于单一平衡体系分析相对简单，但得分率不理想；而多重平衡体系，对考生而言无疑“雪上加霜”。

表 2-6 近四年“化学反应速率与化学平衡计算”考查统计

2020 年全国卷			2019 年全国卷			2018 年全国卷			2017 年全国卷		
Ⅰ卷	Ⅱ卷	Ⅲ卷	Ⅰ卷	Ⅱ卷	Ⅲ卷	Ⅰ卷	Ⅱ卷	Ⅲ卷	Ⅰ卷	Ⅱ卷	Ⅲ卷
Kp	Kp	Kp	ν、Kx	α、Kp	Kc	Kc	Kc	α、ν、Kc	α、Kp		Kc

所谓多重化学平衡体系，是指在一系列同时发生的反应中，彼此具有某些相同的物质，这些相同的物质可以把各个反应相互联系起来。多重化学平衡体系通常可以分为两类：一类为连续反应。前一反应所产生的物质，是下一步反应的反应物。另一类为平行反应。反应物可以同时进行不同的反应，其中生成主要产物的反应称为主反应，其余的反应称为副反应。多重平衡体系在金属冶炼、金属化学热处理及诸多化学领域具有重要意义及应用，在重视试题情境、体现学科价值的高考环境下，多重平衡体系的考查自然成为高考的“宠儿”。如何解答多重平衡体系的相关问题呢？在此选择 2019 年天津卷、2020 年山东卷和 2020 年广州二模等的题目，通过构建“变化量”思维模型和“元素守恒”思维模型来解决关于多重平衡体系的相关计算，通过构建多重平衡图像分析的思维模型来分析多重平衡的图像问题。

1. 多重平衡体系计算思维模型的构建

对于多重平衡体系的相关计算，有两点非常关键：一是多重化学反应“同时平衡”，二是多重化学反应中体系各组分的浓度、物质的量和气体的平衡分压等物理量只有一个数值且相等。

单一化学平衡的计算通常采用“起始量—变化量—平衡量”三段式的方法，但是对于多重平衡的计算，因为各反应之间相互影响，导致体系中每一个反应的“起始量”和“平衡量”难以表达。本书采用以简代繁的思想，以多重反应为整体，紧抓“变化量”，构建了以“变化量”为核心的计算思维模型（见图 2-26）。

元素守恒的思想在化学反应的计算中比较常用，在多重平衡体系的复杂计算中，本书进行了尝试，构建了以“元素守恒”为核心的计算思维模型（见图 2-27），取得了意想不到的效果。

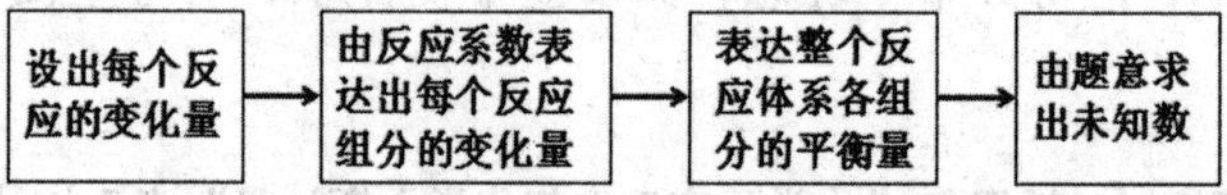

图 2-26 多重平衡体系计算的“变化量”思维模型

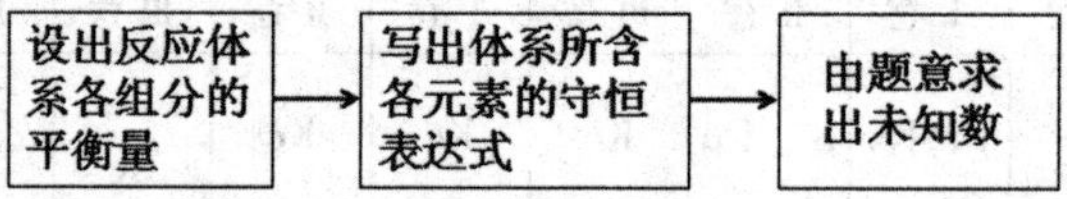

图 2-27 多重平衡体系计算的“元素守恒”思维模型

2. 多重平衡体系图像分析思维模型的构建

多重平衡图像中，因平衡转化率、产率等物理量受到多个因素的影响，导致在图像分析时难以下手，所以分析图像的关键是要找到哪些因素影响“讨论物理量”的变化。本书构建的多重平衡体系图像分析思维模型如图 2-28 所示。

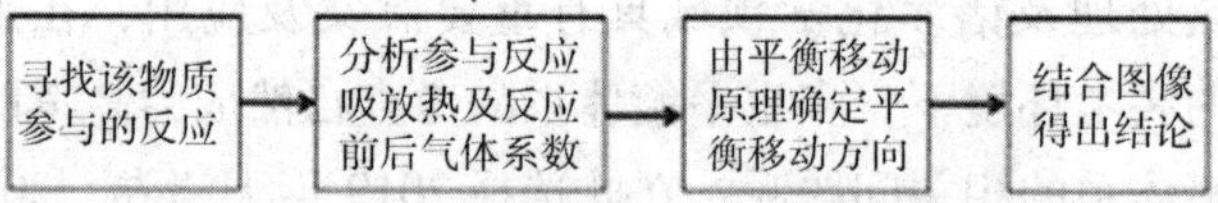

图 2-28 多重平衡体系图像分析思维模型

3. 备考建议

高考题一直被模仿，从未被超越，但是研究真题是高考备考的重要手段。研究真题，一方面，可以把握高考动向，对高考的预测有一定作用；另一方面，真题的导向性和思维性是其他题目无法替代的。

在研究真题时，一方面要重视题目考查的必备知识，以真题为依托，构建知识网络；另一方面更要重视真题考查的关键能力和思想方法，形成解题的思维模型，提升思维能力。

（七）思维模型在电解质溶液分析中的应用

电解质溶液是历年高考的必考点和热点，多以选择题的形式出现，选项主要考查“守恒关系”、微粒大小比较和判断比值变化及计算。但是这部分题目得分率较低，主要原因是学生不能快而准地写成守恒关系，不能熟练掌握微粒大小比较与判断比值变化的方法。本书通过构建“守恒关系”的思维模型、“微粒大小比较”的思维模型和“比值”的思维模型，突破考查电解质溶液知识的难题，供同仁在教学时参考借鉴。

1. 思维模型的构建与应用

（1）“守恒关系”的思维模型

通过对 n 元弱酸 H_nA 和 n 元弱碱 $B(OH)_n$ 溶液中的离子种类和 A（B）的存在形式探究发现：n 元弱酸 H_nA 溶液中的阴离子种类为 n 种酸根和氢氧根，共 n+1 种；n 元弱碱 $B(OH)_n$ 溶液中的阳离子种类为碱对应的阳离子和氢离子。n 元弱酸 H_nA 溶液中 A 的存在形式为 n 种酸根和弱酸分子，共 n+1 种；n 元弱碱 $B(OH)_n$ 溶液中 B 的存在形式为碱对应的阳离子和弱碱本身。另外，a mol BOH（一元弱碱）的溶液与含有 b mol H_2A（二元弱酸）溶液混合前后，溶液中的阴、阳离子种类、A（B）的存在形式及其物质的量均不发生变化。

盐可以看成对应的酸和碱反应的产物。根据此思想和探究的结论，构建了电荷守恒和物料守恒的思维模型如图 2-29 和图 2-30 所示。

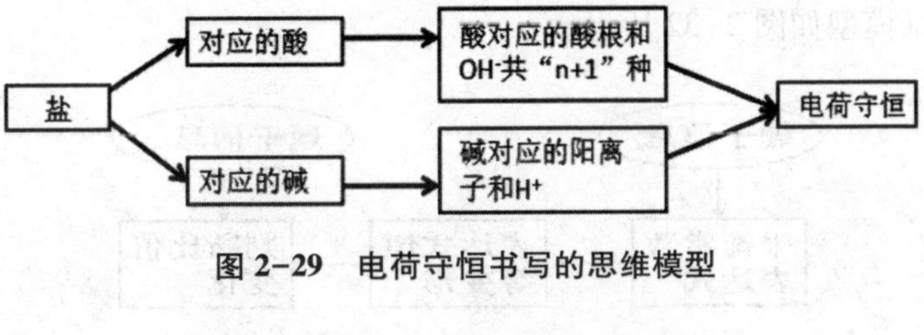

图 2-29 电荷守恒书写的思维模型

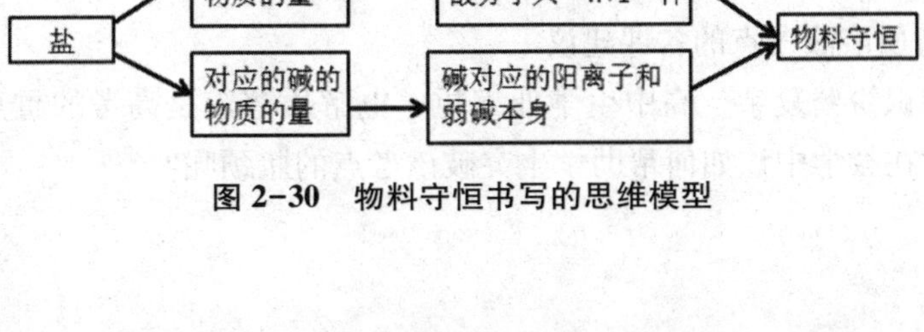

图 2-30 物料守恒书写的思维模型

对于质子守恒，只有单一的电解质溶液可以直接书写，而对于混合的电解质溶液是无法直接书写的。但是，无论单一溶液还是混合溶液，都可以通过电荷守恒和物料守恒合并得到，所以这里不再构建质子守恒书写的思维模型。

（2）“微粒大小比较”的思维模型

“微粒大小比较”时，首先确定电解质溶液的组分，然后对组成组分的微粒按照“直接组成微粒”和“电离或水解生成微粒”进行分组，因为电离或水解都比较微弱，所以“直接组成微粒”大于“电离或水解生成微粒”。对于直接组成微粒，先假设微粒不发生电离或水解，按照微粒数目比较大小，若微粒数目相同，则再考虑微粒是否发生电离或水解；对于电离或水解生成的微粒，先判断溶液的酸碱性，若溶液显酸性，则在该组中 H^+ 最大，OH^- 最小，其他电离或水解生成的微粒在中间。构建的“微粒大小比较”思维模型如图 2-31 所示。

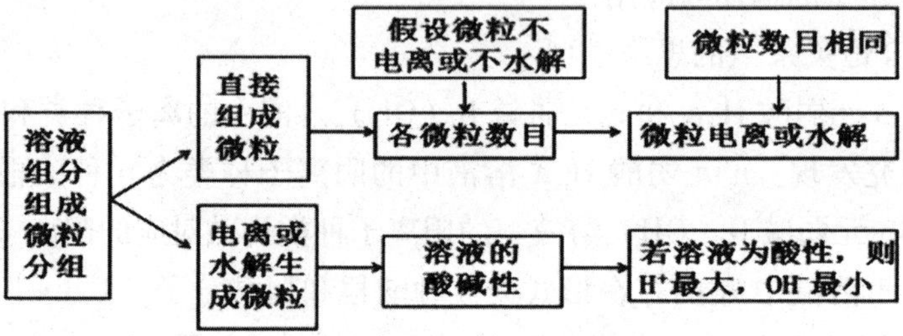

图 2-31 “微粒大小比较”的思维模型

（3）“比值”的思维模型

判断比值变化或计算比值时，先根据题干信息写出平衡常数表达式，然后把表达式变成题干中的形式，再根据题目条件，判断出比值的变化。构建的“比值”思维模型如图 2-32 所示。

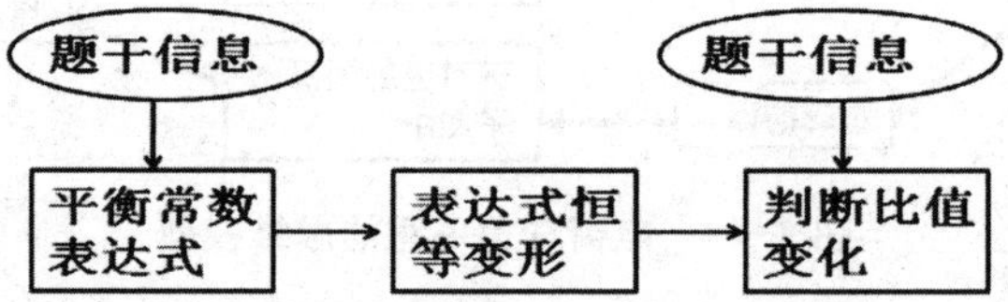

图 2-32 “比值”的思维模型

2. 电解质溶液考点的备课建议

高中知识纷繁复杂，高中生学业繁重，电解质溶液是高考的重点、难点和热点，教师在教学中该如何帮助学生突破该考点的瓶颈呢？

（1）精心研究考纲，把握命题动向

研究考纲是高三复习的前提。通过对近几年高考题的研究，把握今后的命题方向。把考纲和命题动向作为复习和练习的主要依据，使复习和练习更具有针对性。

（2）深挖事物本质，抓住核心知识

越是看似错综复杂的问题，越是要回归原点，所以在复习时强调基础知识，把握核心知识。只有抓住核心知识，才能以不变应万变应对高考。

（3）探究知识规律，构建思维模型

解题是学生对所学知识进行内化的过程，更是培养学生思维能力的过程。解题思路的正确与否直接关系到解题的效率和正确性。只有掌握科学知识，遵循客观规律，才能在正确的解题思维指导下正确解题。在教学中，应积极引导学生探究知识规律，构建思维模型。只有探究规律，才能应用规律。在某些问题的解决中，思维模型的作用是其他手段无法替代的。思维模型的构建，不仅简化了解题过程，提高了解题效率，而且培养了学生“证据推理与模型认知”的化学核心素养。

（八）思维模型在电化学装置分析中的应用

电化学是高中化学课程中重要的理论之一，也是中学化学中最能体现化学源于生活并服务于生活的具体实例，故成为高考的重点、热点内容。该命题有三大特点：（1）取材新颖，考查学生分析问题、解决问题的能力；（2）联系生活，培养学生的知识迁移能力；（3）结合实验，考查学生的创新能力、计算能力。电化学主要考察的知识点为“电极的判断”“电极方程式的判断或书写”“充放电池的分析”以及“离子交换膜的分析”等，但是由于该命题对能力的要求较高，学生得分率较低。本书通过构建“判断电极的思维模型”“书写电极方程式的思维模型”“分析充放电池的思维模型”和“分析离子交换膜的思维模型”，突破考查电化学知识的难题，供同仁在教学时参考借鉴。

1. 思维模型的构建与应用

（1）判断电极的思维模型

对于电化学题目的分析，确定装置为原电池还是电解池是首要任务，判断电极是解题的关键。对于原电池：一般情况下，活泼金属为负极，不活泼金属为正极；化合价升高为负极，化合价降低为正极；电子在导线中从负极流向正极，阳离子在溶液中从负极流向正极；电极质量减少为负极，电极上有气体或质量增加为正极。对于电解池：与电源正极相连为阳极，与负极相连为阴极；化合价升高为阳极，化合价降低为阴极；阳离子在溶液中从阳极流向阴极；电极质量减少为阳极，电极质量增加为阴极。构建判断电极的思维模型如图 2-33 所示。

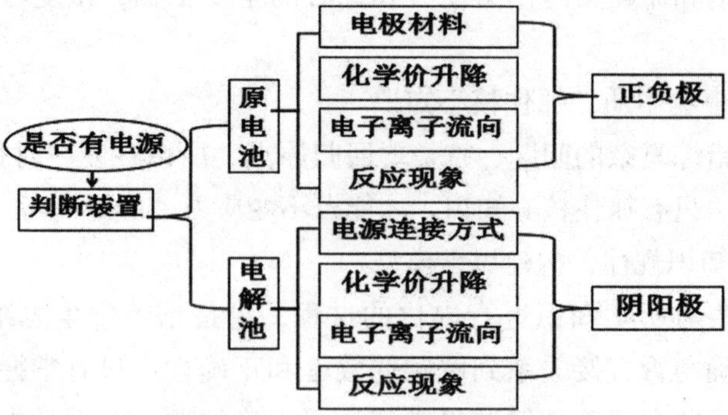

图 2-33　判断电极的思维模型

（2）书写电极方程式的思维模型

电极方程式的书写或判断是电化学的重要考查方式，也是学生学习的难点。在书写电极方程式时，首先根据题目信息或化合价升降等确定主要反应物，其次根据题目信息或共存原则等确定主要生成物，再次利用得失电子守恒和电荷守恒等进行基本配平，从次根据溶液环境或守恒原则补充缺项部分，最后调整配平等完善细节。构建书写电极方程式的思维模型如图 2-34 所示。

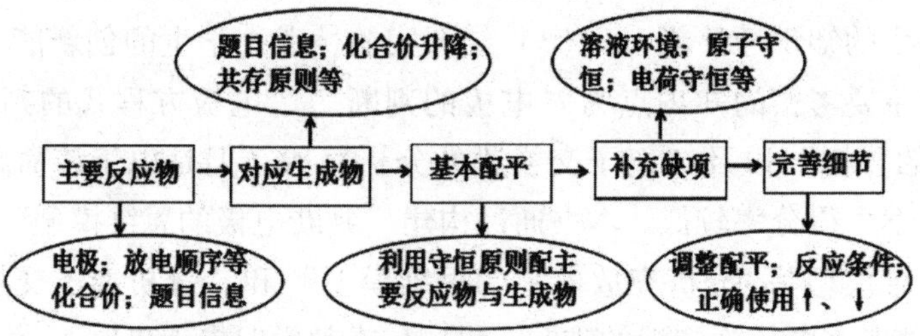

图 2-34　书写电极方程式的思维模型

（3）分析充放电池的思维模型

充放电池又称为二次电池，是高考的热点。充电时的电极反应与放电时的电极反应过程相反，充电时的阳极反应为放电时的正极反应的逆过程，充电时的阴极反应为放电时的负极反应的逆过程。构建分析充放电池的思维模型如图 2-35 所示。

图 2-35 分析充放电池的思维模型

（4）分析离子交换膜的思维模型

最近几年高考题中出现了对离子交换膜在电解池或原电池中应用的考查，但是学生对于交换膜在新型装置的分析不知所措。交换膜在中学电化学中主要有两方面作用：一方面是防止副反应的发生，避免影响产品的质量；另一方面用于物质的制备、分离、提纯等。分析离子交换膜的装置，首先要明确其作用，然后根据电极判断出离子的移动方向，从而得出离子交换膜的类别。构建分析离子交换膜的思维模型如图 2-36 所示。

图 2-36 分析离子交换膜的思维模型

2. 电化学分析思维模型构建的价值

（1）化解做题过程，提高解题能力

在新课程改革的背景下，电化学题目的内容和形式千变万化，但万变不离其宗，二轮复习抓住核心知识，找准合适载体，厘清命题特点，构建思维模型，就能够提高解题能力。

（2）培养思维意识，提升核心素养

通过建立经典的思维模型，不但有利于电化学问题的快速简便解决，而且可以引导学生在其他知识模块，特别是理论性较强的知识板块，如化学平衡、电离平衡、水解平衡等建立一些经典的思维模型，并形成一套完整的思维策略，让这些思维策略形成自觉意识，使新课程理念真正贯穿到实践中，培养学生的学科核心素养和探究能力。

五、基于思维模型运用的教学案例

案例 1：元素化合物中思维模型的构建与应用——以“铁元素化合物”复习课为例。

案例 2：有机化学中思维模型的构建与应用——以“乙烯”为例。

案例3：化学原理中思维模型的构建与应用——以“勒夏特列原理应用”为例。

案例4：复习课中思维模型的构建与应用——以“《必修2》第七章复习课”为例。

案例 1

元素化合物中思维模型的构建与应用

——以"铁元素化合物"复习课为例

一、案例简介

新课标非常重视情境化的设计和核心素养的落实，而学生也存在知识与应用之间严重脱节的问题，该问题如何解决呢？本节课通过"缺铁性贫血，菠菜补铁"的真实情境，以"菠菜补铁是真的吗？"作为研究项目，把实际问题转化为化学问题：定性检验和定量检测，通过设计层进式的问题，把复杂问题转化为简单问题，重点落实"证据推理与模型认知"核心素养。通过"价—类—性"模型的构建，帮助学生形成知识框架，培养学生系统化思维；通过"价—类—性"模型的应用，渗透核心知识的重要性。

二、教学目标

铁及其化合物是高考的重点内容，尤其是 Fe^{2+}、Fe^{3+} 的检验及其测定，但考查的重点归根结底都是铁及其化合物的性质。创设真实情境，以复习知识为基础，以应用知识为目的，以培养素养为核心，制定的教学目标如下：

第一，创设真实情境，引导学生将生活问题转化为化学问题，培养学生用化学思维解决实际问题的能力。

第二，通过真实情境的实验探究，引导学生构建"价—类—性"模型并用此模型解决"菠菜补铁是真的吗？"的问题，实现铁及其化合物之间相互转化的复习目的，培养"科学探究与创新意识"和"证据推理与模型认知"核心素养。

第三，以 Fe^{2+}、Fe^{3+} 的相互转化为例，理解变价金属元素的氧化还原反应，培养"宏观辨识与微观探析"素养。

三、教学设计

本节课的教学设计如图 2-37 所示。

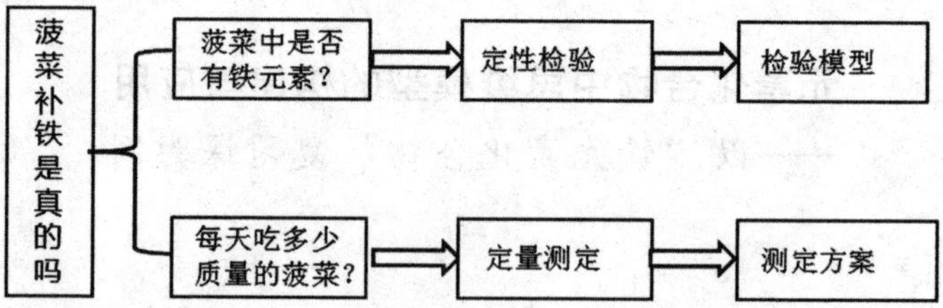

图 2-37 “铁元素化合物”复习课教学设计

四、教学实施

环节一：创设情境，导入新课

【导入项目】我们学校的李老师体检发现血红蛋白的指标远低于正常值，医生建议李老师饮用“补铁剂”治疗，但是李老师想通过吃菠菜补铁，他想征求我的意见。作为化学教师，如何从化学的角度解答李老师的问题呢？

【分解项目】解答“菠菜补铁是真的吗”，应从几个维度回答呢？

【学生活动】问题一：菠菜中是否有铁元素？问题二：每天吃多少质量的菠菜？

【提出问题】这两个问题转化为化学问题分别是什么呢？

【学生活动】定性检验和定量测定。

【必备知识】问题的解决，需要一定的知识基础。首先请大家完成“价—类—性”模型（见图 2-38）。下面请一位同学来汇报。请思考：预测物质氧化还原性的依据是什么呢？预测物质酸碱性的依据是什么呢？

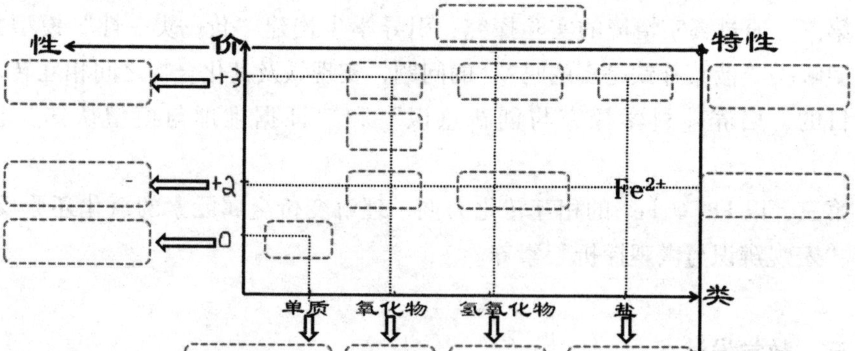

图 2-38 “价—类—性”模型

环节二：定性检验——菠菜中是否有铁元素

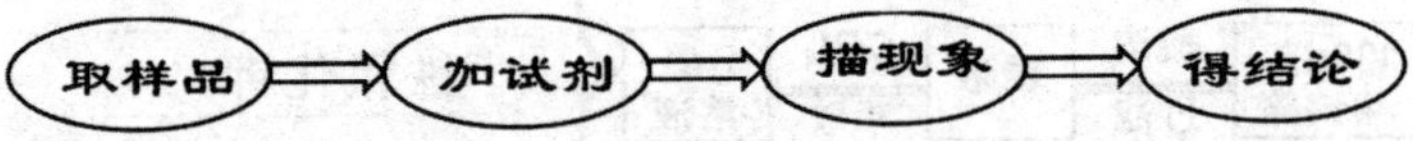

图 2-39　“定性检验”模型

【提出问题】

资料卡片：

1. 由于草酸的存在，菠菜中铁元素以 FeC_2O_4 等形式存在，FeC_2O_4 等易被氧化，难溶于水，易溶于酸，100g 菠菜中含铁约 2.24mg。

2. 有机色素易溶于乙醇、四氯化碳等。

图 2-40　铁元素在菠菜中的存在形式

阅读资料卡片，提取重要信息。

问题 1：菠菜用什么溶剂溶解呢？A. 水　B. 硝酸　C. 硫酸

问题 2：如何排除有机色素的干扰呢？请回答你的依据。

【学生活动】问题 1：菠菜用硫酸溶解，原因是 FeC_2O_4 易被氧化，难溶于水，易溶于酸。

问题 2：用四氯化碳萃取排除有机色素的干扰，原因是有机色素易溶于乙醇、四氯化碳等。

【提出问题】检验试剂的选择

明确对象：菠菜中若含有铁，那铁的价态可能是多少？单独检验：检验 Fe^{2+}、Fe^{3+} 分别选择的试剂是什么？

表 2-7　检验 Fe^{2+} 和 Fe^{3+} 需要的试剂

	Fe^{2+}	Fe^{3+}
检验		

【学生活动】完成上面表格。

【提出问题】检验方案的评价。

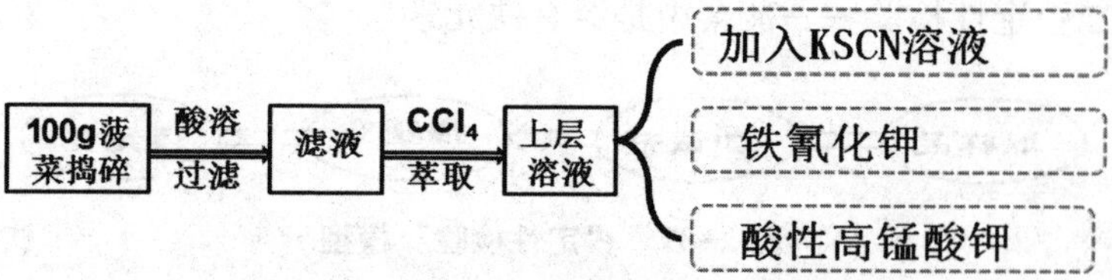

图 2-41　菠菜中铁元素的检验方案

表 2-8　检验菠菜中铁元素的实验现象和结论

滴加试剂	现　　象	结　　论
KSCN 溶液		
铁氰化钾		
酸性高锰酸钾溶液		

【学生活动】完成上面表格。

【答疑解惑】铁元素在菠菜中的存在形式是什么？$C_2O_4^{2-}$能使酸性高锰酸钾褪色吗？利用“价—类—性”模型推出$C_2O_4^{2-}$的价态性质是什么？检验菠菜中的Fe^{2+}应选择什么试剂呢？

【提出问题】通过检验菠菜中Fe^{2+}选择试剂的分析过程，大家认为在试剂的选择上应注意什么样的问题呢？

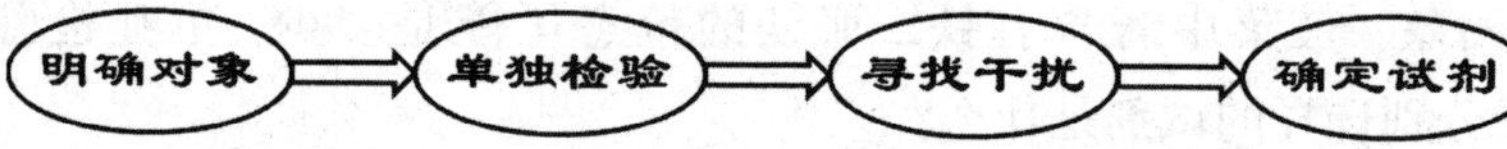

图 2-42　“检验试剂选择”模型

【检验结论】菠菜含有铁元素。

环节三：定量测定——每天吃多少质量的菠菜

【定量测定】滴定

滴定的原理是什么？滴定实验设计的关键问题是什么？检验Fe^{2+}和Fe^{3+}选择的滴定剂和指示剂是什么？

表 2-9　检验Fe^{2+}和Fe^{3+}选择的滴定剂和指示剂

	滴定剂	指示剂
Fe^{2+}		

续表

	滴定剂	指示剂
Fe^{3+}		

菠菜中有 Fe^{2+} 和 Fe^{3+}，二者如何转化为一种离子呢?

【提出问题】测定方案的评价

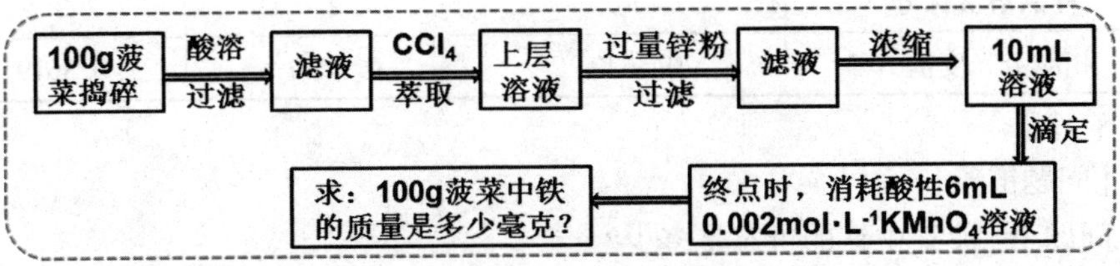

图 2-43　滴定法测定菠菜中铁元素的含量方案

问题 1：锌粉的作用是什么? 判断 Fe^{3+} 完全反应的现象是什么?

问题 2：菠菜中有哪些物质与酸性 $KMnO_4$ 反应呢? 这些物质是否有固定的定量关系呢?

问题 3：请你评价该方案能否测定出铁的质量呢?

【定量测定】吸光度

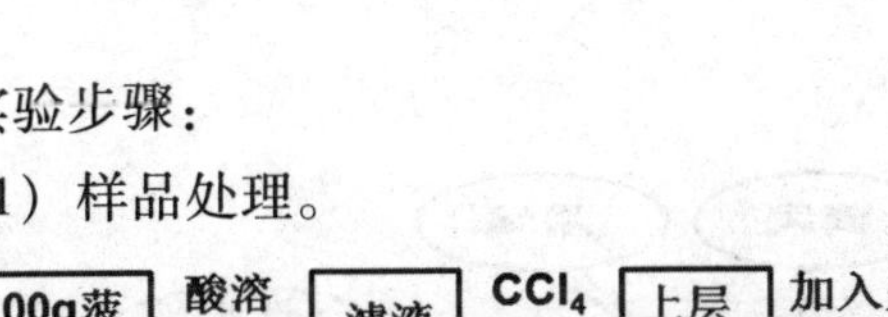

图 2-44　吸光度与浓度的关系

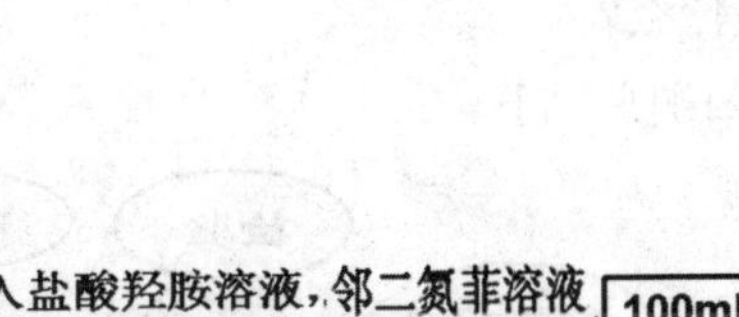

图 2-45　Fe^{2+} 与邻二氮菲的作用

实验步骤：

(1) 样品处理。

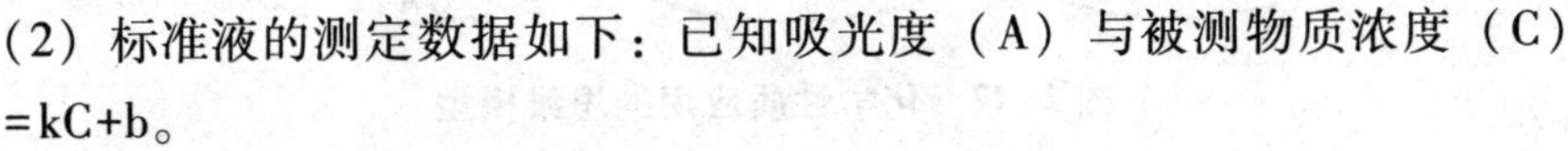

图 2-46　吸光度法测定菠菜中铁元素的含量方案

(2) 标准液的测定数据如下：已知吸光度（A）与被测物质浓度（C）关系 $A=kC+b$。

表 2-10 标准液浓度与吸光度的相关数据

铁标样浓度（μg/25mL）	0	11.2	22.4	33.6
吸光度值 A	0.0018	0.0690	0.1362	0.2034

（3）待测液的测定数据如下：取 25mL 样品，测其吸光度。

表 2-11 待测液浓度与吸光度的相关数据

样品溶液标号	1	2	3
相应吸光度值 A	0.3620	0.3720	0.3619

【问题链条】

问题 1：菠菜中铁的价态是多少？

问题 2：邻二氮菲与几价铁显色呢？

问题 3：盐酸羟胺的作用是什么？

问题 4：吸光度（A）与被测物质浓度（C）具体关系是？

问题 5：25mL 样品中铁多少 mg？

【提出问题】测定结果：100g 菠菜中铁 2.24mg。已知：成人每天需要 22.4mg，人体对菠菜中铁的吸收率大约 5%。每天需要菠菜多少克？用菠菜代替补铁剂是否可取呢？

【实验结论】用菠菜代替补铁剂不可取。

【能力提升】医生建议：为了提升治疗效果，补铁剂与维生素 C 搭配使用。请推测维生素 C 起到什么作用呢？你推测的依据是什么？

环节四：交流分享 归纳总结

【交流分享】选择铁元素检验试剂的依据是什么？测定铁元素滴定剂的选择依据是什么？

【归纳总结】

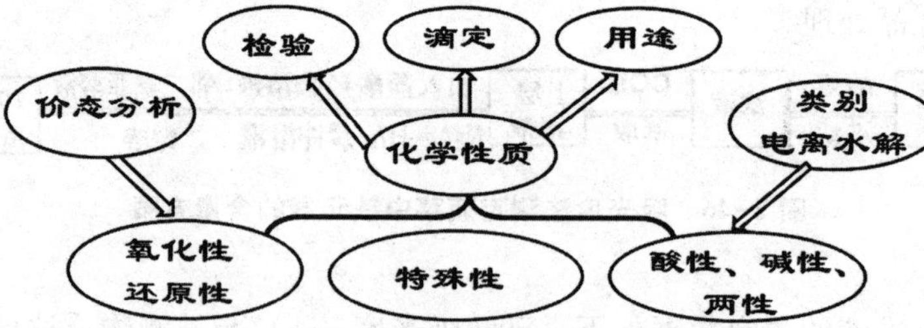

图 2-47 化学性质应用的思维模型

五、教学反思

（一）教学效果评价

美国国家研究理事会将学习进阶定义为“在较大时间跨度内，学生学习和研究某一主题时，对学生连贯且逐渐深入的思维方式的描述”①。表 2-12 中给出了本项目学习路径的描述、评价及相应的学科素养发展。

表 2-12 项目学习路径的描述、评价及相应的学科素养发展

阶段	项目学习的过程评价量表	学科素养发展
进阶起点：菠菜补铁问题转化为化学问题	灵活应用知识的能力	宏观辨识与微观探析，证据推理与模型认知，科学探究与创新意识
提高阶段Ⅰ：解决问题的必备知识，构建“价—类—性”模型	构建新知的能力	
提高阶段Ⅱ：定性检验——菠菜中是否有铁元素？构建“离子检验”模型和“试剂选择”模型	归纳能力，辩证思维	
提高阶段Ⅲ：定量测定——每天吃多少克的菠菜？评价测定方案，分析方案中涉及的问题	分析、评价实验的能力，数据处理能力，批判思维	
进阶终点：引入新信息——吸光度，解答方案中涉及的问题	接受新知识的能力，应用新知识的能力，数据处理能力	

（二）教学反思

项目式教学是以学生为中心的学习方式，通过参与真实情境的项目，学生在收获知识的同时，学会批判地思考、分析信息的可靠性、创造性地解决问题。而如何借助项目式引导学生进行深度学习是项目设计的重点，如何设计项目教学的流程是项目实施的关键，如何注重学生高阶思维的培养是项日设计的核心。

以“项目式教学”为引领，建立课堂文化，关注学生成长，落实学科素养，积极探索基于情境、问题导向的互动式、启发式、探究式、体验式等课堂教学模式。

（刘汉国 广东省东莞市东莞中学）

① 王换荣，沈旭东．简论人教版高中化学教材“研究与实践”栏目的科研要素［J］．中小学教材教学，2021（2）：21-24.

案例 2

有机化学中思维模型的构建与应用
——以“乙烯”为例

一、案例简介

从生活情境导入，以石蜡油分解情境为线索，从装置分析、结论分析、结构分析和现象分析四方面进行深度探究，通过对比设问、层进式设问和问题链三种方式进行有效设问，采用实验、视频和诗歌等手段，从中构建“原子—成键—结构”和“结构—性质—现象”两种思维模型，使知识在学生脑中自然生成，使五个层面的化学核心素养真正落地。

二、教学目标

开展素养为本的教学，教学目标应体现化学核心素养，据此，本节课的教学目标如下：

第一，通过石蜡油分解实验的探究，学会乙烯的化学性质，并在过程中发展科学探究能力。

第二，通过组装乙烯的球棍模型、视频动画以及理论分析，构建“原子—成键—结构”和“结构—性质—现象”两种思维模型，并应用模型解释化学问题，从而培养“宏观辨识与微观探析”以及“证据推理与模型认知”化学核心素养。

第三，通过视频和诗歌，了解乙烯的重要作用以及造成的环境污染，学会渗透辩证统一思想分析问题，从而培养“变化观念与平衡思想”以及“科学精神与社会责任”化学核心素养。

三、教学设计

本节课的教学流程见图 2-48 所示：

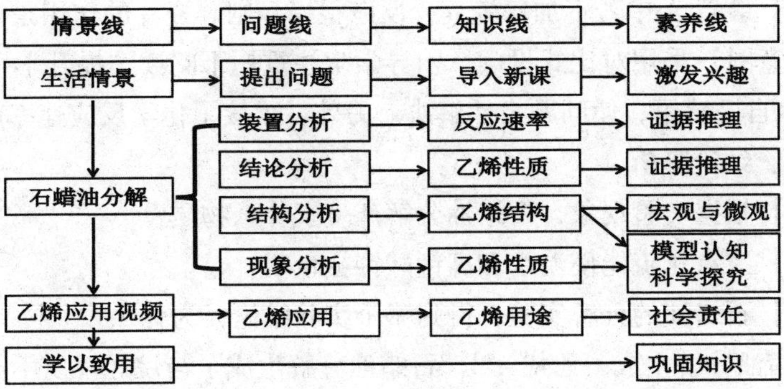

图 2-48　“有机化学中思维模型的构建与应用”教学设计

四、教学实施

教学环节一：创设情境，导入新课

【教师】为什么青香蕉与熟苹果放一起一夜间会变黄色？为什么浸泡$KMnO_4$的硅藻土能够使水果保鲜？

教学环节二：实验探究，深入分析

【教师】按照图 2-49 进行石蜡油分解实验探究：将石蜡油分解产生的气体通入溴水和酸性 $KMnO_4$溶液，并在 D 处点燃气体，请记录好实验现象。

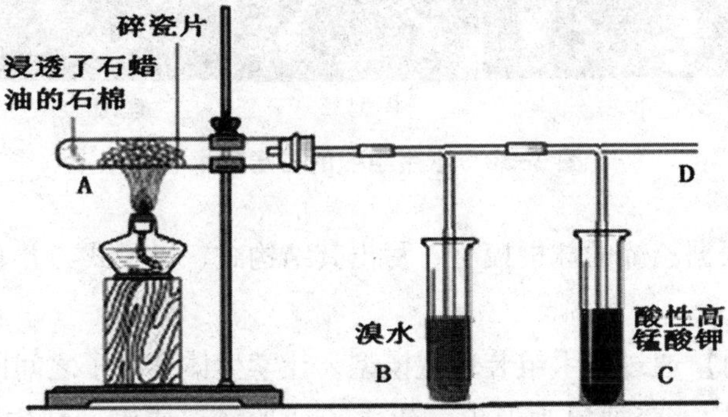

图 2-49　石蜡油的分解实验

任务 1：装置分析

【教师】石蜡油浸泡在石棉中的目的是什么？

【教师】从化学反应速率的角度，思考石蜡油浸泡在石棉中的目的是什么？

【教师】装置 A 中碎瓷片的作用是什么？

【教师】装置 A 中若不加碎瓷片，反应很慢，则碎瓷片的作用是什么？

【设计意图】采用对比式设问，引导学生注重题干阅读，提升学生的阅读能力，让学生自己感悟，使问题自然解决。另外，承接了化学反应速率的知识。

任务 2：结论分析

【教师】根据实验现象，石蜡油分解产生了什么物质？

【教师】二氧化硫能使溴水和高锰酸钾褪色吗？

【教师】石蜡油的分解实验，得到哪个实验结论？为什么？

a. 石蜡油分解生成了乙烯；b. 石蜡油分解生成了与烷烃性质不同的物质。

【设计意图】采用递进式设计，让学生的思维外显，让学生自己寻找问题的答案，不仅使知识自然生成，而且培养了学生思维的严谨性，渗透了证据推理素养。

任务 3：结构分析

【教师】研究表明，石蜡油分解产物中，能使溴水和高锰酸钾褪色的物质是乙烯，其分子式为 C_2H_4。请根据碳原子形成四个价键、氢原子形成一个价键的原理，装置 C_2H_4的球棍模型。

【教师】大家认为上述搭出的乙烯模型合理吗，为什么？

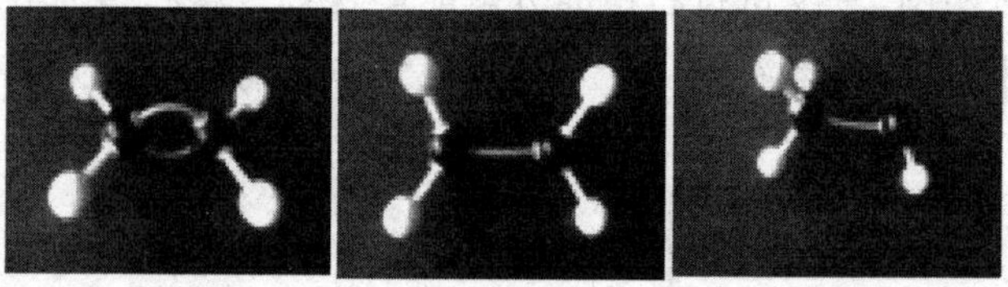

模型一　　模型二　　模型三

图 2-50　学生组装的乙烯球棍模型

【教师】根据乙烯的球棍模型，写出其结构式、电子式，并且分析其分子的空间结构。

【设计意图】通过亲手组装球棍模型，让学生体会原子之间的成键方式，学生构建分子结构，变抽象为形象；建立了“原子—成键—结构”的思维模型，培养了模型认知素养。

任务 4：现象分析一

【教师】乙烯使溴水褪色，发生化学反应。尝试用模型搭建乙烯与溴水反应的可能产物，写出相应的化学方程式。

【教师】大家认为上述搭出的乙烯模型合理吗，为什么？

【教师】认为假设一合理，你能用恰当的方法来证明你的结论是正确的吗？

图 2-51 学生组装的乙烯与溴水反应的可能产物球棍模型

【教师】取 B 试管中少量反应液，向其中加入硝酸酸化的硝酸银溶液，请观察现象。

【教师】排除了假设一和假设二，那么只能是假设三合理了。那么假设三的产物是怎么产生的呢？请大家观看反应的动画，从化学反应的本质思考断裂哪些化学键和生成哪些化学键？

【教师】有机物分子中双键（或叁键）两端的碳原子与其他原子或原子团直接结合生成新的化合物的反应，叫做加成反应。

【教师】从化学键的角度，分析反应前后化学键的变化；从反应物和生成物的种类角度，分析反应前后物质的种类变化。

【教师】为何 C ═C 中的一个键易断裂呢？已知断裂 C ═C 和 C—C 需要的能量见表 2-13 所示。

表 2-13 C ═C 与 C—C 键能

断键类型	C ═C	C—C
所需能量/$RJ \cdot mol^{-1}$	一个 263.6 一个 347.3	346

【教师】乙烯不仅与溴单质发生加成反应，而且还与 H_2、HCl 和 H_2O 发生加成反应，请大家写出相关反应。

【教师】乙烯与盐酸反应吗？乙烯通入水中就会生成乙醇吗？

【教师】注意反应条件，很多有机反应都是在一定条件下发生的。

【设计意图】通过亲手组装球棍模型和观看视频动画，让加成反应的概念落地，形成宏观—微观的认识角度，培养学生“宏观辨识与微观探析”素养；通过分析断裂 C ═C 和 C—C 需要的能量，渗透“证据推理与模型认知”素养；通过对乙烯与溴反应产物的探究，让学生体会科学研究需要基于事实、科学观点和实验探究，才能发展学生的探究精神。

任务 5：现象分析二

【教师】乙烯使 $KMnO_4$ 褪色，发生了哪类化学反应呢？生成的产物是什么呢？

【教师】乙烯生成一种使澄清石灰水变浑浊的气体。

任务 6：现象分析三

【教师】乙烯燃烧为何有黑烟呢？甲烷和氢气燃烧有黑烟吗？

【教师】乙烯与甲烷哪一种含碳量高？

【教师】含碳量越高，燃烧时火焰越亮，烟越多。

【设计意图】采用问题链分析乙烯使 $KMnO_4$ 褪色，实现知识到能力的升华；采用对比设问分析乙烯燃烧为何有黑烟，让问题自然解决。

教学环节三：归纳整理，构建网络

【教师】乙烷能发生加成反应和使酸性 $KMnO_4$ 褪色吗？乙烷与乙烯结构上有什么不同？

【教师】由此可见，C ═C 决定了乙烯能够发生加成反应，能够使酸性 $KMnO_4$ 褪色，所以构建了“结构—性质—现象”思维模型。请根据此模型，归纳乙烯的化学性质。

【设计意图】通过归纳总结，将乙烯零散的知识进行系统化、结构化，有利于学生理解知识的逻辑结构。

教学环节四：关注应用，培养责任

【教师】如何理解乙烯的产量是衡量国家的石油化工发展水平呢？请大家观看视频，总结乙烯的主要用途。

【教师】通过学习，你知道为什么青香蕉与熟苹果放一起一夜间会变黄色？为什么浸泡 $KMnO_4$ 的硅藻土能够使水果保鲜？

【教师】让我们一起朗诵《乙烯的“一生”》，品味乙烯不平凡的一生。“轻轻地，我来了；我挥一挥衣袖把手连起来，我倾心地呵护着人类安逸的生活。当我老迈，依旧怀恋昔日的舞台，而我也感受到了人类的无奈。”

【教师】朗读完，大家有什么感悟？

【设计意图】通过对乙烯应用的了解，培养“变化观念与平衡思想”以及“科学精神与社会责任”化学核心素养。

教学环节五：学以致用，巩固应用

第一题：已知丙烯的结构简式为 $CH_3-CH=CH_2$。请依据所学知识，回答下列问题：

（1）丙烯的结构中最多有多少个原子共面？

（2）联想甲烷和乙烯，推测丙烯可能发生哪些类型的化学反应？

（3）丙烯若与 HCl 发生加成反应，可能会生成下面哪些物质？

第二题：除去乙烷中混有的少量乙烯的方法，应选择哪种？为什么？

A. 与氢气加成　　B. 通入溴水　　C. 通入酸性高锰酸钾溶液

D. 通入水中

【设计意图】通过练习，反馈学习情况，培养学生的迁移能力。

五、效果与反思

（一）师生访谈——诊断核心素养

教师访谈：本节课从生活情境导入，以石蜡油分解情境为线索，通过对比设问、层进式设问和问题链三种方式进行高效设问，采用实验、视频和诗歌等手段，使本节课的知识在学生脑中自然生成，使得五个层面的化学核心素养真实落地。本节课的设计，不仅承接了化学反应速率，而且为有机物的学习提供了重要的思维模型。

学生访谈：本节课学习比较轻松，对于乙烯空间结构和加成反应的难点，通过视频动画和组装模型的方式，直观而形象地突破了。通过本节课的学习，我们不仅学会了从结构角度分析化学性质、从化学性质分析现象的学习方法，而且学会了辩证地看待问题，以后尽量少使用方便袋。

（二）教学反思——感悟核心素养

本节课以“为什么青香蕉与熟苹果放一起一夜间会变黄色？为什么浸泡 $KMnO_4$ 的硅藻土能够使水果保鲜？”生活中的真实情境为问题导入新课，激发学生的学习激情；以石蜡油分解实验为情境，从装置分析、结论分析、结构分析及现象分析四个方面层层深入，分析现象、性质、结构三者的关系，提炼出“结构—性质—现象”思维模型，预测陌生物质的性质解决实际相关问题，为发展学生的“变化观念与平衡思想”“证据推理与模型认知”和“科学探究与创新意识”核心素养提供重要基础；以组装球棍模型和视频动画为情境，归纳提炼出“原子—成键—结构”模型，搭建了微观—宏观的桥梁，为发展学生的“宏观辨识与微观探析”核心素养提供重要基础；以朗诵《乙烯的“一生”》和调查“乙烯在工业中的重要应用”为情境，让学生深入生活，感受化学魅力，为发展学生的“科学精神与社会责任”核心素养提供重要基础；以提供断裂 C═C 和 C—C 需要的能量为情境，为学生提供了必要的素材和知识支持，为学生完成学习任务提供重要基础，有利于发展学生的化学学科素养。

（刘汉国　广东省东莞市东莞中学）

案例3

化学原理中思维模型的构建与应用
——以“勒夏特列原理应用”为例

一、案例简介

“以不变应万变”这句话的渊源可以追溯到中国古代的道家思想，特别是《道德经》中的哲学观念。它不仅是一种哲学思想，也是一种思维方式，它告诉我们在处理问题时应该注重寻找事物发生的根源，从根本上解决问题。

对于“化学反应原理”这一学习难度相对较大的内容模块，适当的习题训练可以帮助学生完善知识、培养思维，搭建从知识存储跃迁到知识运用的桥梁。[①] 化学反应原理类图像题大多以化学原理和真实的工业生产为背景，将抽象的反应原理与试题信息通过新颖、直观、简洁的图形来呈现，能够较好地考查学生的阅读图像、提取信息以及匹配化学原理解决问题等学科素养。[②] 因此，在学习“勒夏特列原理”内容时，大多数老师采用多角度分析“速率—时间”图像、各种“含量—压强”图像、各种“含量—温度”图像等多种图像，提炼多种解题模型，总结多种解题技巧等方式。该教学方式存在内容多、题型多、模型多、方法多等弊端，导致学生更加难以掌握内容，难以抓住本质，不利于学生深层次思维的提升。笔者以“以不变应万变”为指导、以核心知识为基础、以一题多变为手段、以思维培养为目的、以问题解决为结果展开教学，取得了良好的教学效果。

二、教学目标

在高中化学课程中，“化学反应原理”模块根据高中生的认知水平对化学反应一般规律进行了概括，主要涉及化学反应的能量变化、方向、限度、速率以及反应机理等方面的问题。这些内容的学习，对高中生认识化学变化基本原理、

---

① 赵雪，卢巍，逄金满．高中“化学反应原理”习题命制应注意的几个问题［J］．化学教学，2021（9）：82-86.

② 陈廷俊．化学反应原理类图像题的命题特点和解答策略［J］．中学化学，2019（11）：51-57.

形成关于物质变化的科学观念、发展化学学科核心素养具有重要的价值。①

第一，通过分析学生学习中的困惑，引入“以不变应万变”的思维方法，明确学习的核心目标。

第二，通过提炼“勒夏特列原理”三个要素，构建勒夏特列原理应用模型，让学生理解“不变”的含义，培养学生提炼信息的能力，发展学生证据推理与模型认知的学科核心素养。

第三，通过两个试题情境，借助一题多变的方式，让学生初步体会“以不变应万变”思维在题目中的呈现方式，从而理解“万变”的含义。

第四，通过对多重平衡体系的分析，培养学生学会应用先分后总分析复杂问题的方法，提升对“不变”含义的理解。

第五，通过自我命制试题，加深对“以不变应万变”的理解，提升学生的思维品质。

三、教学流程

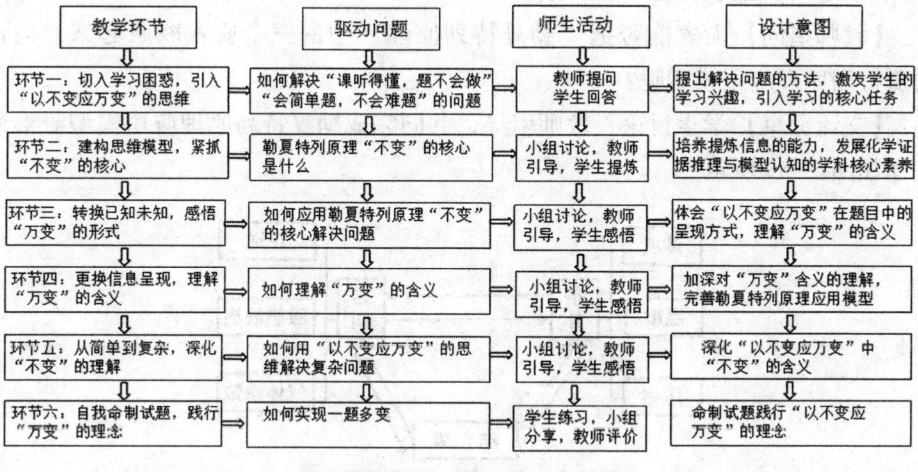

图 2-52　“化学原理中思维模型的构建与应用”教学流程

四、教学实施

环节一：切入学习困惑，引入“以不变应万变”的思维

---

① 赵雪，孙子秀，卢巍．基于核心素养的高中化学学业水平合格考试命题初探［J］．化学教学，2020（1）：85-89.

【提出问题】同学们有没有这样的困惑：课上的例题听得懂，课下的练习却不会做；简单的题目会做，复杂的题目却无从下手。那么为什么会产生这样的困惑呢？

【讨论汇报】知识基础不牢固，迁移能力不强，缺乏应变能力，等等。

【教师解惑】如何提高应变能力呢？大家听说过“以不变应万变”的思维吗？大家又是如何理解“以不变应万变”的含义呢？

【学生阐述】用一种方法解决一类问题，用一个原理解决一类问题，等等。

【教师引导】大家的理解很准确，那么如何利用“以不变应万变”的思维解决问题呢？本节课以“勒夏特列原理”复习课为例，感悟“以不变应万变”理念的魅力。

环节二：建构思维模型，紧抓“不变”的核心

【提出问题】我们已经学习了“勒夏特列原理”的内容，请大家提炼“勒夏特列原理”中的三个要素。

【讨论汇报】条件（浓度、压强、温度）、方向（正逆、气体系数、吸热放热）、结果（颜色、转化率、含量）。

【教师追问】大家能否把“勒夏特列原理”中的三个要素联系起来，构建勒夏特列原理应用模型呢？

【交流分享】学生讨论，教师引导，共同完成勒夏特列原理应用模型雏形的构建如图 2-53 所示。

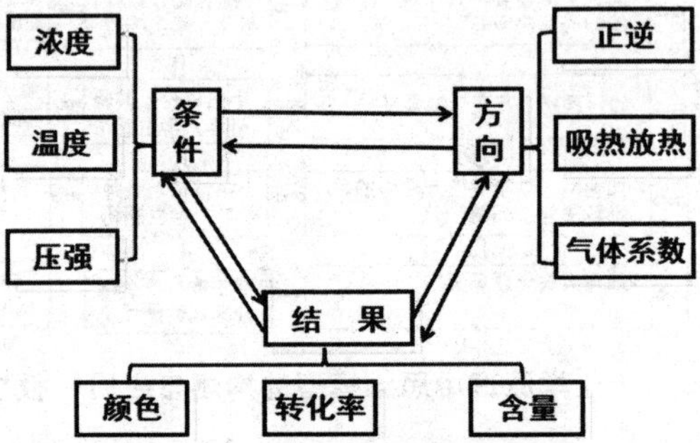

图 2-53 勒夏特列原理应用模型雏形

环节三：转换已知未知，感悟“万变”的形式

【环节过渡】勒夏特列原理应用模型就是本节课中“以不变应万变”的“不变”，那么如何应用“不变”应对“万变”呢？下面我们通过例题实践模型。

【试题情境】例 1：在密闭容器中，一定条件下发生反应：mA（g）+nB（g）$\rightleftharpoons$ pC（g）+qD（g） ΔH。

【问题链条】问题一：若 m+n>p+q，当体系的压强增大时，则 A 物质的体积分数如何变化？问题二：若 m+n>p+q，当体系的压强如何变化时，则 A 物质的体积分数增大？问题三：当 m+n 与 p+q 的关系如何时，体系的压强增大，则 A 物质的体积分数增大？回答问题的要求：应用勒夏特列原理模型，指明原理中三要素的已知要素和所求要素。

【讨论汇报】问题一：已知 m+n>p+q 和压强增大，推断平衡正向移动，所求结果 A 的体积分数减小；

问题二：已知 m+n>p+q 和结果 A 的体积分数增大，推断平衡逆向移动，所求压强减小；

问题三：已知压强增大和结果 A 的体积分数增大，推断平衡逆向移动，所求 m+n<p+q。

【提出问题】请大家谈谈做题的感受。

【交流分享】勒夏特列原理中共三个要素，已知其中的两个要素，则可推断第三个要素，但是三种情况下的解题方法是一样的。

环节四：更换信息呈现，理解“万变”的含义

【试题情境】例 2：在密闭容器中，一定条件下发生反应：mA（g）+nB（g）$\rightleftharpoons$pC（g）+qD（g） ΔH。在压强分别为 P_1 和 P_2 时发生上述反应，平衡体系中 A 和 C 的物质的量分数随温度的变化曲线如图 2-54 所示。

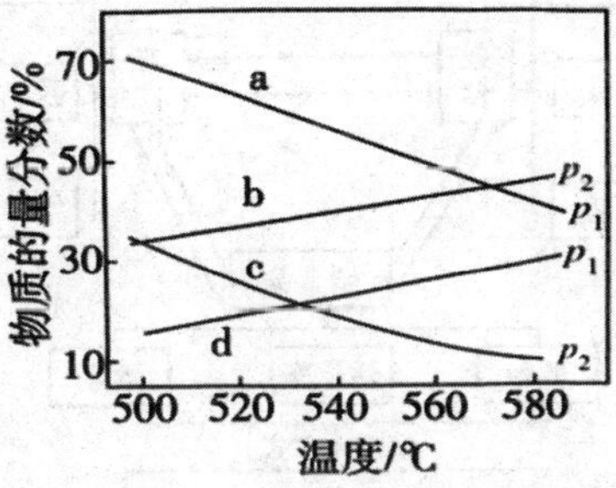

图 2-54 物质的量分数随温度的变化曲线

【问题链条】问题一：若 ΔH<0 且 m+n<p+q，则代表 A 物质的曲线是哪两条？p_1 与 p_2 的大小关系如何？问题二：若 ΔH<0 且 $p_1>p_2$，则曲线 a 和 c 代表 A 物质还是 C 物质？m+n 与 p+q 的大小关系如何？问题三：若 m+n<p+q 且 $p_1>p_2$，则 ΔH 与 0 的关系如何？回答问题的要求：应用勒夏特列原理模型，指明原理中

三要素的已知要素和所求要素。

【讨论汇报】问题一：已知 ΔH<0，推断温度升高，平衡逆向移动，所求结果 A 的体积分数增大，故代表 A 物质的曲线是 b、d；已知 m+n<p+q，推断压强升高，平衡逆向移动，所求结果 A 的物质的量分数增大，故 $p_1<p_2$。

问题二：已知 ΔH<0，推断温度升高，平衡逆向移动，所求结果 C 的体积分数减少，故曲线 a 和 c 代表 C 物质；已知 $p_1>p_2$，从图可知 C 的体积分数随压强增大而增大，所求结果平衡正向移动，故 m+n>p+q。

问题三：已知 m+n<p+q 且 $p_1>p_2$，推断压强升高，平衡逆向移动，所求结果 A 的物质的量分数增大，C 的物质的量分数减少，故 a 和 c 代表 A 物质，b 和 d 代表 C 物质；在此基础上分析，温度升高，C 的物质的量分数增大，故 ΔH>0。

【提出问题】请大家从试题信息呈现方式、难度系数、解题方法等方面谈谈例 1 和例 2 两题。

【交流分享】在信息呈现方式上，例 1 的信息用文字的形式直接给出，而例 2 的信息用图像的形式间接呈现；在难度上，例 2 比例 1 要难一些，因为例 2 对读图能力有一定要求，但是两个题目的解题方法是一样的。

【教师追问】信息给予的形式一般有哪些呢？

【讨论汇报】文字、图像、图表等。

【交流分享】学生讨论，教师引导，共同完成的修正模型见图 2-55。

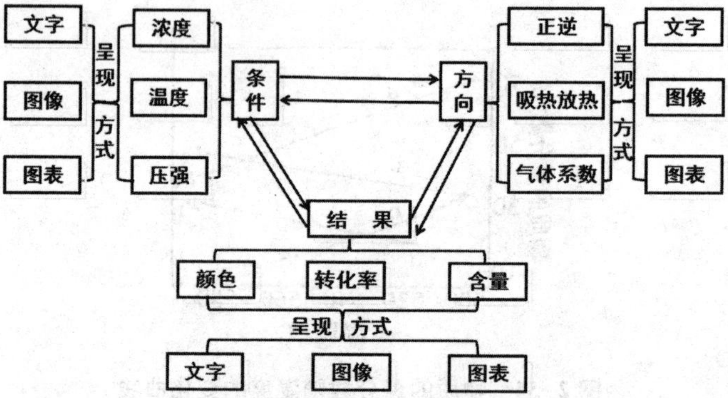

图 2-55 勒夏特列原理应用修正模型

环节五：从简单到复杂，深化“不变”的理解

【环节过渡】勒夏特列原理应用模型解决了单一平衡体系中平衡的相关问题，那么对于多重平衡体系中平衡的相关问题，勒夏特列原理应用模型是否适

用呢？

【试题情境】例 3（2020 年山东新高考改编）：探究 CH_3OH 合成反应化学平衡的影响因素，有利于提高 CH_3OH 的产率。以 CO_2、H_2 为原料合成 CH_3OH 涉及的主要反应如下：

Ⅰ. $CO_2(g)+3H_2(g)\rightleftharpoons CH_3OH(g)+H_2O(g)$　　$\Delta H_1=-49.5kJ\cdot mol^{-1}$

Ⅱ. $CO(g)+2H_2(g)\rightleftharpoons CH_3OH(g)$　　$\Delta H_2=-90.4kJ\cdot mol^{-1}$

Ⅲ. $CO_2(g)+H_2(g)\rightleftharpoons CO(g)+H_2O(g)$　　$\Delta H_3=+40.9\ kJ\cdot mol^{-1}$

不同压强下，按照 $n(CO_2):n(H_2)=1:3$ 投料，实验测定 CO_2的平衡转化率和 CH_3OH 的平衡产率随温度的变化关系如图 2-56 所示。

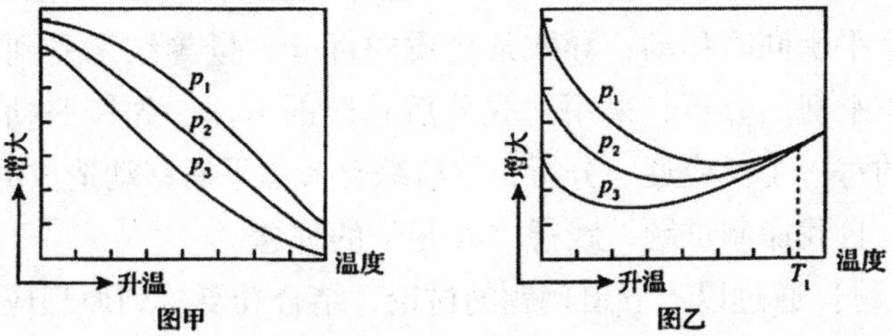

图 2-56　CO_2 的平衡转化率和 CH_3OH 的平衡产率随温度的变化关系

已知：CO_2的平衡转化率$=\dfrac{n(CO_2)_{初始}-n(CO_2)_{平衡}}{n(CO_2)_{初始}}\times 100\%$

CH_3OH 的平衡产率$=\dfrac{n(CH_3OH)_{平衡}}{n(CO_2)_{初始}}\times 100\%$

【问题链条】问题一：对于反应Ⅰ和Ⅱ，升高温度两个反应的平衡如何移动？CH_3OH 的平衡产率如何变化？问题二：对于反应Ⅰ和Ⅲ，升高温度两个反应的平衡如何移动？CO_2的平衡转化率如何变化？问题三：纵坐标表示 CO_2平衡转化率的是图甲还是图乙？问题四：对于反应Ⅰ和Ⅱ，增大压强两个反应的平衡如何移动？CH_3OH 的平衡产率如何变化？压强 p_1、p_2、p_3 由大到小的顺序如何？问题五：图乙中 T_1温度时，三条曲线几乎交于一点的原因是什么？

【讨论汇报】问题一：反应Ⅰ和Ⅱ可知两个反应均为放热反应，由平衡移动原理知，升高温度两个反应的平衡都逆向移动，故 CH_3OH 的平衡产率减少。

问题二：反应Ⅰ为放热反应，反应Ⅲ为吸热反应，由平衡移动原理知，升高温度反应Ⅰ的平衡逆向移动，反应Ⅲ的平衡正向移动，CO_2的平衡转化率由降低和升高的两个因素共同影响。

问题三：CH_3OH 的平衡产率随温度的升高一直减少，CO_2的平衡转化率随温度的升高一直先减少后增大或先增大后减少，故纵坐标表示 CO_2 平衡转化率的是图乙。

问题四：反应Ⅰ和Ⅱ都是气体系数减少的反应，由平衡移动原理知，增大压强反应Ⅰ和Ⅱ的平衡正向移动，所以 CH_3OH 的平衡产率随压强的增大而增大，故压强关系为：$p_1>p_2>p_3$。

问题五：综合温度和压强对反应Ⅰ和Ⅲ的影响，三条曲线交于一点的原因为：T_1 时以反应Ⅲ为主，反应Ⅲ前后分子数相等，压强改变对平衡没有影响。

【提出问题】相对于单一平衡体系，多重平衡体系的分析难度体现在哪里？又是如何分析的？

【交流分享】多重平衡体系的分析难度体现在当温度、压强等条件变化时，体系中的多个平衡同时移动，导致某物质的百分含量等结果受到多个平衡的影响。对于多重平衡的分析，采用“先分后总”的方法，先按照勒夏特列原理模型对体系中的每一个反应逐一分析，然后综合考虑平衡移动造成的结果即可。

环节六：自我命制试题，践行“万变”的理念

【提出问题】通过以上五道例题的讨论，结合勒夏特列原理应用，谈谈“以不变应万变”中“不变”和“万变”具体指代什么？

【讨论汇报】就勒夏特列原理应用而言，“不变”指的是勒夏特列原理，“万变”指的是三要素之间的相互转化和三要素呈现的不同形式。

【老师追问】假设三要素呈现的形式是文字、图像、图表三种形式，用数学的方法，大家估算一下至少可以命制多少道题目？

【讨论汇报】根据已知两个要素求第三个要素，至少可以命制27道题目。

【老师追问】如果改变不同的平衡体系和不同的平衡反应，大家试想命制的题目是多大的数字呢？那么面对题目的变化，我们如何应对呢？

【讨论汇报】应用“以不变应万变”的思维，紧抓“不变”，应对万变。

【提出问题】请大家应用“以不变应万变”的理念，用下面的试题情境命制题目。

【试题情境】异丙醇（C_3H_8O）可由生物质转化得到，催化异丙醇脱水制取高值化学品丙烯（C_3H_6）的工业化技术已引起人们的关注，其主要反应如下：

Ⅰ. $C_3H_8O(g) \rightleftharpoons C_3H_6(g) + H_2O(g)$　　$\Delta H_1 = +52kJ \cdot mol^{-1}$

Ⅱ. $2C_3H_6(g) \rightleftharpoons C_6H_{12}(g)$　　ΔH_2

【命制题目】问题一：若升高温度，C_3H_6 的体积分数增大，则 ΔH_2 与0的关系如何？

问题二：若升高温度，C_3H_6 的体积分数先增大后减少，原因是什么？

问题三：若增大压强，则 C_3H_6的体积分数如何变化？原因是什么？

五、教学建议

无论教学方式如何变化，教学的本质都是为了帮助学生学习和成长。因此，教师应始终关注学生的学习进展和反馈，确保教学活动能够真正促进学生的学习和发展。而“以不变应万变”在教学中的应用就是要在保持稳定的教学基础的同时，灵活应对各种变化，培养学生的应变能力和解决问题的能力，以实现教学的最终目标。

（一）夯实基础是实现“不变”的重要前提

教师首先要确保教授的基本概念、原理和方法是稳定的，这是“不变”的部分。无论教学内容如何变化，这些基础知识都应被牢固掌握。

高考无论如何变化，变化的只是外在的考查形式、试题内容和试题情境，不变的是核心知识、必备能力和育人功能。因此，在一轮复习中要重视基础、提升能力和培养素养。

（二）模型建构是落实“不变”的重要手段

题中考查的知识点学生都清楚，但在考场上无法将学过的知识与题中信息建立联系，不能运用知识分析解决问题。究其原因，学生有零散的知识，但还没有建立起系统的解决问题的思维模型。因此，我们需要在复习课中帮助学生将教材知识与题目信息建立联系，建构解决各种类型题目的思维模型。① 化学认知模型是指导学生学习化学知识、研究化学问题的系统化思维模式，可在“研究什么、怎么研究、要完成哪几类任务、从哪些角度研究”等方面为学生提供策略性指导。② 引导学生建构模型并应用模型解决问题，能够让学生辨析问题的本质，有利于梳理化学知识和规律，使化学知识模型化、规律化，提升化学复习的实效性。③

（三）一题多变是体现“万变”的重要措施

一题多变是一种教学方法，也是一种学习策略，通过条件多变，让学生在变化的情境中分析和解决问题；通过结论多变，保持问题的条件不变，改变问题的结论，引导学生从不同角度思考问题，激发他们的创造性思维；通过情境

---

① 苏美华，叶海玲，赵喜平．高考化学反应原理题的思维建模［J］．中学化学教学参考，2020（19）：61-64.

② 吴庆生．利用化学模型提升学生解决问题的能力［J］．化学教学，2014（12）：42-45.

③ 陈进前．“模型认知”是重要思维方式［J］．化学教学，2020（5）：9-15.

多变，将问题置于不同的情境中，让学生在不同的背景下理解和解决问题，这有助于培养学生的迁移能力和适应能力。一题多变的教学策略，不仅让学生更加深入地理解问题的本质，提高解题能力，并培养他们的创新思维和问题解决能力，同时，这种教学策略也可以激发学生的学习兴趣和动力，使他们在学习中更加主动和积极。

（四）先分后总是深化“不变”的重要策略

复杂问题是由若干个简单问题叠加而成，复杂问题的解决首先是把复杂问题转化为若干简单问题。面对复杂问题，可以先通过“化整为零、各个击破”的策略一一解决，最终实现由点到面、从部分到整体的思维进阶。①

《荀子·儒效》曰：“千举万变，其道一也。”《庄子·天下》曰：“不离于宗，谓之天人。”这两句名言都是说某些事物尽管形式上变化多端，其本质或目的是不变的，在教学上亦是如此。教师应抓住问题本质，精选题、巧设计，利用对比性变式突破易错点；利用强化性变式巩固题型解法，提升知识熟练度；利用开放性变式梳理知识网络，培养思维灵活度，帮助学生解决千变万化的问题，以不变应万变。②

（刘汉国　广东省东莞市东莞中学）

① 杨德红．“思维进阶”目标下的化学实验教学策略［J］．化学教学，2023（10）：56-60，63.

② 毕美好．万变不离其宗，以不变应万变：用变式题组优化高三数列求通项的复习［J］．数学教学通讯，2021（15）：77-78.

案例 4

复习课中思维模型的构建与应用

——以“《必修 2》第三章复习课”为例

一、案例简介

本案例采用“项目式学习”，创设陌生有机物 A（A 集中了人教版必修二第三章中涉及的主要官能团）的真实情境，以分析陌生有机物 A 的化学性质为项目主体，展开复习归纳所学官能团的主要化学性质，构建“结构—性质”“熟悉—陌生”和“单独检验—排除干扰—确定试剂”的官能团检验等三种思维模型。通过应用模型解释化学问题，在过程中发展科学探究能力，从而培养“宏观辨识与微观探析”以及“证据推理与模型认知”化学核心素养。

二、教学目标

第一，引导学生通过归纳、总结、比较等方法，形成系统的知识网络，提高自主学习和合作学习能力。

第二，培养学生运用所学知识分析和解决实际问题的能力，能运用结构决定性质的观点解释有机物的性质与用途。

第三，通过典型例题和习题的讲解与训练，提高学生的解题能力和应试技巧，使学生能够灵活运用所学知识解决问题。

三、教学设计

本节课的教学设计如图 2-57 所示。

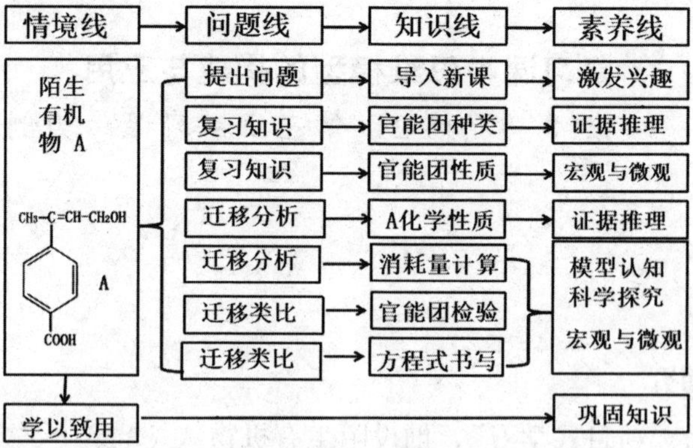

图 2-57　基于思维模型构建与应用的“《必修 2》第三章复习课”教学设计

四、教学实施

【导入新课】我们已经学习了甲烷、苯、乙烯、乙醇及乙酸等有机物的化学性质，但是遇到陌生有机物，我们该如何分析它的化学性质呢？相信通过本节课的学习，你会找到答案。

【设计意图】直接点题，让学生对本节课学习的重点做到心中有数。

任务 1：官能团种类

资料卡片：陌生有机物 A 的结构如图 2-57 所示：

【问题 1】陌生有机物 A 中有哪些官能团？写出其名称。

【设计意图】复习官能团的种类。

【问题 2】1mol 陌生有机物 A 中有多少双键？

【设计意图】复习苯及羧酸的结构。

任务 2：基团化学性质

表 2-14

C═C			
—OH			
—COOH			

【问题 3】完成表 2-14 的所有内容。

【设计意图】复习苯、乙烯、乙醇及乙酸等有机物的化学性质。

任务 3：陌生有机物 A 的化学性质

【问题 4】陌生有机物 A 能发生哪些反应类型？发生这些反应类型的依据是什么？

【设计意图】让学生形成“结构决定性质”的观念，从而构建“结构—性质”的思维模型，培养学生“宏观辨识与微观探析”以及“证据推理与模型认知”化学核心素养。

任务 4：反应物消耗量的计算

【问题 5】完成表 2-15 的所有内容。

表 2-15

1mol	与下列物质反应	消耗的物质的量
苯	H_2	
C═C	H_2	
—OH	Na	
—COOH	NaOH	
—COOH	$NaHCO_3$	

【设计意图】复习苯、乙烯、乙醇及乙酸等有机物的化学性质。

【问题 6】完成表 2-16 的所有内容并解释你所得答案的依据是什么？

表 2-16

	与下列物质反应	消耗的物质的量
1mol 陌生有机物 A	H_2	
	Na	
	NaOH	
	$NaHCO_3$	

【设计意图】让学生形成“复杂问题转化为简单问题”的观念，从而构建“熟悉—陌生”的思维模型，培养学生“宏观辨识与微观探析”以及“证据推理与模型认知”化学核心素养。

任务 5：官能团的检验

【问题 7】完成表 2-17 的所有内容。

【设计意图】复习碳碳双键、羧基及羟基等检验方法。

表 2–17

基团	检验试剂
C$=$C	
—COOH	
—OH	

【问题 8】完成表 2–18 的所有内容并解释你所得答案的依据是什么？

表 2–18

	基团	检验试剂
检验 A 中	C$=$C	
	—COOH	
	—OH	

【问题 9】表 2–18 中，C$=$C 检验试剂为什么选择的是溴水而不能选择酸性高锰酸钾？

【问题 10】表 2–18 中，—OH 检验试剂为什么不能选择酸性高锰酸钾？又为什么不能选择 Na？

【问题 11】在元素化合物学习中，如何检验 SO_4^{2-}（Cl^-）呢？

【问题 12】请类比 SO_4^{2-}（Cl^-）的检验，—OH 检验时，如何排除 C$=$C 的干扰呢？

【设计意图】通过设置递进式问题链（问题 9—问题 12），让学生的问题解决水到渠成；通过类比 SO_4^{2-}（Cl^-）的检验，让学生形成“熟悉—陌生”的思维模型；通过 C$=$C 检验，让学生形成“单独检验—排除干扰—确定试剂”的官能团检验思维模型；通过从无机化学到有机化学的迁移，让学生感受到方法的相同性、知识的融合性。

任务 6：方程式的书写

【问题 13】完成三组方程式的书写。

【设计意图】每组方程式书写的设计，都遵循“熟悉—陌生”的原则。通过这样的设计，强化学生“结构决定性质”的思维意识、“陌生转化为熟悉”的思维方式，培养学生“宏观辨识与微观探析”和“证据推理与模型认知”化学核心素养。

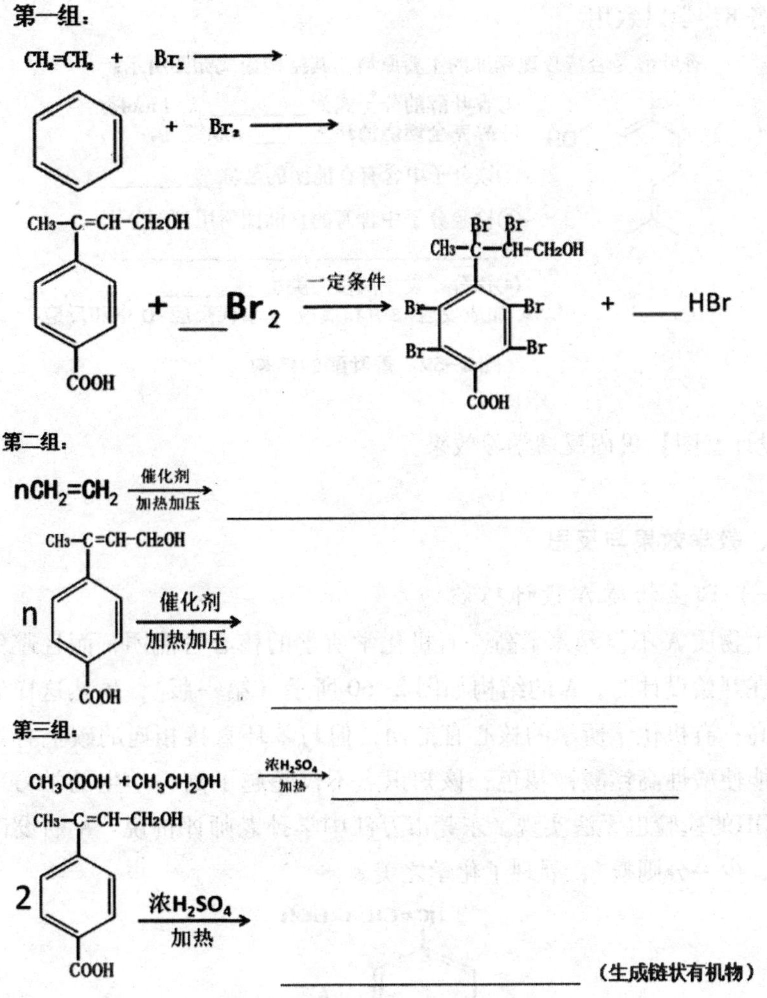

图 2-58　完成三组方程式的书写

任务 7：感悟与反思

【问题 14】如何分析陌生有机物的化学性质？如何检验陌生有机物中的官能团？如何书写陌生有机物发生的化学反应？

【设计意图】通过感悟与反思环节的设计，归纳总结本节课的主要内容，并且通过学生对本节课收获的分享，回应导入新课时提出的问题。

任务 8：学以致用

香叶醇是合成玫瑰精油的主要原料，其结构简式如图所示：

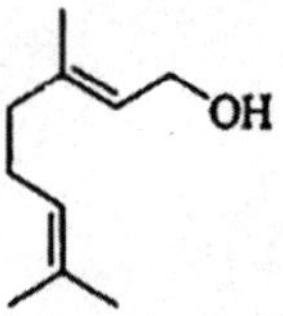

①香叶醇的分子式为_________，1 mol香叶醇完全燃烧消耗_______mol氧气。

②该分子中含有官能团的名称__________。

③检验分子中含有的官能团所用试剂分别为_____________________________。

④该分子发生的反应类型________。

A 加成反应 B中和反应 C取代反应 D 中和反应

图 2-59　香叶醇的结构

【设计意图】巩固反馈学习效果。

五、教学效果与反思

（一）陌生物质 A 设计巧妙

陌生物质 A 不仅涵盖了高一有机化学所学的核心官能团，而且避免了相互干扰。在开始设计时，A 的结构如图 2-60 所示（第一版），虽然这样的设计也覆盖了高一有机化学所学的核心官能团，但与苯环直接相连的碳上有氢原子的结构也能使酸性高锰酸钾褪色：该知识点不仅超越了高一学生的学习范围，而且对—OH的检验也无法实现。东莞市万江中学孙老师评价说：A 的设计“多一分则肥，少一分则瘦”，展现了化学之美。

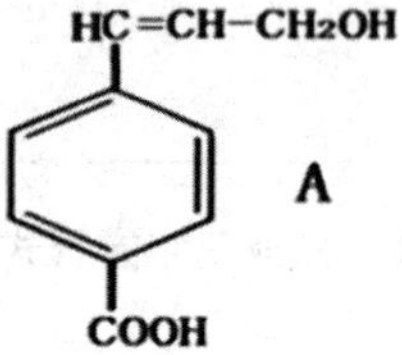

第一版

图 2-60　陌生有机物 A 的第一版结构

（二）问题设计层层递进

本节课从课堂导入的第一个问题到感悟反思的终结问题，通过一个个问题层层递进，抓住学生的心理变化，激发学生的求知欲望。问题设计层层递进，由易到难让学生自主解决问题，学生在解决问题中提升能力，掌握学习有机化学的基本方法。对于 A 中羟基检验的难点问题，紧抓学生学习的最近发展区，通过设计学生熟悉无机物除杂的问题，引导学生进行类比，使问题的解决水到渠成。层层递进的问题设计，体现了“深度学习”的内涵：在教师引导下，学生围绕具有挑战性的学习主题，全身心积极参与、体验成功、获得发展的有意义的学习过程。

（三）核心素养落地生根

本节课从设计到落实，处处体现化学核心素养的影子。通过问题设计，引导学生构建“结构—性质”“熟悉—陌生”和“单独检验—排除干扰—确定试剂”的官能团检验三种思维模型，通过应用模型解释化学问题，在过程中发展科学探究能力，从而培养“宏观辨识与微观探析”和“证据推理与模型认知”化学核心素养。

（刘汉国　广东省东莞市东莞中学）

模块三　课程思政融入高中化学教学的实践研究

一、高中化学教学中融入思政教育的背景与意义

（一）国家政策为高中化学教学中融入思政教育提供指导思想

2016年12月，习近平总书记在全国高校思想政治工作会议中提出高校思想政治工作关系高校培养什么样的人、如何培养人以及为谁培养人这个根本问题。要坚持把立德树人作为中心环节，把思想政治工作贯穿教育教学全过程，实现全程育人、全方位育人，努力开创我国高等教育事业发展新局面。[①] 本次会议主要针对高等教育，而高中教育作为高等教育的过渡，不能只做知识的储备，更要提前渗透思政教育。教育是循序渐进、螺旋上升的，只有中小学阶段始终以爱国爱家的思想贯穿日常教育，以积极向上的世界观、人生观、价值观贯穿日常作风，才能更好地接受高等教育。

2019年8月，中共中央办公厅、国务院办公厅印发了《关于深化新时代学校思想政治理论课改革创新的若干意见》（以下简称《意见》），提出坚持思政课在课程体系中的政治引领和价值引领作用，统筹大中小学思政课一体化建设，推动各类课程与思政课建设形成协同效应。[②] 从《意见》可以看出两点：首先，《意见》及时拓展了思政课的广度，不但要在高校中渗透思政教育，更要在中小学中不断普及；其次，《意见》中明确提出了思政教育与各类课程的有机融合，思政课程作为隐性教育需要与化学学科的显性教育相互融合，同向同行，协同发展，培养合格的中国特色社会主义建设者和接班人。

2020年12月，中共中央宣传部、教育部印发了《新时代学校思想政治理论课改革创新实施方案》，进一步在政治认同、家国情怀、道德修养、法治意识、

---

① 习近平．在全国高校思想政治工作会议上的讲话［N］．人民日报，2016-12-09.

② 中共中央办公厅、国务院办公厅印发《关于深化新时代学校思想政治理论课改革创新的若干意见》［J］．中国电力教育，2019（8）：6.

文化修养等方面提出明确要求。明确高中阶段的任务是提升学生的政治素养，①帮助学生树立正确的历史观、民族观、国家观和文化观，引导学生坚定“四个自信”，在德智体美劳方面全面发展。

以上文件无不在提醒一线教师，思政教育的指导性、重要性与迫切性。思政教育不但在大中小学的思想政治课堂中纵向深入，更要与各学科密切结合，横向发展，实现学科课程与思政课的同向同行，形成协同效应。这样才能真正落实立德树人，才能培养德才兼备的创新型人才，才能达到为党育人、为国育才的教育方针和任务。

（二）从高中思想政治学科核心素养与高中化学学科核心素养的视域分析高中化学教学中融入思政教育的可行性

前文提出了课程思政融入高中化学教学的政策指导，那如何实现两者相融合呢？下面研究者从高中思想政治学科核心素养与高中化学学科核心素养的视域来寻找两者融合的契机。

表 3-1 高中思想政治学科核心素养与高中化学学科核心素养

高中思想政治学科核心素养	高中化学学科核心素养
1. 政治认同	素养 1：宏观辨识与微观探析
2. 科学精神	素养 2：变化观念与平衡思想
3. 法治意识	素养 3：证据推理与模型认知
4. 公共参与	素养 4：科学探究与创新意识
	素养 5：科学态度与社会责任

政治认同包括认同中华民族、中华文化，弘扬和践行社会主义核心价值观。化学学科核心素养“科学态度与社会责任”提倡感受化学、社会、自然之间的关系，认识到化学的发展满足人民日益增长的对美好生活的物质追求和精神追求。党的十八大以来，习近平总书记在多个场合中多次提出“坚持文化自信”。这里坚持的文化自信包括坚持中华文化、坚持社会主义核心价值观。文化是中华民族的底气，如果丢掉自己的文化，丢掉核心价值观，丢掉先辈们传承下来的家国情怀，再多的技术也会为他人所用。因此，化学的发展与对社会的价值必须建立在以弘扬和践行社会主义核心价值观上。学生应该对先辈们留下的化

① 中共中央宣传部、教育部关于印发《新时代学校思想政治理论课改革创新实施方案》的通知［J］. 中华人民共和国国务院公报，2021（9）：75-80.

学技术和精神追求表示敬仰，并成为以后的职业素养。

科学精神中强调坚持马克思主义的科学世界观和方法论。辩证唯物主义告诉我们物质世界是运动的、变化的、发展的。运动是绝对的，静止是相对的。而化学学科核心素养中提出变化观念与平衡思想。该素养强调化学是一门以实验为基础的，在原子、分子层面研究物质的组成、结构、变化及其应用的自然科学。化学反应的本质是有新物质的生成并伴随着能量的变化。两个学科强调的思维方式不谋而合。辩证唯物主义理论还提出物质世界是按照其固有的规律变化和发展的。而化学学科研究的原子、分子的运动和变化，新物质的产生，能量的变化均有一定的规律。化学学科核心素养“证据推理与模型认知”继而提出，从大量的实验数据中分析、推理数据与化学本质之间的逻辑关系，从而建立化学模型。通过化学模型揭示现象的化学本质与变化规律，从而应用模型进一步推测下一步的现象与结论。故化学学科的研究符合辩证唯物主义理论，两者辩证统一。

公共参与，就是有序参与公共事务、承担社会责任。化学学科核心素养“科学态度与社会责任”倡导学生积极参与社会性议题的讨论，并依据化学知识做出科学的分析、判断、评价，甚至决策。公共参与是公民意识的体现，而公共参与的前提是对所参与的议题有正确、科学、客观的认知。而化学知识的介入恰恰实现了该前提，最终实现“知、情、意、行”的统一。

由此可见，高中思想政治学科核心素养与高中化学学科核心素养并非相互独立。政治认同是培养两个学科的核心素养的指南，为教学提供了价值导向。而科学精神与宏观辨识与微观探析、变化观念与平衡思想、证据推理与模型认知、科学探究与创新意识的哲学思想相契合。公共参与意识和社会责任遥相呼应。思政与化学核心素养你中有我，我中有你，同心合意，必能相辅相成，大有可为。

（三）高中化学教学中融入思政教育在教学实践中的困惑

1. 教师注重传授知识，缺少德育评价标准

师者，所以传道授业解惑也。传道授业解惑被很多教师认为，仅仅是讲授知识本身。当然持这样观念的教师有但不多，更多的教师认为课堂应该讲授的是知识及其背后的逻辑，以及根据逻辑的延伸，也就是知识的外延仍应该是知识，或者是高考的拓展。并且，各个学校的评价标准仍然主要定位在成绩，缺乏系统的关于德育的评价量表，缺乏评价的指导作用，德育工作变成了班主任、思想政治老师、心理健康教师的专职工作。事实上，思政教育应该是所有教育工作者共同承担的，全体教育工作者守土有责、守土负责、守土尽责，才能让

中小学生具备成为德智体美劳全面发展的社会主义建设者和接班人的素养和能力，才能把培养学生的核心价值的根本任务落实到位。

2. 教师的积极性不强，思政元素的挖掘不够广泛

高中化学教学的应试压力大，课时短，任务重。一线教师需要在高一阶段完成高中化学第一册和第二册的教学，高二阶段需要完成选择性必修1、选择性必修2、选择性必修3的教学。高一第二学期或者高二第一学期需要进行学业水平合格性考试，很多一线教师既承担非化学班的教学也承担化学班的教学，两种评价方式、两种教学方案并线进行。单纯的教学任务已经让很多教师疲于奔命，教师难以有充分的时间挖掘教学中的思政元素。研究教师曾在某购书网站上搜索“化学课程思政”现有的思政案例书籍，大多数书籍围绕的是高校的思政案例。如《化学教学论实验课程思政教学案例》《化学课程思政元素》《有机化学课程思政案例》，均为高等教育的教学案例。一线教师没有时间深度挖掘，现成的研究成果不多，无从参考，给教师实施课程思政增添不少难度。

3. “课程”“思政”与“课程思政”

一线教师在教学过程中或多或少会渗透德育工作，特别是担任班主任的化学教师。如在学习卤代烃时会介绍一氯乙烷可作止痛药，此时会对学生做安全教育；在学习合成高分子化合物时，提醒学生保护地球环境从维护教室环境做起；在学习元素周期表时，会结合门捷列夫、居里夫人等科学家锲而不舍的精神，提醒学生学习须勤勉。以上种种，如果生硬地“告诉”学生你应该怎么做，不应该称为“课程思政”，只能称作“课程”中涉及“思政”。“课程思政”应该是自然渗透的过程，选取合适的情境，让学生如沐春风。“课程”是显性教育，“思政”是隐性教育，两线并进，同心同向，协同发展。让思政元素赋能化学教学，浸润核心价值，这才是“课程思政”的意义。

二、课程思政的内涵与现有研究

（一）关于课程思政融入高中化学教学的内涵

1. 关于化学课程

化学是在原子、分子水平上研究物质的组成、结构、性质、转化及其应用的一门基础学科，其特征是从微观层次认识物质，以符号形式描述物质，在不同层面创造物质。① 化学课程以落实立德树人为根本任务，以培养核心素养为行

① 中华人民共和国教育部．普通高中化学课程标准（2017年版2020年修订）［M］．北京：人民教育出版社，2020.

动指南，以德智体美劳的全面发展作为评价方式。化学学科从宏观与微观的视角研究物质，分析与解决实际问题。汇总微观粒子的结构，采集化学实验的现象、收集实验得出的数据，从结构、现象、数据等方面分析，提出化学模型，总结物质变化的规律，通过真实问题预测和应用化学模型。其思维范式与马克思主义的辩证唯物主义理论“书同文，车同轨”。化学是以实验为基础，具有创新性和创造性的学科。化学与个体生命、个体生活、集体社会、大自然息息相关，对人类社会健康、和谐、可持续发展至关重要。

2. 关于思政课程

高中思想政治以立德树人为根本任务，以培育社会主义核心价值观为根本目的，是帮助学生确立正确的政治方向、提高思想政治学科核心素养、增强社会理解和参与能力的综合性活动型学科课程。① 思政课堂与马克思主义基本原理紧密结合，体现了辩证唯物主义的科学精神。学生认同中国特色社会主义道路，认同马克思主义的理论，认同社会主义制度，认同中华文化，并形成公民意识，积极参与讨论社会性议题。

3. 关于课程思政

课程思政并非学科课堂与思政课堂的简单融合。邱伟光认为“课程思政”指向一种新的思想政治工作理念，即“课程承载思政”与“思政寓于课程”。这一理念注重在价值传播中凝聚知识底蕴，在知识传播中强调价值引领，注重课堂教学、社会实践、网络运用三维课程的统一。② 王学俭和石岩提出课程思政的本质是立德树人，课程思政的理念是协同育人，课程思政的结构是立体多元，课程思政的方法是显隐结合，课程思政的思维是科学创新。③ 董勇从“思政教育”的“内核”出发，用价值引领的“魂”贯穿各类课程，充分发挥课堂主阵地、主渠道作用，通过显性教育和隐性教育相融通，实现知识传授与价值引领并重。④ 肖香龙和朱珠对课程思政的内涵理解为：在所有的课程教学中将知识传授与价值引导有机统一，提炼出课程中蕴含的爱国情怀、社会责任、文化自信、

---

① 中华人民共和国教育部．普通高中思想政治课程标准（2017 年版）［M］．北京：人民教育出版社，2017.

② 邱伟光．课程思政的价值意蕴与生成路径［J］．思想理论教育，2017（7）：10-14.

③ 王学俭，石岩．新时代课程思政的内涵、特点、难点及应对策略［J］．新疆师范大学学报（哲学社会科学版），2020，41（2）：50-58.

④ 董勇．论从思政课程到课程思政的价值内涵［J］．思想政治教育研究，2018，34（5）：90-92.

人文精神等价值范式，使学生在认知、情感和行为方面有正确的方向。①

从本质上看，学者们的研究是同根同源的。化学课程思政即以立德树人为价值引领，在化学课堂中渗透思政因子，寓德育于智育，落实“知、情、意、行”的统一。

（二）关于课程思政的现有研究

截止到2024年2月，在中国知网（CNKI）以“化学课程思政”为主题进行检索，共发表有2267篇文章，对文献篇数的逐年分布情况进行作图，如图3-1所示。

图3-1　文献篇数的逐年分布情况

从图3-1中可以看到，每年发表文献的数量逐年递增，并且在2020年之后大幅度增长，在2024年2月初截止，一个月的时间已发表达40篇。从发表文献的数量可以看出，学界对于化学课程思政的研究不断增加，研究的广度和深度均不断增大。

研究教师在中国知网（CNKI）以“化学课程思政”为主题进行检索后得知，课程思政在高等教育中的研究仍占比最大，前述课程思政的概念源起高等教育，故得出此结论并不意外。而以“高中化学”为主题的研究占比也位于前列，在学科分析中发现“中等教育”的研究占比也位于前列，这意味着课程思政的研究已经延展到教育的各阶段和各领域。但“中等教育”对比“高等教育”的研究缺口仍较大，对一线高中教师而言，能做的还有很多。

在中国知网（CNKI）以“化学课程思政”为主题，以“课程思政”“高中化学”为主题，以“中等教育”为主题进行搜索，把引用前十的文献进行归纳，得到课程思政融入高中化学的策略研究主要有以下几个方向（见表3-2）。

① 肖香龙，朱珠.“大思政”格局下课程思政的探索与实践［J］.思想理论教育导刊，2018（10）：133-135.

表 3-2　课程思政融入高中化学的策略研究概况

作者	文献名	文献来源	主要内容
汪瑞林	中小学“课程思政”的功能及其实现方式①	课程·教材·教法	学科从价值导向、品德养成及科学精神培育等方面，实现学科课程的思政功能和育人价值。在教学过程中，采用有机融合、实践探究的教与学的方式，以便更好地实现课程思政功能，取得较好的育人效果
王思琦	基于核心素养培养的高中化学课程思政的教学实践研究②	哈尔滨师范大学	在实施课程思政时，教师应该深入研究课程思政，大胆创新教学方法，努力挖掘思政元素，用心用情投身教育，突破学生的迷思概念并实现育人目的
焦思莉	高中化学课程思政教育现状探查和对策研究③	扬州大学	从两个视角建构高中化学课程思政内容体系。体系一是从培养学生正确三观的视角来建构，体系二是从德道情感的视角来建构
冯金洪	课程思政视角下化学思维型课堂的建构：以“乙醇”的教学为例④	化学教育（中英文）	以乙醇教学为例，探索以化学知识结构化与化学核心观念为基础，通过思政情境、问题驱动等构筑的“两思”课堂，最终实现核心价值培育与化学学科核心素养，达到育人目标
郭茗寒	基于化学核心素养的高中化学课程思政育人模式研究⑤	西北民族大学	以金属及化合物的教学为例，运用虚拟实验室、翻转课堂等新型教学方式，探索课程思政融入高中化学课堂的实施路径
冯馨尹	课程思政理念下传统文化融入中学化学教学的思考与实践⑥	福建师范大学	在课程思政理念下，中学化学课堂中渗透传统文化教育应遵循以下三条教学原则：适度性原则、科学性与思想性统一原则、育人性原则

① 汪瑞林．中小学“课程思政”的功能及其实现方式［J］．课程·教材·教法，2020，40（11）：77-83.

② 王思琦．基于核心素养培养的高中化学课程思政的教学实践研究［D］．哈尔滨：哈尔滨师范大学，2021.

③ 焦思莉．高中化学课程思政教育现状探查和对策研究［D］．扬州：扬州大学，2021.

④ 冯金洪．课程思政视角下化学思维型课堂的建构：以“乙醇”的教学为例［J］．化学教育（中英文），2022，43（3）：74-80.

⑤ 郭茗寒．基于化学核心素养的高中化学课程思政育人模式研究［D］．兰州：西北民族大学，2021.

⑥ 冯馨尹．课程思政理念下传统文化融入中学化学教学的思考与实践［D］．福州：福建师范大学，2021.

续表

作者	文献名	文献来源	主要内容
程安然、马琳、赵引涛	"课程思政"融入高中化学教学的探索①	中小学教材教学	在高中化学教学中推进"课程思政"建设，是落实唯物主义、中华优秀传统文化、爱国主义、科学精神与态度、绿色化学思想五个思想道德品质并树立积极的人生观的方法
冯莹、丁弘正、李佳	基于真实情境融合课程思政、学科核心素养的化学教学设计与实践：以"铁的单质"公开课为例②	化学教与学	以铁的单质的教学为例，从真实情境中找寻课程思政与化学学科核心素养的契合点
潘红、王彦迪、高超	课程思政融入中学化学教学的策略研究③	中小学课堂教学研究	从化学发展史、中国古代科技成就、中国前沿科技成就、社会性科学议题等角度论述课程思政融入中学化学教学的策略
李苏贵、曹旭琴、王伟群	中学化学课程思政内容特征及渗透方式的研究④	化学教与学	围绕化学课程思政的内涵，确定中学化学课程思政的主要内容为：家国情怀、法治意识、以人为本、唯物辩证、严谨求实、批判创新、和谐发展和责任担当

文献中把落实立德树人的核心价值作为研究的主心骨，通过化学史、科学发展、传统文化等渠道挖掘思政因子。思政元素包括科学精神、爱国主义精神、马克思唯物主义辩证思想、绿色化学、自然与社会和谐发展等。实施策略通过化学史情境、工业生产的真实情境、绿色化学情境等展开。教学模式有多种方式，如问题驱动、虚拟实验室、翻转课堂等。但关于课程思政融入高中化学课程的课程评价方式不多，挖掘思政元素的方法多样但不够简洁，难以降低一线教师的实施难度，这都是值得继续深度探索的。

三、高中化学课程的思政元素的挖掘

化学课程的目标是让学生能够深刻地理解化学、技术、社会和环境之间的

---

① 程安然，马琳，赵引涛．"课程思政"融入高中化学教学的探索［J］．中小学教材教学，2021（10）：54-57.

② 冯莹，丁弘正，李佳．基于真实情境融合课程思政、学科核心素养的化学教学设计与实践：以"铁的单质"公开课为例［J］．化学教与学，2021（17）：51-54.

③ 潘红，王彦迪，高超．课程思政融入中学化学教学的策略研究［J］．中小学课堂教学研究，2022（2）：49-52.

④ 李苏贵，曹旭琴，王伟群．中学化学课程思政内容特征及渗透方式的研究［J］．化学教与学，2021（15）：9-14.

相互关系。因此，在思政元素的挖掘过程中，可以从核心价值、技术、社会、环境和人文方面进行挖掘。除此之外，在日常教学过程中，师生接触最多的是教材，能否从教材的情境中挖掘思政因子，让教学变得更加流畅、更有依据呢？下面将以思政的方向和方法阐述思政元素的挖掘。

（一）从科学家的视角感悟科学精神

1. 述说科学家的先进事迹，厚植爱国主义情怀

在《普通高中化学课程标准（2017年版2020年修订）》中关于“教学策略”“学习活动建议”和“情境素材建议”的栏目中明确提出，结合化学史情境展开教学。在2019年人教版高中化学教材中也增加了“科学史话”栏目的内容。以铜为鉴，可正衣冠；以古为鉴，可知兴替。化学史是普及人文素养教育的重要资源，从史实中挖掘的思政案例对落实立德树人具有重要作用。通过化学史，可以与特殊时代的伟大化学家心灵晤谈。感受大时代下不计个人得失，一生为国为民的家国情怀与崇高精神。至真至深的家国情怀，植根于科学家精神的沃土中。家国情怀是一个人的立身之本，也是一个民族、国家的繁盛之基。在教学中说好先进科学家的故事，可以厚植爱国主义教育，培养报效祖国的信仰。而教材中也不乏关于科学家家国情怀的情境，教师也通过深度学习化学史挖掘了关于厚植爱国主义教育的思政情境。如中国稀土之父——徐光宪放弃美国优厚的待遇，回国研究稀土元素的思政情境，讲解泡利原理、洪特规则和能量最低原理；袁承业在国家需要时，义无反顾地站在前列带领研究组完成了核燃料萃取剂的研究的故事，讲解物质的分离与提纯。本章后续展示了化学史情境进行课程思政的案例（案例1：回顾民族企业崛起之路 树科技兴国之决心——“化学反应速率与化学平衡”复习课）。在教材中有关“爱国主义”的思政情境见表3-3。

表3-3　教材中关于“爱国主义”的思政情境

教材中的思政情境	思政因子	适用的教学内容
侯德榜和侯氏制碱法	侯德榜为我国化工事业发展做出了卓越的贡献，是我国近代化学工业的奠基人之一	碳酸钠和碳酸氢钠 化学反应速率与化学平衡（案例一）

注：该表以人教版高中化学（2019）必修第一册和必修第二册为例。

2. 通过展示科研工作者的职业素养，感受公共参与感

当前“躺平”“摆烂”“佛系”“丧文化”“低欲望”等词语在青少年和年轻人之间流行。当“不努力”成为常态，“无欲无求”成为理想，“不闻不问”

成为态度，世界将会变成什么样？青年志存高远，才能激发奋进潜力。《中华人民共和国义务教育法》第三条规定："必须贯彻国家的教育方针，实施素质教育，提高教育质量，使适龄儿童、少年在品德、智力、体质等方面全面发展，为培养有理想、有道德、有文化、有纪律的社会主义建设者和接班人奠定基础。"有理想即有人生的蓝图、奋进的目标、职业的规划。有纪律即艰苦奋斗，勇于担当。"四有青年"旨在培养对社会有价值的公民。在教学中通过展示科研工作者的工作内容，有助于学生形成职业规划，培养职业素养，最终成为有理想、有道德、有文化、有纪律的"四有青年"。其实在2019年人教版高中化学教材中增设了"化学与职业"栏目，增加了职业生涯规划的内容，以科研工作者的视角认识化学、认同化学，启发学生找到努力的方向、积极参与社会的方法。教材外，研究教师也挖掘了不少思政素材，如道尔顿哪怕生活穷困潦倒仍把毕生的精力投入科学事业中，提出了气体分压定律（也称为道尔顿定律）。居里夫人虽沉浸在失去丈夫的悲伤中，但仍然坚持夫妇此前的研究，最终发现了钋和镭两种元素。教材中关于体现"职业素养"的思政情境见表3-4。

表3-4　教材中关于"职业素养"的思政情境

教材中的思政情境	思政因子	适用的教学内容
化学科研工作者的工作内容	展现科研工作者善于思考、敢于质疑、具有创新精神	物质的分类与转化
化工工程师的工作	团队精神与社会责任	硫及其化合物
电池研发人员的工作	与生产、生活、军事等领域密切相关	化学电源
营养师的工作	认同化学对社会发展的价值与作用	基本营养物质
环境保护工程师	环境保护关于国计民生，研究人员的社会责任	环境保护与绿色化学
科技考古研究人员	化学帮助人类更好地认知历史，了解人类的起源和发展	核素

注：该表以人教版高中化学（2019）必修第一册、必修第二册为例。

3. 通过科学家的研究，实现国计民生的双向奔赴

党的十八大以来，习近平总书记多次强调，科技创新、科学普及是实现创新发展的两翼。科学普及，不仅有助于传播科学知识，还有利于弘扬科学精神。天宫课堂中，航天员王亚平展示的"水球实验"的原理是过饱和的醋酸钠溶液的溶解或析出晶体。而太空水油分离实验则体现了物质分离提纯操作中的离心分离操作。利用科学家的专业身份给全体公民普及生命教育、科学教育、美好

生活的描绘等，能让大家更好地接受科学的洗礼，更好地执行科学的生活方法。科学家孜孜不倦的研究，有利于保障人民的食品安全、用药安全和生命安全。本章后续也展示了关于科学家对醛的研究，给生活提供便利的课程思政融入高中化学实验教学的案例（案例2：侯哥教你制照妖镜——“醛的氧化反应”）。表3-5是教材中有关体现“国计民生”的思政情境。

表3-5 教材中关于“国计民生”的思政情境

教材中的思政情境	思政因子	适用的教学内容
利用覆铜板制作图案	化学技术解决了电路板的制作问题，开启了电子时代	铁及其化合物
合成氨的发展	合成氨的发展解决了地球粮食不足的问题，化学解决了人类的生存发展问题	氮及其化合物
生活中常见的烷烃	化学给人民的美好生活提供便利	烷烃
煤矿中的爆炸事故	正确认识化学反应，保障生命安全	烷烃
食用油的制取与保存	化学对食品健康、人民生命安全的保障	基本营养物质
奶油的制备与保存	现代食品工艺对食品健康、人民生命安全的保障	基本营养物质
海水的开发和利用	海水中的氯、钠、溴、镁、钙等元素如何为人类所使用，进一步提高人类的生活水平	海水的开发利用
滴滴涕的功与过	客观事物的两面性，正确认识物质，为人类所使用	化学品的合理使用

注：该表以人教版高中化学（2019）必修第一册和必修第二册为例。

（二）从科技发展视角认同科技力量

1. 通过科学研究实例，培养学生的科学精神与创新观

辩证唯物主义哲学观揭示了物质是有两面性的，需要辩证客观地看待。物质按照本身固有的规律运动、变化和发展。物质的发展不是一帆风顺的，而是曲折向前的，不断通过实践检验其正确性继而不断修正，螺旋上升。这与科学研究的路径是相似的，根据客观现象大胆猜想，根据实验数据小心求证，根据模型规律创新发展。而教材中出现的氧化还原反应的规律、原子结构模型的演变、元素周期表等情境，无一不是通过多年多位科学家的潜心研究，最终得出相应的结构模型。研究教师也进行了教材外思政素材的深度挖掘，如通过科学家对抗生素的研发感受科技发展离不开艰苦卓绝的奋斗和创新的实验，研究教师也根据此思政元素开发了案例（案例3：化学史为情境的“官能团”教学），

教材中关于体现“科学精神与创新观”的思政情境见表3-6。

表3-6　教材中关于“科学精神与创新观”的思政情境

教材中的思政情境	思政因子	适用的教学内容
氧化还原反应概念的发展	事物的发展是螺旋式，基于前人的研究不断曲折地前进	氧化还原反应
原子结构模型的演变	事物的发展是螺旋式，基于前人的研究不断曲折地前进	原子结构
元素周期表的发展	事物的发展是螺旋式，基于前人的研究不断曲折地前进	元素周期表
阿伦尼乌斯提出电离模型，发展成为近代的电离理论	正是他大胆猜测、小心论证的研究精神，最终获得了诺贝尔奖	电解质的电离
凯库勒发现苯的结构	创新地认识新事物“苯”	苯及其同系物

注：该表以人教版高中化学（2019）必修第一册和必修第二册为例。

2. 从我国的化学力量中，增强学生的理想信念

“科学技术是第一生产力”是邓小平同志坚持和发展马克思关于生产力的理论。人类社会的每一次进步都是科技进步推动的。人类社会的每一次工业革命，不论在文化、政治还是经济上都有巨大的飞跃，科技的力量，其中包括化学的力量已经成为国家稳定、人民安居乐业的重大保障。在历史的进程里，我国化工产业从无到有，从弱到强，好多领域都取得了举世瞩目的成绩。在思政元素的挖掘中，通过展示我国工业发展波澜壮阔的历程，和风细雨般把理想信念、科学研究团队的红色基因传递给学生。如在讲解乙炔时，讲好我国乙炔等石油化工行业发展的故事（如案例4：基于“乙炔制备”的气体实验探究）；在讲解制作简单的氢氧燃料电池时，介绍我国冬奥会的氢燃料电池车；在讲解化学电源时，引入国内首次自主成功开发锂离子电池隔膜专用树脂的故事。讲好中国故事，激励当代学生树立科技报国的家国情怀和使命担当。教材中关于体现“国家化学力量”的思政情境见表3-7。

表3-7　教材中关于“国家化学力量”的思政情境

教材中的思政情境	思政因子	适用的教学内容
超级钢的研制	材料化学的应用对我国航天事业发展的帮助	金属材料
新型陶瓷	磁悬浮技术的基础，高铁的发展让中国成为基建大国	硅及其化合物

续表

教材中的思政情境	思政因子	适用的教学内容
硅的生产工艺	“从沙滩到用户”，硅的研究成为一个国家生产发展的掣肘	硅及其化合物
发展中的燃料电池	电池的发展成为国家电子时代发展的关键	化学电源
黏合剂和涂料	化学材料学为国家的军事发展提供强有力的保障	有机高分子材料
人工光合作用的研究	我国科研团队为解决人类的粮食危机不断努力	环境保护与绿色化学

注：该表以人教版高中化学（2019）必修第一册和必修第二册为例。

3. 科技发展重视绿色、环保、生态文明的可持续发展理念

习近平总书记在党的十九大报告中提道：“坚持人与自然和谐共生。建设生态文明是中华民族永续发展的千年大计。”① 生态环境没有替代品，用之不觉，失之难存。回顾历史进程，因为蒸汽机的发明和使用，人类进入了第一次工业革命。同时，全球化石燃料的存量开始急剧下降，大气中二氧化碳等温室气体的比例增大。电动机的发明和使用，使人类进入了大规模生产的时代。工业用地迅速扩大，动物们无家可归甚至濒临灭绝。人类破坏环境的同时，自然也还以颜色。天气变暖、冰川消融、海啸、火山喷发等给人类社会带来巨大的精神和经济的影响。因此，2020 年，中国在第 75 届联合国大会上提出力争到 2030 年前实现碳达峰、2060 年前实现碳中和的目标。在教学中，我们也应该传递绿色化学、可持续发展、坚持人与自然和谐共处的思政理念。如从自来水净化的思政元素讲解物质的分离提纯，给出我国“碳排放”的历史进程图讲解分子晶体的晶胞特点，通过讲解接触法制硫酸的绿色排放问题讲解化学平衡，等等。教材中关于体现“生态文明”的思政情境见表 3-8。

表 3-8　教材中关于“文明生态”的思政情境

教材中的思政情境	思政因子	适用的教学内容
用途广泛的稀土金属	化学的发展与社会的可持续发展不能相悖	金属材料
自然界中硫的存在与转化	化学与环境和谐发展的关系	硫及其化合物

① 习近平．决胜全面建成小康社会 夺取新时代中国特色社会主义伟大胜利：在中国共产党第十九次代表大会上的报告［EB/OL］．共产党党员，2017-10-18.

续表

教材中的思政情境	思政因子	适用的教学内容
化石燃料的使用	燃料的使用与环境保护的博弈	化学电源
了解车用电池的发展	新能源汽车的发展，促进人们出行方式的改变，切实改善了空气质量	化学电源
炼铁高炉尾气之谜	客观认识化学反应，改善化工生产	化学反应条件的控制
生产铝的工艺	生产铝所耗的电能巨大，能否通过垃圾分类回收提取铝，减少能源的消耗，保护环境	金属矿物的开发利用

注：该表以人教版高中化学（2019）必修第一册和必修第二册为例。

（三）从传统文化视角培养文化自信

习近平总书记在庆祝中国共产党成立95周年大会上明确提出要坚持“四个自信”，即“道路自信、理论自信、制度自信、文化自信”。“文化自信”表现在认同中华民族的传统文化，它是中国人的底，民族的魂，行动的根。文化如水，浸润无声，文化连接着一个民族的过去、现在和未来。文化的传播与传承是我国文化的软实力，是人民奋发前进的源动力。古有道家顺应自然的思想、“天人合一”的思想、“阴阳辩证”的思想；近现代有“两弹一星”精神、“航天精神”“探月精神”。在教学中，通过挖掘这类思政因子，有助于增强学生的骨气和硬气，更自信地开辟未来。

1. 借助古代典籍的思政情境，渗透文化自信

中国古代典籍中蕴含着先辈的智慧，通过先辈的实践得出关于化工、医药、食疗、务农等方面的智慧，为后代的工农医药发展奠定了基石。如《天工开物》被欧洲学者誉为“17世纪中国科技的百科全书”。古书籍记录的技艺都是我国重要的宝藏，是我们引以为豪的文化。又如我国是最早开发利用地下水的国家，清朝道光三年（1823年）出版的《调疾饮食辩》一书中，提出了净水的方法。又如屠呦呦研究青蒿素时在东晋葛洪的《肘后备急方》“青蒿一握，以水二升渍，绞取汁”中找到线索。又如《齐民要术》中提及了我国传统酿酒、醋、酱油的详细方法。一线教师如果善用古书籍挖掘思政素材，将获得传承中华文化的好方法。教材中关于体现“传统工艺”的思政情境见表3-9。

表 3-9 教材中关于“传统工艺”的思政情境

教材中的思政情境	思政因子	适用的教学内容
我国传统酿酒和制醋的方法	了解先辈的智慧，认同我国的传统工艺	基本营养物质
生物质资料的利用的历史	认识资源的可持续发展	煤、石油、天然气的综合利用
豆浆的制作工业	了解先辈的智慧，认同我国的传统工艺	化学品的合理使用

注：该表以人教版高中化学（2019）必修第一册和必修第二册为例。

2. 借助诗词文化的思政情境，渗透文化自信

诗词歌赋与化学科学，看似风马牛不相及，但如果沉思细想，也能在当中挖掘思政素材。如可以借助“花间一壶酒，独酌无相亲”① 等关于酒的诗句讲解乙醇的同时介绍中国自古的酒文化。又如可以通过“爆竹声中一岁除，春风送暖入屠苏”② 等诗句介绍氧化还原反应的同时介绍中国传统文化和习俗。流传至今的唐诗宋词往往代表了时代的历史、文化，反映着中国传统的思想、传统的节日、传统的习俗和文化。学习古诗词的本身就是在传承中国文化，就是在践行“坚持文化自信”，就是在讲好中国故事。后续案例（案例 6：传统文化导向下发展学生化学核心素养的实践研究——以“金属矿物的开发利用”为例）正是利用古诗文中的语句讲解金属矿物的冶炼方法。

（四）从传统美学视角感受真善美

1. 求真之路

真，可理解为真诚、真实、真理。马克思主义观认为，真理就是对客观事物及其规律的正确反映。马克思主义的真理观是以实践为基础的，实践是检验真理的唯一标准。化学实验正是实践的过程，根据实验的现象，找出证据才能总结规律，得出真理。而真理是随着实践的发展而发展的，随着条件的改变，随着实验的变化，真理也是在发展的。攀登科学高峰的路是一条艰苦而又曲折的路，需要化学家有足够的决心。如门捷列夫在发现元素周期律时步履维艰，科学家尚未找到描述元素间异同的方法。门捷列夫在实验室和文献中不断地摸索，发现了原子之间根据电子的排列方式不同，出现了周期性的变化。在验证已知元素的化学性质后，门捷列夫对已有元素的性质提出了疑问，并提出了元素周期表中应有留白给未发现的元素。在当时并未得到大部分化学家的认同。

① 夏于全．唐诗宋词：第 4 卷［M］．长春：北方妇女儿童出版社，2006：65.

② 谢桃坊．宋诗三百首［M］．2 版．成都：巴蜀书社，2008：65.

门捷列夫坚持自己的研究，并在实验室中不断求证，经过多年多位化学家的共同努力，验证了元素周期律的正确性。又如填满了价电子的惰性气体被认为不能发生化学反应，科学家们没有放弃，进而发现了六氟化铂能将氙氧化，慢慢发展了氙化学，该理论也指导了氪化合物的合成，目前氦和氖的反应尚未发现。自然界有很多规律尚未研究明白，艰难之路，唯勇者行。求真之路，需要不断用实验举证，方能成就非凡。

2. 品行良善

作为一名化学教师，当看到有人将化学污名化为有毒、有害、危险等代名词时，常感到如芒刺背。化学作为客观事物，需要辩证地看待。然而，近年来"三聚氰胺"奶粉事件、天津港爆炸事故、甲醛超标等，让化学暴露在舆论的顶端。实则，本质上是掌握化学技术的人们，心存恶念。因此，作为一线教师，在教授化学知识之前必须教会学生，为人需善良和正直。品行良善，才能手执化学技术，追求有益于社会的价值，改善环境，使社会长治久安。教材中也出现了相关的思政元素，关于二氧化硫、氯气、食品添加剂的话题，常常出现在舆论所唾弃的一面，事实上只要交给品行良善之人，辩证使用也能于民润国。笔者也深度挖掘思政素材，例如，在教学电解池时，可以讲述传统工业中常用氰电镀，但氰化物对环境的危害极大，一边是自身健康，一边是人民的健康，我国科研工作者勇敢地选择后者，不顾危险研究低氰电镀液，最后得到了高效的无氰电镀方案。在教学醛时可以引入甲醛的思政素材。教材中关于体现"食品安全"的思政情境见表 3-10。

表 3-10 教材中关于"食品安全"的思政情境

教材中的思政情境	思政因子	适用的教学内容
食品中的二氧化硫	化学给人民的美好生活提供便利	二氧化硫
食品添加剂的使用	现代食品工艺保障人民生命安全，同时客观对待事物的两面性，正确认识物质	化学品的合理使用
氯气对自来水消毒	事物的两面性，氯气本身有毒，但用得其所则对环境友好，可持续发展	氯气的性质

注：该表以人教版高中化学（2019）必修第一册和必修第二册为例。

3. 生命之美

《普通高中美术课程标准》提出高中美术课程的根本任务是立德树人，以美育人，培养健康审美观念，文化自信，树立正确的文化观。

在信息化日益发达的今天，学生获取信息的方式非常多样，短视频、网络游戏、微博、微信等。传播方式的多样化，传递着多种价值观，需要学生们树立正确价值观，做出正确的判断。当下，青少年的心理健康情况被提上日程，青少年的心智尚未成熟，学习生活中遇到不愉快的事情，加之媒体信息的误导，可能会做出无可挽救的行为，生命教育刻不容缓。因此，在教学的过程中，健康的“审美”能力的培养非常重要。自然之美、生命之美、品行之美时刻出现在我们身边，有时只是缺少发现美的眼睛。在挖掘思政元素时，可以适当引入对生命的认识。首先，在讲解化学反应进行的方向时，介绍人体虽说由多种元素组成，但元素间只有在一定规律下组合，才能构成无可替代的生命体。其次，在讲解基本营养物质时，介绍顺式脂肪酸与反式脂肪酸对人体的作用的思政情境，让学生正确地认识生命，珍惜生命，爱护自己和别人的生命。

另外，在介绍艺术之美时，通过介绍美术作品传播中国文化，坚定文化自信，树立正确的文化观。秦始皇陵中兵马俑雕塑、莫高窟中的壁画、大足石刻的石窟等艺术作品是中国的瑰宝，反映了古代人民的勤劳和智慧。以上艺术作品所在地，均被评为世界文化遗产，具有世界范围内的考古和传播文化的意义。在化学教学中介绍艺术作品的化学原料或原理等思政元素，有助于提升学生的民族自豪感，培养文化自信。如在酚的教学中，可以引入漆画的思政情境，中国传统漆画的原料为大漆，大漆的主要化学成分为漆酚（主要组分：长链邻苯二酚）。在铁及其化合物的教学中，可以引入矿物颜料的思政元素，《千里江山图》是以矿物颜料入色，所以颜色千年不褪，该案例在后文（案例 5：铁的“颜”究所——“Fe（Ⅱ）与 Fe（Ⅲ）间的转化”）中呈现。教材中关于体现“生命教育”的思政情境见表 3-11。

表 3-11　教材中关于“生命教育”的思政情境

教材中的思政情境	思政因子	适用的教学内容
展示体检报告单	客观科学地分析体检报告单，普及科学知识	物质的量浓度
人体内铁元素的存在	客观科学地分析人体元素，了解铁对人体的作用，了解科学补铁的方法，普及科学知识	铁及其化合物
检验食品中的铁元素	了解科学补铁的方法，普及科学知识	铁及其化合物
糖尿病患者的糖代谢	了解健康生活的方式，普及健康知识	基本营养物质

注：该表以人教版高中化学（2019）必修第一册和必修第二册为例。

四、高中化学教学中融入思政教育的实践流程

根据科学教育的内涵结合课程思政，笔者把高中化学教学中融入思政教育

的教学模式定为："真实情境显思政，课程推进启思维"的课程思政融入高中化学教学的教学模式。即真实的思政情境串联教学，问题驱动教学推进，任务驱动深度学习，思政思维双线评价，具体实施路径如图 3-2 所示。下面将从"教—学—评"三方面阐述实践流程。

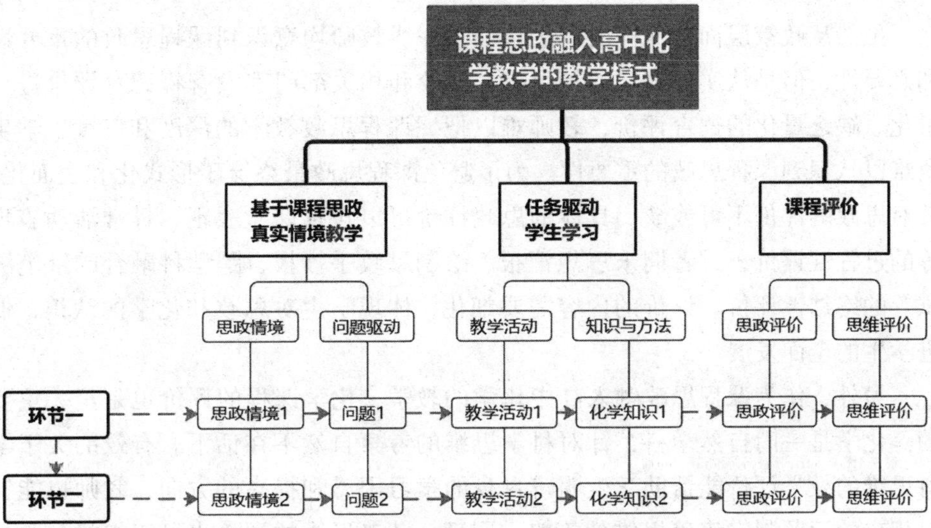

图 3-2　课程思政融入高中化学教学的教学模式

（一）基于课程思政真实情境教学

《普通高中化学课程标准（2017 年版 2020 年修订）》倡导真实问题情境的创设，高考试题也呈现"无价值，不入题；无思维，不命题；无情境，不成题"的典型特征。只有把教学放在真实情境中，才能完成真目标，体现真能力，实现真学习。基于真实情境的教学，以其趣味性、真实性、多元性和创新性的特点为一线教师所熟知。"课程思政"绝非简单的思政教育，在化学课堂上喊着思政口号的做法不但让学生觉得突兀，也让学生难以吸收德育思想。隐性的思政教育承载在思政情境中将让化学课堂更舒服，学生更容易接受，让化学教育和思政教育同向同行，实现立德树人的目标。

（二）任务驱动学生学习

在真实的思政问题情境串联教学时，课堂的目标是解决真问题。明确真问题后，通过设置课堂任务，助力学生思维的培养，发挥学生的主动性，提高化学课堂的趣味性和创新性。学生在完成化学任务驱动式教学活动时，探索知识、解决问题、合作学习，激发学生的积极性，提升学生的逻辑思维能力，提高课堂的效率。学生在完成任务的过程中感悟思政教育的渗透，体验实践中巩固和应用化学知识，落实培养学生的核心素养。学生合作互助的过程本身也是思政教育的一种，并且学生按照科学研究的一般方法即预测物质表现的规律，通过实验现象进一步验证，解释实验现象得出实验结论，也符合思政教育的思维方式。

（三）课程评价

虽然从政策层面、课标的制定层面，一线教师均意识到课程思政的重要性和必要性，但是从实际教学的情况看，学校和相关部门都没有将德育评价进行量化。缺乏量化的德育评价，教师难以把握课程思政教学的深度和广度，学生也难以认识到课程思政的重要性。为了避免课程思政最终流于形式化和表面化，针对思政的评价不可或缺。具体的思政评价可以包括课堂表现、日常活动表现等的过程性评价，或者期末思想汇报、绘制思政手抄报、跨学科融合的纸笔测试等的终结性评价。评价的内容需要细化，体现学生对思政和化学的认识，促进学生的全面发展。

另外，作为课程思政融入高中化学的教学，化学课程的评价也是至关重要的。化学是一门自然学科，针对科学思维的考察自然不在话下。有效的关于学科思维的教学评价能帮助学生明辨自身的学习困惑和提高的方向，教师也能针对相应的问题制定培养思维的策略。同理，针对思维的评价也可以多样，既包括根据规律设计实验方案、设计解决真实问题的方案等过程性评价，也包括纸笔测试等终结性评价。总之，通过多元评价的方式，使思政德育评价和化学智育评价双线并行，培养德智体美劳全面发展的社会主义建设者和接班人。

五、高中化学教学中融入思政教育的教学案例

案例1：回顾民族企业崛起之路 树科技兴国之决心——“化学反应速率与化学平衡”复习课。

案例2：侯哥教你制照妖镜——“醛的氧化反应”。

案例3：以化学史为情境的“官能团”教学。

案例4：基于“乙炔制备”的气体实验探究。

案例5：铁的“颜”究所——“Fe（Ⅱ）与Fe（Ⅲ）间的转化”。

案例6：传统文化导向下发展学生化学核心素养的实践研究——以“金属矿物的开发利用”为例。

案例 1

回顾民族企业崛起之路 树科技兴国之决心

——“化学反应速率与化学平衡”复习课

一、教学背景分析

（一）教材分析

本课例选自高中化学选择性必修一（人教版）第二章“化学反应速率和化学平衡”。本课例是面向高三选考化学学生的复习课，主要复习化学平衡的内容。教材中关于化学平衡的部分是按图 3-3 展开的。

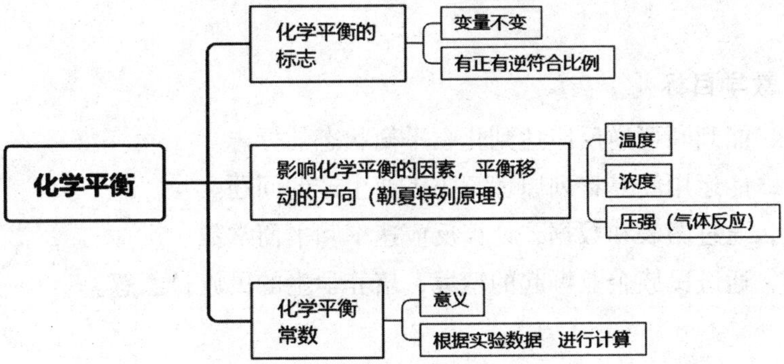

图 3-3 教材中化学平衡的知识编排

化学平衡的调控在生产、生活甚至科学研究中都有非常重要的作用，因此教材中特意使用了多个案例进行说明，包括合成氨的反应、汽车尾气的处理、硫酸的制备、甲醇的制备等。本节内容抽象，宏微结合密切，大多数以工业生产为背景，培养学生的变化观与平衡思想。因此，本课例以侯氏制碱法的发展历程为工业背景和思政素材来展开，它包括平衡的标志、勒夏特列原理的应用和平衡常数的表达式与计算三个基本知识点。不仅如此，还通过爱国民族企业的发展为思政素材，培养学生的科学态度与社会责任，厚植爱国主义教育。

（二）课标分析

《普通高中化学课程标准（2017 版）》中提出要用动态平衡的思想分析化学反应，认识到化学反应是可以调控的。变化是恒定的，不变是相对的，用辩证的思想认识化学反应。懂得用定量的思想调控反应，根据不同的生产环境和生产要求，改变不同的生产条件，以达到工业生产的要求。以真实的化工生产过程为情境，根据文献模拟化工生产的过程和原理，提高解决真实情境问题的能力。另外，深刻意识到化学与人民的美好生活密切相关，认识到化学的价值，更要感受化学家的家国情怀。

（三）学情分析

本节课面向高三选考化学的学生，此前高一高二已经掌握化学学科的必备基础知识，对平衡思想有一定认识，也能理解通过实验数据推理化学平衡常数的证据思想，但缺乏综合应用的能力，更缺乏工业生产的背景知识。而当前的高考题绝大多数是建立在真实的工业生产情境中，学生对此望而生畏，从而产生畏难的心态。鉴于学生的情况，本案例以侯氏制碱法为情境，贯穿整个教学，帮助学生克服工业情境的陌生感，同时利用民族企业发展史，培养学生的科学态度与社会责任，将爱国主义精神厚植在学生的心中。

二、教学目标

第一，能判断可逆反应达到化学平衡状态的标志。

第二，能运用勒夏特列原理解决工业生产的问题。

第三，通过图表和数据，计算反应速率和平衡常数。

第四，通过民族企业崛起的情境，培养学生的民族自豪感。

三、教学重难点

（一）教学重点

判断可逆反应达到化学平衡状态的标志，能运用勒夏特列原理解决工业生产的问题。

（二）教学难点

化学反应速率和平衡常数的计算，能运用勒夏特列原理解决工业生产的问题。

四、教学方法与思路

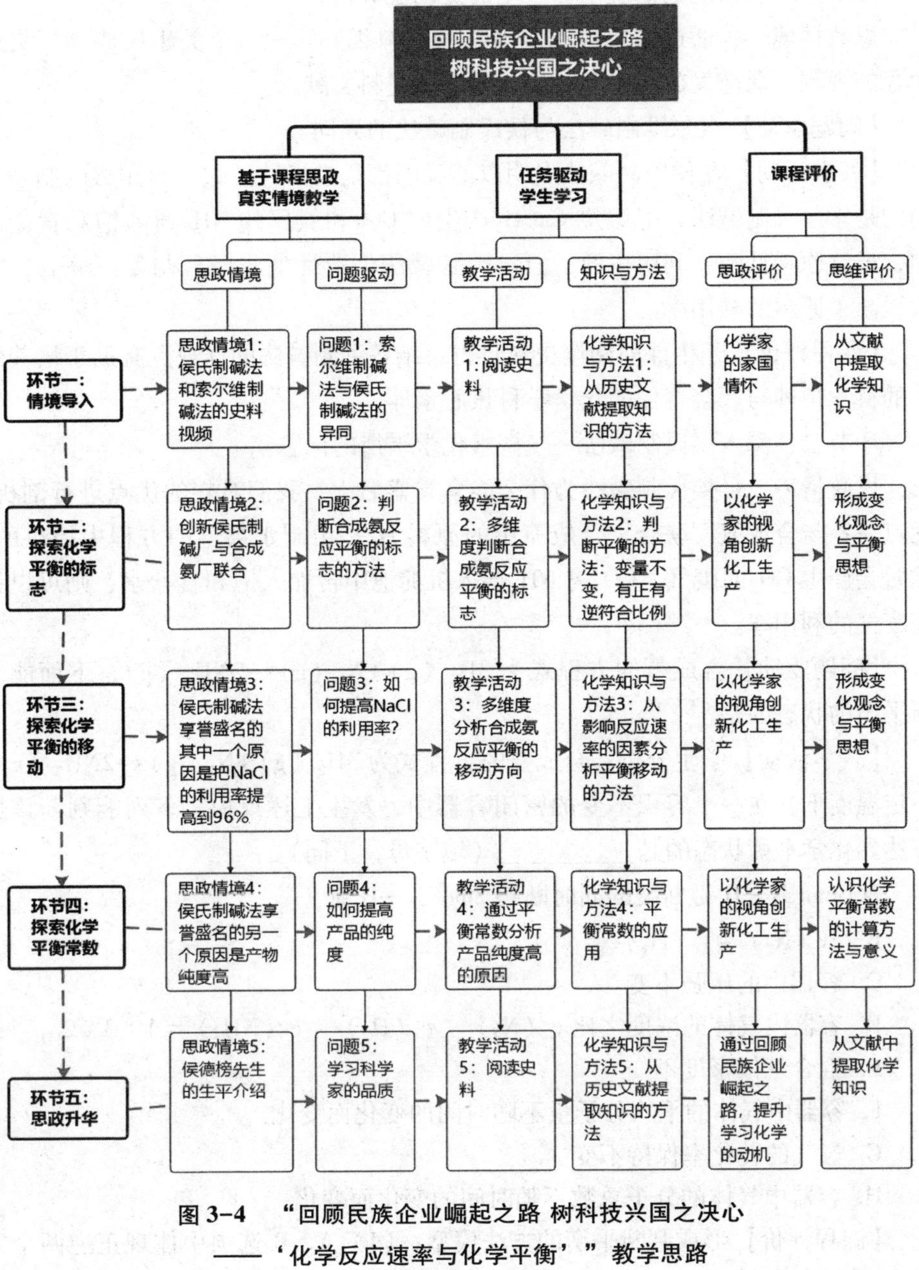

图 3-4 “回顾民族企业崛起之路 树科技兴国之决心——‘化学反应速率与化学平衡’”教学思路

五、教学过程

环节一：引入问题情境培养学生的爱国主义情怀

思政情境一：通过播放侯氏制碱法的史料视频——一个关于民族碱厂夹缝生存的视频，课前发放关于各种制碱方法的史料文献。

【问题驱动】索尔维制碱法与侯氏制碱法的异同。

【教学活动】在侯氏制碱法发明以前我国都是进口的洋碱。而洋碱的制备采用的是索尔维制碱法，把煅烧 $CaCO_3$ 产生的 CO_2 和氨厂的 NH_3 通入饱和食盐水中，虽然原料低廉、利用率低，但侯氏制碱法创造性地将碱厂与氨厂联合，大大提高了原料的利用率。

【课程评价】学生课前阅读史料自行总结各种制碱法的优缺点有助于培养学生的科学精神与社会责任的化学学科核心素养。

环节二：深入侯氏制碱法——探索化学平衡的标志

思政情境二：侯氏制碱法为什么能享誉盛名呢？我们对它的优点进行剖析。优点一：与合成氨厂联合。合成氨中的原料 H_2 是由制水煤气的方程中提供的，此时会产生 CO_2 的废气。CO_2 与 NH_3 通入沉淀池中再加入饱和食盐水，则可以提高废气的利用率。

【问题驱动】合成氨的方程式为 $3H_2(g)+N_2(g)\rightleftharpoons 2NH_3(g)$，下面能判断平衡的状态的是？

【教学活动】学生分析：合成氨的方程式为 $3H_2(g)+N_2(g)\rightleftharpoons 2NH_3(g)$。一定温度下，在一个容积不变的密闭容器中，发生上述反应，下列能判断该反应达到化学平衡状态的是__________（填字母，下同）。

A. 3mol H—H 键断裂的同时断裂 2mol N—H 键

B. $3v(N_2)=v(H_2)$

C. 容器中的压强不变

D. 容器内气体的浓度之比 $c(N_2):c(H_2):c(NH_3)=1:3:2$

E. 混合气体密度不变

F. 容器中气体的平均分子量不随时间的变化而变化

G. 氢气的转化率保持不变

H. 容器中气体的分子总数不随时间的变化而变化

【课程评价】形成判断平衡的方法模型：（1）A、B 选项中体现正逆两个方向，而不同物质间应成比例；（2）后面的选项中是体现变量不变的原则。

环节三：深入侯氏制碱法——探索化学平衡的移动

思政情境三：侯氏制碱法比索尔维制碱法更优秀的第二个优点是，它能把 NaCl 的利用率提高到 96%。

【教学活动 1】按照表 3-12 探究条件的改变对化学平衡的影响，学生分析并填空。原理：NH_3（g）$+H_2O$（l）$+CO_2$（g）+NaCl（aq）= $NaHCO_3$（s）+ NH_4Cl（aq）$\Delta H<0$。

表 3-12　条件的改变对化学平衡的影响

条件		平衡移动的方向	具体的措施
温度升高	$\Delta H>0$		
	$\Delta H<0$		
增大浓度（非固体和纯液体）	增大反应物浓度		
	增大生成物浓度		
增大压强（有气体参与）	反应前后气体体积改变		
	反应前后气体体积不变		
加入催化剂			

【教学活动 2】除此之外，侯氏制碱法充分利用母液，根据溶解度曲线分析母液中加入 NaCl，可得到 NH_4Cl（s）的原理。根据 NaCl 和 NH_4Cl 溶解度曲线（如图 3-5），分析在母液中加入 NaCl 粉末，即可得到 NH_4Cl 固体的原理。

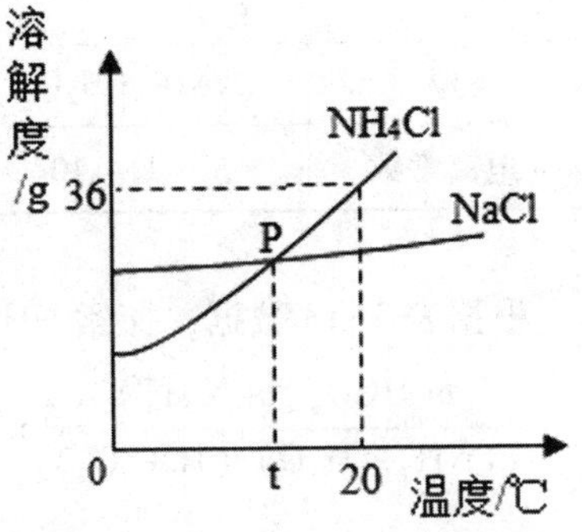

图 3-5 NaCl 和 NH_4Cl 的溶解度曲线

【师生分析】低温时 NH_4Cl 的溶解度较低，发生反应 NH_4^+（aq）+ Cl^-（aq）$\rightleftharpoons$ NH_4Cl（s），加入 NaCl 粉末时，增大了反应物的浓度，使上述溶解平衡正移。生成的产物 NH_4Cl 可做氮肥，提高了氯化钠的利用率。

【教学活动 3】职业扮演：如果我是小小合成氨厂企业家，为了提高合成氨的产率，我会怎么做？

【学生回答 1】低温高压。

【学生回答 2】及时排出 H_2，使平衡向正反应方向移动。

【教师点评】事实上，工业上合成氨的条件是 500℃ 的高温以及 20～50MPa 的压强，这是为什么呢？

【课程评价】作为企业家，除了考虑转化率外，还需要考虑工业生产的效率。深刻理解勒夏特列原理的应用，形成变化观念与平衡思想。

环节四：深入侯氏制碱法——探索化学平衡常数

思政情境四：侯氏制碱法的优点三是得到的产品纯度高。

【问题驱动一】产物是否为纯净的碳酸氢钠？反应原理的猜想（见图 3-6）：

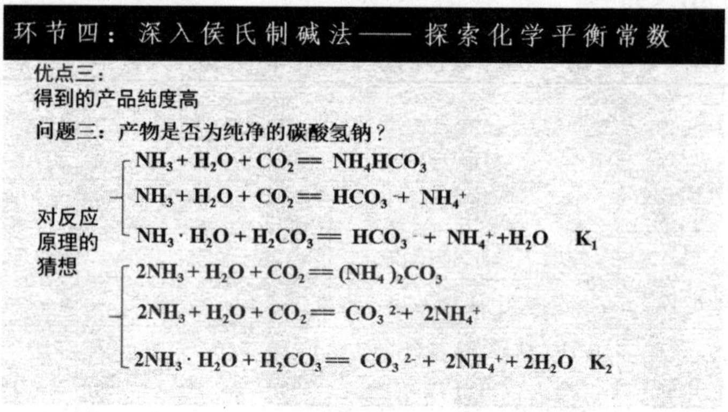

图 3-6 侯氏制碱法原理的猜想

表 3-13 $NH_3 \cdot H_2O$ 和 H_2CO_3 的电离平衡常数

资料卡片			
常温	$NH_3 \cdot H_2O$	H_2CO_3	
* 电离常数	$K_b = 1.4\times10^{-5}$	$K_{a1} = 4.4\times10^{-7}$	$K_{a2} = 4.7\times10^{-11}$

根据表 3-13 数据，探索 $NH_3 \cdot H_2O + H_2CO_3 = HCO_3^- + NH_4^+ + H_2O \quad K_1$

$$K_1 = \frac{c(HCO_3^-)c(NH_4^+)}{c(NH_3 \cdot H_2O)c(H_2CO_3)} \times \frac{c(H^+)}{\dfrac{K_w}{c(OH^-)}} = \frac{K_b(NH_3 \cdot H_2O)\,K_{a1}(H_2CO_3)}{K_w} = 616$$

【教学活动】学生利用类比的学习方法，得到 $2NH_3 \cdot H_2O + H_2CO_3 = CO_3^{2-} + 2NH_4^+ + 2H_2O \quad K_2$

$$K_2 = \frac{c(CO_3^{2-})\,c^2(NH_4^+)}{c^2(NH_3 \cdot H_2O)c(H_2CO_3)} \times \frac{c^2(H^+)}{\left(\dfrac{K_w}{c(OH^-)}\right)^2}$$

$$= \frac{K_b^2(NH_3 \cdot H_2O)\,K_{a2}(H_2CO_3)\,K_{a1}(H_2CO_3)}{K_w^2} = 40.5$$

由 $K_1 > K_2$，K_1 是 K_2 的 15 倍可知，生成碳酸氢根的程度较大，碳酸氢根为主要的生成物。

【问题驱动二】根据溶解度表（见图 3–7）分析，为什么需要饱和食盐水？分析产生碳酸氢钠固体的原因。

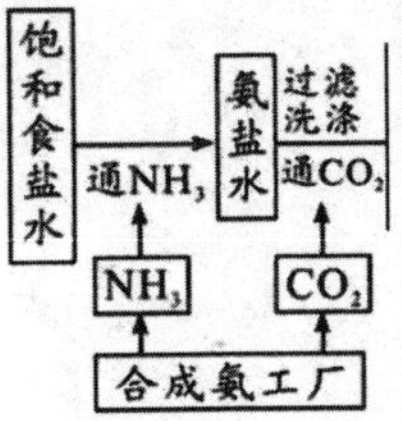

盐 \ 温度 溶解度	0℃	10℃	20℃	30℃	40℃	50℃	60℃	100℃
NaCl	35.7	35.8	36.0	36.3	36.6	37.0	37.3	39.8
NH_4HCO_3	11.9	15.8	21.0	27.0	—	—	—	—
$NaHCO_3$	6.9	8.1	9.6	11.1	12.7	14.5	16.4	—
NH_4Cl	29.4	33.3	37.2	41.4	45.8	50.4	55.3	77.3

–标明该温度下该物质分解

图 3–7 溶质的溶解度表

【学生分析】①$NH_3+H_2O \rightleftharpoons NH_3 \cdot H_2O \rightleftharpoons H_4^+ +OH^-$

②$CO_2+H_2O \rightleftharpoons H_2CO_3 \rightleftharpoons H^+ +HCO_3^-$

③$NaCl = Na^+ +Cl^-$

④$Na^+ +HCO_3^- = NaHCO_3 \downarrow$

增大 Na^+ 的浓度，使上述平衡正向移动，提高碳酸氢钠的产率。

【课程评价】通过类比学习方法，学会化学平衡常数的计算方法，了解化学平衡常数的意义。

环节五：思政升华

思政情境五：侯德榜先生的生平介绍。

【课程评价】树立学习化学知识解决实际问题的决心，厚植学生的爱国主义情怀。

六、教学反思与评价

本课例依托侯氏制碱法为情境，推进课程的进行。以侯氏制碱法的原理培养学生变化观念与平衡思想的化学学科核心素养，认识平衡的标志、勒夏特列原理的应用与平衡常数的计算。在思政情境的使用中培养学生的科学态度与社会责任，认识到化学家在时代洪流中非常重要的作用，化学家的创新精神、职业素养让人敬佩，其家国情怀更让人动容。通过思政情境进一步触动学生的学习动机。但关于深入探讨侯氏制碱法工艺的文献不多，因此一些数据的罗列和图表的应用不够丰富。后续可以通过实验室模拟侯氏制碱法得出实验数据，进行速率计算、三段式计算、转化率计算等的教学。

（张润瑜 广东省东莞市石龙中学）

案例 2

侯哥教你制照妖镜

——“醛的氧化反应”

一、教学背景分析

（一）教材分析

本节课选自人教版高中化学选择性必修三有机化学基础第三章第三节“醛酮”的第一课时“乙醛”，本章内容在高中化学所介绍的含氧衍生物中，起着承上启下的作用。醛类物质在生活中非常常见，并且具有多种性质，在有机合成中也占有重要的地位。本节实验课结合常规实验与创新实验，训练学生善于运用化学实验手段解决问题，培养学生对化学物质从感性知觉到理性思维的科学学习方法。让学生自主构建化学知识体系，再结合上一节课的内容，把醛类物质的性质及应用全然生成在脑海中，并能将所学内容运用到生活中。

（二）课标分析

课标中提及需认识醛的组成、结构特点、性质以及在生产、生活中的应用。在学习活动中应完成醛基的性质检验的实验，即乙醛与银氨溶液的反应、乙醛与新制氢氧化铜的反应。醛类，在生活中应用广泛，如建筑材料、制镜等。本案例即利用醛制镜的真实情境展开实验教学。从“照妖镜”这一文学作品中虚构的“法宝”到生活中真实的镜子，情境真实有趣。再从常规实验中感受化学实验的细致、规范与安全，到创新实验的设计、准备和实施，很好地体现了实验是化学的基础、化学是生活的保障的理念。

（三）学情分析

本节课面向高二选考化学的学生，在高一时学生已经接触过有机化学，已经掌握有机化学的必备基础知识。另外，在本节实验课授课前，学生已经掌握醛类的结构及其性质（除乙醛能被弱氧化剂氧化外），缺乏的是化学实验的支持。通过本节课的学习，能提高学生的综合应用能力，从氧化反应中体会平衡思想。另外，当前多数化学题建立在真实实验情境中，甚至是化学在生活中的应用情境和创新实验情境中，学生对此常常无从下手，进而影响考试心态。因此，特意设计本节实验课，让学生在动手完成实验的同时，设计创新实验，并将实验成果应用在生活当中，培养学生的科学态度与社会责任。

二、教学目标

第一，能完成基础实验操作。

第二，能分析出实验的关键注意事项。

第三，能解释实验的反应原理。

第四，能完成创新实验设计。

三、教学重难点

（一）教学重点

乙醛与弱氧化剂的反应。

（二）教学难点

乙醛与弱氧化剂的反应、创新实验的设计。

四、教学方法与思路

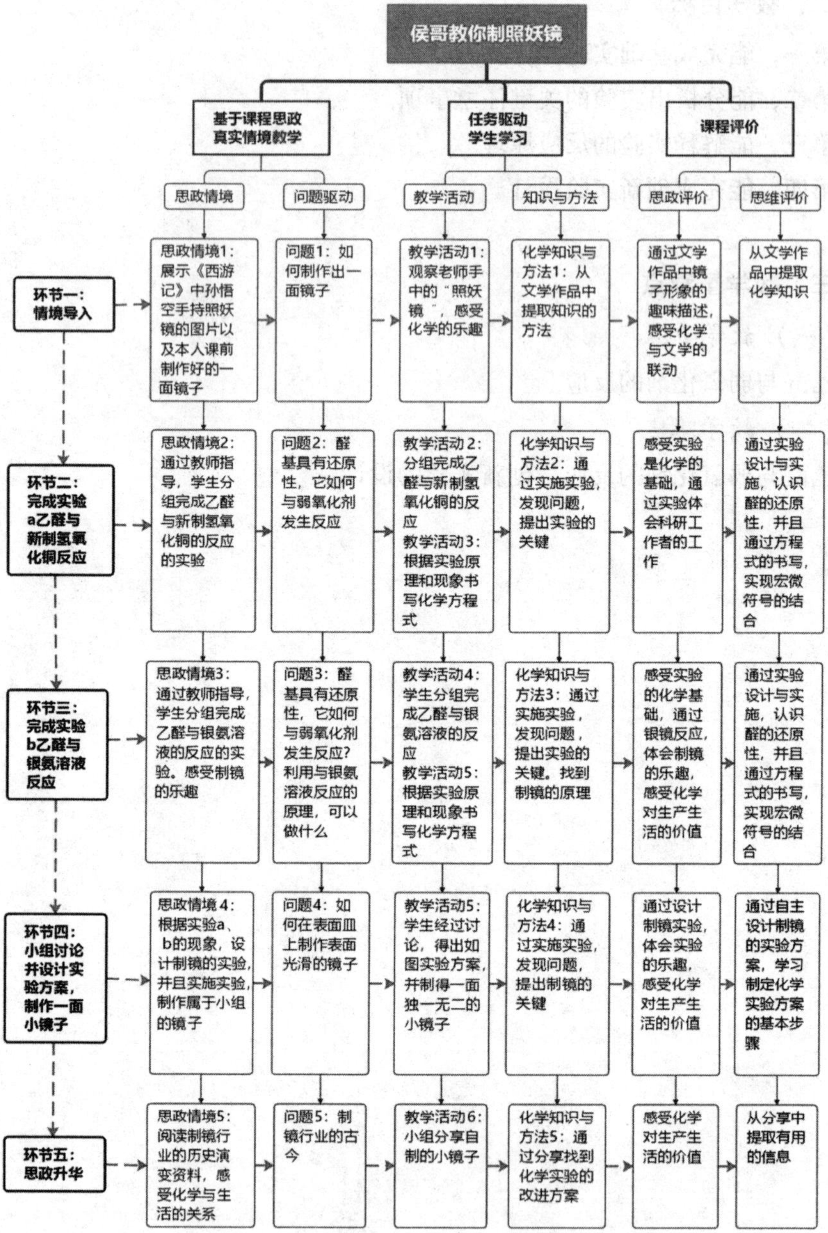

图 3-8 "侯哥教你制照妖镜——'醛的氧化反应'"教学思路

五、教学过程

环节一：引入问题情境培养学生的爱国主义情怀

思政情境一：展示《西游记》中孙悟空手持照妖镜的图片以及本人课前制作好的一面镜子。

【问题驱动】如何制作出一面镜子？

【教学活动】照妖镜是中国古代四大小说之一《西游记》中的宝物，是虚幻的存在，而真实的、最初的镜子，是中国古人以打磨光滑的青铜为镜。我们家中现代化的镜子，是用化学镀银法制作出来的。那什么是化学镀银法？又如何制出一面镜子呢？通过这节课的学习，我们就能掌握化学镀银法，并可以自行制作出镜子。

【课程评价】课堂用中国传统文化创设情境，走入化学，着力联系新旧知识，调动学生的学习兴趣和参与实验研究的热情。

环节二：完成实验 a 乙醛与新制氢氧化铜反应

思政情境二：在老师的引导下自己动手操作，培养学生实验动手能力。乙醛的官能团是醛基，能够与氧化剂发生氧化反应，醛基能被氧化成羧基。氢氧化铜则被还原成氧化亚铜，发展学生的变化观与平衡思想。试剂用量的精准调控，是本次实验的成功关键。过多使用反应试剂，可能得不出实验结果，还会造成试剂的浪费，要培养学生的社会责任与科学精神。

【任务驱动】按照学案上的实验步骤，完成 a 实验（乙醛与新制氢氧化铜反应），观察实验现象。

【教学活动】学生进行并完成实验，展示实验成果，并汇报实验现象及结论。向盛有 5 滴 10%的氢氧化钠溶液的迷你试管 A 中，滴入 2 滴 5%的硫酸铜溶液，A 中出现蓝色絮状沉淀。振荡后滴入 10 滴乙醛，加热，迷你试管中有砖红色沉淀产生，说明氢氧化铜被乙醛还原，生成砖红色沉淀氧化亚铜，而乙醛则被氧化成乙酸。通过学生小组讨论得出，乙醛与新制氢氧化铜反应实验注意事项。

【师生分析】实验注意事项：（1）氢氧化铜一定要新制；（2）碱一定要过量；（3）反应需加热，但温度不能过高。

【课程评价】掌握基础实验的操作方法与技巧，分析实验成功的关键，体会证据推理对实验的重要性。

环节三：完成实验 b 乙醛与银氨溶液反应

思政情境三：进一步激发学生实验研究的欲望，并让学生成为观察主角。

乙醛既能被氢氧化铜氧化，也能被银氨溶液氧化。在反应中，醛基被氧化成羧基，银氨溶液则被醛基还原，生成银单质。因为银单质会附着在试管的内壁，形成光亮的银镜，所以此反应被称为银镜反应，即镀银法。掌握此原理，就可以制作镜子了。

【任务驱动】按照学案上的实验步骤，完成 b 实验（乙醛与银氨溶液反应），观察实验现象。

【教学活动】学生进行并完成实验，展示实验成果，并汇报实验现象及结论。向盛有 5 滴 2%的硝酸银溶液的迷你试管 B 中，滴入 4 滴 2%的氨水，先生成白色沉淀，后沉淀消失。再滴入 10 滴乙醛，振荡后热水浴温热。试管内壁出现光亮的银镜。通过学生小组讨论得出，银镜反应实验注意事项。

【师生分析】实验注意事项：（1）制备银氨溶液时，试剂滴加顺序不能颠倒；（2）银氨溶液必须是新制的（现用现配）；（3）试管内壁必须洁净，用水浴加热；（4）加热时不能振荡或摇动试管；（5）可以用稀 HNO_3 清洗做过银镜反应后的试管。

【课程评价】掌握基础实验的操作方法与技巧，分析实验成功的关键；明确乙醛氧化反应的实质、特点等基本概念，对照目标进行有的放矢的知识建构，有效促进内化；通过亲自制作镜子，感受化学在生活中的应用，培养热爱生活、热爱化学的态度。

环节四：小组讨论并设计实验方案，制作一面小镜子

思政情境四：完成实验 a、b 后，运用实验 b 的原理设计创新实验，完成制镜的实验设计，并动手完成小镜子的制作。

【问题驱动】根据刚刚学过的知识，利用哪个实验可以制作镜子呢？应该如何设计实验方案，制备一面小镜子呢？

【教学活动】学生经过讨论，得出实验方案，并制得一面独一无二的小镜子。

【课堂反馈】学生自制的“哈哈镜”（见图 3-9）。

【课程评价】学以致用，理解清楚银镜反应原理，感受化学与生活的联系；通过创新实验的设计，锻炼学生的发散思维和迁移应用学过的知识解决新问题的能力；应用所学知识解决现实生活问题的能力；同时通过小组合作设计实验和实施实验，培养学生自我反思的能力和共享合作意识。

环节五：思政升华

思政情境五：阅读制镜行业的历史演变资料，感受化学与生活的关系。

【教学活动】小组分享自制的小镜子，照妖镜是虚构的，而自古已有的制镜

图 3-9 学生自制的“哈哈镜”

行业却是真实的。通过分组阅读制镜行业的历史演变，感受化学的趣味性和与国计民生的关系。

【课程评价】学习化学知识，可以运用在我们的生活中，培养社会责任与科学精神。

六、教学反思与评价

最初，中国古人以打磨光滑的青铜为镜，而现代制镜最常用的是化学镀银法。通过古今制镜法的对比，虚构的照妖镜和真实的镜子对比，感受化学的趣味与真实。制镜涉及的是复杂的有机化学反应，但本案例设计的实验（两个常规实验），其现象十分明显，借此培养学生的证据推理与模型认知素养，体现宏微结合与平衡思想。不仅如此，本案例还设计了一个创新实验，让学生亲手制出一面独一无二的镜子，让学生感受到化学与生活的联系，培养学生严谨认真的实验习惯和科学态度，增强学生对化学知识在实际生产中的重要作用的认识，增强社会责任感。并且，本节课以《西游记》主角孙悟空为开篇，用西天取经所用宝物——照妖镜为话题，不仅能引起学生兴趣，还能培养学生对传统文学著作的文化自信。

（侯嘉劲 广东省东莞市石龙中学）

案例3

以化学史为情境的“官能团”教学

一、教学背景分析

（一）教材分析

本节选自人教版高中化学选择性必修三第一章第一节第一课时（见表3-14）。本节内容的素养功能是能依据有机化合物的组成与结构特征对有机化合物进行分类，培养学生分析问题的能力以及模型构建意识。

表3-14　教材内容编排

教材内容编排		
必修第二册	第七章 有机化合物	第一节 认识有机化合物
		第二节 乙烯与有机高分子材料
		第三节 乙醇与乙酸
选择性必修三	第一章 有机化合物的结构特点与研究方法	第一节 有机化合物的结构特点
		第二节 研究有机化合物的一般方法
	第二章 烃	
	第三章 烃的衍生物	

在必修第二册已经介绍了基本的有机物，如甲烷、乙烯、乙醇、乙酸、乙酸乙酯，对有机物的结构有基本的认知，也了解到官能团决定有机物的化学性质。本节课将在官能团的结构上加强，利用官能团对有机化合物进行系统分类，强调结构决定有机物的化学性质。为下面介绍烷烃、烯烃、醇、酚、醛、酮、羧酸、酯类物质的性质做铺垫，也为日后学生学习有机合成时构建碳骨架和官能团奠定基础。

（二）课标分析

课标明确表示能根据物质组成、结构提出可能具备的性质，并根据性质推断其能发生的具体的化学反应。具体而言，能辨析有机物中所含的官能团，通过有机物官能团的视角对有机物进行分类、命名，通过官能团的视角推断有机物的性质、推断有机物所能发生的反应。推测含双官能团甚至多官能团有机物的性质，以及与单一官能团之间的区别。课标中多次强调，利用化学史为情境推进课程的进行，并且利用化学史树立学生的理想信念。最后，根据有机物的性质感受它在生活中的用途，感受化学在人类生活、社会生活和精神生活中的价值。

（三）学情分析

学生在此之前已经学习了甲烷、乙烯、苯、乙醇、乙酸、糖类、油脂、蛋白质等典型的有机化合物，了解了他们的主要性质以及在人们生活、化工生产中的应用。初步了解了有机化合物分子结构对其性质的影响，认识了一些有机物对人们日常生活、身体健康的重要作用。初步形成了对有机化学的学习兴趣。

在此基础上，本节教学设计主要是从学生已有的知识水平出发，学习有机化合物的分类方法——按照官能团进行分类。通过分类方法的学习，认识分类思想在有机化合物研究中的重要意义和结构决定性质的有机化学学习方法。

二、教学与评价目标

第一，能辨识多官能团的有机物中的官能团。

第二，能根据物质类别、官能团、物质举例中的任意一项推断出其余两项。

第三，能从官能团方面说明有机物的主要性质。

第四，通过介绍抗生素的研发历程，培养民族自豪感和化学知识造福人类的社会责任感。

三、教学重难点

（一）教学重点

1. 有机化合物分子中官能团的辨识，以及官能团对化学性质的影响。

2. 能根据物质类别、官能团、物质举例中的任意一项推断出其余两项。

（二）教学难点

多官能团的有机化合物性质，能判断出所给物质含有哪些官能团。

四、教学方法与思路

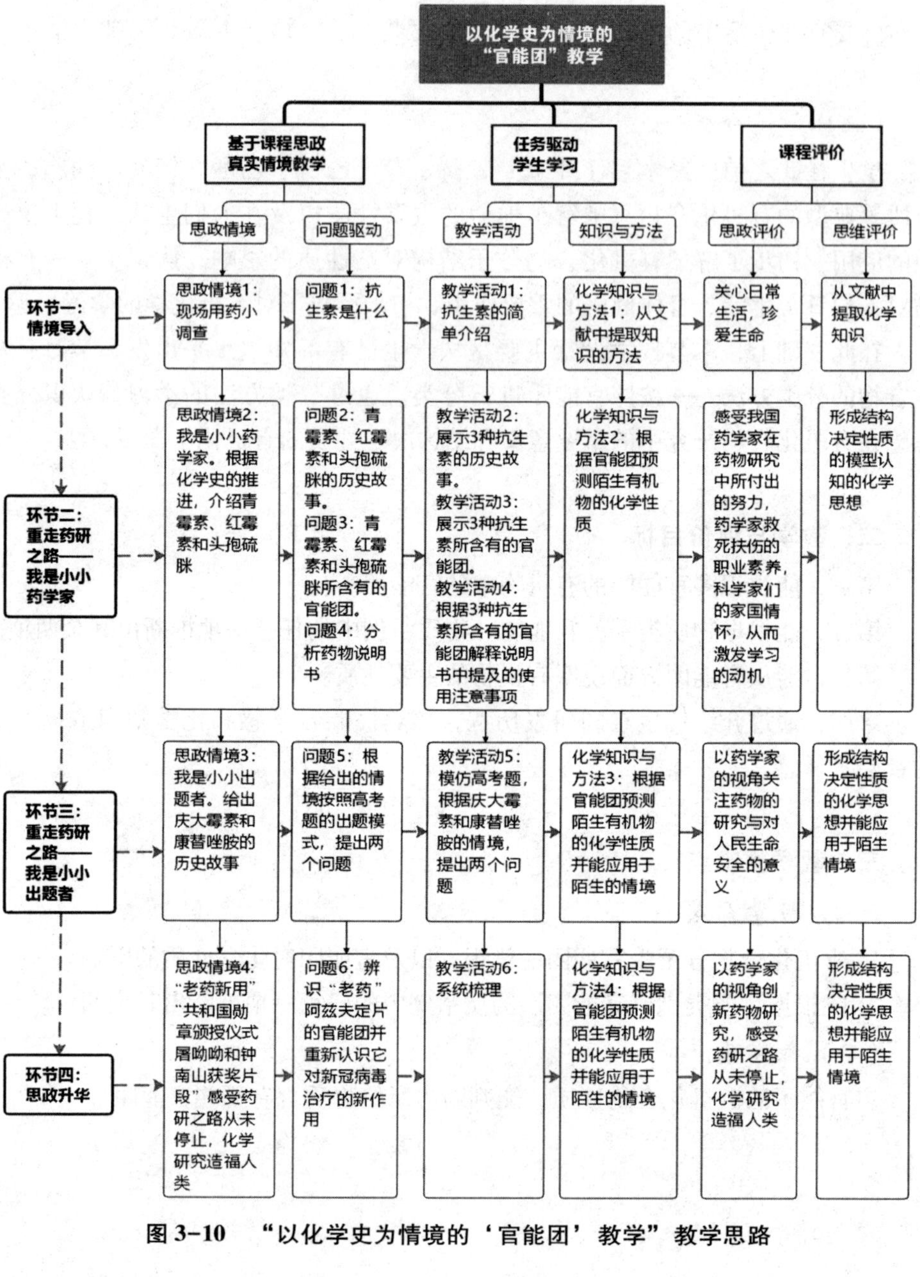

图 3-10 “以化学史为情境的‘官能团’教学”教学思路

五、教学过程

环节一：生活化情境导入新课

思政情境一：现场用药小调查

【教学活动】在上课之前，老师想做一个小小的调查，请问同学们：（1）发烧时医院有开过头孢或听说过头孢吗？（2）曾经滴过（听说过）氯霉素滴眼液或者氧氟沙星滴眼液吗？（3）打点滴前曾经做过皮试吗？（4）皮肤瘙痒时用过（听说过）莫匹罗星软膏、红霉素软膏吗？如果你们的答案是肯定的，说明大家都曾用过或听说过抗生素。

【问题驱动】什么是抗生素呢？科学家发现，一些微生物会抑制另一些微生物的生长，我们把这种现象称为抗生。随后，人们从某些微生物体内找到了具有抗生作用的物质，称为抗生素。过去了半个世纪，科学家已经发现了近万种抗生素，但它们之中大多毒性太大，适合治疗的药品还不到百种。说白了，很多由细菌引起的疾病都能用抗生素治疗，既然抗生素这么有用，那我们有必要对它进行研究。这节课，我们全班将化身小小药学家，探寻抗生素的“奥秘”。

【课程评价】通过课堂小调查的思政情境，让学生关心生活、热爱生命，使学生快速融入课堂。

环节二：重走药研之路——我是小小药学家

思政情境二（1）：让我们把时间倒回到1928年，这是人类第一次发现抗生物质青霉素的时间。有请第一组的小小药学家给我们分享研制青霉素的历史。

【学生活动】第一组学生分享青霉素的历史

1928年，英国科学家弗莱明（Alexander Fleming）最早发现了青霉素。1941年前后，英国牛津大学科学家弗洛里（Howard Florey）与钱恩（Ernst Chain）实现对青霉素的分离与纯化，并重新做了实验。他们给8只小鼠注射了致死剂量的链球菌，然后给其中的4只用青霉素治疗。几个小时后，只有那4只用青霉素治疗过的小鼠还活着。此后一系列临床试验证实了青霉素对链球菌、白喉杆菌等多种细菌感染的疗效。他们发现青霉素对控制伤口感染非常有效。青霉素在“二战”末期横空出世，迅速扭转了战局，拯救了数千万人的生命。因这项伟大发明，1945年，弗莱明、弗洛里和钱恩因“发现青霉素及其临床效用”而共同荣获了诺贝尔生理学或医学奖。青霉素的药理作用是干扰细菌细胞壁的合成，使细菌失去细胞壁的渗透屏障，对细菌起到杀灭作用。由于青霉素作用于细菌的细胞壁，而人类只有细胞膜无细胞壁，故对人类的毒性较小。但是青霉素会使个别人发生过敏反应，所以在应用前必须做皮试。

【问题驱动】老师给大家展示常见的两种青霉素的结构式，也是同学们发烧去医院可能注射的针剂，说明书在同学们手上。科学家发现，青霉素能起到抗生作用，是因为这类有机物含有 4 元氮环和相连的 5 元硫环的结构。像这种决定有机物化学性质的结构，我们把它称为官能团。那这两种西林还有哪些决定化学性质的官能团呢？下面有请第二组的小小药学家来汇报青霉素的官能团并请同组的另一名药学家来完成黑板上的填空。

【学生活动】学生分享青霉素结构中的官能团（见图 3-11）。

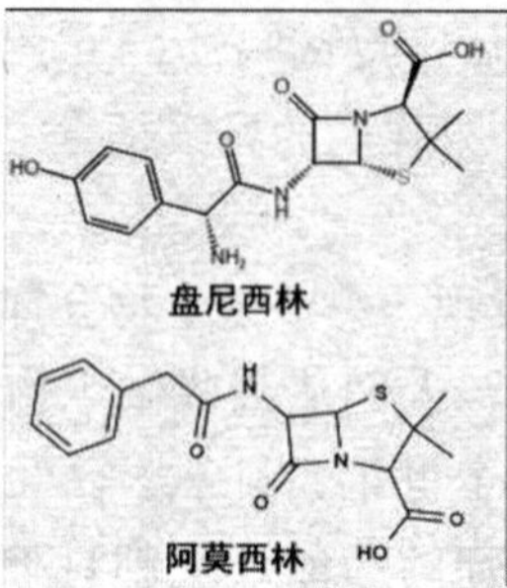

官能团名称	结构式	能发生的反应类型	代表物
羧基	—C(=O)—O—H	1．酸的通性 2．酯化反应 3．氧化反应（燃烧）	乙酸 CH_3COOH
酰胺键	—C(=O)—N(H)—	1．水解反应	乙酰胺 CH_3CONH_2
氨基	$—NH_2$		甲胺 CH_3NH_2
（酚）羟基	-O-H		苯酚

图 3-11　课堂实录——学生分析青霉素的官能团

【问题递进】一般而言，我们会把这种含有羧基的有机物称为羧酸，其官能团羧基具有酸的化学性质。具有直接与苯环相连的羟基的有机物，称为酚。另外，说明书上写着它遇碱会迅速失效。请问这是为什么呢？你能想到什么可能性吗？

【学生活动】学生思考回答：羧基与碱的反应，酰胺键在酸性条件下水解。

【课程评价】通过情境掌握辨识多官能团的有机物中官能团的方法，能按照官能团把有机物进行归类。再通过官能团的性质，解释药物说明书上的注意事项，理解结构与性质的关系。

思政情境二（2）：说明书上还写着易引起过敏反应。所以，在打西林时必须先做皮试。其实对青霉素过敏的人不在少数，那这些人的疾病该如何治疗呢？让我们跟随着科学家的步伐来到 1949 年，科学家发现对青霉素过敏的患者可以用红霉素来治疗。下面再请一个小组的小小药学家来介绍红霉素。

【学生活动】第二组学生分享红霉素的历史。

1949 年，菲律宾医生阿吉拉尔在自家后院做土壤样本测试时，分离出一种微生物，他从中发现了一些细菌，这些细菌后来直接用于抗生素红霉素的研制。阿吉拉尔将一些土壤样品寄给礼来公司，礼来公司从阿吉拉尔寄去样品的细菌代谢物中分离得到了红霉素并申请了红霉素化合物的专利保护，最终于 1953 年获得了美国的专利授权。红霉素的结构是一种包含 14 个原子的大环内酯，是一种非常难合成的化合物。最后由诺贝尔奖获得者 Robert B. Woodward 和同事们合成。它可透过细菌细胞膜，使细菌蛋白质合成受到抑制，从而起到抗菌作用。

【问题驱动】这是红霉素的结构简式，刚刚这位同学的分享中也提到由于内含大环内酯，使用合成难度高。但也正因为含有大环内酯的结构，它可以抑制细菌蛋白质的合成，从而起到抗菌的作用。那除了大环内酯，它还有哪些官能团呢，请下一个小组来展示。

【学生活动】学生分享展示红霉素结构中的官能团（见图 3-12）。

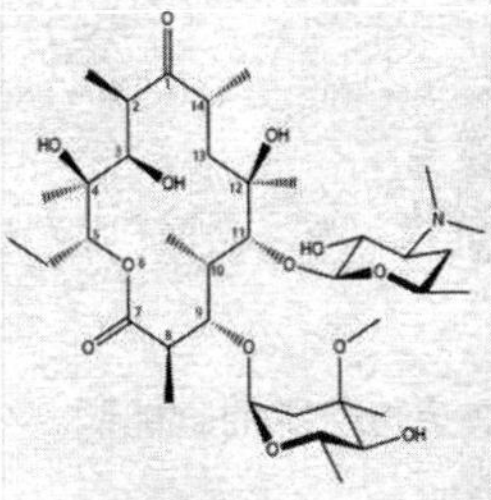

红霉素

官能团名称	结构式	能发生的反应类型	代表物
酯基	R—C(=O)—O—R'	1．水解反应 2．氧化反应（燃烧）	乙酸乙酯 $CH_3COOC_2H_5$
羟基	-O-H	1．与金属钠反应 2．氧化反应 3．酯化反应	乙醇 CH_3CH_2OH
醚键	R—O—R'		乙醚 $CH_3CH_2OCH_2CH_3$
酮羰基	R—C(=O)—R'		丙酮 CH_3COCH_3

图 3-12 课堂实录——学生分析红霉素的官能团

【问题递进】同样地，含有不直接与苯环相连的羟基的有机物称为醇。而含有醚键的有机物称为醚类，含酮羰基的有机物称为酮类。再看说明书，上面提及它在酸性输液中会破坏药效。这是为什么呢？

【学生活动】学生思考回答：酯在酸性条件下水解。

【课程评价】通过情境巩固辨识多官能团的有机物中官能团的方法，并能按照官能团把有机物进行归类。再通过解释药物说明书上的注意事项，理解结构决定化学性质。并且通过两个抗生素的研发故事，感受化学造福人类的社会责任。

思政情境二（3）：以上介绍的抗生素都是国外研制的，那有没有国内研制的抗生素呢？接下来，让我们走进 1970 年，有请下一组小小药学家来介绍中国研制的抗生素头孢硫脒。

【学生活动】第三组学生分享头孢硫脒的历史

头孢硫脒，别名先锋霉素 18 号、仙力素，它是第一代头孢菌素类的抗菌素药物，为中国首创用于临床，现已被载入 2010 版《中国药典》。20 世纪 70 年代，上海医药工业研究院王文梅教授团队经过长期大量艰苦的工作和不懈的探索，制得我国首个自主研发的、用于临床的头孢菌素类化合物——头孢硫脒。2006 年“新头孢菌素——头孢硫脒”获得国家技术发明二等奖。头孢硫脒通过抑制细菌细胞壁的合成发挥抗菌作用，临床上可以治疗敏感细菌所导致的感染，这些感染可以发生在呼吸道，表现为扁桃体炎、支气管炎、肺炎等。

【问题驱动】这是头孢硫脒的结构式。同样它也含有 4 元氮环和相连的硫环的结构，因此能破坏细胞壁。那它还有哪些官能团呢？请下一小组小小药学家来介绍。

【学生活动】学生分享展示头孢硫脒结构中的官能团（见图 3-13）。

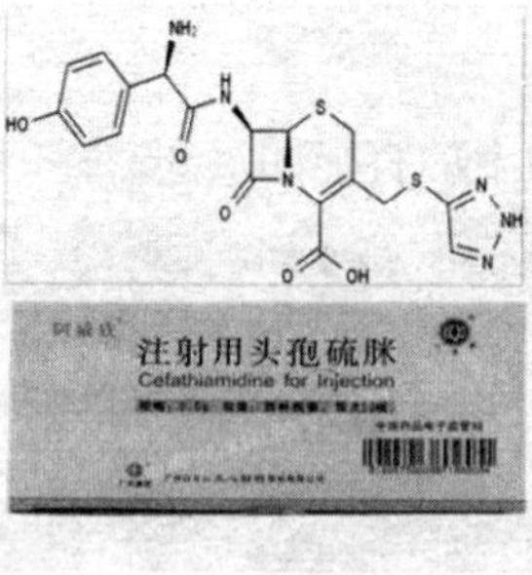

官能团名称	结构式	能发生的反应类型	代表物
碳碳双键	$\gt C=C \lt$	1、加成反应 2、氧化反应 3、加聚反应	乙烯 $CH_2=CH_2$
(酚)羟基	-O-H		苯酚
酮羰基	$-\overset{O}{\overset{\|}{C}}-$		丙酮
酰胺键	$-\overset{O}{\overset{\|}{C}}-\overset{H}{\overset{\vert}{N}}-$		乙酰胺
氨基	$-NH_2$		甲胺
羧基	$-\overset{O}{\overset{\|}{C}}-O-H$		乙酸

图 3-13 课堂实录——学生分析头孢硫脒的官能团

【教师分析】把含有碳碳双键的有机物称为烯。

【课程评价】通过选取我国研发抗生素的情境，让学生感受国家科技的强大，从而培养爱国主义情怀。并且继续巩固辨识多官能团的有机物中官能团的方法，并能按照官能团把有机物进行归类。

环节三：重走药研之路——我是小小出题者

思政情境三（1）：刚刚介绍的头孢硫脒是我国自主药研的第一个抗生素吗？黑板上展示了我们学过的官能团。同学们能否按照学案中高考题的模板给这几个情境提出两个问题呢？第一个是新中国成立以来，我国独立自主研制的抗生素——庆大霉素。

【教学活动】学生分组讨论，出一道高考题的两个问题，并用实时投屏进行展示。

思政情境三（2）：庆大霉素，因为发现有致聋的可能性，已被禁止广泛使用。“是药三分毒”，但在 2010 年前，抗生素一度被认为“能治百病”。直到 2010 年 8 月 9 日，世界卫生组织发现了一种多重耐药性的超级细菌。这种细菌的产生是因为滥用抗生素，让细菌产生了耐药性。若要消灭这种细菌，则需要超级抗生素，这是我国国产的超级抗生素——康替唑胺。同学们能根据这个情境设置两个问题吗？

【教学活动】学生分组讨论，出一道高考题的两个问题，并用实时投屏进行展示。

【课程评价】以评促教，通过学生对题目的理解，利用情境编制高考问题，体现学生对知识的理解程度是否深入。另外，通过我国自主研发抗生素的情境，一方面培养学生的爱国主义情怀，另一方面强调“是药三分毒”，培养学生辩证看待事物的思维方式。

环节四：思政升华

思政情境四（1）：超级抗生素“能治百病”吗？其实不然，它对病毒引起的疾病是束手无策的。人类还需要抗病毒药物。这是我国常俊标教授发明的治疗艾滋病的药物阿兹夫定片。同学们能根据它的结构分析所含有的官能团吗？

【教学活动】分析有机物结构，得到官能团并做归类。

思政情境四（2）：“老药新用”“新药研发”的道路都从未停止，也不能停止。我国也十分重视药物研究的发展，给医药专家最高的荣誉。

【教学活动】播放中华人民共和国国家勋章和国家荣誉称号颁授仪式上屠呦呦和钟南山的获奖视频，感受药物研究的使命感。

【教学活动】感恩这个时代有他们为我们保驾护航，未来药物研究的道路就要靠大家了。

【课程评价】通过药物研究从未停止和医药方面得到国家大力支持的情境，增强学生对化学的兴趣，促进树立学习和研究化学的志向，为大学学习相关专业提供知识、技能和能力方面的准备。

【板书设计】

以化学史为情境的官能团教学

时间线索：1928 年 青霉素（盘尼西林）→ 1949 年 红霉素 → 1967 年 庆大霉素 → 1970 年 头孢硫脒 → 2021 年 康替唑胺

按照官能团对有机物分类：

官能团名称	结构式	代表物（名称和结构简式）
羧基	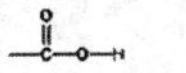	乙酸 CH_3COOH
酰胺键	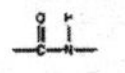	乙酰胺 CH_3CONH_2
氨基	$—NH_2$	甲胺 CH_3NH_2
（酚）羟基	-O-H	苯酚 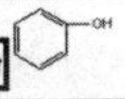
酯基	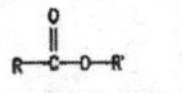	乙酸乙酯 $CH_3COOC_2H_5$
羟基	-O-H	乙醇 C_2H_5OH
醚键		乙醚 $CH_3CH_2OCH_2CH_3$
酮羰基	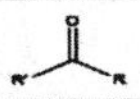	丙酮 CH_3COCH_3
碳碳双键	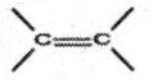	乙烯 $CH_2{=}CH_2$

图 3-14 板书设计

六、教学案例的创新点

本教学案例的创新点是，根据庆大霉素和康替唑胺的发展情境和历年的高考真题，学生分组命制高考题目，争取达到以评促教的教学效果。因为只有从学生的作品出发，才能找到学生的“最近发展区”，有效解决官能团的辨识问题，提升对有机物的认识。再者，通过学生自主命题的方式可以激发学生的学习内驱力。还能有针对性地进行问题教学，学生通常很难发现自己答题的问题，通过学生的自主命题，自主命制答案，激发学生全方位、更科学地思考问题。多角度认识官能团，自行发现问题，享受发现问题和解决问题的乐趣。

七、教学反思与评价

2019 年人教版教材中增加了多个“科学史话”栏目，在化学课堂上，如果教师能应用化学史，不仅可以让学生感受到科学家探索的足迹，领悟到科学家在探索过程中运用的科学方法和思维方式，还能增强学生严谨的科学态度，还可以使教学变得趣味横生，富有感染力。本节课以抗生素发展的化学史为主线渗透官能团的教学，通过抗生素的发展故事提出抗生素的化学式，分析其官能团。

高考的核心功能是“立德树人、服务选才、引导教学”。立德树人，把厚植爱国主义融入教学，教育学生热爱党、热爱国家。合理选择化学史，使学生认识到中国科学家利用化学知识为人类文明发展做出巨大贡献，前人给我们留下的不朽荣耀，闪烁着化学的光芒。服务选才，即以“为党育人、为国育才”作为教育的使命，培养一代又一代德智体美劳全面发展的社会主义建设者和接班人。

（张润瑜　广东省东莞市石龙中学）

案例 4

基于“乙炔制备”的气体实验探究

一、教学背景分析

（一）教材分析

本部分内容选自人教版（2019）选择性必修三第二章第二节第二课时“炔烃”。本课例是面向高二选考化学学生的新课，主要学习乙炔性质及制备气体实验装置及流程的内容。教材探析典型代表物分子微观结构的视角主要是官能团的化学键（类型和极性），通过杂化轨道理论帮助学生分析和理解分子的空间结构，通过实验探究来帮助学生辨识典型代表物的宏观性质。教材通过结构与性质的关系来分析说明实验探究的结果，以此落实“结构决定性质”的学科观念。再以制备乙炔为模型，建立起一般气体制备的装置流程图的模型模板，培养学生证据推理与模型建构的思想。本课例以乙炔制备实验为切入点，提出了改良实验装置、设计实验装置的想法和要求，培养学生变化观念与发展的思想。还通过乙炔的发展和我国化工发展为思政素材，培养学生的科学态度与社会责任。

（二）课标分析

《普通高中化学课程标准（2017 年版）》能基于官能团和共价键的类型认识乙炔的结构特点，能依据结构特点，结合实验探究认识乙炔的化学性质，能写出相应化学方程式。以结构分析、实验探究结合“思考与讨论”的学习方式帮助学生认识典型代表物乙炔的结构、性质和反应规律。通过乙炔工业生产及我国化工发展的历史进程，深刻地意识到美好的生活与化学关系密切不可分，认识到化学的价值，感受一代先辈为化工发展所做的贡献，感受奋斗百年、不忘初心的使命和责任感，培养社会责任意识。

（三）学情分析

学生已有基础：必修阶段的学习中，学生已经学习了乙烯的基本性质。在此课时前，也拓展学习了烯烃的典型结构和性质的体现，基本掌握了结构决定性质的学科观念。在此基础上，学生认知的关键点：类比于乙烯的学习方式方法，从结构入手，分析结构决定性质的重要内容。以乙炔的性质出发为依据点，掌握常见实验室气体制备的装置流程。但存在着一定的认知障碍点，即对乙炔实验制备和性质检验的实验过程的装置设计忽略了一些实验的关键要点并为此培养发展点：学会从不同问题的角度，对实验装置进行重新组装整合和完善，引发深度思考和发散性思维，建构模型认知概念和了解乙炔工业发展状况，厚植社会责任感和主人翁精神。

二、教学目标

第一，回忆乙烯性质，能够结合结构特点将乙炔的性质学习和掌握。

第二，通过实验仪器的组装和整合，能够在乙炔性质基础上，掌握常见的实验室气体装置流程。

第三，对实验过程中存在的问题进行分析，针对性地解决问题，发散思维，深度思考对实验装置做改良和完善。

第四，通过乙炔工业生产及我国化工发展的历史进程，培养社会责任意识和精神。

三、教学重难点

（一）教学重点

掌握乙炔性质；能以乙炔制备为模型建构实验室制备一般气体的装置流程。

（二）教学难点

设计乙炔制备实验装置图，并针对问题提出可行性的改进方案。

四、教学方法与思路

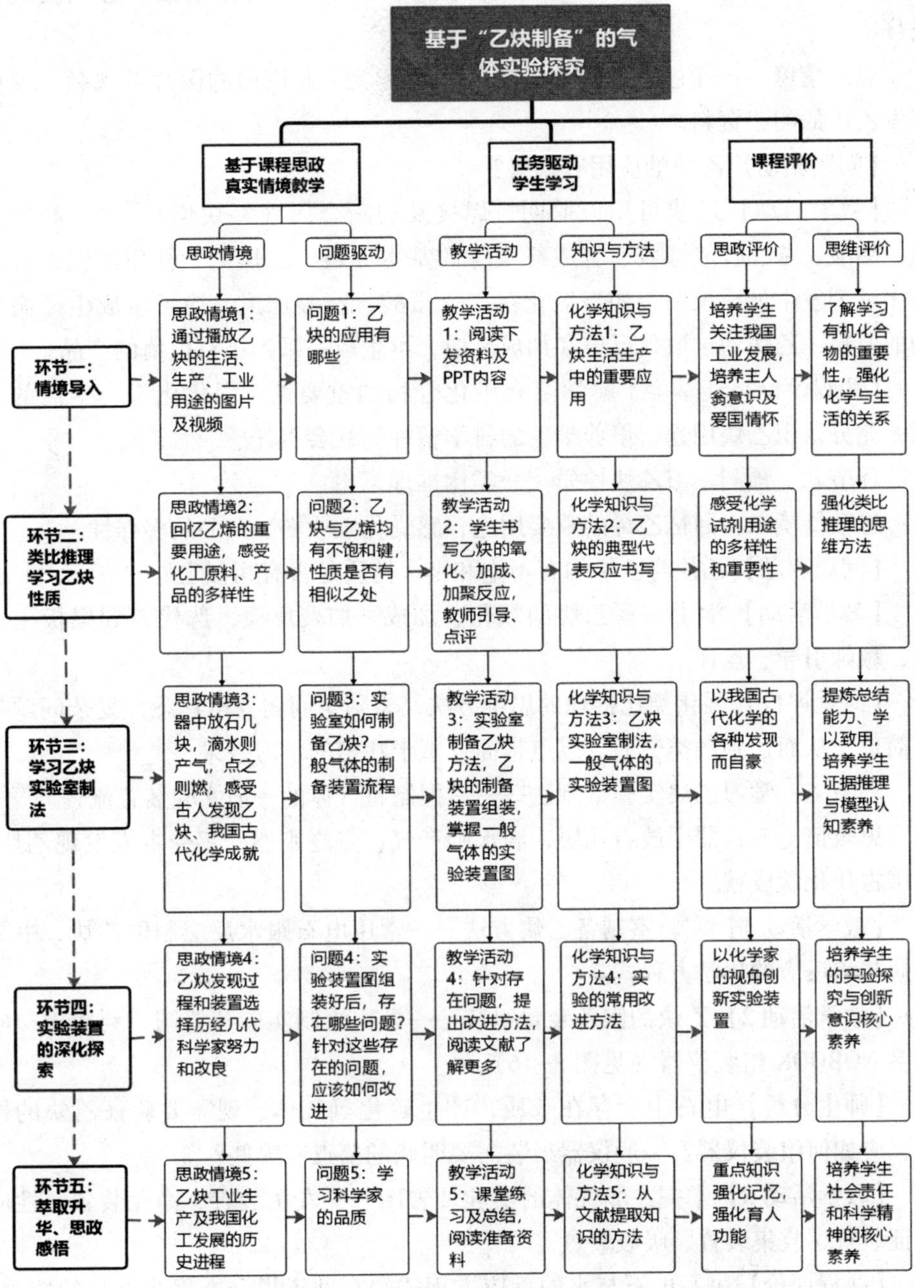

图 3-15 “基于‘乙炔制备’的气体实验探究”教学思路

五、教学过程

环节一：情境导入培养学生关注我国工业发展，培养主人翁意识及爱国情怀

思政情境一：通过播放乙炔的生活、生产、工业用途的图片及视频，课前下发乙炔的阅读资料。

【问题驱动】乙炔的应用有哪些？

【教学活动】乙炔可用以照明、焊接及切断金属（氧炔焰），也是制造乙醛、醋酸、苯、合成橡胶、合成纤维等的基本原料。乙炔化学性质活泼，能与许多试剂发生加成反应，如与氯化氢、氢氰酸、乙酸加成，均可生成生产高聚物的原料，乙炔通过取代反应和加成反应，可生成一系列极有价值的产品。

【课程评价】让学生了解学习有机化合物的重要性，强化化学与生活的关系，充分认识乙炔用途，培养学生的科学精神和社会责任感。

环节二：预测学习乙炔性质——类比推理思想

思政情境二：回忆乙烯的重要用途，感受化工原料、产品的多样性。

【问题驱动】乙炔与乙烯均有不饱和键，性质是否有相似之处？

【教学活动】学生书写乙炔的氧化、加成、加聚反应，选代表到黑板上书写，教师引导、点评。

【课程评价】强化类比推理的思维方法，将陌生问题变得熟悉，复杂问题变得简单，从而达到触类旁通、以点带面、事半功倍的学习效果。

环节三：学习乙炔实验室制法——掌握制备气体的一般实验装置流程

思政情境三：器中放石几块，滴水则产气，点之则燃，感受古人发现乙炔、我国古代化学成就。

【教学活动1】实验室制备乙炔方法——常用电石跟水反应制取乙炔，书写乙炔与水反应的化学方程式。

【教学活动2】乙炔的制备装置组装——学生绘制实验装置图，利用虚拟实验室 NOBOOK 组装仪器（见图 3-16）。

【师生分析】电石中会存在杂质，产生硫化氢气体，现需要验证乙炔的性质，应如何组装仪器？一般仪器组装需要明确的要点有哪些？

【教学活动3】掌握一般气体的实验装置图——发生装置、净化装置、性质验证装置、收集装置、吸收装置。

【课程评价】书写电石与水的反应方程式，有助于提升方程式书写的能力；绘制、组装实验装置图，提升学生的思考能力、动手能力，建构模型；掌握一

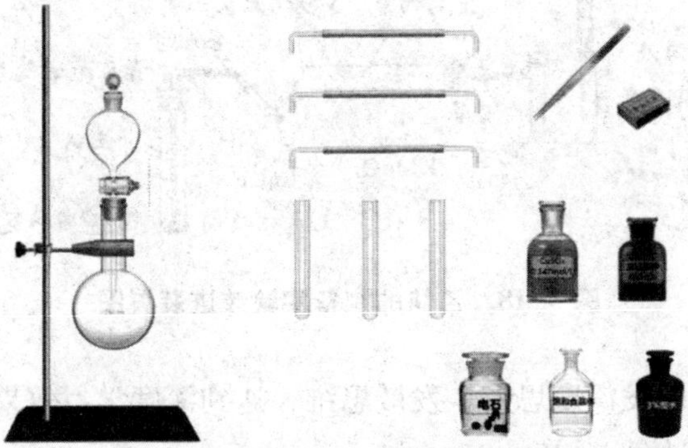

图 3-16 利用 NOBOOK 组装乙炔的制备装置

般气体的实验装置图，提炼总结能力，学以致用，培养学生证据推理与模型认知的核心素养。

环节四：实验装置的深化探索——改进实验室制备乙炔装置图

思政情境四：乙炔发现过程和装置选择历经几代科学家的努力和改良，感受化学家们孜孜不倦追求卓越的品质，向前辈们学习。

【问题驱动一】实验装置图组装好后，存在哪些问题？

【教学活动】学生回答：无法做到随开随停，无法控制产气速率，产生泡沫影响实验；乙炔及性质验证试验步骤多、过程烦琐，造成药品用量过多……

【问题驱动二】针对这些存在的问题，应该如何设计实验改进？

【教学活动】师生共同点评：用乙醇水溶液、甘油溶液替代；用饱和 $NaHCO_3$、$CuSO_4$替代；饱和食盐水溶液改为浸润饱和食盐水的棉花；纱布包裹电石；整合实验，或者设计成微量实验……阅读课前准备的乙炔实验改进的论文资料。(见图 3-17、图 3-18)

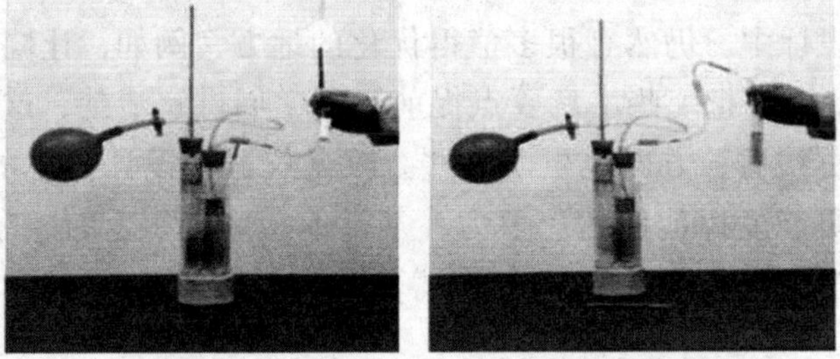

(a) 点燃实验　　(b) 通入溶液中的实验

图 3-17 微量的乙炔的制备实验装置图

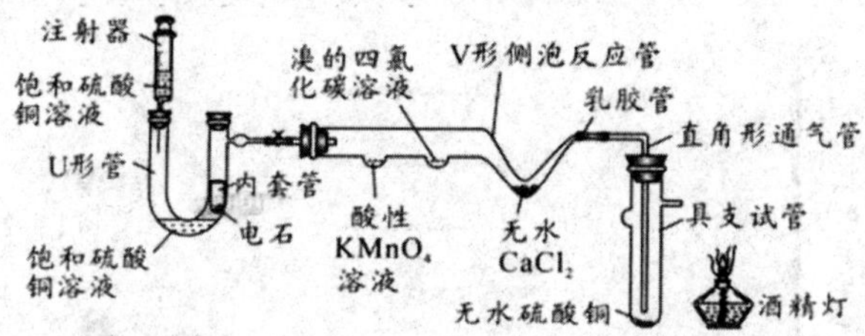

图 3-18　乙炔的制备实验改进装置图

【课程评价】引发深度思考、发散思维，达到深度学习效果，培养学生的实验探究与创新意识核心素养。

环节五：总结凝练、萃取升华、思政感悟

思政情境五：通过乙炔工业生产及我国化工发展的历史进程，感受一代先辈为化工发展所做的贡献，感受奋斗百年、不忘初心的使命和责任感，培养社会责任意识。

【教学活动】课堂练习，巩固所学知识；总结回顾乙炔性质及制备方法，实验室制备气体的装置流程及实验的改进；观看关于我国化工发展的现状视频和文献资料。

【课程评价】重点知识强化记忆，强化育人功能，培养学生社会责任与科学精神的核心素养。

六、教学反思与评价

通过本节课的学习，学生不仅回忆和学习了乙炔的性质，也明白了实验室制备气体的常用装置和流程。通过乙炔的制备实验，领悟到了实验设计中可能会存在的种种可能和问题，但只要是遵循科学、合理的方向来组装仪器，那就是可行的方案，至于方案还有没有能够改良的地方，通过大家的发散思维和头脑风暴的小组讨论，得到的结果是多样的，改良的地方和方法也是一个人没有办法完成的，合作才能共赢，引发深度思考。

教学活动设计中，仍然有很多值得优化的地方，例如，让同学们自行组装实验仪器之前，需要把一些注意要点提前跟同学们讲解清楚，这样同学们组装起来速度就会更快些，方向也更明确些。改良仪器的设计分享的同学不够多，时间允许的话更能发挥他们的想象力，不得不感慨，学生的想象力是丰富的，这样的课堂教学过程非常有趣，很让人享受。

（吴浩堂　广东省东莞市第七高级中学）

案例 5

铁的“颜”究所

——“Fe（Ⅱ）与 Fe（Ⅲ）间的转化”

一、教学背景分析

（一）教材分析

本节课选自人教版高中化学第一册第三章第一节“铁及其氧化物”的第三课时，适用于高一学生。在学习本节课之前，已经介绍了氧化还原反应、离子反应和物质的分类方法等基本的化学物质及其变化，并且应用在学习钠和氯的过程中。对物质之间的反应和变化的认识不再停留在实验现象和生成具体物质中，而是对反应中化合价的变化、电子的转移有了一定的认识，并对物质的类别所对应的反应也有一定的总结归纳能力。因此，本节课的内容设定为，基于 POE（预测性质，观察实验现象验证，解释实验现象得出结论）的教学方式进行+2 价铁离子和+3 价铁离子之间转换的教学，并在硫酸亚铁与氢氧化钠的反应现象不符合预测时，对实验现象做出解释，以期更好地应用 POE 的学习模式。另外，本节课以《千里江山图》用矿物颜料入色为情境，最后利用含铁物质作为颜料进行绘画创作的情境，实现了美育与智育的结合。同时感受化学之美，创造化学之美，给生活增添力量。

（二）课标分析

课标明确规定，结合真实情境的应用实例或通过实验探究，了解铁及其化合物的主要性质，了解铁及其重要化合物在生产、生活中的应用。认识+2 价铁离子与+3 价铁离子之间的转化，认识其转化在实际生活中的应用，并能从微观的角度认识化合价、电子转移、氧化还原反应之间的关系。能应用化合价、氧化还原的原理推测含铁物质间的转化，也能根据含铁物质的物理性质预测对应反应的现象。能依据实验现象知道物质的变化方向，形成物质研究的模型，根据氧化还原的规律模型进一步推测物质的变化，最后形成化学促进社会建设、人体健康、资源整合等问题。

（三）学情分析

本案例针对的是高一的学生，学生此前已经能从化合价升降的角度认识氧化还原反应，知道离子方程式的书写方法，清楚同类别物质具有同类别的反应。

（1）学生认知关键点：从化合价升降的角度认识氧化还原反应，从含铁化合物的颜色加深对物质性质的认识。

（2）学生认知障碍点：从化合价的角度预测物质的性质。

（3）学生认知发展点：从化合价的角度预测物质的性质，从实验现象验证预测，从实验现象解释物质的变化过程，形成基于化学实验的实证研究模型。

二、教学与评价目标

第一，从化合价的角度预测+2 价铁离子和+3 价铁离子的性质。

第二，通过设计实验方案，实施实验，观察现象验证+2 价铁离子和+3 价铁离子的性质。

第三，通过实验现象解释分析+2 价铁离子和+3 价铁离子的性质。

第四，应用 POE 的学习思路，形成基于化学实验的实证研究模型。

三、教学重难点

（一）教学重点

能通过宏观的实验现象、微观化合价的变化和方程式的书写认识铁及其化合物，并能依据 POE 的学习理论认知物质的变化。

（二）教学难点

能通过化合价变化的角度认识铁及其化合物的变化并能依据 POE 的学习理论认知物质的变化。

四、教学方法与思路

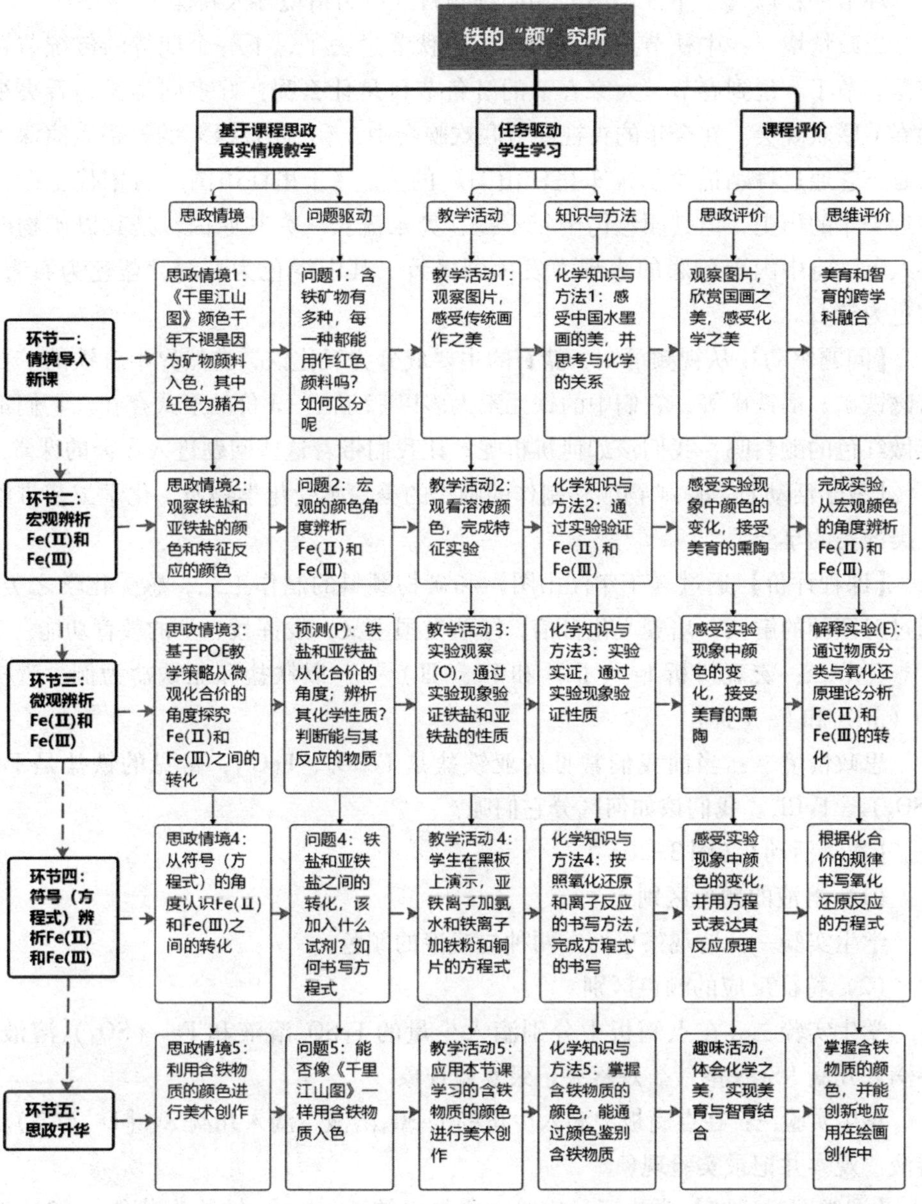

图 3-19　“铁的‘颜’究所——‘Fe（Ⅱ）与 Fe（Ⅲ）间的转化’”教学思路

五、教学过程

环节一：以《千里江山图》用矿物颜料入色为情境导入新课

思政情境一：中秋节过得开心吗？中秋节过去了，下一个期待的传统节日该是春节了。说到春节，大家春节的必备节目是什么呢？好多同学说是看央视的春节联欢晚会。在今年的央视春节联欢晚会中，《只此青绿》的舞蹈表演深入人心，它通过舞蹈描绘了《千里江山图》的美。《千里江山图》自宋代至今已有近千年的历史，但其颜色仍千年不褪，隽永流长。究其原因，是其以矿物颜料入色，将中国画色彩的表现力发挥到极致。其中绿色为石绿，蓝色为石青，红色为赭石。

【问题驱动】从视频可知，赭石的主要成分为氧化铁，自然界中含铁的矿石有磁铁矿、褐铁矿等，它们中的铁元素大多以+2 价、+3 价的形式存在。它们都能做红色的颜料吗？我们该如何辨析呢？让我们带着这些问题进入今天的课堂。

【教学活动】品味矿物颜料制作的画作的美，感受化学物质、化学工艺带给人类的美的享受。

【课程评价】通过《千年江山图》和矿物颜料的制作工艺，感受化学之美。通过对国画的解读，培养文化自信，厚植爱国主义，发挥教、学的教育功能。

环节二：宏观辨析 Fe（Ⅱ）和 Fe（Ⅲ）——以铁盐和亚铁盐为例，辨析 Fe（Ⅱ）和 Fe（Ⅲ）

思政情境二：当前我们常见的亚铁盐是 $FeSO_4$、$FeCl_2$，常见的铁盐是 $Fe_2(SO_4)_3$、$FeCl_3$。我们该如何区分它们呢？

【教学活动】（图 3-20）

（1）溶液的颜色区别

学生实验一：请观察桌面上两种盐溶液的颜色。

（2）特征反应的颜色区别

学生实验二：在点滴板中分别滴入少量的 $FeSO_4$ 溶液和 $Fe_2(SO_4)_3$ 溶液，各滴入几滴 KSCN 溶液。观察并记录实验现象。

学生实验三：在点滴板中滴入少量的 $FeSO_4$ 溶液，滴入几滴 $K_3[Fe(CN)_6]$ 溶液。观察并记录实验现象。

【课堂即时反馈】学生通过实验现象得出结论：（1）铁盐为黄色；（2）亚铁盐为浅绿色；（3）Fe^{3+} 与 KSCN 溶液显红色，用此特征反应鉴别 Fe^{3+}；（4）Fe^{2+} 与 $K_3[Fe(CN)_6]$ 溶液产生蓝色沉淀，用此特征反应鉴别 Fe^{2+}。

【课程评价】通过观看溶液的颜色和特征反应的颜色变化，感受化学的美，

图 3-20 观察溶液的颜色及其特征反应

实现美育和智育相结合的教育功能。通过学生间的讨论和合作实验发挥教育评价的功能。

环节三：微观辨析 Fe（Ⅱ）和 Fe（Ⅲ）——以铁盐和亚铁盐为例，辨析 Fe（Ⅱ）和 Fe（Ⅲ）

思政情境三：基于 POE 理论辨析 Fe（Ⅱ）和 Fe（Ⅲ）。

【教学活动】基于 POE 理论通过实验辨析 Fe（Ⅱ）和 Fe（Ⅲ）。

实验试剂：NaOH 溶液，酸性 $KMnO_4$ 溶液，氯水，KSCN（硫氰酸钾）溶液，KI 溶液，淀粉溶液，铁粉，锌片，铜片。

实验仪器：点滴板

（1）预测性质（P）（见表 3-15）

①从化合价的角度预测铁盐与亚铁盐的性质，描述选取试剂的思路。

②从物质类别（盐）的角度预测铁盐与亚铁盐的性质和选取试剂的思路。

③什么样的实验现象可以作为证据支持你所预测的铁盐与亚铁盐的性质？

表 3-15 预测 Fe（Ⅱ）和 Fe（Ⅲ）的性质

物质	预测性质	选取试剂	预测实验现象
硫酸亚铁（$FeSO_4$）			
硫酸铁［$Fe_2(SO_4)_3$］			

根据预测的角度和给出的实验试剂，填写上述的表格。

（2）通过实验观察验证性质（O）

学生实验四：根据自行填写的表格（表 3-16）完成实验，并填空。

表 3-16 实验验证 Fe（Ⅱ）和 Fe（Ⅲ）的性质

物质	预测性质	选取试剂	观察实验现象（颜色）	观察到的现象能否验证预测的性质
硫酸亚铁（$FeSO_4$）	还原性			
硫酸铁［$Fe_2(SO_4)_3$］	氧化性			

学生分组实施实验，并且记录实验现象。

【课堂即时反馈】从实验现象推断预测的正误（列举 3 位同学）：

孟同学：预测亚铁离子的氧化性能把碘离子氧化成碘单质，通过实验发现铁离子才能实现。说明铁离子的氧化性比亚铁离子强。

罗同学：预测铁离子能与铁粉反应，验证铁离子的氧化性，实验现象如预测结果，验证正确。

仲同学：预测亚铁离子有还原性，能与氯水反应，通过反应前后加入 KSCN，发现先无明显现象后变红，验证了预测。

（3）分析实验现象得出结论（E）

根据反应过程中化学价变化的角度对实验用品进行分类。

第一类，氧化剂：酸性 $KMnO_4$ 溶液（高价态盐）、氯水（非金属单质）。

第二类，还原剂：KI 溶液（低价态盐）、铁皮、锌片、铜片等金属单质。

通过实验可知：

①Fe^{2+} 转化为 Fe^{3+} 时，加入的是氧化剂，则化合价升高的 Fe^{2+} 充当还原剂。而 Fe^{3+} 是升价而来的产物，作为氧化产物，根据氧化剂的不同生成对应的还原产物。

②Fe^{3+} 转化为 Fe^{2+} 时，加入的是还原剂，则化合价降低的 Fe^{3+} 充当氧化剂。而 Fe^{2+} 是降价而来的产物，作为还原产物，根据还原剂的不同生成对应的氧化产物。

【课堂即时反馈】学生跟随教师的脚步，层层递进，跟随氧化还原的思路进行深入分析（见图 3-21）。

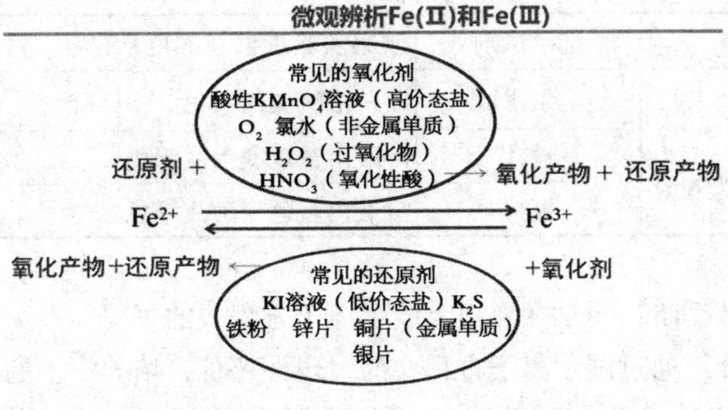

图 3-21　微观辨析 Fe（Ⅱ）和 Fe（Ⅲ）

【课程评价】通过学生活动，培养学生深度思考的能力，习得科学研究的思维，并通过展示实验方案设计的表现性评价，通过实验明白实验是化学研究的实证基础，通过实验的分析，学习 POE 学习理论。根据 POE 的学习策略，培养学生形成预测实验→实施实验→分析实验的化学实证研究的思维模型。利用氧化还原的学习模式，展开 Fe（Ⅱ）和 Fe（Ⅲ），形成利用价态的升降，探究物质变化的分析角度。

【深度思考（1）】还有什么常见的氧化剂能使 Fe^{2+} 转化为 Fe^{3+}？还有什么常见的还原剂能使 Fe^{3+} 转化为 Fe^{2+}？

【课堂即时反馈】根据物质的类别进行分析。

氧化剂→非金属单质→氧气。

还原剂→低价态的盐→K_2S 等。

【深度思考（2）】如果 O_2 能使 Fe^{2+} 转化为 Fe^{3+}，那我们应该如何保存 $FeSO_4$ 溶液呢？

【课堂即时反馈】在 $FeSO_4$ 溶液中加入少量铁粉。

【课程评价】利用物质分类的学习模式，展开 Fe（Ⅱ）和 Fe（Ⅲ）的应用，形成同类物质有部分相似的化学性质的探究物质的变化的分析角度。

环节四：符号（方程式）辨析 Fe（Ⅱ）和 Fe（Ⅲ）——以铁盐和亚铁盐为例，辨析 Fe（Ⅱ）和 Fe（Ⅲ）

思政情境四：符号（方程式）辨析 Fe（Ⅱ）和 Fe（Ⅲ）。

【教学活动】从离子方程式的角度辨析 Fe（Ⅱ）和 Fe（Ⅲ）（见表 3-17）。

表 3-17　符号辨析 Fe（Ⅱ）和 Fe（Ⅲ）

物质	选取试剂	观察实验现象（颜色）	离子方程式
硫酸亚铁（$FeSO_4$）	氯水	溶液变为黄色	
硫酸铁［$Fe_2(SO_4)_3$］	铁片	溶液由黄色变为浅绿色	
	铜片	溶液由黄色变为浅绿色	

【课堂即时反馈】同学在黑板上演示离子方程式的书写。

【课程评价】通过展示离子方程式的表现性评价，培养学生的书写规范。通过展示学生的设计成果，发挥评价的激励作用。

环节五：思政升华——趣味活动之铁“颜”的创意绘画

思政情境五：利用含铁物质作为颜料，进行艺术创作，促进学生美育与智育的全面发展。

【教学活动】四人小组为单位，以含铁物质为颜料（见表 3-18），进行纸伞的绘画创作。并邀请一位组员用一句话来介绍纸伞作品。

表 3-18　含铁物质的颜色

物质	$Fe(OH)_2$	$Fe(OH)_3$	$Fe(OH)_2$ $\rightarrow Fe(OH)_3$	$FeSO_4$	$FeCl_3$	Fe^{3+}+KSCN	Fe^{2+}+ $K_3[Fe(CN)_6]$	Fe^{3+}+I^-+淀粉	Fe粉
颜色	白色沉淀	红褐色沉淀	迅速变为灰绿色最后变为红褐色	浅绿色	黄色	红色	蓝色沉淀	蓝色	黑色

【教师示范】

图 3-22　教师示范用含铁物质进行美术创作

【课堂即时反馈】学生分组利用含铁物质进行美术创作，自由地感受化学之美，创造化学之美（见图 3-23）。

图 3-23 学生用含铁物质进行美术创作并上台展示

【课程评价】发挥教学的功能，让学生运用所学含铁物质的颜色，发挥创意。发挥教育的功能，美育与智育相结合，感受化学的美好。以美术创作的表现性评价作为最终评价的表现。引导学生感受美、发现美和创造美。

六、教学反思与评价

本节课的课程思路：以《千里江山图》中颜色千年不褪的原因导入课堂，以是否含 Fe（Ⅱ）和 Fe（Ⅲ）的矿物都能成为红色颜料为情境，提出辨析 Fe（Ⅱ）和 Fe（Ⅲ）的问题。并从宏观视角（颜色）、微观视角（化合价）、符号视角（方程式的书写）辨析 Fe（Ⅱ）和 Fe（Ⅲ）。其中在微观视角中，利用 POE 的教学思路，形成基于化学实验的实证研究模型。具体是通过化合价视角预测 Fe（Ⅱ）和 Fe（Ⅲ）的性质。设计实验，实施实验，观察实验现象验证预测的结果是否正确。解释实验现象的异同，分析物质间的变化并得出结论。最后，通过利用含铁物质作为颜料进行绘画创作的情境，实现美育与智育的结合。同时感受化学之美，创造化学之美，给生活增添力量。

在教学评一体化的过程中，以《千里江山图》用矿物颜料入色为情境，以辨析含 Fe（Ⅱ）和 Fe（Ⅲ）的矿物的真情境，提出真问题，解决真问题。通过学生的预测性质、实验实施的评价、实验现象的观察的评价、表现性的开放式评价，实现了生生评价与师生评价相结合，以评促教，双向提高。不但提高了学生的学习积极性，而且能及时反馈学生的迷思概念，教师也能及时做出反馈。

但在教学中，还有可以优化的地方。如能否提供更多种实验试剂供学生选择，让实验设计的开放性更大，思维度更深刻。能否继续延伸课堂，探索更多样的制备氢氧化亚铁的方案，让课堂的思维度更加广阔。

（张润瑜　广东省东莞市石龙中学）

案例 6

传统文化导向下发展学生化学核心素养的实践研究

——以“金属矿物的开发利用”为例

一、问题提出

教育应以人为本，要想成才必须先成人，这是我国一直遵循的教育宗旨。《中华人民共和国教育法》第六条规定“教育应当坚持立德树人，对受教育者加强社会主义核心价值观教育，增强受教育者的社会责任感、创新精神和实践能力”；第七条规定“教育应当继承和弘扬中华优秀传统文化、革命文化、社会主义先进文化，吸收人类文明发展的一切优秀成果”。① 为贯彻落实党的十八届三中全会关于完善中华优秀传统文化教育的精神，2014 年，教育部印发《完善中华优秀传统文化教育指导纲要》，要求高中阶段应以增强学生对中华优秀传统文化的理性认识为重点，引导学生感悟中华优秀传统文化的精神内涵，增强学生对中华优秀传统文化的自信心。② 2019 年 6 月，国务院办公厅《关于新时代推进普通高中育人方式改革的指导意见》中再次强调教师在教书育人的过程中要引导学生树立正确历史观，要充分发挥各学科德育功能，积极培育和践行社会主义核心价值观，深入开展中华优秀传统文化教育，加强学生品德教育，帮助学生养成良好个人品德和社会公德。③

在实际教学中，理科教育背景下的教师较少将化学知识与优秀传统文化相联系，传统文化与化学核心素养的相互渗透更少。学生很少能在化学课堂上感受到我国古代科技文化的光辉灿烂和历代巨匠先贤的才高智深，长此以往不利于学生文理融合。如何深挖中华优秀传统文化，发展学生化学学科核心素养是我们教师应思考和努力的方向。

---

① 中华人民共和国教育法［EB/OL］. 中国人大网，2016-02-26.

② 教育部关于印发《完善中华优秀传统文化教育指导纲要》的通知［EB/OL］. 中华人民共和国教育部网站，2014-03-18.

③ 国务院办公厅关于新时代推进普通高中育人方式改革的指导意见［EB/OL］. 中国政府网，2019-06-19.

二、设计思路

（一）教学思想与创新点

“金属矿物的开发利用”是人教版化学必修二第四章第一节的内容，主要讲述活泼性不同金属的冶炼方法。一般教师会对这节内容进行简单处理，如学生自学，或者简要地把金属冶炼要点进行归纳。其实，金属矿物的开发利用是化学史、传统文化和化学核心素养全面渗透的最佳载体。我国早在商代就拥有了高超的青铜冶炼铸造方法，春秋战国时期就掌握了钢铁冶炼工艺，西汉时期能熟练进行“水法炼铜”①。结合传统优秀文化，融合丰富化学史，使科学与人文并重，让学生在金属冶炼学习过程中感受化学的魅力是本课的宗旨。

引入，金属早在四千多年前的《诗经》中已有所记载，然而金属的使用和冶炼则可以追溯到更早。课程从西周开始，引领学生把金属的发现、使用、冶炼等历程形象重现，从古至今把富集法、热分解法、热还原法和电解法，逐步以古诗词的形式贯穿。引导学生用从金属冶炼方法、金属生产成本等因素分析社会热点——水氢发动机全面推行的可行性；以《绝命毒师》开锁视频引出铝热反应，让学生在视觉上感受铝热反应威力，为铝热反应可以焊接铁轨、定向爆破、冶炼高熔点的金属等作用做好铺垫。最后，结课前再次回到《诗经》，用金属活动顺序表中的金属性质与人的品质进行讨论，帮助学生树立正确的世界观和人生观。传统文化中融入 STSE 教育，强调人文与科学、技术与社会、环境的相互关系，重视生活环境、科学技术在社会生产和社会发展中的相互作用。

（二）教学目标

以大量古诗词为载体，结合金属活动顺序表、金属出现的时间、社会热点等方面，发展学生宏观辨析与微观探析、变化观念与平衡思想、证据推理与模型认知、科学探究与创新意识、科学态度与社会责任五方面的化学核心素养，具体培养重点与核心素养发展水平关系如表 3-19 所示。

---

① 陈丹妮．高中化学教育中的传统文化元素考察［J］．福建基础教育研究，2015（11）：62-64.

表 3-19 传统文化导向下发展学生化学核心素养的实践研究的教学目标

培养重点	核心素养发展水平
宏观辨识与微观探析	学生能通过古诗词的描述辨识一定条件下金属矿物及其变化的宏观现象：金属化合物变成单质； 并能运用化学符号表征物质及其变化：$M^{n+}+ne^{-}\rightarrow M$
变化观念与平衡思想	对物质发展和变化规律等及其相互关系的基本认识：金属冶炼的方法由富集法到热分解法到热还原法到电解法，体现了金属由不活泼到活泼的变化观念； 活泼金属的冶炼受社会生产力的发展影响，社会生产力的发展引发科学技术的发展，而科学技术的发展反过来推动生产力进一步发展
证据推理与模型认知	通过观察和实验等方法获取物质及其变化的事实并进行分析推理、抽象概括、建构模型以揭示化学变化及其规律的过程，明白性质相似的金属可用同样的冶炼方法，能用模型思想认识物质及其变化的一般规律
科学探究与创新意识	通过合金废料成分分析和产物需求分析，能发现有探究价值的化学问题，提出合理猜测与假设；能依据探究目的设计并优化实验方案，正确实施实验探究方案； 通过对电解法冶炼铝和镁两反应的思考，能提出有价值的化学问题，形成猜想和假设，能尊重事实和证据，独立思考，敢于质疑和批判不同观点和结论，提出创造性见解
科学态度与社会责任	通过“水氢发动机”原理和《绝命毒师》视频的分析，帮助学生关注与化学有关的社会热点问题，积极参与化学有关的分析活动； 通过讨论金属矿物的合理开发利用，让学生深刻理解化学、技术、社会和环境之间的相互关系，赞赏并致力于应用化学科学技术促进社会发展，勇于承担化学过程对人类社会可能带来的各种影响的责任，形成可持续发展的观念

三、教学流程

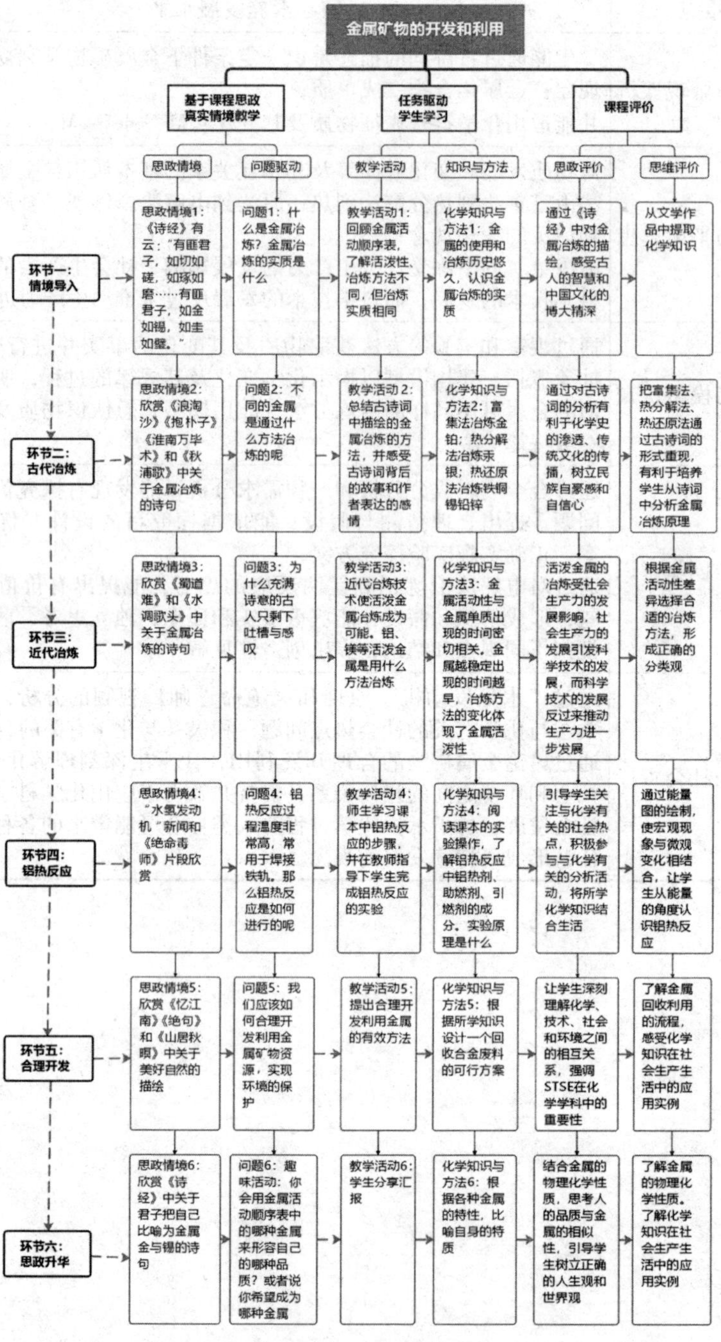

图 3-24　"传统文化导向下发展学生化学核心素养的实践研究——以'以金属矿物的开发利用'为例"教学流程

四、教学过程

环节一：情景引入

【教师】《诗经》有云："有匪君子，如切如磋，如琢如磨……有匪君子，如金如锡，如圭如璧。"从诗句中可知，古人在四千多年前就已经开始使用金属，说明金属的冶炼源远流长。什么是金属冶炼？金属冶炼的实质是什么？

【学生】金属化合物得到电子变成金属单质的过程。M^{n+}（化合态）$+ne^- \rightarrow$ M（游离态）。

【设计意图】不同金属有不同活泼性，通过回顾初中所学金属活动顺序表，明白金属活泼性不同，其冶炼方法也不尽相同。但冶炼实质相同。建构金属冶炼实质模型，培养学生的自学能力和总结概括能力。

环节二：古代冶炼

【教师】"美人首饰侯王印，尽是沙中浪底来。"① "千淘万漉虽辛苦，吹尽狂沙始到金。"② 这两句诗说明了什么？

【学生】金化学性质稳定、在自然界中以单质形式存在。我们常用富集方法获得单质金。

【教师】"微风忽起吹莲叶，青玉盘中泻水银。"③ 晋代葛洪在《抱朴子》中提到"丹砂烧之成水银"④。三仙丹烧之也成水银，三仙丹即氧化汞。写出汞冶炼的反应原理。银与汞在活动顺序表中位置相邻，请猜测银的冶炼方法。

【学生】$2HgO \xlongequal{\Delta} 2Hg+O_2\uparrow$

银的冶炼与汞相似：$2Ag_2O \xlongequal{\Delta} 4Ag+O_2\uparrow$

【教师】"东风不与周郎便，铜雀春深锁二乔。"⑤ 铜是如何冶炼的？西汉的刘安《淮南万毕术》有云："曾青得铁则化为铜。"⑥ 分析其中的化学本质。

【学生】湿法炼铜：$CuSO_4+Fe=FeSO_4+Cu$（置换反应）

---

① 刘禹锡．浪淘沙九首［M］//彭定求．全唐诗·卷三百六十五．北京：中华书局，1960：4114.

② 刘禹锡．浪淘沙九首［M］//彭定求．全唐诗·卷三百六十五．北京：中华书局，1960：4114.

③ 施肩吾．夏雨后题青荷兰若［M］//彭定求．全唐诗·卷四百九十四．北京：中华书局，1960：5600.

④ 葛洪．抱朴子内篇校释［M］．王明，校释．北京：中华书局，2023：69.

⑤ 杜牧．赤壁［M］//彭定求．全唐诗·卷五百二十三．北京：中华书局，1960：5980.

⑥ 刘安．淮南万毕术［M］．孙冯翼，辑．北京：商务印书馆，1939：10.

火法炼铜：$Cu_2S+O_2 \xlongequal{高温} 2Cu+SO_2$

【教师】《秋浦歌》："炉火照天地，红星乱紫烟。赧郎明月夜，歌曲动寒川。"① 这首诗前两句描写高炉炼铁场景，后两句表达了作者怎样的心情？

【学生】高炉炼铁：$Fe_2O_3+3CO \xlongequal{高温} 2Fe+3CO_2$

主要表达他对眼前辛勤工作劳苦大众的钦佩之情，民生在于勤。

【设计意图】把富集法、热分解法、热还原法通过古诗词的形式重现，既有利于培养学生从诗词中分析金属冶炼原理，也有利于化学史的渗透和传统文化的传播，树立民族自豪感和自信心。

环节三：近代冶炼

【教师】诗词中少有活泼金属 K、Ca、Na、Mg、Al 出现。只见古人吐槽与感叹。李白说："蜀道难，难于上青天。"苏轼说："不知天上宫阙，今夕是何年？"② 为什么充满诗意的古人只剩下吐槽与感叹？

【学生】金属太活泼，古人无法冶炼。

【教师】近代冶炼技术的发展使活泼金属冶炼成为可能。有了铝、镁等金属后才能生产飞机，让过蜀道不再难；可以制造飞船，能飞到太空探个究竟。铝、镁等活泼金属是用什么方法冶炼的呢？

【学生】电解法。$2Al_2O_{3(熔融)} \xlongequal[冰晶石]{电解} 4Al+3O_2\uparrow \xlongequal{电解} MgCl_{2(熔融)}\ Mg+O_2\uparrow$

【教师】参考以下数据（表 3-20），你对铝与镁的冶炼方法有何疑问？

表 3-20　金属钠镁铝氯化物及氧化物的熔点

	Al	Mg	Na
氯化物熔点	190℃	714℃	801℃
氧化物熔点	2015℃	2852℃	1275℃

【学生】学生分组提出问题，并由另外组的同学讨论后回答。

①为什么要用熔融的 Al_2O_3 而不用 $AlCl_3$？（$AlCl_3$ 是共价化合物，熔融时不能获得铝离子。根据金属冶炼实质模型，没有游离的铝离子就不可能获得单质的铝）

②冰晶石有何作用？（降低氧化铝的熔点）

③为什么用 $MgCl_2$ 而不用 MgO 呢？（金属氧化物的熔点要比氯化物高）

① 李白．李白集［M］．济南：山东文艺出版社，2021：161.

② 苏轼．东坡集（上）［M］．西安：三秦出版社，2022：61.

【总结】不活泼的金属，在自然界以单质的形式存在。不怎么活泼的金属只需加热自身化合物发生氧化还原反应即可得到金属单质；比较活泼的金属加热其化合物的同时还需要加入还原剂（C、CO、H_2、活泼金属等）才能得到金属单质；非常活泼的金属只能靠强而有力的氧化还原手段——电解法，才能获得其单质。

【教师】请估计电解法冶炼金属的成本。

【学生】需要耗费大量的电能，电解法冶炼的金属成本不低。

【设计意图】古人创造了辉煌的古代文明，在对金属运用和金属冶炼上做出了巨大的贡献。

表 3-21 金属的冶炼方式与金属的活泼性和出现时间的关系

冶炼方法	电解法	热还原法	热分解法	富集法
金属的活泼	非常活泼金属	较活泼金属	不太活泼金属	不活泼金属
	K Ca Na Mg Al	Zn Fe Sn Pb Cu	Hg Ag	Pt Au
出现时间	200 年前	2500 年前 3500 年前 4000 年前	5500 年前	10000 年前

金属活动性与金属单质出现的时间密切相关。金属越稳定，出现的时间越早，金属冶炼方法的变化体现了金属活泼性的变化。有意识地让学生在讨论分析中依据金属活动性不同进行简单分类，再根据金属活动性差异选择合适的冶炼方法，形成正确的分类观，强调分类方法在科学研究、技术应用中的作用。活泼金属的冶炼受社会生产力的发展影响，社会生产力的发展引发科学技术的发展，而科学技术的发展反过来推动生产力进一步发展。

环节四：铝热反应

【教师】河南南阳出现“水氢发动机”的新闻，报道称“水氢发动机只需加水即可跑上千公里”。你觉得可能吗？

【学生】不可能，水不可能自发分解，即使加催化剂也需要吸收能量才能分解。

【教师】调查发现，水氢发动机除了加水还需加入特殊方法制得，在常温下能与水反应产生氢气的铝合金。请从金属冶炼方法及成本的角度，分析水氢车发动机广泛推广的可行性。

【学生】不可行。活泼的金属铝是用电解法来冶炼的，需要耗费大量的电能，成本太高。

【教师】播放《绝命毒师》片段，分析其真伪（反应瞬间完成，发出耀眼光芒，门锁瞬间被破坏）。

【学生】这是铝热反应。

【教师】阅读书 P89 实验 4-1，并口述铝热反应的操作。

【学生】在纸漏斗中加入铝粉与氧化铁混合，加入氯酸钾，点燃镁条。

【实验现象】（边演示实验边讲解）镁条剧烈燃烧，纸漏斗内混合物立即剧烈反应，发出耀眼光芒，产生大量的烟。纸漏斗被烧穿，有红热状的液珠落入蒸发皿内的细沙上，液珠冷却后变为黑色固体（落下的是铁珠）。

【教师】铝热剂：铝粉与氧化铁混合物

助燃剂：氯酸钾

引燃剂：镁条

反应原理：$Fe_2O_3+2Al \xlongequal{高温} Al_2O_3+2Fe$

铝热反应过程温度非常高，能达 2500~3000℃，常用于焊接铁轨、高熔点金属冶炼和定向爆破。现代定向爆破就是利用熔断技术，通过这个反应做热源熔断槽钢从而使要拆除的高楼大厦瞬间倒塌。请分析视频中的实验。

【学生】铝热反应产生大量的热，生成高温的液态铁水，把门锁瞬间熔断。

【教师】根据铝热反应的宏观现象，画出反应过程中微观变化的能量变化图。

【学生】

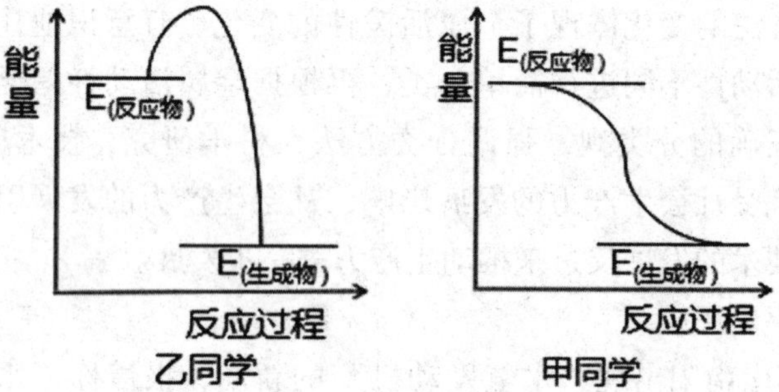

图 3-25　学生绘制的微观变化的能量变化图

【教师】两位同学能量变化图（图 3-25）稍有不同，你更认同哪位同学的？

【学生】甲、乙两位同学的能量图都表示着放热反应。但是铝热反应需要镁条的引燃才能发生，说明开始需要给铝热剂提供能量，所以乙同学的能量图更能客观反映实际的反应。

【设计意图】通过对“水氢发动机”原理和《绝命毒师》视频的分析，引导学生关注与化学有关的社会热点问题，积极参与与化学有关的分析活动，将所学化学知识结合生活，做到学以致用。通过能量图的绘制，使宏观现象与微观变化相结合，让学生从能量的角度认识铝热反应。

环节五：合理开发

【教师】“日出江花红胜火，春来江水绿如蓝。”① “明月松间照，清泉石上流。”② 读这样的诗有何感受？

【学生】大自然美。

【教师】习近平主席说“绿水青山就是金山银山”③。先污染再治疗的方式不可取。“孤帆远影碧空尽，唯见长江天际流”④ 是看不见的，因为有雾霾。“接天莲叶无穷碧，映日荷花别样红”⑤ 是不可能的，因为水体被破坏。思考我们应该如何合理开发利用金属矿物资源？

【学生】（1）提高金属矿物的利用率；（2）减少金属的使用量；（3）加强金属资源的回收和再利用；（4）使用其他材料代替金属材料。

【教师】废旧金属可回收利用，某化学兴趣小组用合金废料（含 Fe、Cu 和 Al）制取 $FeSO_4$溶液和回收金属铜，请你根据所学知识设计一个回收合金废料的可行方案。

【学生】

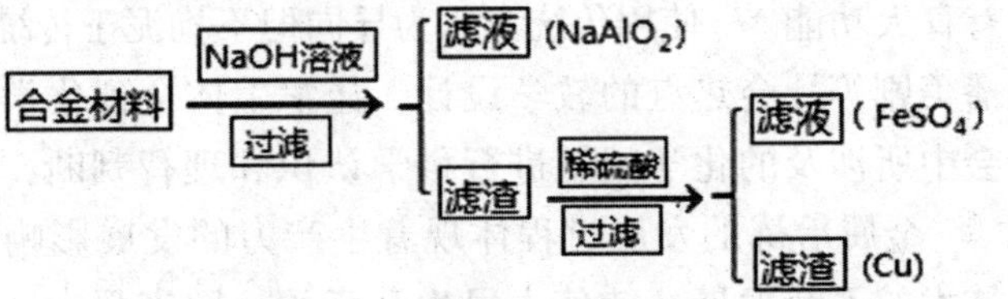

图 3-26 学生绘制的回收合金废料的可行方案

【设计意图】通过讨论金属矿物的合理开发利用，让学生深刻理解化学、技术、社会和环境之间的相互关系，强调 STSE 在化学学科中的重要性。赞赏并致力于应用化学科学技术促进社会发展，勇于承担和分析化学过程对人类社会可能带来的影响，形成可持续发展的观念。

环节六：思政升华——金属与你

【教师】活泼性不同的金属用不同的方法冶炼，性质越稳定，冶炼和使用的历

---

① 龙榆生．龙榆生著作精选集：唐宋名家词选［M］．北京：团结出版社，2020：14.

② 蘅塘退士，选编．“学而书馆”编辑组，注．唐诗三百首［M］．北京：中国友谊出版公司，2022：165.

③ 习近平首次提出“绿水青山就是金山银山”［EB/OL］．央广网，2021-08-15.

④ 李白．李白集［M］．济南：山东文艺出版社，2021：64.

⑤ 蔡义江，选编．绝句三百首［M］．杭州：浙江文艺出版社，2020：152.

史就越久远。回到刚上课的《诗经》："有匪君子，如金如锡，如圭如璧。"① 古人很早就用金和锡来形容君子的优秀品质，像金与锡一样坚韧。你会用金属活动顺序表中的哪种金属来形容自己的那种品质？或者说你希望成为哪种金属？为什么？

【学生】甲同学：金。希望自己像金子不易被氧化，不易受外界影响。另外，是金子总会发光，希望自己的才能会像金子一样闪闪发光。乙同学：钾。觉得自己像钾一样活泼，与很多人都能发生联系，容易被影响。丙同学：镁。希望自己能像镁一样，燃烧自己发出耀眼的光，同时像引发铝热反应一样引发别人的潜能。

【设计意图】结合金属的物理化学性质，思考人的品质与金属的相似性，引导学生树立正确的世界观和人生观。

五、教学反思

课例采用传统文化为主线，在金属矿物的冶炼中渗透化学核心素养。恰到好处的文化线能让学生感受诗词之美、技术之美、化学之美，在"美"中学习，体现了化学的育人价值。化学的育人价值决定了化学课程能促进学生求真、求善、求美，具有育人功能。② 使用传统文化为导向但不拘泥于传统文化，结合水氢发动机、热播美剧等社会热点的教学设计，让学生体会到化学学科能指导人们对生活和社会中所涉及的化学问题进行科学认识和理智判断，有利于形成化学科学价值观。③ 金属冶炼的发展过程体现着生产力的发展影响科学技术的发展，只有科学技术的不断发展才能使人民生活幸福、国家强大。我国古代科学技术发明灿若繁星，对中国和世界的科技发明贡献巨大，要有民族自信心与自豪感。同时，也要认识到我国目前技术发展的短板，明白在个别领域与世界领先水平还有较大差距，激励学生在技术领域要有所追求。本课在宏观辨识与微观探析、变化观念与平衡思想、科学态度与社会责任三个维度上有很好体现。

展望：发展学生化学学科的核心素养是社会发展的需要，弘扬中华优秀传统文化是中华民族的精神命脉，在化学学科的核心素养中渗透中华优秀传统文化是一种责任，也是我们一线教师共同努力的方向。

（何少萍　广东省东莞市第一中学）

---

① 陈戍国，点校．四书五经（上）［M］．长沙：岳麓书社，2023：250.

② 吴俊明．初中化学的育人功能与观念渗透［J］．化学教学，2017（2）：8-15.

③ 孟献华，李广洲．化学教学的人文性：基于课程与教学的理解［J］．化学教育，2010，31（10）：5-8，19.

模块四　信息技术与高中化学学科融合教学实践研究

一、学科融合教学的研究背景和理论基础

（一）研究背景

1. 新时代综合型人才培养的需求

21世纪以来，信息技术、生物技术、人工智能等科技的快速发展深刻改变着世界格局，对全球经济、社会、文化产生了深远的影响，现实生活所面临的问题越来越复杂多元。世界各国的竞争日益激烈，从生产力水平的竞争逐渐转变为对复合型人才的竞争，社会对人才的要求也越来越高，主要体现在高创新能力的综合型人才。这就意味着我们需要新的教育体系，改变传统课程结构过于单一和学科体系相对封闭的现状，使课程结构趋于均衡和综合化，实现每一个学生的全面发展。在这样的时代背景下，作为人才输送的摇篮地——中学，更应该将学科融合教学落实到课堂教学中，为学生打下坚实的基础，培养社会所需的人才。

2. 高中化学学科特色

化学作为既有自然属性又有科学属性的学科，具有跨学科和跨领域的丰富内容。通过分析高中化学教材可以发现，高中化学学科涵盖了大量的人文、数学、生物、物理等知识，学科之间存在千丝万缕的联系。目前，我国高中普遍实行分科教学，强调学科知识的系统性和逻辑性，但忽视了不同学科之间的横向联系，这不利于学生综合分析问题和解决问题能力的培养。因此，教师在教学中有必要采用学科融合的教学方法，用心挖掘素材，实现从不同视角认识同一事物，对培养学生认识思路的结构化大有裨益。信息技术的大力发展对教育产生了深远的影响，提高了教学手段的多样性和灵活性，丰富了教学资源，提高了教学效果，促进了教育的创新和发展。高中化学是一门有难度的学科，信息技术与化学教学相融合，能给学生带来简易、直观、震撼的认知方式，能改

变学生知识割裂的状态，帮助学生开阔视野、开拓思路，综合运用知识分析解决问题，培养学生的创新能力和实践能力。

（二）理论基础

1. 学习迁移理论

学习迁移理论最早由教育心理学家爱德华·桑代克（Edward Thorndike）提出。学习迁移效应认为学习者在一个领域中获得的知识、技能和策略可以迁移到其他领域中。他将迁移效应分为正向迁移和负向迁移两种情况，并强调了知识的迁移对学习的重要性。教学过程中，教师应该将其他学科知识有机地融合在一起，利用化学以外相关学科知识促进化学学习，提高学生的学习效率，培养学生的迁移能力。

2. 建构主义理论

著名心理学家皮亚杰（J. Piaget）于1947年首次在《认知发展论》中系统阐述了建构主义的理论观点。建构主义强调学习是一种主动的、积极的建构过程，而不是被动接受外部信息的过程。教师应根据每个独特的个体，设置合适的学习情境，通过与他人的交往和合作，通过观察、实验、探索和思考，获取新的观点、思想和知识，建构出对世界的理解和知识体系。课程应该以螺旋式的方式组织起来，这样学生才能不断地在他们已经学过的基础上发展。

二、信息技术与高中化学学科融合的基本内涵

（一）概念界定

1. 学科融合

学科融合指以一门学科为重点研究对象，其他学科介入提供强有力的支持，将不同学科知识、方法、思维关联的过程。化学与数学、物理、生物等其他学科存在普遍联系，这说明研究化学与其他学科如何进行融合具有广阔的发展空间。本研究中，学科融合特指信息技术与化学学科教学的整合。

2. 信息技术

本研究所使用的信息技术包含两方面。一方面是“互联网+”网络资源及装有希沃触控一体机的教学录播室。另一方面特指信息技术支撑，化学相关指标协同表征的教学手段，如手持技术加pH探头，智能手机加光传感器，NOBOOK虚拟实验室等化学教学手段。

（二）学科融合的价值

1. 理论意义

信息技术与中学化学实验教学整合的研究符合国家提出的教育信息化的目标，有助于促进化学教学与信息技术的深度融合。信息技术与化学学科融合的理论意义主要包括两方面：一是跨学科整合，信息技术的引入打破了传统学科间的壁垒，促进了不同学科的融合与交流；二是推动了化学学科的发展，信息技术为化学研究提供了新的方法与工具，如分子模拟、化学数据处理等，从而推动了化学学科的进步与创新。

2. 实践意义

化学是一门具有综合性质的课程，常有抽象、复杂的知识出现，所以学生可能会因为学习困难而失去学习兴趣。信息技术可以给学生提供多种音频、视频等不同感官刺激，营造丰富、趣味十足的学习氛围，调动学生学习的积极性，使得知识的记忆能够保持得更持久，化抽象为形象，化复杂为简单。化学具有多种实验探究活动，面临着微观粒子（原子、分子、离子等）不可见等抽象知识，借助信息技术手段则能够使抽象的微观知识显现化，信息技术为化学领域带来了更高效的实验设计、数据处理和模拟研究方法，可以让实验操作简单化，帮助学生理解应用知识，提升高阶思维。将信息技术与化学实验内容整合，首先，可以将微观化学变化通过精准的数据或图像表征，实现可视化，使学生更好地理解并掌握相关的知识，最终提升化学实验教学的效果；其次，解决了实际问题，信息技术的融合为化学领域解决复杂问题提供了新的思路和工具，为环境保护、医药研发等方面提供了更加有效的解决方案；最后，培养了跨领域的专业人才，他们具备信息技术和化学领域的双重素养，更加适应现代化学工作的需求。

三、信息化组织的高中化学学科融合教学的设计理念

（一）面向全体学生

课程设计最终都要归于育人的方向上，即课程设计是为学生而设计。首先，必须从学生的视角出发，关注不同年龄阶段的学生，从他们现有的认知水平等方面制定相应的学习任务，给每一个学生都提供相同的学习机会，使他们通过科学课程的学习，都能够在原有的水平上得到提高，获得进一步发展。其次，设置课程内容要体现多样性，满足不同层次学生的学习需求。因此，在信息技术与化学课程融合设计模式上，应考虑到不同水平学生应该达到的学习能力，

满足学生的个性发展需求。

（二）促进思维跨界

"跨界"是指事物的边缘，也可以表示不同事物之间的分界。布鲁纳认为，思维的跨界是基于对世界普遍联系的认知。① 跨界思维的原理认为系统是细节的有机集合，中学生在化学学习中的跨界思维是以某个基本概念为出发点，根据该概念串联化学学科和其他学科的知识点，鼓励学生从批判的角度提出问题或疑惑，思考化学学科与其他学科之间的关联，使得思维由低阶向高阶发展。

（三）螺旋式课程设计思想

由于学生思维发展的阶段性影响，课程设计不能忽视螺旋式上升。化学课程重视学习进阶，教材内容的编排是按照学生对学习概念的理解规律组织的，以实现不同年龄阶段的学生对相同概念的不同深度和广度的探究学习，这是由于学生对某一主题的思考和知识理解需要在很长的一段时期内才能得到发展。本研究设计的模式是围绕核心问题和跨学科概念组织，同时根据实际情况逐层加深的课程内容。模式的构建围绕核心问题，逐级分散为若干个次一级核心概念，而这些若干个次一级核心概念又与不同年级的课程内容相联系，最终形成由简单到复杂、由具体到抽象的知识体系，并且在这一过程中又始终围绕着相关核心概念进行探究。

四、信息化组织的高中化学学科融合教学的基本路径

（一）基于"互联网+"信息技术的高中化学学科融合教学

互联网改变了生活方式，打破了以前信息来源单一的局面，为人们获取信息提供了更多的途径和渠道，使得信息获取更加便捷、快速和多样化。

情境化教学是实现学科核心素养落实的重要途径。教学内容应当与学生的生活经验和实际情境相结合，使学习更加具有意义和深刻。情境化素材获取途径如下：教育网站和平台、学术搜索引擎、在线图书馆、教育应用、社交媒体和专业社区。

（二）基于化学特色信息技术的高中化学学科融合教学

1. 手持技术数字化实验与高中化学教学整合

数字化实验（Digital Information System，DIS）指使用传感器和计算机/移动设备为代表的数字化技术替代传统的实验数据采集和处理分析，从而形成的新

---

① 布鲁纳．教育的过程［M］．邵瑞珍，译．北京：文化教育出版社，1982：85.

型实验模式。数字化实验是一种新型实验技术手段，是指由数据采集器、传感器及软件（安装于电脑）组成的一套用于数据采集、呈现实时变化或显示变化的数字化实验系统，见图 4-1。

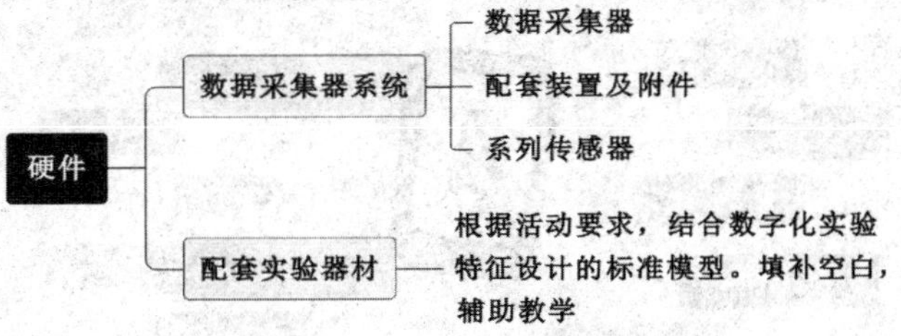

图 4-1 数字化实验系统

这种实验具有定量、可视、实时、便携等特点。常见传感器分为两类，第一类为一些特定物质含量测定传感器，如 pH 传感器（表征 H^+ 含量）、CO_2 传感器、O_2 传感器。第二类为温度传感器、压强传感器、色度传感器、电导率传感器等物理量测量传感器。在化学课程中，可以通过研究化学反应前后这些物理量的改变来判断物质的转变。手持技术同时具备过程的可视性和曲线呈现结果的特别性。数据表征和曲线表征为研究物质的性质提供了新思路、新视角和新方法。

国内手持技术起源于华南师范大学钱扬义教授。历经二十余载，钱扬义教授的贡献体现在以下几个维度：（1）手持技术数字化实验开发理论，其中包括“TQVC”理论、“四重表征”理论、“化学概念结构”理论、“问题解决心理机制”理论；（2）手持技术数字化实验教学应用理论；（3）手持技术数字化实验培训推广理论。以此为基础，利用温度传感器，验证了盖斯定律，测定了溶解热、温室效应、中和热等理论；利用 pH 传感器测定了溶液酸碱性，改进了中和滴定实验、水解反应实验等。

2. 智能手机传感器数字化实验

智能手机在通信、社交、娱乐、工作等各领域发挥着越来越重要的作用，成为人们生活中不可或缺的一部分。智能手机具有光敏传感器、压力传感器、温度传感器、重力传感器等十几种传感器（见图 4-2）。随着科技和网络的发展，智能手机由于具备独立的操作系统、强大的数据处理能力及可安装使用第三方软件，其功能日益强大，在一定程度上可以代替昂贵的手持技术数字化实验。让学生在享受科技的同时，应用科技，以适应现代社会变革与学生自身发展的需要，如此不仅能培养学生善于思考的习惯，还能优化教学方式，降低实验教学的认知难度。

图 4-2　智能手机传感器

目前对于智能手机的使用主要分为三类。第一类利用手机的拍摄功能，获取精准的观察。在化学领域，“美丽科学”团队用高清摄像机创作的《美丽化学》《重现化学》系列影片都利用了延时摄影技术，通过影像的快速变化创造出强烈的视觉冲击。李娟等采用智能手机的延时摄影功能录制 48 小时的反应过程，并压缩成 96 秒的视频，使慢反应铜与硫酸亚铁的置换过程清晰直观地呈现。① 第二类为使用手机自身携带的各种传感器作为测量工具，代替手持技术数字化实验。祝江平等利用智能手机光传感器与手持技术压强传感器相结合的方式，定量探究出温度和浓度化学反应速率的影响规律，并形成了四部定量实验模型。② 黄艳丽利用智能手机光线传感器和 Science Journal App 测定硫酸与氯化钡溶液反应的光强度变化，从而探测出浓度与温度对化学反应速率的影响。③ 利用智能手机所自带的温度传感器、光传感器、图像传感、压力传感器等，免费的测温 APP 以及对应的测温伴侣对此实验进行改进，将简化实验仪器，降低实验成本。第三类为智能手机的更高阶创造制作型。徐婉基于透射比浊法原理，设计了基于学生经验、易于学生自制的简易浊度仪。利用智能手机内置的光强

---

① 李娟，凌一洲，李德前．利用延时摄影技术观察铜铁置换反应［J］．化学教学，2019，(10)：67-69.

② 祝江平，刘洁园，陈庆宏．智能手机在化学反应速率实验中的应用［J］．中学化学教学参考，2023（20）：47-48.

③ 黄艳丽．手机光线传感器在初中化学实验中的应用探究：以“探究浓度和温度对化学反应速率的影响”为例［J］．中小学实验与装备，2023，33（3）：47-49.

传感器获得入射光、透射光数据，结合用标准溶液绘制的标准曲线，可定量测得样品的浊度。① 李嘉基于 Arduino 技术，利用 AS7341 传感器、全彩 LED 灯珠、聚光透镜、蓝牙芯片搭配 3D 打印技术设计出一款掌上分光光度计。② 在用于测定菠菜中铁的含量时证明了其良好的准确性。卢运和李佳璇等也基于手机传感器设计出简易光谱仪和色度仪，③ 这些简易的设备可用于多种科学实践活动和探究实验活动，它们不仅是实用的实验工具，仪器的制作更是学生深度学习的过程，是理解各种仪器制作原理的最佳探索方式。

根据工业和信息化部 1 月 24 日发布的《2023 年通信业统计公报》显示，2023 年移动电话普及率达到 122.5 部/百人，手机的高普及率使得几乎人人都具备了这种“多传感器工具套装”，利用传感器进行实验学习成为一件简单易实现的事情。探索智能手机传感器在中学教学中的应用正是适应信息技术与教育教学融合教育改革的重要举措。随着智能手机的普及，几乎人人都配备了一个微型数字传感器实验室，其操作简单易行，不受时间和空间限制，是进行数字实验的首选仪器。

3. NOBOOK 虚拟实验室优化探究式教学

虚拟实验室 NOBOOK 是一种基于 Web 技术、VR 虚拟现实技术构建的开放式网络化的虚拟实验教学系统，是现有各种教学实验室的数字化和虚拟化。NOBOOK 虚拟实验室可以让用户在虚拟环境中进行实验和研究，无需现实实验室的设备和材料。不仅可以节省成本，提高效率，还可以降低实验过程中的风险和安全隐患。在知网以 NOBOOK 为主题关键词，共搜索到 134 篇文献（如图 4-3 所示）。

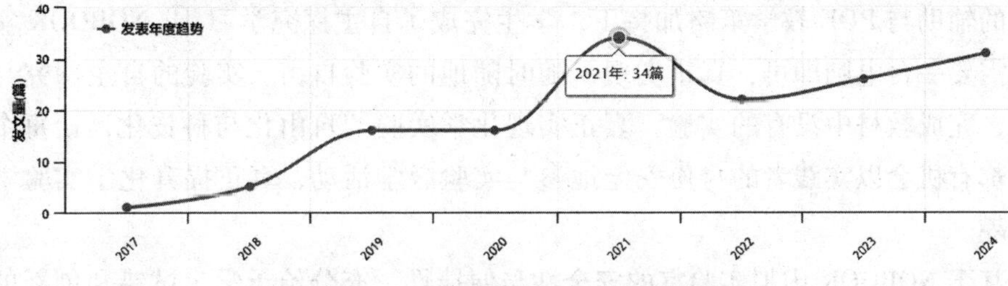

图 4-3　NOBOOK 相关文献数据

① 徐婉，陈梦麟，凌一洲．基于智能手机的自制浊度仪及其应用［J］．化学教育（中文），2023，44（7）：101-104.

② 李嘉．智能手机在气体摩尔体积测定实验中的应用［J］．化学教育（中英文），2020，41（11）：98-100.

③ 卢运，许燕红，覃稔．智能手机用于氯化铜溶液颜色变化的实验探究［J］．化学教与学，2019（8）：80-84.

NOBOOK 虚拟实验室在高中化学教学中的广泛应用主要体现在三方面。第一，提升实验安全性。当前在高中化学实验教学中，部分实验由于危险系数较高、成功率较低等原因，教师难以在课堂上为学生进行直观的实验演示。运用 NOBOOK 虚拟实验室软件能够模拟各种化学实验场景，避免了实验中可能存在的安全隐患，有效保障了学生的安全，很好地解决了上述问题，使实验教学变得简单、高效，有助于培养学生的合作探究能力，有助于教师提升化学教学的信息化水平，优化教学模式。马瑞琪教师运用 NOBOOK 虚拟仿真实验室进行小组合作探究实验，以二氧化硫的性质为虚拟实验室的研究主题，实验结果学生得出二氧化硫具有强还原性、弱氧化性，同时具备漂白性。① 路燕通过 NOBOOK 实验室模拟了乙醇的催化氧化实验，避免了螺旋的铜丝灼烧后温度过高而乙醇溶液的温度较低导致反应难以发生的问题，同时纠正了仅通过闻气味就鉴定生成物是乙醛的不严谨做法。② 第二，强化实验理解。物质的结构决定宏观性质，但是微观结构看不见摸不着，对学生来说相对抽象，难以理解。学生通过 NOBOOK 能够身临其境地参与到虚拟实验中，可直观感受不易观察的微观结构。NOBOOK 系统软件可以显示原子结构和晶体结构，还能 3D 呈现原子核外电子排布，可以 360°旋转，给学生直观的立体感受。考桂波利用 NOBOOK 软件呈现 ALF_6^{3-} 杂化轨道的计算过程和具体结构，帮助学生更深入理解化学实验的原理与过程，提高了学习效果。③ 第三，拓展实验内容。一方面表现在 NOBOOK 能够模拟各种实验难度和复杂度，为学生提供了更多实验机会，拓展了实验内容，促进了学生全面发展。胡佳等在探究含氯消毒剂的性质和应用时，在互动平台和虚拟实验室的辅助与 POE 教学策略加持下，学生完成了自主探究学习。④ NOBOOK 实验只需要一台电脑即可，真正实现了随时随地的实验自由。实验的自主探究与创新，完成教材中没有的实验，真正实现化学实验的自由化与科技化，让每个学生都有机会以实践者的身份安全地参与实验教学活动，真正提升化学实验学习兴趣。

基于 NOBOOK 虚拟实验室的安全性与便捷性，充分给予学生试错和创新的

---

① 马瑞琪．基于智慧教学的高中化学教学［J］．学园，2023，16（32）：35-37.

② 路燕，陈昊涵，许琼．NOBOOK 虚拟实验室在化学教学中的应用：以“乙醇的催化氧化”教学为例［J］．中国教育技术装备，2021（23）：122-123，128.

③ 考桂波．信息技术 2.0 在高中化学课堂中的实践应用［J］．中学化学教学参考，2023（32）：30-33.

④ 胡佳，王祖浩．基于 POE 教学策略的线上教学设计：以探究含氯消毒剂的性质和应用为例［J］．中小学数字化教学，2021（8）：5-9.

机会，以课本实验所介绍的内容为基础，进一步鼓励学生进行创新，将实验的创新权交给学生。同时，教师给予适当提示，将部分知识由学生未知转化为学生已知，提升学生的思维发展空间，对学生进行创新实验具有积极意义。

4. AI 技术赋能学科融合

人工智能（Artificial Intelligence，AI）是一种模拟人类智能的技术和系统。它通过模拟人类的思维过程和行为，实现了像人类一样的学习、推理、决策和交流能力，经历了符号主义阶段—连接主义阶段—统计学习阶段。21 世纪初至今，人工智能的研究逐渐转向统计学习和深度学习等技术，通过大数据和强大的计算能力来训练模型，实现更高级的智能，为学习和生活提供了便利。

最新版本 GPT-4 已经从无法提供实时信息发展为可以解决实时问题，从难以解决数理问题发展为可以进行逻辑推理，从无法给出创意回答发展为可以完成创意写作，展现出巨大的潜力，功能之强大令人叹为观止。Chat GPT 的迭代与应用再一次展示了人工智能前所未有的交互性、创造性和认知性。上述特征的出现不仅引发了人类对“人与机器”二元关系的省思，也倒逼人们主动探索技术与教育互构融合的新机制，促使“教育+人工智能”产生“1+1>2”的效果。卢宇等在《生成式人工智能的教育应用与展望》中提到 Chat GPT 因其良好的自然语言理解和生成能力，体现出较高的多领域应用潜力。并基于其四项核心能力，即启发性内容生成能力、对话情境理解能力、序列任务执行能力和程序语言解析能力，探讨在教师教学、学习过程、教育评价、学业辅导四方面的潜在教育应用，如图 4-4。①

焦建利特别提及生成性人工智能对于学校教育的意义与价值，特别是其在助推学校教育数字化转型中的现实潜力，并尝试回应了人工智能时代“学生学习什么”以及“教师怎么教”这两个重大而又紧迫的现实问题。② 在教学上，它能够提供如学情分析、作业批改和反馈、学习数据监测和评价等诸多教师辅助功能。同时，强人工智能将改变传统教育对知识传授的过度关注，转向对思维力、创造力和想象力的培养。在评价上，Chat GPT 类产品基于技术具身的数字移动设备采集学习的过程性数据，实现由结果性评价向过程性评价、选拔性评价向发展性评价的侧重与转变。

---

① 卢宇，余京蕾，陈鹏鹤，等．生成式人工智能的教育应用与展望：以 ChatGPT 系统为例［J］．中国远程教育，2023，43（4）：24-31，51.

② 焦建利．ChatGPT 助推学校教育数字化转型：人工智能时代学什么与怎么教［J］．中国远程教育，2023，43（4）：16-23.

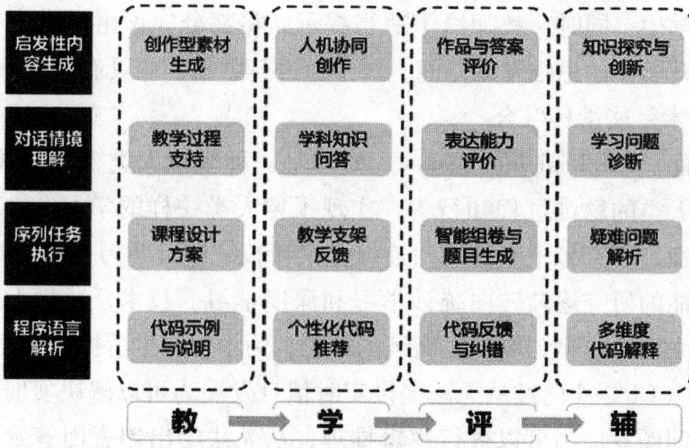

图 4-4　Chat GPT 的潜在教育应用

五、信息技术支持下的高中化学学科融合教学设计

案例 1：信息化与项目式学习融合论证社会性科学议题——以论证“烟花禁放的合理性”为例。

案例 2：基于手持技术与智能手机相结合探究“化学反应速率的影响因素”。

案例 3：奔跑吧！小车——利用 NOBOOK 虚拟实验室微观探秘“原电池”。

案例 4：TPACK 视域下 King Draw 融合高中化学教学实践——以“利用 King Draw 软件绘制有机物的结构图”为例。

案例 5：DIS 技术融合高中化学实验教学实践——以“乙烯”为例。

案例 6：基于“互联网+”的 CDDSY 高中化学有效教学。

案例 7：初探 MOOC 环境下的高三化学翻转复习课——以“物质的分离和提纯”为例。

案例1

信息化与项目式学习融合论证社会性科学议题
——以论证“烟花禁放的合理性”为例

一、教学主题内容和教学现状分析

本课例内容为人教版《化学第二册（必修）》（2019）第五章第一节“硫及其化合物”。① 主要内容包括S、SO_2、H_2SO_4以及SO_4^{2-}的性质及其转化。在中国知网以“硫及其化合物”为主题词，可以检索到145条相关文献，其中教学设计类注重设置单元教学，构建价—类二维模型，注重学科大观念促进深度学习的发生等。

近几年来，国内对社会性科学议题教学的研究呈现火热递增的状态，② 笔者以“硫及其化合物”和“社会性科学议题”为主题词检索，无相关文献。笔者尝试选择蕴含硫及其化合物知识的“烟花禁放令”社会性科学议题作为研究对象，结合信息化与项目式学习方式，引发学生深度思考，发展学生高阶思维。

二、设计创新与亮点

第一，社会性科学议题的引入：论文以“烟花禁放的合理性”为例，将化学知识与社会性议题相结合，引发学生深度思考，培养学生的参与意识、社会责任感以及决策能力。这种跨学科的教学方式能够激发学生的兴趣，促进学生的综合素养发展。

第二，项目式学习的运用：通过项目式学习方式开展教学，将议题进行拆解，分成民意调查、实验探究、全面论证三个项目活动，从议题的社会性与科学性两个视角认识“烟花禁放”。这种学习方式能够促进学生的深度学习，培养学生的科学决策能力。

第三，信息化技术的应用：本研究使用手持实验技术和NOBOOK虚拟实验

---

① 王晶，郑长龙．普通高中教科书：化学必修第二册［M］．北京：人民教育出版社，2020：1-10.

② 罗侠．基于SSI教学构建高中化学深度学习课堂的实践研究［D］．贵阳：贵州师范大学，2021.

室系统，设计了基于SSI的信息化与项目式学习相融合的学习流程，构建更加智能化的教学环境，提升学生自主学习和创新能力。信息化技术的应用为项目式学习提供了更为便捷高效的工具，使得学习过程更具有直观性和趣味性，为社会性科学议题的探究和研究提供了更多的途径和方法。

第四，学生参与度高：在民意调查、实验探究、全面论证等环节，学生通过展示调研数据、课堂辩论、实验探索等方式积极参与到教学活动中，培养学生的综合探究能力和高阶思维能力。

三、教学目标

第一，通过街头采访、网络问卷调查等方式收集信息，提升收集、整理、分析资料的能力；开展课堂辩论，从理论视角论证烟花禁放议题的必要性，形成多角度看待问题的意识，发展学生的思辨能力。

第二，通过探究烟花燃放中硫单质的产物及衍生产物，培养学生基于物质类别、元素价态、物质特性三重视角认识物质性质的思路。

第三，通过手持技术创新实验探究S能否与过量O_2生成SO_3，NOBOOK虚拟实验室对SO_2性质一体化装置的设计、评价、优化和实施，调动学生思维，激发创新潜能，发展学生综合探究能力，提升学生信息化素养。

第四，通过对真实情境烟花禁放项目实践过程相关议题的探讨，学会从科学知识、环境保护、经济影响、政治道德、传统文化等多个方面权衡利与弊，提升论证与决策能力。

四、教学流程

据公安局统计，截至2017年春节，全国共有444个城市禁止燃放烟花爆竹。与民众生活息息相关的政策引起了网友广泛讨论。支持方认为禁止燃放烟花可以减少噪声污染，提升空气质量；反对方认为过年燃放鞭炮是年味的象征，是文化的传承。因此笔者选用社会性科学议题——论证“烟花禁放的合理性”来承载硫及其化合物相关知识。

本研究采用项目式学习方式开展，设计三个课时。第一课时为导引课：民意调查——确定议题的必要性，将实际问题转化为化学问题SO_2的排放问题。划分为课前准备——社会调研和课堂辩论——权衡利弊两个环节。

第二课时为探究课：实验探索——科学视角探讨议题的重要性，构建利用化学知识解决生活中的问题的意识、能力。基于真实情境创设三个环节，分别为基于物质组成视角分析烟花的成分；定性视角认识烟花燃放与污染有关；定量视角认识烟花燃放产生的污染的严重性。在探究过程中建构基于物质类别、元素价态、物质特性认识硫及其化合物视角，提升解决生活中的问题的意识、能力。

第三课时汇报课：全面论证——烟花禁放的合理性，提升推理论证和质疑反驳能力。在实际的论证过程中构建确立观点—证据资料—推理反驳—权衡决策的科学论证模型，并形成手抄报成果。

项目式学习环节对应具体内容、信息化体现及高阶思维内容如图 4-5 所示。

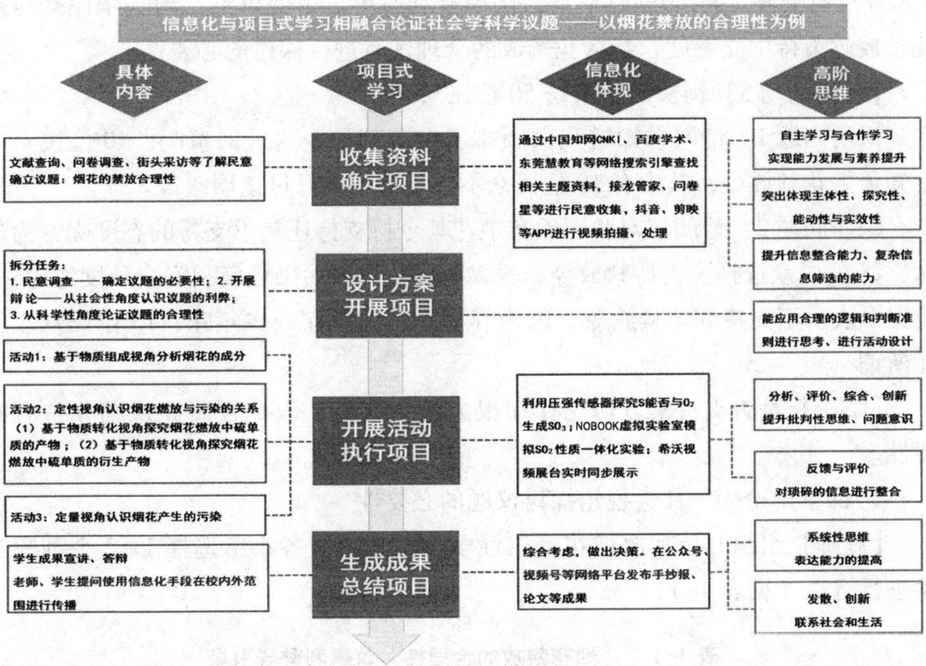

图 4-5 信息化与项目式学习融合论证社会性科学议题“烟花禁放的合理性”教学实施图

五、教学实录

（一）民意调查——社会视角确定议题的必要性

【情境】截止到 2017 年，全国共有 444 个城市禁止燃放烟花爆竹，其中省会市 10 个、地级市 91 个、县（市）343 个；764 个城市限制燃放烟花爆竹，其中直辖市 4 个、省会市 15 个、地级市 174 个、县（市）571 个。此项关于禁止燃放烟花爆竹安全管理的公告在网络上引起广泛热议。

【教师】请同学们以网上搜索、问卷调查、现场采访等形式开展社会调研，了解烟花成分的发展及探查民众对这项政策的态度，形成手抄报与调查数据，探讨本议题开展的必要性。

1. 展示调研数据——探讨议题的必要性

【学生活动 1】查阅资料，了解烟花的发展史，基于成分视角形成成果展示。

【学生活动 2】问卷星发布“你是否支持烟花禁放”调查问卷，了解群众真实想法，回收问卷 164 份，涉及 4 个省份，16 个城市。有 46.01%支持禁放，9.82%反对禁放，44.17%说不清，认为有利有弊。由此可见，约一半民众对烟花禁放政策持中立态度，对烟花禁放的合理性有进行探讨的必要性。

【学生活动 3】街头随机采访 50 位民众。

采访问题 1：请问您知道我国颁布了烟花禁放令这一回事吗？40 位民众表示知道烟花禁放令，其中有 10 位民众不仅了解还执行过该项政策。

采访问题 2：请问您对我国颁布烟花禁令持支持还是不支持的态度呢？为什么？28 位民众选择了支持禁放令，很大程度是出于污染环境和安全角度考虑；7 位民众表示不支持烟花禁放令，因为春节不燃放烟花缺少年味；15 位民众表示无所谓。

【结论】是否支持禁放烟花存在很大的争议性，因此开展此议题非常有必要性。

2. 课堂辩论——社会视角探讨议题的必要性

【教师】组织开展禁放烟花辩论性学习活动，请各小组选择 1~2 个利弊视角进行辩论（见表 4-1）。

表 4-1　“烟花禁放的合理性”议题利弊导引表

视角	利	弊
经济影响	减少购买烟花的开支，降低攀比心理	烟花已经形成庞大的产业链，禁放烟花可能会导致相关行业的就业和经济受到负面影响
社会安全	保障人民的人身安全，减少噪声对人们的干扰	由于运输、储存、使用不当，烟花容易爆炸，造成人员伤亡
传统文化	尝试创新性地继承传统文化，寻求电子烟花等更加环保的娱乐方式庆祝节假日活动	烟花燃放是中国传统节日庆祝活动的一部分，是一种文化传承，是年味，喜庆的象征；禁放可能会导致传统文化的逐渐消失

续表

视角	利	弊
环境保护	禁放烟花可减少有害物质的排放，保护空气质量，改善环境	资源浪费，噪声污染，对人的心理、生理活动有很大的影响

【学生】小组讨论，选择持方，注重证据，准备辩论。

【学生1】观点：燃放烟花会造成大气污染、噪声污染。证据：烟花爆竹在燃放过程中会产生有害气体和颗粒物，如SO_2、NO_x、颗粒物等，这些物质会污染空气质量。结论：支持禁放烟花。

【学生2】反驳：（1）烟花爆竹的燃放通常是在特定的时间和地点进行，而且持续时间相对较短。相较于工业排放和汽车尾气等长时间的大量排放，烟花的短暂燃放对大气环境的影响是相对较小的。事实上，烟花所产生的气体排放只占全球大气污染的极小一部分。（2）现代烟花制造技术已经在逐渐改进，并采用了一些环保措施。例如，通过在烟花制造中增加化学稳定剂等措施，可以减少有害气体的生成量。同时，烟花制造商也在努力研发更环保的烟花材料来减少有害气体的排放。结论：不支持禁放烟花。

【教师】点评辩论，形成观点—证据—推理—反驳—结论辩论模式。

【教师】综合大家讨论的焦点，影响人们支持或反对禁放烟花的最主要因素是什么?

【学生】烟花燃放产生的物质与污染是否有关系及程度如何。

（二）实验探究——科学视角探讨议题的重要性

环节一：基于物质组成视角分析烟花的成分

【活动】汇报并展示不同时期的烟花，见图4-6烟花发展史。

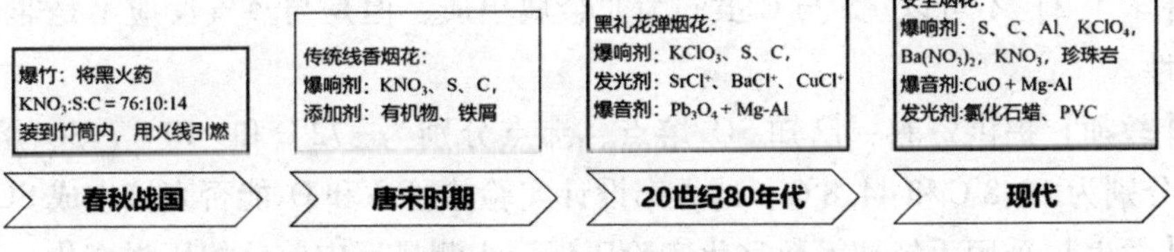

图 4-6 烟花发展史①

① 潘功配．中国烟火技术的创新与发展［J］．含能材料，2010，18（4）：443-446.

【教师】随着烟花爆竹技术的不断提高，爆响剂、爆音剂和发光剂均向着绿色环保、安全可靠的方向发展，但爆响剂中的 S 一直存在。

环节二：定性视角认识烟花燃放与污染的关系

活动 1：基于物质转化视角探究烟花燃放中硫单质的产物

【教师过渡】通过对烟花发展史的追寻，了解到不同时期烟花爆响剂中均含有硫单质。请构建硫元素的价类二维图，并分析燃放烟花过程中硫的可能产物。

【学生】自主构建硫的价类二维图（见图 4-7）。

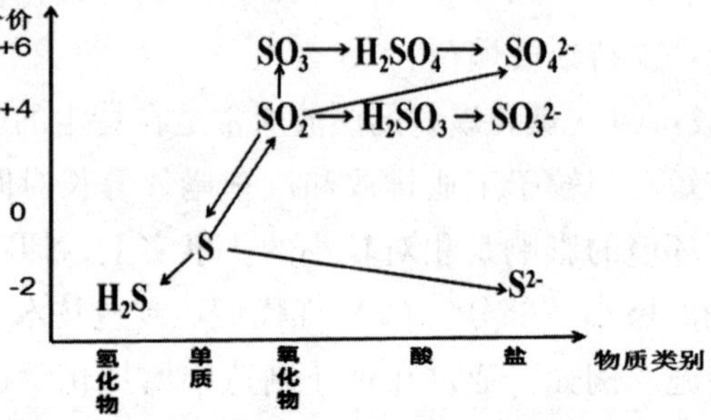

图 4-7 硫的价类二维图

【学生 1】硫单质的化合价为 0 价，处于中间价态，在烟花燃放过程中硫单质可能被还原为硫化物。

【学生 2】由于烟花爆响剂中有强氧化剂，空气中有大量的氧气，硫单质会被氧化为 SO_2。

【学生 3】空气中 O_2 过量，S 会被氧化为 SO_3。

【教师】提出疑问：S 和 O_2 能否直接生成 SO_3？

【学生 1】可以。C 与少量 O_2 反应生成 CO，C 与过量 O_2 反应生成 CO_2，S 与 C 同为非金属单质，应该有类似的化学性质。

【学生 2】不可以。S 与 C 虽同为非金属单质，但是与氧气反应不是非金属的通性。

【教师】提供资料：已知 SO_2 熔点、沸点分别为 -72℃ 和 -10℃，SO_3 熔点、沸点分别为 16.8℃ 和 44.8℃。请大家设计实验检验 S 和 O_2 能否直接生成 SO_3。

【学生】采用手持技术数字化实验压强探头测量反应前后的压强变化。若压强减少，证明 S 和 O_2 能生成 SO_3，反之，则 S 和 O_2 不能生成 SO_3。

【实验装置】手持技术数字化实验如图 4-8 和图 4-9，压强传感器实时测量烧瓶中压强，数据采集器与电脑相连，软件 DIS Lab 呈现精确数据。图中电脑屏幕显示初始压强为 103.6kPa。

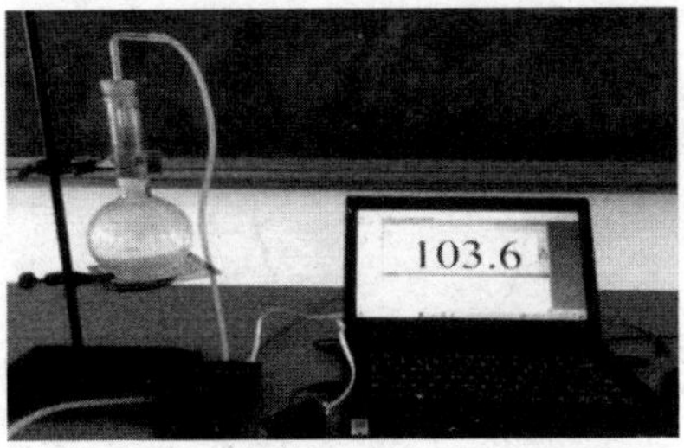

图 4-8 实验装置图

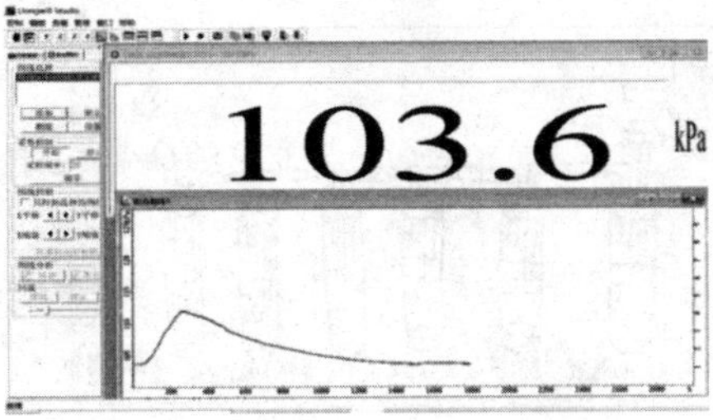

图 4-9 手持技术数字化实验结果

【学生】观看视频，记录实验现象，并分析图 4-9 的实验结果。

【学生 1】由于反应过程中加热，压强先增大，反应结束达到峰值，随着温度的降低，压强减小至 103.6kPa。

【学生 2】反应起始和终了压强均为 103.6kPa，证明了硫与氧气只能生成 SO_2，不能生成 SO_3。

【结论】（1）烟花燃放中硫单质的产物可能为硫化物，这些硫化物排放到大气中，与其他污染物相互作用会形成颗粒物，极易产生雾霾现象。（2）烟花燃放中硫单质的产物也可能为 SO_2。SO_2 属于有一定刺激性的硫氧化物无色气体，大气主要污染物之一，SO_2 对人体有害，且危害很大，可能会出现过敏、刺激呼吸道等反应。

活动 2：基于物质转化视角探究烟花燃放中硫单质的衍生产物

【过渡】烟花燃放过程中，S 单质转化成 SO_2 之后，SO_2 还会转化为哪些物质？如何探讨 SO_2 的转化？

【学生】基于硫元素的价类二维图。

【教师】那通过价类二维图预测出 SO_2 有什么性质？如何验证预测呢？

【学生 1】从价类二维图的物质类别判断 SO_2 为酸性氧化物，具有酸性氧化物的通性。能与碱性氧化物、碱发生反应。

【学生 2】从价类二维图的元素价态判断，SO_2 中 S 为中间价态，既有氧化性又有还原性。从氧化性角度，能与还原性物质如 Na_2S 反应；从还原性角度，能与强氧化剂如酸性高锰酸钾反应。

【学生 3】从物质特性角度判断，能使品红溶液褪色。

【教师】从减少污染及节约环保角度出发，如何设计一体化装置来验证这些性质？

【学生】小组讨论设计并展示的装置如图 4-10、图 4-11 所示。

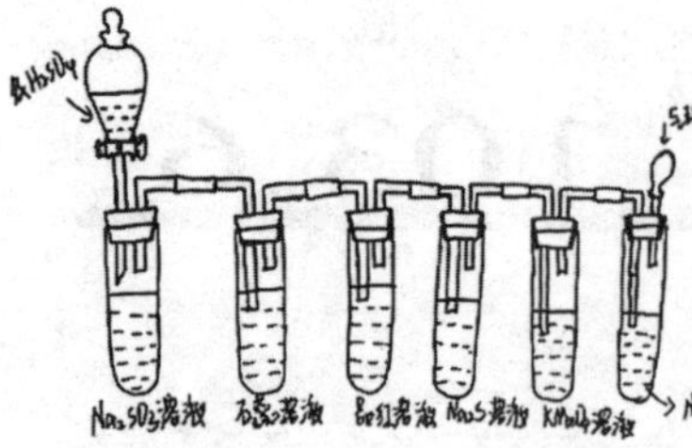

图 4-10　多试管一体化装置图

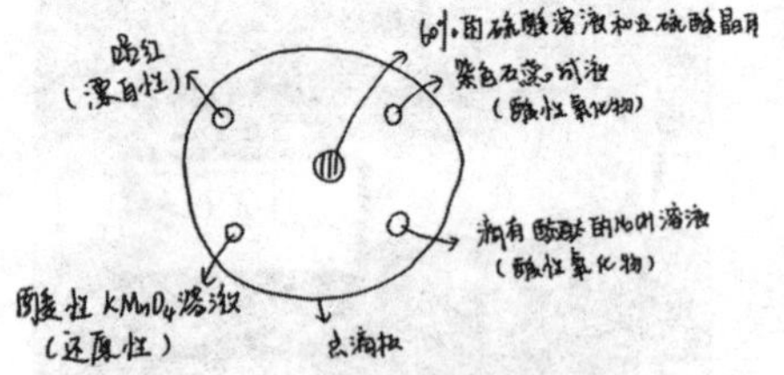

图 4-11　点滴板一体化装置图

【教师】大家依据预判性质，设计了反应装置，请大家从实验设计的科学性、绿色安全性、可行性几方面对以上装置进行点评。

【学生 1】图 4-10 优点：能同时实现 SO_2 的制备，SO_2 酸性、还原性、氧化性、漂白性等性质的检验。缺点：装置连接处较多，容易漏气造成污染环境；实验药品量较大，实验时间较长，不方便分组实验。

【学生 2】图 4-11 采用了点滴板实验，既保留了图 4-10 的优点，又实施了微型化从而节约了药品。但这两套装置都没有考虑尾气吸收。

【教师】点评评价，根据优缺点继续改进实验装置。

【学生】自创基于表面皿和培养皿及微型收纳盒的一体化微型装置（见图 4-12、图 4-13）。收纳盒尺寸：直径 2. 5cm×高 1. 8cm；选择盒身作为 SO_2 发生装置，盒盖为性质探究反应容器；收纳盒盒身和盒盖均放置于培养皿中；培养皿中添加 NaOH 溶液，作为尾气吸收装置；表面皿轻置于培养皿上，防止 SO_2 逸出污染环境。

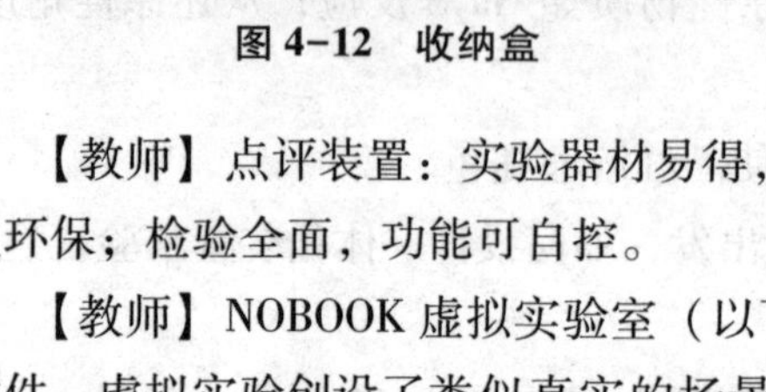

图 4-12　收纳盒

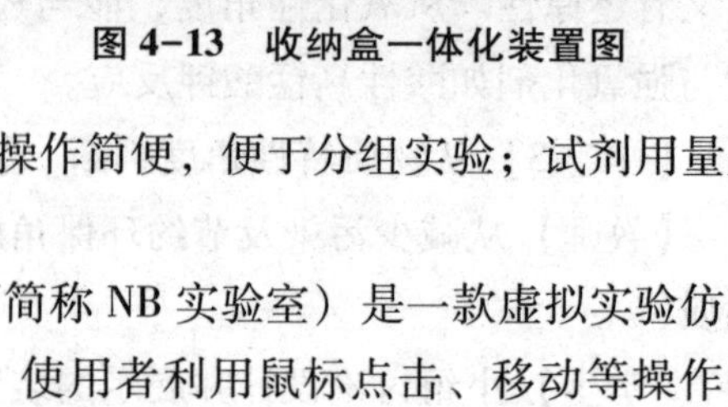

图 4-13　收纳盒一体化装置图

【教师】点评装置：实验器材易得，操作简便，便于分组实验；试剂用量少且环保；检验全面，功能可自控。

【教师】NOBOOK 虚拟实验室（以下简称 NB 实验室）是一款虚拟实验仿真软件。虚拟实验创设了类似真实的场景，使用者利用鼠标点击、移动等操作即可完成实验，即刻观察到实验现象，得出实验结果。① 由于 SO_2 存在一定的危险性，大家先开展 NB 实验，课后开展真实实验。

【NOBOOK 实验】完成实验，记录实验现象，得出实验结论，具体虚拟实验流程可扫码（见图 4-14、图 4-15）。

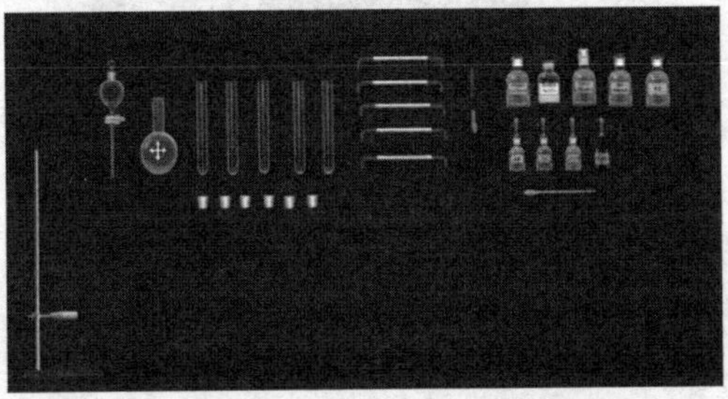

图 4-14　NOBOOK 实验过程

图 4-15　扫码观看虚拟实验过程

【结论】烟花燃放产生的 SO_2 最终转化为+6 价的含硫化合物，主要为 H_2SO_4 与 SO_4^{2-}。H_2SO_4 与 SO_4^{2-} 是环境中常见的污染物之一，会对土壤、水体和大气环境造成污染。

【教师】能否利用人工降雨来吸收烟花燃烧过程中产生的 SO_2？

【学生】SO_2 与 H_2O 反应为可逆反应，所以雨水对 SO_2 的吸收效率不高。

【教师】如何证明 SO_2 与 H_2O 反应为可逆反应呢？请从可逆反应的特征出发思考实验原理。

【学生】上述实验中，SO_2 能使蓝色石蕊溶液变红，已验证 $SO_2+H_2O \rightleftharpoons H_2SO_3$ 正反应能发生；若逆反应 $H_2SO_3 \rightleftharpoons SO_2\uparrow+H_2O$ 发生，由于气体 SO_2 的生成，压强增大。

【趣味实验】向大小相同的红色气球和黄色气球中分别加入 20mL 水和 20mL SO_2 饱和溶液，60℃水浴 2min，装有 SO_2 饱和溶液的黄色气球明显大于红色气球（见图 4-16、图 4-17）。

① 张晓凤，陈燕，林舟．仪器分析虚拟实验室的构建与应用研究［J］．化学教育（中英文），2015，36（18）：26-30.

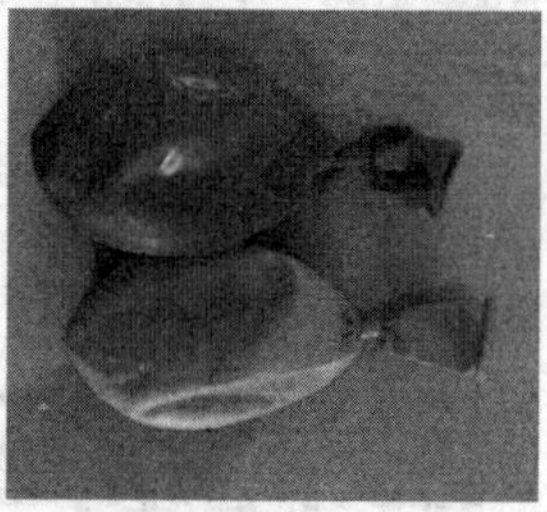

图 4-16　实验前

图 4-17　实验后

【教师】实验简单、趣味性强、现象明显，证实了 SO_2 与 H_2O 反应为可逆反应，证实了人工降雨不适合消除烟花燃放中产生的 SO_2。

【结论】烟花燃放中硫单质的产物 SO_2 会继续反应生成硫酸或硫酸盐。硫酸和硫酸盐是环境中常见的污染物之一，会对土壤、水体和大气环境造成污染。

环节三：定量视角认识烟花产生的污染

【教师】空气质量指数（AQI）（见表 4-2）包含 $PM_{2.5}$、PM_{10}、SO_2、NO_2、O_3、CO。从各项污染物的 IAQI（＊空气质量分指数）中选择最大值确定为 AQI，当 AQI 大于 50 时将 IAQI 最大的污染物确定为首要污染物。

表 4-2　空气质量指数

AQI 值	AQI 分类	AQI 颜色
0～50	优	绿色
51～100	良	黄色
101～150	轻度污染	橙色
151～200	中度污染	红色
201～250	重度污染	紫色
251～300	严重污染	褐红色

【教师】2022 年，河南省焦作市全城全域禁售禁放烟花爆竹，2023 年调整为重污染天气期间和特定时间段禁止燃放烟花。请同学们分析河南省焦作市①2023 年与 2022 年元宵节期间 SO_2、PM2.5、PM10 以及 K^+、SO_4^{2-}、Cl^- 对比图（如图 4-18 所示）。

① 陈慕白，刀谞，叶春霞，等．烟花爆竹燃放对河南省空气质量影响的研究［J］．中国环境监测，2023，39（5）：34-43.

【学生 1】对比图 4-18，2023 年 SO_2、PM2.5 和 PM10 均明显高于 2022 年同期。2022 年 SO_2、PM2.5 和 PM10 各项指标都小于 50，AQI 为优。

【学生 2】调整燃放政策后的 2023 年，SO_2 质量浓度从正月十五 17：00 开始快速上升，至 23：00 左右达到峰值 25mg/m^3。PM2.5 和 PM10 同样迅速飙升，PM2.5 峰值超过 200，AQI 对应等级为重度污染，PM10 峰值更是高达 280，AQI 显示为严重污染。

【学生 2】与 SO_2 相比，PM2.5 和 PM10 峰值时间推后两小时左右，于正月十六 01：00 左右达到峰值。与图 4-18（b）中 K^+、SO_4^{2-}、Cl^- 到达峰值时间一致，可以推断出 SO_4^{2-} 是组成颗粒物的重要来源。

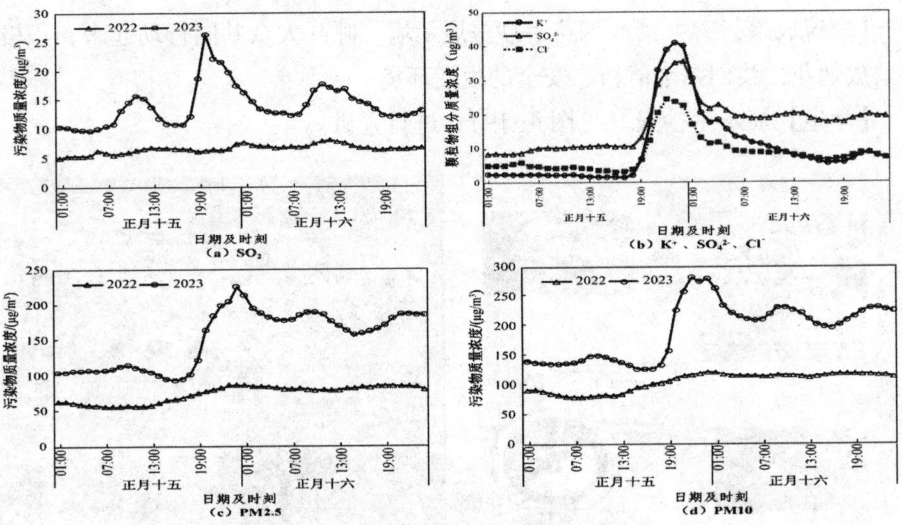

图 4-18　2022 年、2023 年河南省焦作市各项污染物对比图

【结论】2022 年春节期间空气质量指数（AQI）为优；调整烟花燃放政策后 2023 年春节期间空气质量指数（AQI）重度污染，甚至可达到严重污染，SO_4^{2-} 是组成颗粒物的重要来源。

（三）全面论证——烟花禁放的合理性

【教师】请同学们全面分析议题中的利弊，确立观点，提供证据资料，进行推理反驳，最终权衡决策。

【学生】我们的观点是支持禁放烟花。证据是燃放烟花中会直接产生 SO_2，SO_2 是大气主要污染物之一，且 SO_2 对人体有很大危害，可能会出现过敏、刺激呼吸道等反应。烟花燃放产生的 SO_2 还会衍生出硫酸、硫化物、硫酸盐等，这些物质也是导致 PM2.5 和 PM10 的主要贡献物质，造成次生污染。河南省焦作市是一个非常典型的例子，2022 年全面禁放烟花，空气质量标准为优；2023 年调整政策后，空气质量标准可达严重污染。

可能会有人质疑我们的观点，他可能提出：SO_2能与很多物质发生反应，例如，CaO 作为碱性氧化物，可以吸收 SO_2，而烟花燃放的 SO_2弥漫在整个空气中，CaO 很难将其全部吸收。还可能会有人提出用人工降雨的办法，该办法虽然在一定范围内可以解决 SO_2在空气中的弥散性，但是 SO_2与 H_2O 在空气中的最终产物是硫酸或硫酸盐，其污染性并无减少。由此可见，只有研发和生产少硫或无硫等低污染的烟花产品，方能从根本上解决污染的问题。因此，在环保烟花未被大规模投入应用时，支持禁放烟花是唯一的选择。

【交流成果】筹办禁放烟花手抄报展示墙，呼吁大众共同行动起来，积极倡导禁放烟花，共创一个清新、安全的生活环境。

【学生】展示手抄报（见图 4-19），进行宣讲。

图 4-19　学生烟花手抄报

六、教学效果与反思

（一）以项目式学习模式开展社会性科学议题，促进深度学习的发生

项目式学习是一种以小组合作方式进行项目规划和解决项目任务的学习方式，具有解决知识与能力的矛盾的功能。基于项目式学习模式开展论证“烟花禁放的合理性”的社会性科学议题，将议题进行拆解，分成民意调查、实验探究、全面论证三个项目活动，从议题的社会性与科学性两个视角认识“烟花禁放”。在议题社会性决策中，需要学生结合社会、政治、经济、文化等多个领域

知识，从多个角度、多个维度对问题进行思考、探究与分析，提高学生的科学决策能力。

（二）信息化助攻项目式学习，推动高阶思维的发展

1. 探究S和O_2反应能否生成SO_3实验中手持技术压强传感器与电脑相连，测量出精确数据。反应前与反应后压强均为103.6kPa，证明了S与O_2不能生成SO_3。压强传感器数字化显示，学生可以“看”到反应的发生，拓宽了认知思路，丰富了认知角度。

2. 基于NOBOOK虚拟实验室，让学生在安全无害的情况下进行实验操作，验证SO_2性质的微型一体化装置可行性。

信息化技术在学习中的应用，为项目式学习提供了更为便捷高效的工具，使得学习过程更具有直观性和趣味性，为社会性科学议题的探究和研究也提供了更多的途径和方法。

信息化与项目式学习相融合论证社会性科学议题，能够为学生提供真实世界的案例和问题，帮助学生更好地理解和掌握社会性科学知识，同时也能有效地提升学生分析、判断、推理、沟通、批判性思维等方面的能力，促进深度学习的发生。

（祝江平　广东省东莞市常平中学）

案例 2

基于手持技术与智能手机相结合探究“化学反应速率的影响因素”

一、教学主题内容和教学现状分析

本课例选自人教版化学必修第二册第六章第二节的探究活动以及章末实验活动 7“化学反应速率的影响因素”。探究化学反应速率的影响因素是高中化学必做实验活动，在必修第二册和选择性必修一中均有涉及。实验活动的设置从定性到定量，从半开放到开放，可见化学反应速率的影响因素这一探究活动承载着培养学生证据意识与科学探究能力的重要学科价值。本课例以硫代硫酸钠与硫酸的反应、过氧化氢分解的反应两个实验原理，引导学生探究体验浓度、温度和催化剂对化学反应速率的影响。化学反应 $Na_2S_2O_3+H_2SO_4=Na_2SO_4+H_2O+SO_2\uparrow+S\downarrow$ 作为探究浓度和温度对化学反应速率影响的载体，通过收集不同浓度或温度的实验条件下溶液出现浑浊的时间这一定量证据获得结论。该实验操作过程简单，但由于不同观测者对出现沉淀的敏感程度不一样，记录出现浑浊、所用时间差距很大的情况时有发生。为避免观测误差，许多教师提出了用不同物理量来代替浑浊出现时间，以定量表征化学反应速率的快慢。张越和丁伟利用自制光敏传感器探究温度和浓度对反应速率的影响。① 自制光敏传感器简单、廉价、易得，且应用于课堂能提高学生学习兴趣，但是光敏传感器不够灵敏、数值不稳定、可重复性不强。李嘉设计的自制光传感器灵敏度更高、更稳定，但是数据分析原理较为复杂，不便于在课堂中实时表征数据。② 蒋思雪、吴晓红和任斌等充分发挥手持技术传感器的定量测定优势，结合手持技术与浑浊度传感器，但手持技术成本较高，在实际开展中往往受限于学校的设备条件。③ 韩怡尝试应用自带光传感器的智能手机与 APP 结合以探究浓度对化学反应速率影

① 张越，丁伟．基于简易光敏传感器探究温度和浓度对化学反应速率影响之教学活动设计［J］．化学教与学，2018（5）：79-82.

② 李嘉．自制装置探究浓度与温度对化学反应速率的影响［J］．化学教育（中英文），2017，38（15）：57-59.

③ 蒋思雪，吴晓红，任斌，等．基于手持技术探究硫代硫酸钠与硫酸反应速率的影响因素［J］．教育与装备研究，2016，32（11）：59-61.

响，实验操作简单，便于课堂展示，但其实验装置未能解决手机光线传感器过于灵敏导致光强度容易受操作影响而波动带来测量误差与数据异常的问题。① 为解决这一问题，笔者在此基础上设计自制暗箱，防止外界条件对光强度的影响，将智能手机的光传感器与科学日志 APP、希沃白板 APP 相结合，使其成为能让学生随时随地都可以动手操作的简易精准实验。

二、设计创新与亮点

第一，将智能手机应用于化学实验中，结合科学日志 APP、希沃白板 APP，使实验更精准、直观、方便地转化为实验数据及相应的曲线变化，让学生快速理解实验现象，理解实验结论。操作便捷，既能激发学生的实验探究兴趣，又能增强实验的趣味性与科学性。

第二，智能手机传感器灵敏，自制箱盒克服了不可避免的外界条件（烧杯的移动、教师的走动等）的干扰。一系列具有重复性的精准良好结果证明了低成本、简单、轻巧、便携的暗箱解决了外界条件带来的误差。

第三，本实验在化学反应速率的表征方式上有所改进，利用测量光强度的变化快慢来表征化学反应速率的大小，为涉及颜色变化、沉淀产生的化学实验定量表征提供了新思路和新方法。

三、教学目标

第一，通过气泡产生快慢、生成沉淀的快慢以及十字消失的时间等宏观现象判断反应速率的快慢，感受到定性实验的优点及缺陷。

第二，通过智能手机与科学日志 APP 相结合，促进学生构建宏观现象—问题表征—技术支撑—数据处理四部定量实验模型，发展学生宏—微—数—线四重表征的化学思想。

第三，通过手持技术数字化实验与压强传感器相结合，挖掘实验素材，促使学生从定性、定量多角度认识反应速率，丰富和拓宽实验观的内涵和外延。

---

① 韩怡．应用智能手机探究浓度对化学反应速率的影响：以“硫代硫酸钠和稀硫酸反应”为例［J］．云南化工，2021，48（2）：141-144.

四、教学流程

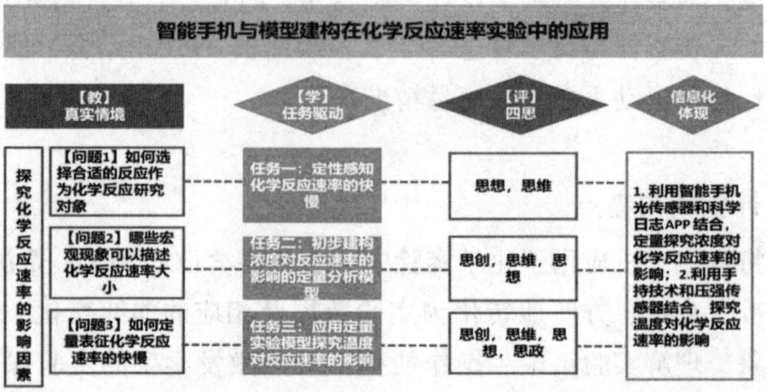

图 4-20　手持技术与智能手机相结合探究“化学反应速率的影响因素”教学实施图

五、教学实录

环节一：定性感知外界条件对反应速率的影响

【师】化学反应速率的影响因素有哪些？

【生】内因：物质本身的性质；外因：浓度、温度、催化剂、压强等。

【师】今天我们开启一次探究化学反应速率的影响因素的实验之旅，在万千的化学反应中，能承载这一实验功能的打卡对象应满足什么条件呢？

【生 1】反应速率适中，不能太快或者太慢。

【生 2】反应现象很明显，有气泡产生或者沉淀产生。

【师】展示打卡反应方程式

$$Na_2S_2O_3+H_2SO_4 = Na_2SO_4+H_2O+SO_2\uparrow+S\downarrow$$

$$2H_2O_2 \xlongequal{催化剂} 2H_2O+O_2\uparrow$$

【师】针对化学反应 $Na_2S_2O_3+H_2SO_4 = Na_2SO_4+H_2O+SO_2\uparrow+S\downarrow$，为探究浓度对化学反应速率的影响。请问该如何表征化学反应速率的快慢呢？

【生 1】产生气泡的快慢。

【生 2】产生沉淀的多少。

【生 3】反应的剧烈程度。

【生 4】十字纸消失的时间。

【师】在交流过程中，老师听到了很多答案，请大家按照实验目的和表征方式，设计具有可操作性的实验步骤，并思考设计过程最需要注意什么？

【生】开展对照实验，实施控制变量。

【生】小组讨论，设计展示实验攻略。

【生】实验，记录数据，完成实验攻略。

【师】请小组汇报展示实验过程及结果（见表 4-3）。

表 4-3 小组汇报展示结果

小组	对比实验 1	对比实验 2	表征方式	实验现象	实验结果
1	0.1mol/L H_2SO_4、0.1mol/L $Na_2S_2O_3$	0.2mol/L H_2SO_4、0.1mol/L $Na_2S_2O_3$	气泡产生快慢	实验过程中几乎看不到气泡	无
2	0.1mol/L H_2SO_4、0.1mol/L $Na_2S_2O_3$	0.2mol/L H_2SO_4、0.1mol/L $Na_2S_2O_3$	出现浑浊所用时间	实验 1 时间：8s；实验 2 时间：4s	浓度越大，反应速率越大
3	0.1mol/L H_2SO_4、0.1mol/L $Na_2S_2O_3$	0.2mol/L H_2SO_4、0.1mol/L $Na_2S_2O_3$	“十”字消失时间	实验 1 时间：88s；实验 2 时间：43s	浓度越大，反应速率越大

【师】四个小组的设计都体现了控制变量的思想，步骤都非常细致，具有可操作性，请大家总结点评本次实验。

【生 1】实验是检验真理的唯一标准，我们小组选择气泡产生的快慢来表征化学反应速率，结果全程无气泡，实验进行了几次，结果均如此。

【生 2】我是第二小组成员，在记录出现浑浊时间时大家的意见不统一，综合第三组这个结果时更是如此。

【生 3】我们小组在记录“十”字消失时间时也遇到了同样的问题，由此可见，定性表征有待改进。

【师】大家的总结点评很到位，在小组合作下也完美地完成实验。

设计意图：以实验活动之旅打卡攻略的形式让学生感觉贴近生活，耳目一新，充满期待。打卡让学生认识到实验对象的选择应放在首位；对各组实验总结点评，是学生思维外显的过程，学生的理解力、语言表达能力都在这个过程中得到了提升。定性实验中完成实验步骤的设计和预期的现象是对学生进行思维训练的过程，结果的非预期性让学生意识到定性分析的局限性，为下一步开始定量分析做好铺垫。

环节二：初步建构浓度对反应速率的影响的定量分析模型

【师】如同大家上面提到的，针对刚才提到的出现沉淀的时间、“十”字消失时间，每个人感受不一样，造成结果不够精确。有没有一个可以测量的物理量与浑浊度相关呢？

【生】光强度。溶液越浑浊，透过溶液能检测到的光强度越小。

【师】非常好，那用什么设备可以检测光强度呢？

【生】智能手机的自带光线传感器，能灵敏测量环境光。

【师】结果如何记录保存下来呢？

【生】科学日志 APP 能将变化实时转化显示为坐标图。

【师】太棒了。希沃授课助手支持手机无线分享屏幕至电脑，三者的组合能实时呈现数据的变化。那就可以通过检测光强度的变化来表征反应速率的大小。

【师】科学日志 APP 的使用介绍：打开手机的科学日志 APP 初始界面（如图 4-21 所示），点击紫色圈内“+”，即进入实验记录界面（如图 4-22 所示），点击内部传感器，调出环境光测量页面，即可实时监测光强度；最后点击红色按钮，记录数据。请大家评价智能手机光传感。

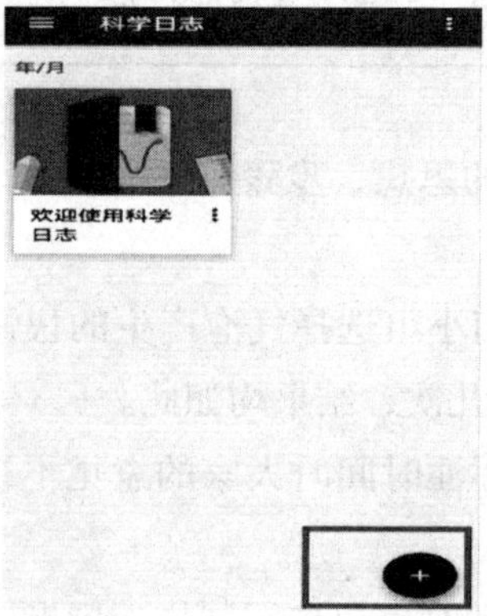

图 4-21　科学日志 APP 首页

图 4-22　科学日志 APP 实验记录界面

【生】非常灵敏，但是担心光强度容易受操作影响而波动带来测量误差与数据异常的问题。

【师】大家的考虑很细致，接下来展示暗箱。暗箱采用的是牛皮纸瓦楞纸礼品包装盒，尺寸为 24cm×24cm×24cm，在前方底部开口以正好能放手机，（以华为 P40 为例，其宽为 7cm，长为 15cm，厚为 0.85cm），开口大小为 7cm×0.9cm。在顶部距离前端 14cm 处开小圆孔，固定外置光源。三脚架、烧杯中心和小圆孔与手机摄像头在一条直线上。装置设计图如图 4-23。实验装置的正面图和俯视图如图 4-24 和图 4-25。

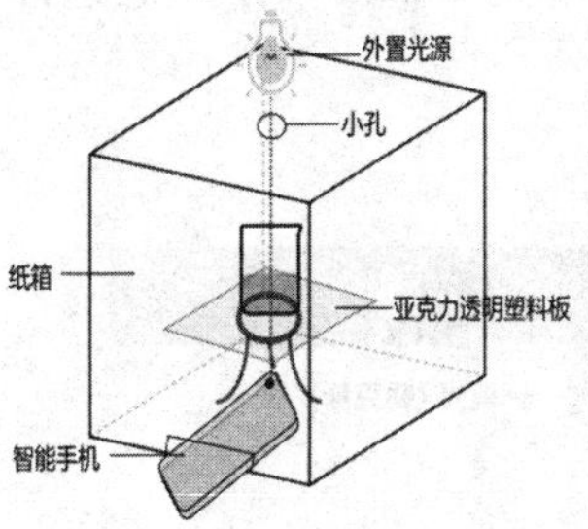

图 4-23 实验装置设计图

图 4-24 实验装置正面图

图 4-25 实验装置俯视图

【生】探究实验与数据分析

（1）空白对照实验结果（环境光强的选择）

环境光为 46lx 时（如图 4-26 所示），在暗箱中照射 16 秒的数据图显示其最小值、平均值、最大值为 46，曲线细微的波动只在小数点数量级有所变化。环境光为 344 lx 时（如图 4-27 所示），在暗箱中照射 1 分 1 秒的数据图显示其最小值为 343，平均值、最大值为 344，差异仅仅为 1lx。环境光为 671lx 时（如图 4-28 所示），在暗箱中照射 16 秒的数据图显示其最小值为 671，最大值均为 673，最大差值仅仅为 2lx。综合图 4-26、图 4-27、图 4-28 可以看出，光强度越大，稳定性会有所下降，所以综合考虑各方面因素，探究浓度与化学反应速率的关系实验中，选取 400lx 光强度的光源。

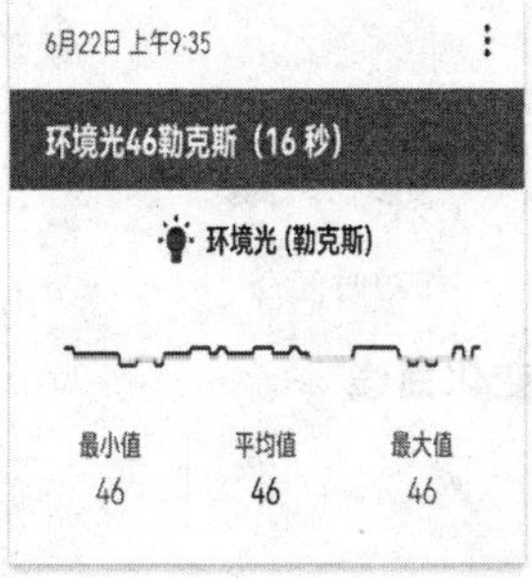

图 4-26 环境光 46lx

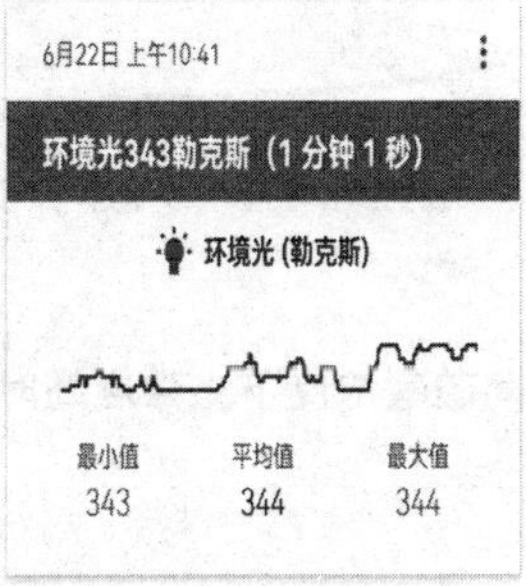

图 4-27 环境光 344 lx

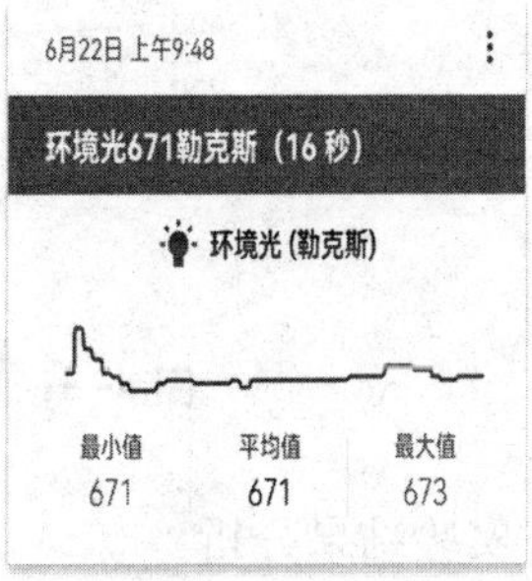

图 4-28 环境光 673 lx

（2）浓度对化学反应速率的影响

图 4-29 与图 4-30 分别对应 0. 1mol/L H_2SO_4和 0. 2mol/L H_2SO_4与 0. 1mol/L $Na_2S_2O_3$反应光强度变化曲线。初始光强度均为 400 lx，5 秒后开始记录数据显示两者最大值对应 387 lx 和 370 lx。以光强度变化量来衡量速率，则 0. 1mol/L H_2SO_4与 0. 1mol/L $Na_2S_2O_3$在前 5 秒内光强度变化量为 400−387 = 13 lx，则平均速率为 2. 6 lx/s。从图 4-30 可以看出，0. 2mol/L H_2SO_4与 0. 1mol/L $Na_2S_2O_3$在

前 5 秒内光强度变化量为 400−370=30 lx，则平均速率为 6 lx/s。在其他条件相同的情况下，前 5s 内浓度越大，反应速率越快。

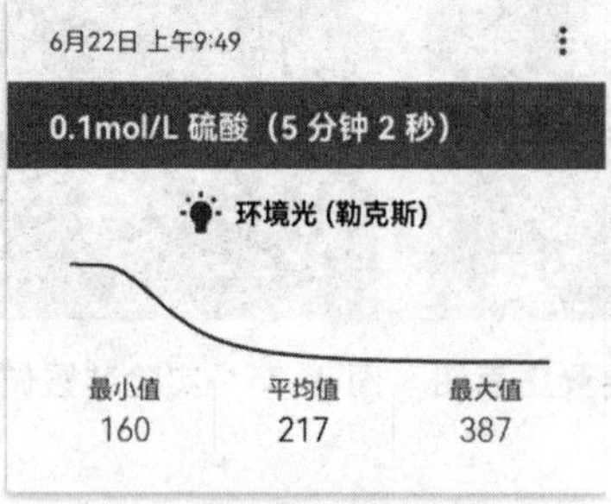

图 4-29　0.1mol/L H_2SO_4 与 0.1mol/L $Na_2S_2O_3$

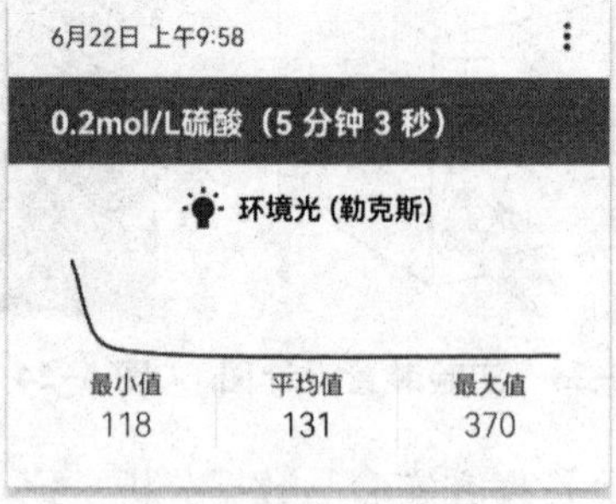

图 4-30　0.2mol/L H_2SO_4 与 0.1mol/L $Na_2S_2O_3$

两组数据经 Excel 处理，绘制出不同浓度下光强度随时间变化的曲线（如图 4-31 所示）。相同时间内，0.2mol/L H_2SO_4 光强度随时间下降比 0.1mol/L H_2SO_4 条件下更快，斜率更大，说明生成的沉淀更多使得光强度下降更多。由此得出结论：其他条件不变时，反应物浓度越高，化学反应速率越快。

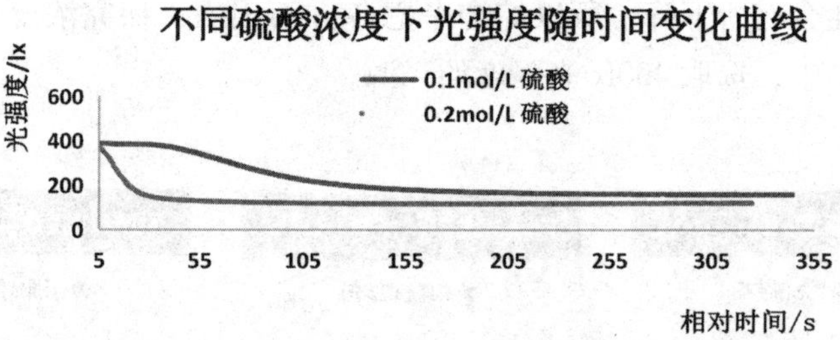

图 4-31　不同硫酸浓度下光强度随时间变化曲线

实验结果分析：

【师】观察图中光强度变化，请大家分析点评本次实验结果。

【生】从斜率看，反应物浓度越大，反应速率越大。

【生】利用光强度数据克服了定性实验的不足，使实验结果清晰明了。

【师】定量实验是在定性实验基础上发展起来的。本次实验过程分析可以总结为如图 4-32 所示。

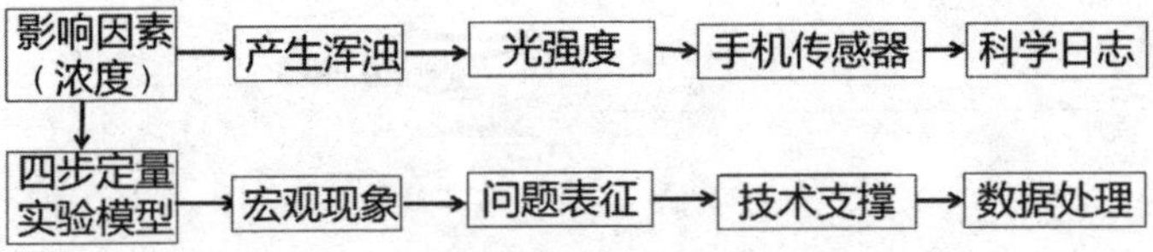

图 4-32　四部定量实验模型构建

设计意图：通过引导学生挖掘智能手机的光强度功能和 APP 相结合的方式，直观收集准确的定量实验数据，解决了定性实验存在的问题，凸显了定量实验的必要性和重要性。初步建立定量实验的四步模型“宏观现象—问题表征—技术支撑—数据处理”，促进学生的学科探究意识、创新意识和动手实践能力。智能手机有非常强大的功能，不仅可以极大方便日常生活，也可以在化学实验等科学领域发挥“智能性”。

环节三：应用定量实验模型探究温度对反应速率的影响

【师】针对 $2H_2O_2 \xlongequal{催化剂} 2H_2O+O_2\uparrow$，根据四部定量实验模型，请大家设计实验探究温度对化学反应速率的影响。

【资料】手持技术数字化实验结合压强传感器，可感知实时压强的大小。

【生】设计出四部定量实验模型应用，如图 4-33 所示。

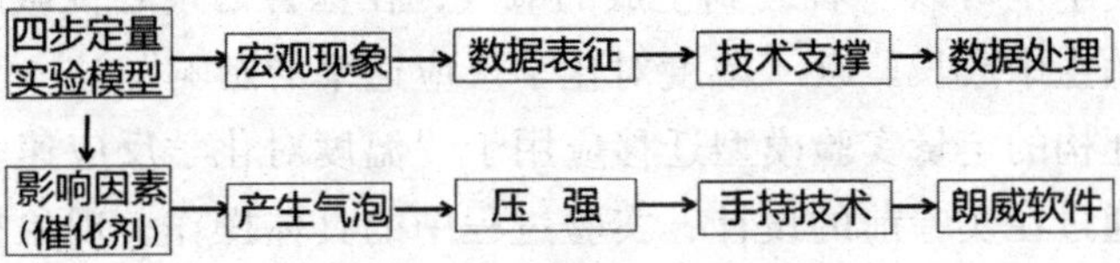

图 4-33　四部定量实验模型应用

【生】实验药品及器材：1mol/L $FeCl_3$溶液、5% H_2O_2溶液、蒸馏水、温度计、烧杯。

反应物	2 滴 1mol/L $FeCl_3$溶液、2mL 5% H_2O_2溶液	
反应条件	常温	水浴 60℃

实验结果分析：

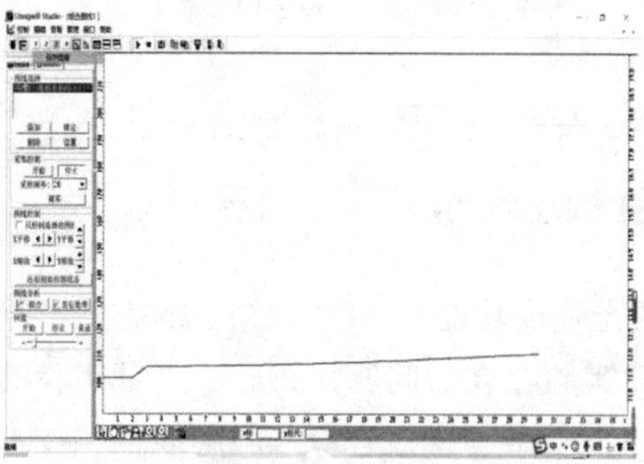

图 4-34　常温时压强随时间变化曲线

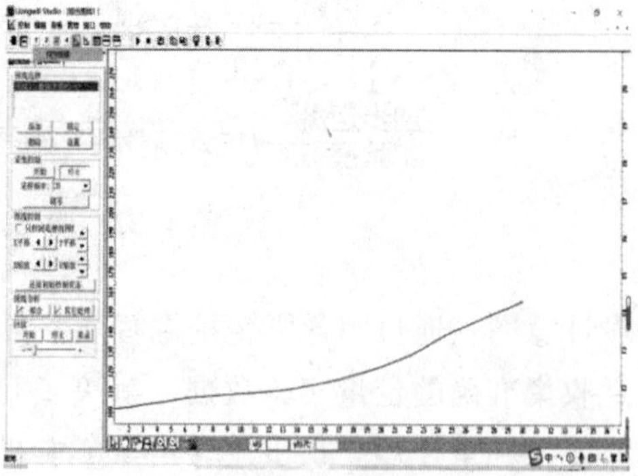

图 4-35　60℃水浴压强随时间变化曲线

【师】观察图 4-34、图 4-35 压强变化图像，请大家分析并点评本次实验结果。

【生】从图 4-34 可知，在常温下，压强在 30s 内从 101.2kPa 上升至 114.2kPa，速率为 0.43kPa/s；从图 4-35 可知，在 60℃水浴下，压强在 30s 内从 101.2kPa 上升至 156.2kPa，速率为 1.83kPa/s。对比实验条件可知，温度越高，反应速率越大。

设计意图：运用手持技术，压强探头与电脑的联合使用，升级实验现象的表征方式，使学生可以“看”到生成的氧气，在惊喜之余心悦诚服，也在熟悉中创新，在陌生中成长。以“浓度对化学反应速率的影响”这一子实验为类情境，将初步建构的定量实验模型迁移应用于“温度对化学反应速率的影响”这一新情境，通过在实验前的设计，实验过程中的具体操作、现象描述与原因解释，实验后的数据处理与结果分析，以丰富学生的认识视角，提高学生的定量思维与定量数据的收集能力，深化学生所建构的四步定量实验模型。

六、教学效果与反思

将智能手机应用于化学实验中，操作便捷，既能激发学生的实验探究兴趣，又能增强实验的趣味性与科学性。目前高中生几乎人手一部智能手机，学生熟悉操作，因此易于开展该实验，材料易得，操作简单，重现性好，可操作性强且易于推广出更多的探究角度和研究形式。

智能手机自带了磁场、压力、加速度、距离、光强度和摄像头等多个传感器的科技产品①，随着智能手机（平板电脑等）的普及，借助手机与APP相结合的方式将在实验中大放异彩。

最后，智能手机在实验教学中的应用，有利于培养学生绘制和分析图表的能力，形成定性与定量结合的证据观念，使用事实、现象和数据做出科学推论，进一步发展学生的证据推理能力，从而更好地体现学生化学学科核心素养。这正是“宏观—微观—符号—图像”四重表征教学的生动体现，是落实学生核心素养的有效策略。

（祝江平 广东省东莞市常平中学）

① 孙涛，李鑫，焦利燕．手机传感器在化学实验中的应用［J］．中学化学教学参考，2015（23）：46.

案例3

奔跑吧！小车

——利用 NOBOOK 虚拟实验室微观探秘“原电池”

一、教学现状

NOBOOK 化学实验平台利用虚拟现实技术，将传统的化学实验转化为虚拟实验操作，学生可以通过电脑或移动设备进行操作，观察化学反应的过程和结果。这种技术的应用，使得化学实验不再受场地、器材、安全等因素的限制，同时也为学生提供了更加真实、生动的实验操作体验。

NOBOOK 化学实验平台在教学中已经得到了广泛的关注和应用。在化学教学中，许多危险的化学反应无法在课堂上进行演示，而 NOBOOK 化学实验平台可以很好地解决这个问题。学生可以在虚拟环境中进行实验操作，观察化学反应的过程和结果，从而更好地理解化学反应的原理和规律。同时，NOBOOK 化学实验平台还可以提供多种实验操作模式，如自主实验、互动实验等，使化学教学更加生动有趣。

目前，NOBOOK 化学实验平台已经在国内外得到了广泛的应用和研究。许多学者和教育工作者都在探索如何利用 NOBOOK 化学实验平台进行化学实验教学，以及如何利用该平台提高学生的学习兴趣和实验能力。同时，也有一些研究关注 NOBOOK 化学实验平台在化学教育中的实际效果和影响，如对学生学习效果、学习动机等方面的影响。

总的来说，NOBOOK 化学实验平台作为一种新兴的化学实验教学工具，其技术应用、教学应用和研究现状都在不断发展和完善中。未来，随着技术的不断进步和应用的不断深入，NOBOOK 化学实验平台将会在化学教育中发挥更加重要的作用。

二、设计创新

本节课的亮点一在于化学与信息技术的深度结合，利用希沃品课、NOBOOK 化学实验、百度等，化抽象为直观，直接通过微观层面深度探究原电池的构成和工作原理，课堂内容及时评价和反馈，有助于激发高阶思维和提升课堂教学的有效性，提高思维层次。

本节课的亮点二在于每个环节都让学生自己动手，注重学生的获得感，还设计了需要实际动手操作的实践活动——比比看，谁的小车跑得快，激发了学生的想象力和竞争精神，有助于创新创造能力的培养。

三、目标分析

（一）教学目标

1. 能从氧化还原的视角认识化学能可以转化为电能，通过分析锌—铜稀硫酸原电池的装置和原理，建构原电池三维认识模型（如图 4-36 所示）。

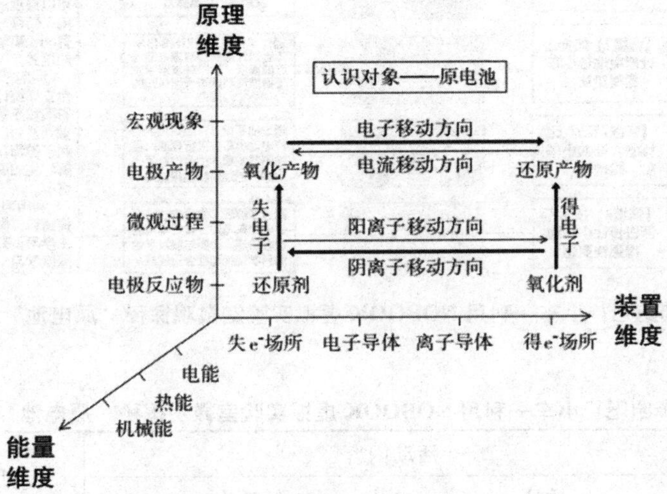

图 4-36　原电池三维认识模型

2. 通过模型设计原电池驱动小车，加深对原电池构成条件的认识，强化完善原电池认知模型，使问题解决思路化。

3. 应用原电池认知模型介绍电动车、氢氧燃料汽车和特斯拉电动车的电池，介绍铅蓄电池、燃料电池，使知识结构化，认识原电池的价值，增强社会责任感。

（二）评价目标

1. 通过对小车简易电池工作原理的讨论，诊断并发展学生对原电池认知思路的结构化水平（二维认识水平）。

2. 通过小车简易电池的设计，诊断并发展学生的科学探究能力、合作水平，使学生认识原电池工作原理。

3. 通过讨论分析常见原电池模型，诊断并完善学生原电池认知模型，避免迷思概念的产生，发展学生对化学价值的认识水平（学科价值视角、社会价值视角、学科和社会价值视角）。

4. 通过绘制相关电路图，诊断并发展学生的跨学科综合运用能力（学科价值视角）。

四、教学流程

本课教学流程如图 4-37 所示，教学环节见表 4-4。

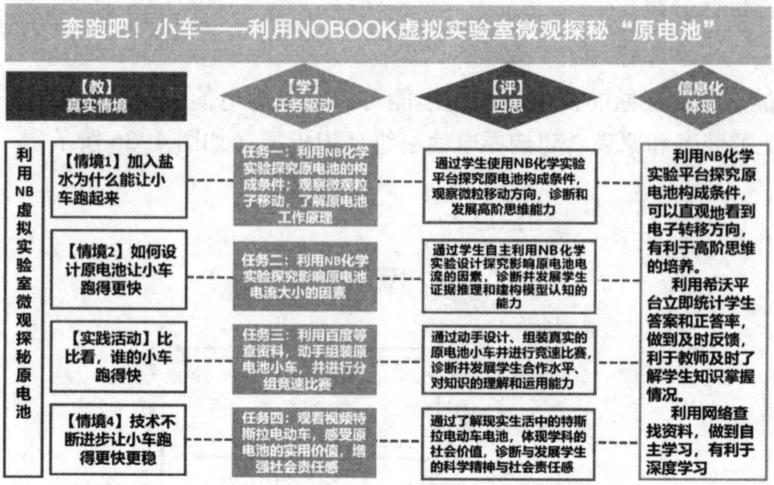

图 4-37　“奔跑吧！小车—利用 NOBOOK 虚拟实验室微观探秘‘原电池’”教学流程图

表 4-4　“奔跑吧！小车—利用 NOBOOK 虚拟实验室微观探秘‘原电池’”教学环节

环节	活动内容		活动功能
	教师	学生	
模块一：如何让小车跑起来	【师】【情境引入】讲台上有一辆简易玩具车（配有电动机、导线以及夹子），见下图。将锌片和铜片连接在电动机的两根导线上，放入烧杯，然后往烧杯中加入食盐和水，观察现象  【问题 1】这套装置由哪几部分构成，各部分有什么作用 【师】这个装置相当于小车的电池，带动了电动机转动，我们把这样的装置称为原电池	【生】小车动起来了，铜片和锌片表面有了变化 【生】由锌片、铜片、稀硫酸和导线组成（各部分作用学生答不上来） 【生】利用 NOBOOK 化学实验设计实验，探究构成原电池条件	通过创设真实的问题情境，以学生已知的能量转化引入，激发学生的探究学习兴趣，为后面以此为基础深入剖析原电池，并在此基础上建构原电池认知模型做好铺垫

续表

<table>
<tr><th rowspan="2">环节</th><th colspan="2">活动内容</th><th rowspan="2">活动功能</th></tr>
<tr><th>教师</th><th>学生</th></tr>
<tr><td rowspan="2">模块一：如何让小车跑起来</td><td>【师】下面请大家仿照这个装置，利用 NOBOOK 化学实验这个软件，设计实验，探究构成原电池需要哪些条件</td><td>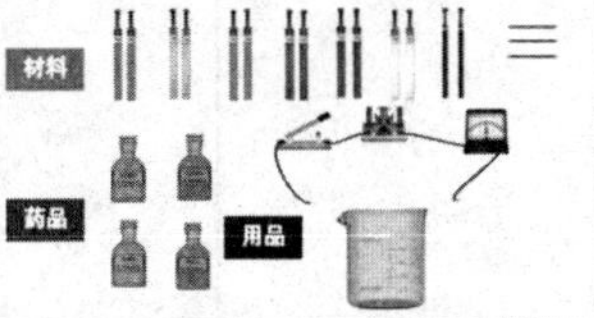

<table><tr><td colspan="3">控制变量　材料选择</td><td>电极1</td><td>电极2</td><td>溶液</td><td>指针是否偏转</td><td>小电动机是否转动</td><td>电子流动方向</td></tr><tr><td rowspan="3">电极材料</td><td rowspan="2">不同材料</td><td>至少一个电极能与电解质溶液反应</td><td></td><td></td><td></td><td></td><td></td><td>→</td></tr><tr><td>电极都不能与电解质溶液反应</td><td></td><td></td><td></td><td></td><td></td><td></td></tr><tr><td colspan="2">相同材料</td><td></td><td></td><td></td><td></td><td></td><td></td></tr><tr><td rowspan="2">电解质溶液</td><td colspan="2">无电解质溶液</td><td></td><td></td><td></td><td></td><td></td><td></td></tr><tr><td colspan="2">有电解质溶液</td><td></td><td></td><td></td><td></td><td></td><td></td></tr><tr><td rowspan="2">电路是否为通路</td><td colspan="2">形成闭合回路</td><td></td><td></td><td></td><td></td><td></td><td></td></tr><tr><td colspan="2">断路</td><td></td><td></td><td></td><td></td><td></td><td></td></tr></table>
【汇报实验结论】
构成原电池条件：
本质——自发的氧化还原反应
装置——① 两种活泼性不同的金属作电极（或能导电的非金属，如“碳棒”）
② 电解质溶液
③ 形成闭合回路</td><td>通过 NOBOOK 虚拟实验室进行科学探究，实现了化学与信息技术的融合，方便快捷。探究过程中注意贯彻“控制变量”的科学原则。更重要的是，通过 NOBOOK 实验可以直观看到电子、离子的移动，从微观角度进行深度学习，诊断并发展宏观辨识与微观探析的核心素养。
通过实验结论的汇报，培养学生归纳总结和语言表达能力</td></tr>
<tr><td>课堂学习反馈
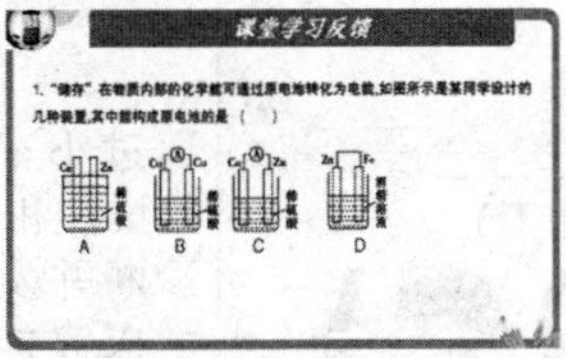
</td><td>学生完成当堂练习，并通过希沃品课提交，立即统计出正确率，反馈学生知识掌握情况</td><td>通过希沃品课进行及时反馈，了解学生对知识的掌握情况，也是学习评价的一部分</td></tr>
<tr><td>模块二：为什么小车可以跑起来</td><td>【师】加入盐水后，小车前进的微观原因是什么
（利用 NOBOOK 实验引导和讲解）
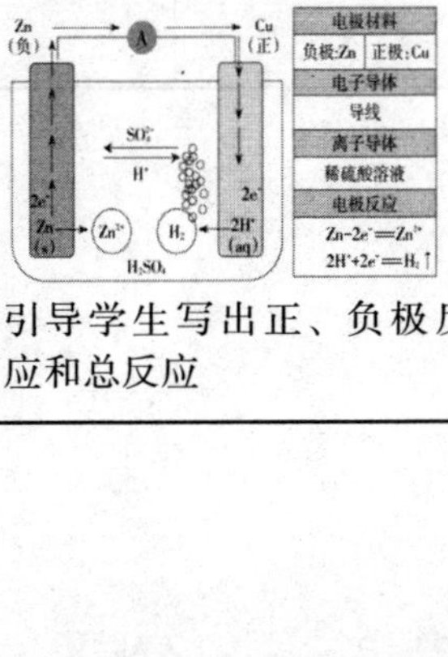

引导学生写出正、负极反应和总反应</td><td>在 NOBOOK 实验中观察电子、电流的移动方向，从微观角度理解原电池的工作原理。
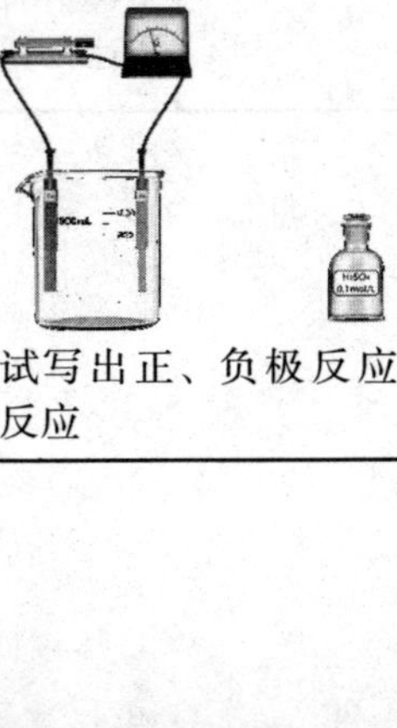
试写出正、负极反应及总反应</td><td>通过 NOBOOK 实验，直接观察宏观实验现象和微观过程，看到电子的定向移动，并找出电极反应物和产物，进而写出电极反应式并指出反应类型。实现了化学与信息技术的深度融合。增进对原电池形成电流的理解和记忆，</td></tr>
</table>

续表

<table>
<tr><td rowspan="2">环节</td><td colspan="2">活动内容</td><td rowspan="2">活动功能</td></tr>
<tr><td>教师</td><td>学生</td></tr>
<tr><td></td><td></td><td></td><td>建立原电池认知模型中的原理维度，由个例推广到一般。诊断并发展学生宏观辨识与微观探析的核心素养</td></tr>
<tr><td>模块三：如何让小车跑得更快</td><td>【布置任务】探究活动：根据原电池形成条件，通过NOBOOK实验利用下面所给出的材料组合不同的原电池，观察电流计指针是否偏转及偏转角度
<table>
<tr><th>影响因素</th><th>影响因素与电流大小的关系</th></tr>
<tr><td>电极材料</td><td>活泼性差别越大，电流越大</td></tr>
<tr><td>电解质溶液</td><td>越容易与负极反应，电流越大；
浓度越大，电流越大</td></tr>
<tr><td>电极的间距</td><td>间距越小，电流越大</td></tr>
<tr><td>电极的接触面积</td><td>与溶液接触面积越大，电流越大</td></tr>
<tr><td>其他</td><td>盐桥（离子迁移速率）……</td></tr>
</table></td><td>【生】动手设计探究实验，并总结探究成果
合作成果：
<table>
<tr><th>影响因素</th><th>影响因素与电流大小的关系</th><th>原电池材料选择</th></tr>
<tr><td>电极材料</td><td></td><td>负极：
正极：
电解质：</td></tr>
<tr><td>电解质溶液</td><td></td><td>负极：
正极：
电解质：</td></tr>
<tr><td>电极的间距</td><td>间距越小，电流越大</td><td rowspan="3">[redacted]</td></tr>
<tr><td>电极的接触面积</td><td>与溶液接触面积越大，电流越大</td></tr>
<tr><td>其他</td><td>盐桥（离子迁移速率）</td></tr>
</table>
【补充任务】根据所组装置，绘制电路图</td><td>利用NOBOOK实验，实现化学与信息技术的深度融合。通过对比观察几组原电池实验中指针偏转程度的大小，得出影响原电池电流大小的因素，诊断并发展学生证据推理与模型认知的核心素养</td></tr>
<tr><td>实践活动：比比看，谁的小车跑得快</td><td>【布置任务】上网查资料，看看别人的原电池小车是怎么做的。
再根据所学知识，选择合适的材料和药品，组装原电池小车，比一比，哪组小车跑得快</td><td>【百度一下】上网查资料，看看别人的原电池小车是怎么做的
【填表】
<table>
<tr><th>负极</th><th>正极</th><th>电解质溶液</th><th>组装亮点</th><th>其他</th></tr>
<tr><td></td><td></td><td></td><td></td><td></td></tr>
</table>
（备选材料如下）

材料　镁片　锌片　铁片　铜片　碳片
药品　0.1mol/L硫酸溶液、1.0mol/L硫酸溶液
0.1mol/L硫酸铜溶液、1.0mol/L硫酸铜溶液
0.1mol/L氯化钠溶液、饱和氯化钠溶液
用品　小车（带塑料杯、导线）、滤纸、胶带……
【实践活动】准备好之后，组装好原电池小车，进行竞速比赛</td><td>通过小车简易电池的设计和竞速比赛，诊断并发展学生科学探究能力、合作水平、对知识的理解和运用能力</td></tr>
</table>

续表

<table>
<tr><th rowspan="2">环节</th><th colspan="2">活动内容</th><th rowspan="2">活动功能</th></tr>
<tr><th>教师</th><th>学生</th></tr>
<tr><td>模块四：优化技术让小车跑得更稳更久</td><td>【视频展示】特斯拉电动车和飞机赛跑的视频，展示电动车强大的动力引擎
【师】那么强大的动力引擎是电池带动的（学生惊叹）
【图片展示】揭开特斯拉电动车强大电力的秘密，7500个电池组串并联的三元锂电池</td><td>【生】观看视频。了解现在的电池发展和瓶颈
【百度一下】现在电动汽车主要用什么电池？优缺点有哪些</td><td>通过玩具小车持续几分钟之后就停止了这个现象，引入现实生活中的特斯拉电动车，体现学科价值和社会价值。通过引入后当场查资料，体现了化学学科和信息技术的深度融合，通过本模块内容，诊断并发展科学精神与社会责任的核心素养</td></tr>
<tr><td>课堂反馈和评价任务</td><td>1. 负极的判断（分组游戏）
2. 请将反应：$Fe+2Fe^{3+}=3Fe^{2+}$设计成原电池，负极材料、正极材料，以及电解质溶液分别是什么？写出电极反应式，用 NOBOOK 虚拟实验组装出装置图。
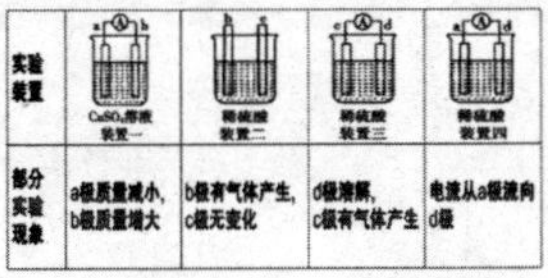

4. 绘制本节课的归纳总结式思维导图</td><td>【生】完成分组竞争小游戏，反馈学生对原电池知识的掌握。
【生】完成课堂练习、思维导图等课内课外作业</td><td>通过分组竞争小游戏、习题反馈，以及课上的实验评价、小组合作组装模型竞速等多元化评价，诊断并发展学生的知识掌握、能力提升、素养发展情况</td></tr>
</table>

五、教学评价与反思

原电池因知识抽象，分散在高中教材中，使知识呈螺旋递进式，这样虽然分散了学生学习压力，但容易造成其认知错误、理解困难等问题。原电池单元教学，采用第一课时认知原电池的构成条件和建构原电池认识模型，第二课时认识各种化学电源。高二阶段在高一的基础上进一步学习双液原电池。高三则是系统建构陌生情境下对电池的认知分析思路。

本节课选择第一课时尝试认识原电池构成条件和建构原电池认知模型，并用模型解决问题，知识容量较大、课时短，导致上课讲授不够充分，在学生实验环节应该投入更多时间引导学生从宏观表征发现问题，找到简单原电池能量转化的弊端。实验创新只是定性地让小车跑动起来和探究如何组装让小车跑得更快等。初步体会原电池从能量的角度是把化学能转化为电能，但并不能百分之百地转化为电能，不可避免地产生热和机械能等，这也促使电池研究者向提高能量转化率不断探索努力。这也是教材编写的思路，由简单的锌—铜单液原电池，向锌—铜双液原电池，乃至膜电池等其他复杂电池的进阶思路。

电极反应式的书写，因课时有限，略显匆忙，可以安排下一节课来讲，同时初步引入双液原电池以及陌生电池的分析。建构完善系统化的分析思路，再讲解电解池，避免知识的交叉混淆。初步建构原电池的认知模型，避免了学生迷思概念的问题，如总结“电子不入水，离子不上岸”；电子在外电路定向移动，在溶液中则是离子定向移动。原电池内电路中阴、阳离子定向移动的原因，主要是离子受到了电场力和扩散力的共同作用。

（赵娉　广东省东莞市常平中学）

案例4

TPACK视域下King Draw融合高中化学教学实践

——以“利用King Draw软件绘制有机物的结构图”为例

一、教学现状

TPACK全称为“整合技术的学科教学知识”，其基本结构包含三部分：基础技术知识（Technology Knowledge，简称TK）、教学知识（Pedagogical Knowledge，简称PK）、学科知识（Content Knowledge，简称CK）。这三部分内容互相嵌套又衍生出技术内容知识（TCK）、技术教学知识（TPK）、学科教学知识（PCK）和整合技术的学科教学知识（TPACK）。随着信息化时代的到来，教育信息化的进程也在不断推动当中。在技术发展变化的教育场域内，TPACK作为一种整合技术知识、教学知识和学科内容知识的理论的框架，不仅是教师应具备的专业知识，也是教师进行信息化、融合化学教学设计的理论指导。基于TPACK理论指导化学教学是一种实现化学教学与现代信息技术的融合，为化学教学改革提供助力的良好活动方式。

简单有机物的命名是有机化学教学中至关重要的一项内容，是学生将有机物结构进行语言表征的重要方法，同时正确的命名也反映出学生对有机物结构的正确认识。然而，在现如今的化学教学中，有机物的命名往往比较散乱，不同类别有机物命名常常分开教学，一定程度上给有机化学的教学和学生交流学习带来不便，导致学生对于有机物的命名相关知识比较薄弱，无法实现有机物结构与名称之间的良好转化。

基于对有机物命名与有机结构转化问题的思索，在TPACK理论指导下，以King Draw软件为例，探索信息技术与化学教学的有效融合，以期探索数字化背景下化学教学的新路径。

二、教学创新点

第一，实现信息技术与化学教学的深入融合，实现化学线与技术线双线并行（如图4-38所示），学生不仅能系统复习有机化合物的知识，构建有机化合物命名模型，同时还能掌握一项化学学科软件的使用方法。

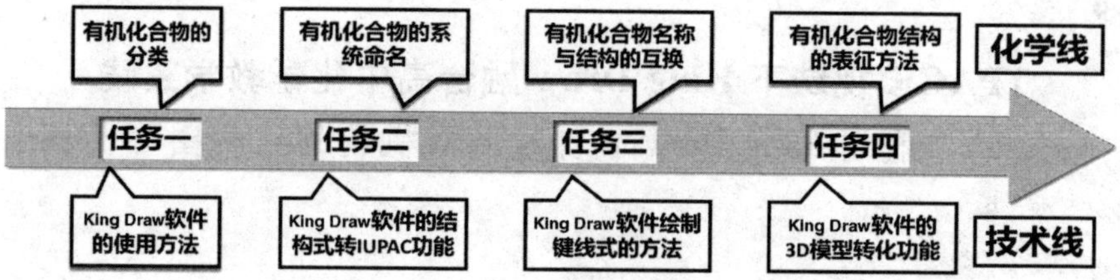

图 4-38 “化学线与技术线”双线并行图

第二，以 King Draw 绘制有机化合物的球棍模型和空间填充模型，促进学生对有机化合物空间结构的认识。

第三，构建 TPACK 视域下化学教学设计模型（如表 4-5 所示）。

表 4-5 TPACK 视域下化学教学设计模型

TPACK 组分	教学设计框架		
King Draw 的主要功能（TK）	绘制有机物结构：具有绘图、保存、打印等功能，能进行图层管理、编辑、渲染工作	结构式转 IUPAC 命名：实现有机物结构式与系统命名的互换	有机物 3D 模型（球棍模型、空间填充模型）：实现有机物空间结构的立体可视化
化学学科知识（CK）	有机物结构式的绘制	有机物的系统命名	有机物的空间结构
教学知识（PK）	符号表征策略	模型建构策略	微观模拟策略
学科教学知识（PCK）	采用任务式教学方法，引导学生基于有机物的名称绘制有机物结构图，实现有机物名称与有机物结构的转化	构建有机物命名模型，引导学生应用模型对简单有机物进行命名	基于有机物的 3D 模型，引导学生观察并分析有机物空间结构的特征
技术内容知识（TCK）	King Draw 软件绘制有机物结构的方法	King Draw 软件对有机物结构式命名的方法	King Draw 软件绘制有机物的空间结构的方法
整合技术教学知识（TPK）	引导学生依据特点有机物的名称操作软件制作相应的有机物结构图，进行任务式教学	引导学生对绘制的结构图进行命名，利用结构式转 IUPAC 命名实现自评和他评	学生操作软件进行结构式到 3D 模型的转化，基于有机物的 3D 模型引导学生观察和整体感知有机物的空间结构

续表

TPACK 组分	教学设计框架
整合技术的学科教学知识（TPACK）	通过符号表征、模型建构、微观模拟三种教学策略，基于有机物命名的化学知识，掌握 King Draw 软件绘制有机物结构图的方法，并基于软件命名功能实现自评与他评，基于软件 3D 模型功能实现结构式到空间结构的转化，从而掌握相关的化学知识，学会一门化学软件的使用

三、教学与评价目标

（一）教学目标

1. 通过 King Draw 软件仿绘有机物结构图，能参照有机物结构图应用 King Draw 软件重新绘制，初步掌握 King Draw 软件的使用方法，同时能够基于不同的分类标准对有机物进行分类，深化认识有机物的碳骨架视角与官能团视角。

2. 通过有机物结构图转化有机物命名，能够辨识简单有机物的碳骨架和官能团，并依据有机物的碳骨架与官能团分析有机物的主链，完成有机物系统命名与键线式的相互转译，构建有机物命名的模型。

3. 通过有机物的名称绘制有机物结构图，能基于有机物名称分析有机物的碳骨架、官能团与取代基，并能够用键线式正确表征有机物的结构，熟练掌握 King Draw 软件的使用方法。

4. 通过 3D 模型认识有机物结构的不同表征方式，能够区分有机物的分子式、键线式、球棍模型与空间填充模型，分析不同表征方式的特点，建立对有机化合物分子结构的直观认识。

（二）评价目标

1. 通过学生仿绘的有机物结构图以及对有机物的分类的回答，诊断学生使用 King Draw 软件的熟练程度以及有机物分类的认识水平。

2. 通过学生对于简单有机物的结构式转 IUPAC 的操作，诊断学生有机物命名模型的认识水平以及使用 King Draw 软件的熟练程度。

3. 通过学生绘制的有机物结构图，诊断学生是否掌握软件的使用以及有机物名称转结构的表征水平。

4. 通过学生关于有机物不同表征方式特点的描述与 3D 模型观察，诊断学生有机物表征方式的认识水平以及掌握 3D 模型绘画的操作水平。

四、教学流程

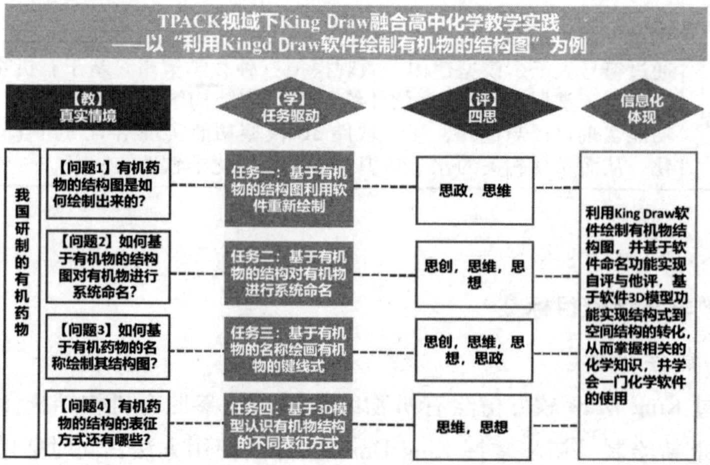

图 4-39 “TPACK 视域下 King Draw 融合高中化学教学实践——利用 King Draw 软件绘制有机物的结构图”教学流程图

五、教学实录

【课前任务】以小组为单位，上网查找一种我国研制的有机药物，了解其组成、结构与用途，汇总成 word 文档上交到钉钉群的作业提交程序。要求有机药物介绍 word 文档内容包括有机药物名称、分子式、键线式、用途四大点。

【情境导入】课件展示学生们提交的有机药物，介绍他们的功能与价值（如图 4-40 所示）。

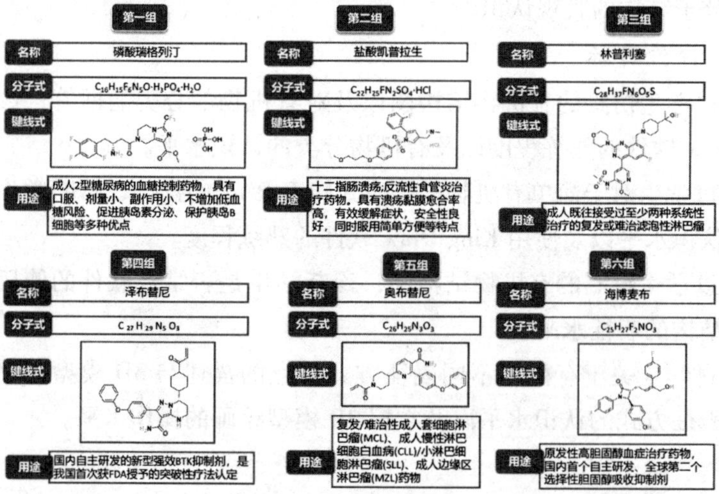

图 4-40 我国自主研发的有机药物

【提出问题】有机药物的分子结构式是如何绘画的？

任务一：基于有机物的结构图利用软件重新绘制

活动 1：学习 King Draw 软件的使用方法

【教师讲授】展示 King Draw 软件操作页面（如图 4-41 所示），介绍 King Draw 软件常见功能键（如图 4-42 所示）。

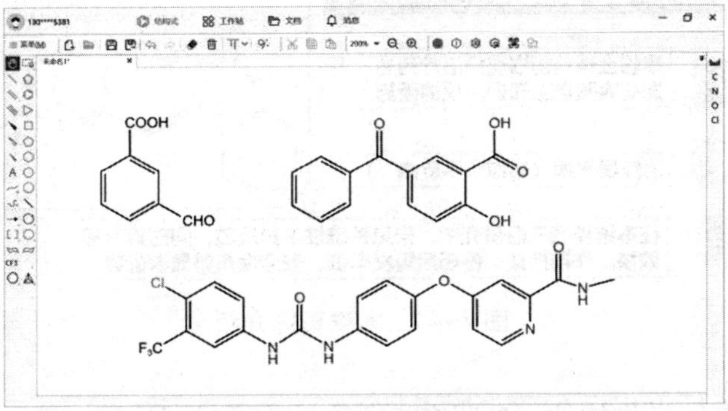

图 4-41 King Draw 软件操作页面

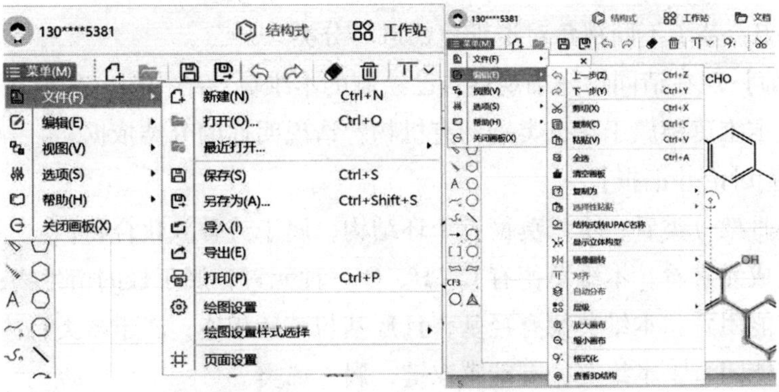

图 4-42 King Draw 软件功能键

【教师演示】电脑演示 King Draw 软件绘画操作，绘画出有机物结构式并进行绘画讲解，展示功能键的使用方法。

【学生操作】操作 King Draw 软件，尝试绘画，熟悉各功能键的使用。

【教师评价】巡视、解答学生在软件操作上遇到的问题。

活动 2：利用 King Draw 软件仿绘有机物结构图

【教师引导】刚刚同学们已经熟悉了 King Draw 软件的操作，现在我们进行实践应用。我们需要绘制的药物名称为本维莫德（如图 4-43 所示），它是我国全球首创银屑病（俗称“牛皮癣”）治疗药物，是拥有完整自主知识产权的新药。研究显示，在本维莫德三期研究中，未见系统性不良反应，同时具有起效快、作用持久、停药后复发率低、安全性高等显著优势。现在请同学们利用 King Draw 软件重新仿绘这个国药。

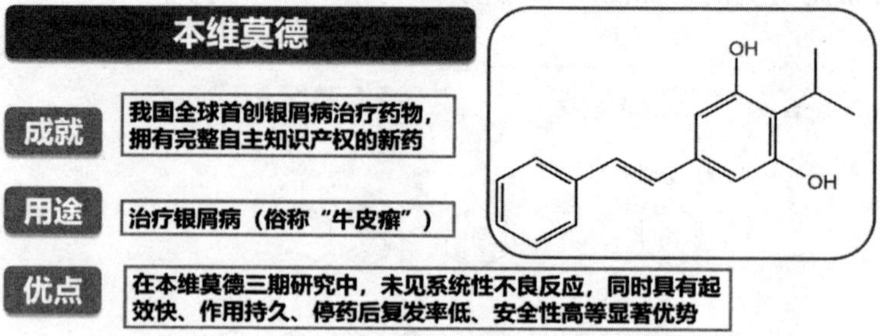

图 4-43　本维莫德介绍

【学生操作】操作软件，参照有机药物结构图进行绘画，熟悉绘画操作。

【教师评价】关注学生的绘画情况以及对软件操作的掌握情况，展示学生仿绘的本维莫德结构图。

活动 3：基于不同视角对本维莫德进行分类

【教师】现在请同学仔细观察自己绘制的本维莫德结构图，基于有机物的结构特征，本维莫德属于什么类别的有机物？请说明你的分类依据。

【学生讨论并汇报】

从碳骨架分类看，本维莫德有苯环结构，属于芳香族化合物；

从组成元素看，本维莫德有 C、H、O 三种元素，属于烃的衍生物；

从官能团看，本维莫德有羟基，且羟基与苯环相连，属于酚类；

从官能团看，本维莫德有碳碳双键，属于烯类。

【教师】对学生的答案进行点评，并汇总学生的回答，构建有机物分类模型（如图 4-44 所示）。

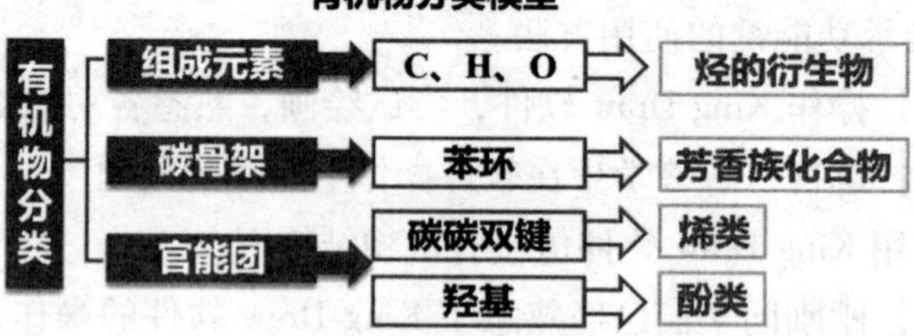

图 4-44　有机物分类模型

任务二：基于有机物的结构对有机物进行系统命名

活动4：梳理有机物名称的组成要素

【过渡】如何对这些绘画的结构图进行系统命名呢？

【教师展示】请同学们观察以下有机物的系统名称，5-甲基-2-乙基-1，3-环己二烯，思考有机物的命名由哪些部分构成？能得到哪些信息？

【学生】主链与支链；取代基位置，数目，官能团种类，官能团个数，碳原子数，有机物类别。

【追问】哪部分是主链？哪部分是支链？

【学生】5-甲基-2-乙基为支链部分，1，3-环己二烯为主链部分。

【构建模型】有机物名称组成部分：支链—主链。

【教师】请学生再次观察下列有机物的主链与支链信息，再次对有机物结构图获取的信息进行汇总，归纳主链与支链由哪些部位构成，并填写支链与主链信息表格。

【学生】小组讨论，观察有机物名称，归纳支链信息与主链信息。

【建模】主链构成：官能团位置—主链形状—主链碳原子数—官能团数目—官能团对应有机物类别；支链构成：取代基位置—取代基数目—取代基名称。

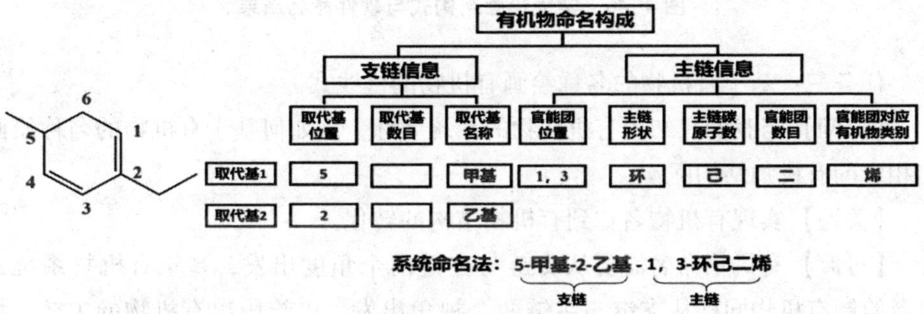

图4-45 有机物命名模型

【过渡】由此可见，需要正确对有机物进行系统命名。首先正确判断出有机物的碳骨架与官能团，完成主链命名，再对主链进行编号，确定取代基的位置、数目、名称，完成支链命名，整合信息，确定名称先后顺序，形成有机物的系统命名。

【评价任务】现在请同学们依据有机物的命名模型，完成以下几个有机物的系统命名。

【学生任务】应用有机物的命名模型，填写模型表，完成对有机物的命名。

【教师评价】对学生的命名进行点评。

活动5：用 King Draw 软件实现有机物结构到名称的转化

【教师】如何通过软件判断学生的命名是否正确呢？King Draw 的结构式转 IUPAC 功能键可以帮助我们。

【教师演示】演示有机物3D结构模型的绘制方法。

软件操作方法：选中有机物→右击→点击【结构式转 IUPAC】。

【教师引导】现在请同学们操作软件，自主绘画一些简单的有机物，尝试自己或者让小组成员对其进行命名，然后利用软件的有机物命名功能查看自己的命名是否正确。

【学生】利用软件绘画简单的有机物并命名（如图4-46所示），操作软件实现自评与他评。

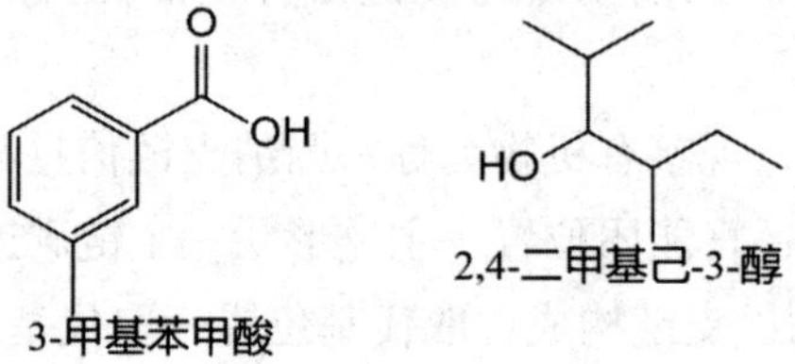

图4-46　学生绘画结构式与软件命名结果

任务三：基于有机物的名称绘画有机物的键线式

【提问】当我们只知道有机药物的系统名称，该如何基于有机物的名称绘画出相应的有机物结构呢？

【关键】实现有机物名称到有机物结构的转化。

【过渡】有机物命名需要从支链与主链两个角度出发，基于有机物系统命名，绘制有机物同样从支链与主链两个视角出发，先绘画出有机物的主链，再进行编号，绘制支链。

活动6：请利用 King Draw 软件绘画特定名称的有机物主链

【教师引导】请同学们利用 King Draw 软件绘画以下有机物的结构式。

2-戊烯；2，3-庚二醇；己酸

【学生】操作软件，进行绘画（如图4-47所示）。

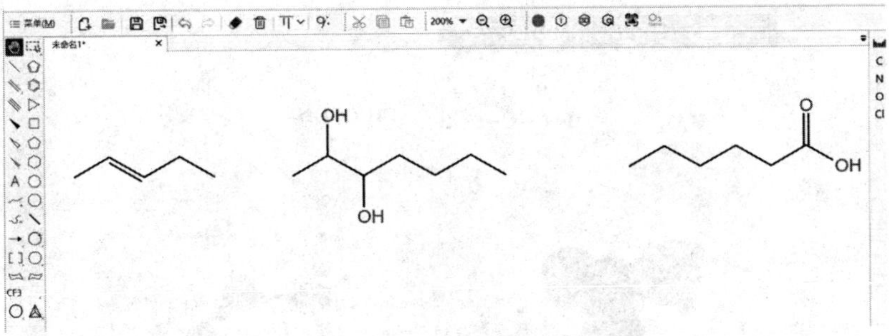

图 4-47　学生绘图页面 1

【师生评价】对学生绘画的结构图进行点评。

活动 7：利用 King Draw 软件绘画特定名称的有机物的结构式

【教师引导】请同学们利用 King Draw 软件绘画以下有机物的结构式。

2-乙基-1，3-丁二烯；3-甲基环已醇；2-甲基苯酚

【学生】操作软件，进行绘画（如图 4-48 所示）。

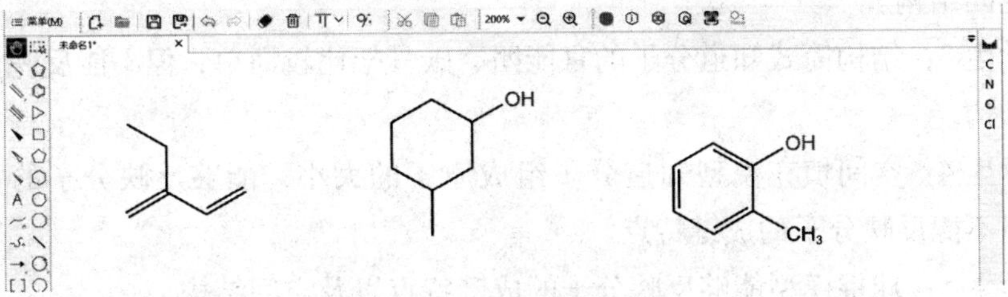

图 4-48　学生绘图页面 2

【师生评价】对学生绘画的结构图进行点评。

任务四：基于 3D 模型认识有机物结构的不同表征方式

活动 8：观察与比较有机物结构的不同表征方式的特点

【教师讲授】展示乙酸分子的分子式、结构式、键线式、球棍模型、填充模型（如图 4-49 所示）。

提出问题：请同学们仔细观察这几种乙酸分子的表征方式，谈谈他们各自的特点，以及优缺点（从化学键、组成原子、直观性、原子共面等角度）。

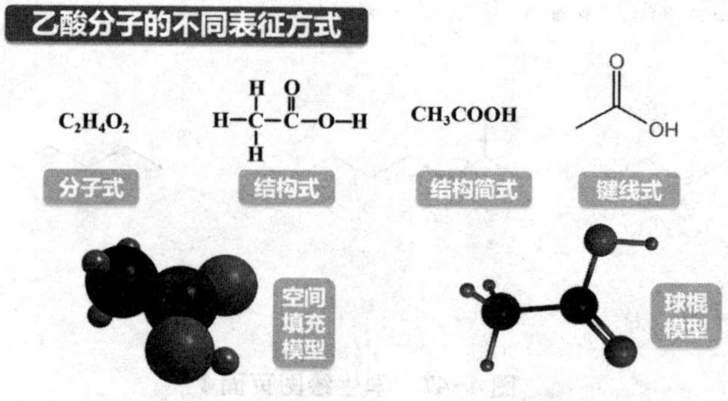

图 4-49　乙酸不同表征方式图

【学生回答】小组讨论，观察各种表征方式，阐述特点，进行汇报。

学生 1：分子式可以直观反映元素组成和个数，但不知道分子的成键情况和分子结构。

学生 2：结构式知道分子的成键特点，官能团、碳骨架，但不简洁，且不能反映空间结构。

学生 3：结构简式知道分子的官能团、碳骨架比较简单，但不能反映分子的空间结构。

学生 4：空间填充模型知道分子组成原子的大小，能够反映分子的空间结构，但不能反映分子的成键特点。

学生 5：球棍模型能够反映分子的成键特点以及空间结构。

学生 6：键线式的写法简洁，能反映有机物的官能团与碳骨架，但不能直观看出氢原子数。

【教师归纳】归纳有机物不同表征方式的特点（见表 4-6）。

表 4-6　有机物不同表征方式的特点

表征方式	特点
分子式	用元素符号表示分子组成的式子，不能反映原子的连接方式
结构式	用化学键表示分子里各直接相连原子的结合情况的式子称为结构式；能反映元素原子的数目，也表明原子的连接方式；书写复杂
结构简式	把结构式中的单键省略之后的一种简略表达形式；能表明官能团，比较简洁
键线式	键线式是以短线代替碳碳共价键，短线的折点、端点、交叉点代替碳原子的一种有机物结构表达方式，其他杂原子及与杂原子相连的氢原子须保留，能反映官能团和碳骨架，简洁，适用于复杂结构的有机物

续表

表征方式	特点
空间填充模型	原子紧密连起的，只能反映原子大小，不能反映化学键的一种大致的排列方式的式子，能反映有机物的空间构型
球棍模型	用球代表原子，棍代表化学键的一种式子，但实际上，在成键的时候并不是棍状的，球棍模型描述的是物质的空间结构以及成键的数量的一个模型

【过渡】如此可见，不同的表征方式各有优缺点，我们根据不同的需要绘制有机物不同的结构表征图。那如何绘制有机物球棍模型与空间填充模型呢？

活动 9：利用软件绘制有机物的 3D 结构模型

【教师介绍】我们需要键线式转化 3D 模型的药物名称为丁苯酞，是中国第三个化学合成Ⅰ类新药，脑血管领域第一个拥有自主知识产权的Ⅰ类新药，也是我国第一个进入 FDA 临床试验的治疗急性缺血性脑卒中的药物。

【教师演示】演示有机物 3D 结构模型的绘制方法（如图 4-50 所示）。

软件操作方法：选中丁苯酞→点击 3D →点击球棍模型→点击空间填充模型。

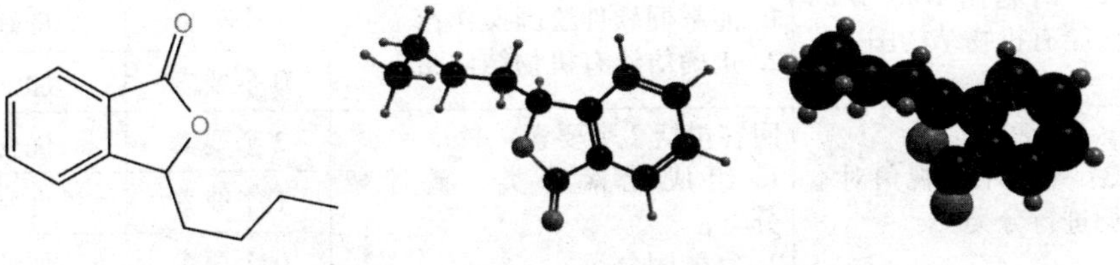

图 4-50 丁苯酞键线式、球棍模型、空间填充模型

【学生操作】操作软件，将有机药物的键线式转化为有机药物的球棍模型与空间填充模型。

【教师评价】指导学生进行转化操作，解答学生困惑。

【教师任务】现在请同学们基于绘制的丁苯酞的 3D 模型，数一数丁苯酞最多有几个原子共平面？碳原子的杂化方式有哪些？

【学生】最多有 14 个原子共平面；SP^2、SP^3。

【课程总结】化学知识线：有机物的分类、有机物的命名、键线式的书写和有机物表征方式。信息技术线：功能键使用方法、软件结构转名称功能、软件绘图功能和软件 3D 模型功能（如图 4-51 所示）。

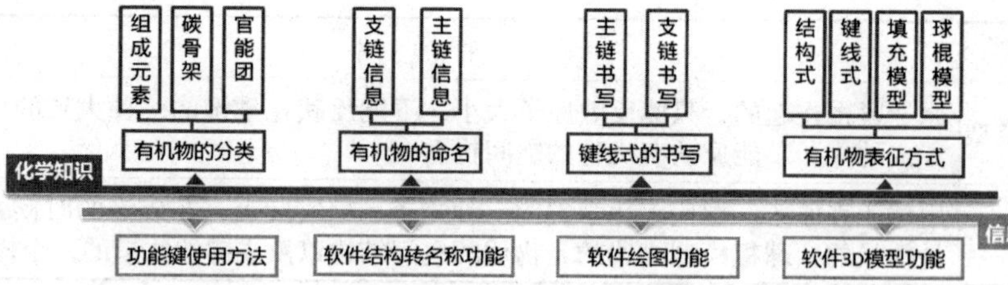

图 4-51　课程总结

六、教学评价

表 4-7　评价量表

评价活动	评价标准		评价分数
活动 1：学习 King Draw 软件的使用方法	操作包括 2 个要素： 1. 能认识各个功能键； 2. 能初步掌握软件绘画操作	2 个要素	优秀
		1 个要素	良好
		0 个要素	加油
活动 2：请利用 King Draw 软件仿绘有机物结构图	操作包括 2 个要素： 1. 能掌握软件绘画操作； 2. 正确仿绘有机物结构图	2 个要素	优秀
		1 个要素	良好
		0 个要素	加油
活动 3：基于不同视角对本维莫德进行分类	回答包括 2 个要素： 1. 组成元素分类、碳骨架分类； 2. 官能团分类	2 个要素	优秀
		1 个要素	良好
		0 个要素	加油
活动 4：梳理有机物名称的组成要素	回答包括以下要素： 主链与支链；取代基位置，数目名称；官能团种类，官能团个数，碳原子数，类别	5~7 个要素	优秀
		3~4 个要素	良好
		0~2 个要素	加油
活动 5：请利用 King Draw 软件实现有机物结构到名称的转化	回答包括 2 个要素： 1. 应用模型正确命名； 2. 正确使用软件完成结构到名称的转化	2 个要素	优秀
		1 个要素	良好
		0 个要素	加油
活动 6：请利用 King Draw 绘画特定名称的有机物主链	操作包括 2 个要素： 1. 能掌握软件绘画操作； 2. 能正确绘画有机物主链	2 个要素	优秀
		1 个要素	良好
		0 个要素	加油

续表

评价活动	评价标准		评价分数
活动 8：观察与比较有机物结构的不同表征方式的特点	回答包括以下要素：化学键，组成原子，直观性，原子共面，空间构型，简洁性等	5~7 个要素	优秀
		3~4 个要素	良好
		0~2 个要素	加油
活动 9：利用软件绘制有机物的 3D 结构模型	操作包括 2 个要素： 1. 能掌握软件 3D 转化操作； 2. 能认识有机物的共面问题	2 个要素	优秀
		1 个要素	良好
		0 个要素	加油

（巫丰华　广东省东莞市常平中学）

案例5

DIS技术融合高中化学实验教学实践
——以“乙烯”为例

一、教学现状

目前乙烯的教学中主要以结构决定性质、性质决定用途展开，将乙烯通入酸性高锰酸钾溶液中观察到的现象是高锰酸钾溶液颜色褪去，说明乙烯能被酸性高锰酸钾氧化，但不提及氧化产物是什么或者直接告诉学生为二氧化碳。学生在后续学习中遇到“甲烷中混有乙烯能否用酸性高锰酸钾除去”等需要判断氧化产物的问题时常常存在障碍。

关于乙烯与溴的CCl_4溶液的反应断键问题，主要分为两种猜测：一种是乙烯分子碳碳双键断裂与溴单质反应，另一种是乙烯分子中氢原子被溴原子取代。徐艳老师让学生猜测讨论，引领学生回忆烷烃取代反应发生的条件，与学生共同确定第一种猜测更为合理。① 朱梦晨老师从乙烯碳碳双键不稳定容易断裂角度分析，第一种猜测更加合理。② 也有老师设计方案进行实验验证，检验产物中是否有H^+和Br^-，判断没有生成HBr，从而确定不是取代反应，但Br_2单质易挥发会干扰H^+和Br^-的检验且酸碱指示剂存在灵敏度问题，因此笔者对这种检验方法的可行性存在疑问。有文献提到通过观察反应前后容器中气体体积的变化，装满乙烯的矿泉水瓶在注入溴的CCl_4溶液以后，振荡，在溴的CCl_4溶液褪色的同时观察矿泉水瓶是否变瘪，若变瘪说明乙烯与溴的反应为加成，反之为取代。③ 有文献提出否定意见，认为C_2H_4可以溶于CCl_4溶液，并且溶解速度并不慢，④ C_2H_4在CCl_4溶液中的溶解也可使气体体积减小，以此证明文献通过观察

---

① 徐艳，徐惠．优化教学设计巧引自主学习：《石油炼制乙烯》（第2课时）教学设计[J]．中小学教学研究，2011（9）：43-44.

② 朱梦晨．“来自石油和煤的两种基本化工原料（乙烯）”教学设计[J]．中学化学教学参考，2021（6）：46-49.

③ 赵生平．基于“互联网+”的翻转课堂案例研究：以“乙烯”教学为例[J]．中学化学教学参考，2018（9）：29-32.

④ 林瑞蔡，叶巧云．对化学课堂教学中探究性实验的思考：以“乙烯与溴加成反应的探究”为例[J]．化学教学，2020（2）：68-70.

矿泉水瓶变瘪是不可行的。①

二、设计创新

DIS 技术现代化教学技术平台可将各类传感器检测到的数据实时传输到数据采集器，再转化为数字形式传输到计算机上，从而实现对实验的实时记录及图像绘制等。本课程设计引导学生通过已掌握的氧化还原反应价态规律预测乙烯与酸性高锰酸钾的氧化产物是 CO_2，然后在课堂上通过 CO_2 传感器验证，诱发深度学习；设计 C_2H_4 与 CCl_4 溶液的对照组实验，运用压强传感器顺利得出 C_2H_4 与溴的 CCl_4 溶液反应后压强明显减小，从而得出乙烯与溴的 CCl_4 溶液的反应是加成反应的结论。

三、教学与评价目标

表 4-8 “乙烯”教学与评价目标

教学目标	评价目标
1. 通过乙烯的球棍模型的拼插，对比乙烷和乙烯的分子结构和性质差异，提升学生“宏观辨识与微观探析”核心素养。 2. 通过对乙烯加成反应的微观探析过程，建立从化学键视角认识有机反应的模型。 3. 通过实验探究乙烯的性质，掌握研究有机化合物的一般思维和方法。建立科学探究一般模型，提高学生分析问题的能力。 4. 认识乙烯与水的加成反应和乙烯的加聚反应，知道有机物在一定条件下可以相互转化，知道合成新物质是有机化学研究的重要体现，增强责任感与使命感	1. 通过对乙烯与乙烷球棍模型拼插活动的交流、分享与点评，诊断并发展学生对于有机物中碳原子成键特点的认识水平。 2. 通过对乙烯与溴的加成反应实质探究方案的交流与点评，发展学生从化学键视角分析反应的水平及官能团性质的实验探究设计的水平。 3. 通过对其他加成反应的判断、分析与表达，诊断并发展学生对加成反应本质的认识。 4. 通过对乙烯在生产生活中重要用途的讨论与点评，诊断并提高学生对化学价值的认知水平

① 武衍杰，王秀红．促进学生结构与性质整体理解的有机化学反应教学研究：以“再探乙烯与溴水的反应”为例［J］．化学教学，2022（2）：42-47.

四、教学流程

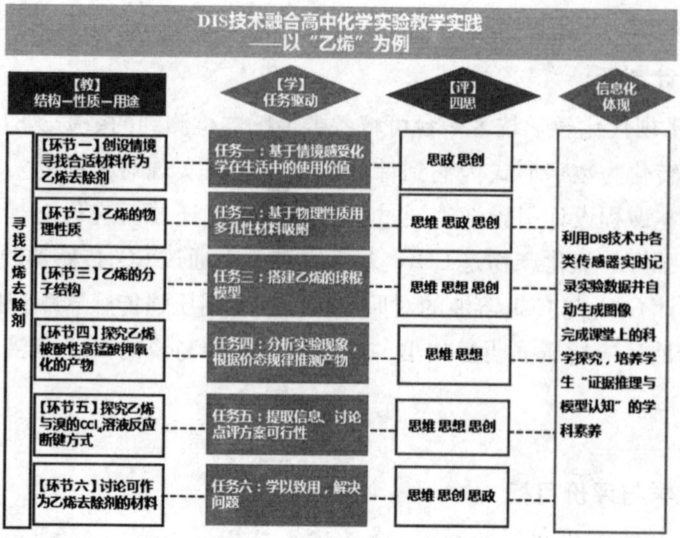

图 4-52 "DIS 技术融合高中化学实验教学实践"教学流程图

五、教学实录

环节一：创设情境，寻找合适材料作为乙烯去除剂（EA）

【教师活动】从东莞麻涌特产——香蕉引入，提出任务：为延长香蕉的贮藏期，寻找合适材料作为乙烯去除剂（EA）。

【学生活动】感受化学在生活中的使用价值。

【设计意图】由生活情境引入，引起学生兴趣，体现化学学科的社会价值，诊断学生提取信息的能力水平。

环节二：认识乙烯的物理性质

【教师展示】乙烯的色味态、溶解度以及难溶于水。多孔性吸附物质吸附剂（如活性炭），易脱附。常常作为乙烯化学去除剂的载体，一般不单独使用。

【学生活动】观察、回答、记录。基于乙烯的物理性质，联想可以用多孔性物质进行吸附。

【设计意图】发展并诊断学生观察、联系生活能力。

环节三：认识乙烯的分子结构

【教师活动】利用乙烷的球棍模型改建乙烯的球棍模型，思考几个问题：

（1）乙烯的分子构型是什么形状的？

（2）键与键之间的夹角是多少？

（3）乙烯的分子中，共有多少个原子在同一平面上？

【学生活动1】搭建乙烯的球棍模型，利用类比的学习方法，从“饱和烃”过渡到“不饱和烃”的学习。

【学生活动2】书写乙烯的电子式、结构式、结构简式。

【教师活动】展示碳碳单键和碳碳双键的键能，引导学生从键能角度预测乙烯分子的稳定性。

【学生活动】根据已学知识，从键能的角度认识碳碳单键和双键，预测乙烯的化学性质比较活泼。

【设计意图】向学生渗透有机化合物中组成与结构的关系，诊断学生化学用语的准确表达。

环节四：探究乙烯与酸性高锰酸钾的氧化产物

【教师演示】简易装置（40%乙烯利与固体 NaOH）快速制备乙烯，并依次通入溴的 CCl_4溶液和酸性高锰酸钾溶液。

【学生活动】观察、记录并描述观察到的演示实验现象：

（1）酸性高锰酸钾溶液紫色褪去。

（2）溴的 CCl_4溶液橙红色褪去。

（3）可燃烧，火焰明亮，伴有黑烟。

【教师活动】根据实验结果可知，乙烯能够被酸性高锰酸钾氧化，请大家从氧化还原的角度猜测一下乙烯被酸性高锰酸钾氧化的产物是什么呢？

【学生活动1】讨论分析实验现象，根据价态规律来推知乙烯发生氧化反应的产物——CO_2，并通过实验验证得出结论。

【学生活动2】用 CO_2传感器测量乙烯与酸性高锰酸钾溶液反应时 CO_2浓度变化，结果见图 4-53。

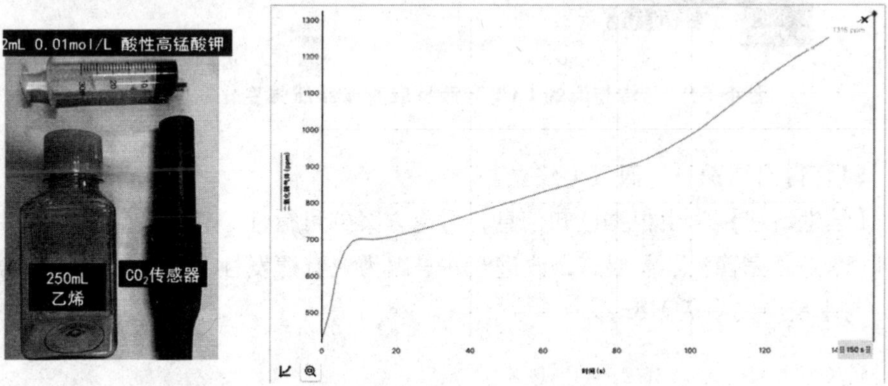

图 4-53 乙烯与酸性高锰酸钾溶液反应时 CO_2浓度变化实验结果

【设计意图】诊断培养学生用价态规律推测产物的能力以及“性质决定用途”的认识水平。

环节五：实验探究乙烯与溴的 CCl_4 溶液反应断键方式

【教师活动】乙烯与溴的 CCl_4 溶液发生反应的机理是什么？

（1）提出假设——结合乙烯的分子结构进行分析，提出假设：

假设 1：$CH_2=CH_2+Br_2 \rightarrow \underset{\displaystyle Br}{\underset{|}{CH_2}}-\underset{\displaystyle Br}{\underset{|}{CH_2}}$

假设 2：$CH_2=CH_2+Br_2 \rightarrow CH_2=CH-Br+HBr$

（2）设计方案——结合已知信息评价方案：

A. 将乙烯与溴的 CCl_4 溶液反应后的气体通入 $AgNO_3$ 溶液，观察是否生成淡黄色沉淀

B. 将乙烯与溴的 CCl_4 溶液反应后的气体通入紫色石蕊溶液，观察溶液是否变红

C. 用压强传感器测量乙烯与溴的 CCl_4 溶液反应时体系压强是否变化

（3）实验验证 ——选择方案 C 用压强传感器测量乙烯与溴的 CCl_4 溶液反应时体系压强变化，结果如图 4-54。

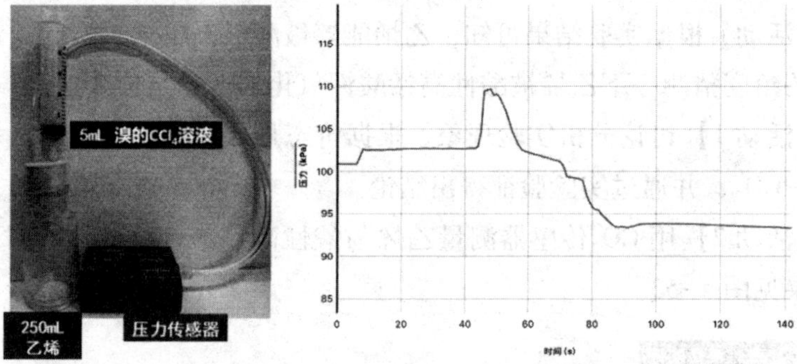

图 4-54　乙烯与溴的 CCl_4 溶液反应时体系压强变化实验结果

（4）得出结论——假设 1 成立。

【学生活动】学生根据已知信息，讨论方案的可行性。补充、点评实验装置图 4-55 是否完善？还需要怎么改进？——因为溴有挥发性，会进入 $AgNO_3$ 溶液中，与水反应，生成 HBr。

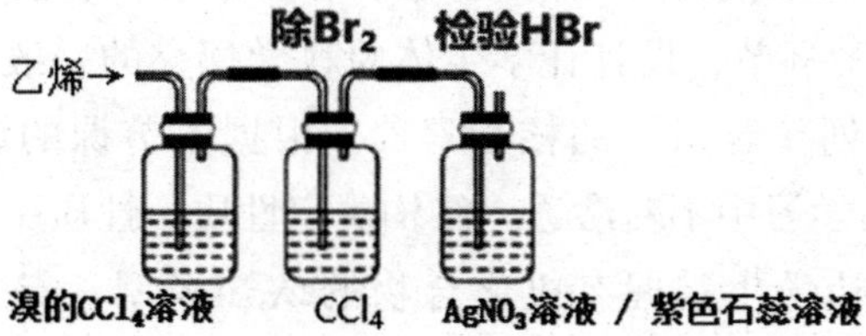

图 4-55　乙烯与溴的 CCl_4 溶液反应装置图

【设计意图】在自主学习和讨论过程中，提升学生自主学习的意识和能力。传统实验与现代手持技术的结合，使学生对探究的方法掌握更加全面。诊断陌生情境中学生信息提取能力、运用知识的能力、实验方案评价能力。

【动画模拟】乙烯与溴单质反应的微观过程——断一加二，只进不出。

【学生活动】用加成反应，选择合适的原料合成乙醇和氯乙烷，写出相应方程式。

【设计意图】诊断并发展学生有机合成的思维水平、“宏观辨识与微观探析”的认识水平。

环节六：讨论可作为乙烯去除剂的材料

【教师活动】为香蕉的运输和储藏寻找乙烯去除剂（EA）：高锰酸钾氧化型、多孔性物质吸附型、氯化钯型。

【学生活动】学以致用，运用所学知识解决真实生活情景中遇到的问题。

【设计意图】强化“结构决定性质、性质决定用途”的观念，诊断学生归纳总结、运用知识解释表达的能力。

六、反思与评价

高中化学深度学习是以发展学生核心素养为目标，以追求学科知识的深度理解为载体，有效落实教学评一体化的学习。学生在教师的引导下，建构系统化知识体系，对知识进行深度加工并迁移运用，从而获得发展的一种学习方式。

第一，创设真实情境，注重真实问题的解决。课程以东莞麻涌香蕉引入，为延长香蕉贮藏期以便生产运输，学生需要通过本节课学习寻找合适材料作为乙烯去除剂，体现化学的社会价值。

第二，脱离浅层次的知识点学习，着眼于知识的理解生成和建构。如引导学生通过已掌握的氧化还原反应价态规律预测乙烯与酸性高锰酸钾的氧化产物是 CO_2，再通过实验验证，诱发高阶思维的深度学习。

第三，以学科知识为载体，发展学生学科核心素养和能力。如在“乙烯与溴的 CCl_4 溶液反应”环节，设计让学生体验科学探究的一般思路和方法，培养学生“科学探究与创新意识”的核心素养。根据本节课的课后问卷调查结果（表 4-9）显示，在学习中不断渗透“结构决定性质、性质决定用途”的学科观念，通过类比学习让学生掌握有机化合物的认知模型，宏微结合，教学效果较好。

表 4-9　乙烯知识、结构、性质问卷调查结果

选项 题目	非常符合	符合	一般	不符合	非常不符合
1. 通过本堂课学习，我知道了乙烯的分子结构	50（98.04%）	1（1.96%）	0（0%）	0（0%）	0（0%）
2. 通过本堂课学习，我了解了乙烯和酸性高锰酸钾溶液发生反应	50（98.04%）	1（1.96%）	0（0%）	0（0%）	0（0%）
3. 通过本堂课学习，我了解了乙烯和溴的四氯化碳溶液发生反应	48（94.12%）	3（5.88%）	0（0%）	0（0%）	0（0%）
4. 通过本堂课学习，我了解了加成反应的特征	41（80.39%）	7（13.73%）	3（5.88%）	0（0%）	0（0%）
5. 通过本堂课学习，我了解了加聚反应	45（88.24%）	4（7.84%）	2（3.92%）	0（0%）	0（0%）
6. 通过本堂课学习，我了解了乙烯的用途	46（90.2%）	4（7.84%）	1（1.96%）	0（0%）	0（0%）
7. 通过本堂课学习，我了解了物质结构决定性质	42（82.35%）	8（15.69%）	1（1.96%）	0（0%）	0（0%）
8. 通过本堂课学习，我了解了认识有机物的一般流程	35（68.63%）	13（25.49%）	3（5.88%）	0（0%）	0（0%）
9. 通过本堂课学习，我知道如何用价态规律预测元素价态变化	32（62.75%）	15（29.41%）	4（7.84%）	0（0%）	0（0%）
10. 通过本堂课学习，我了解了科学的探究思路	40（78.43%）	11（21.57%）	0（0%）	0（0%）	0（0%）

第四，将学习的主动权交还给学生，落实教学评一体化的学习。本节课通过设计有针对性的“教”、给学生预留“学”的空白时间，鼓励学生相互讨论、交流、点评，及时进行“评”，脱离被动式和接受式学习，提高课堂效率。如在

“探究乙烯与溴的 CCl_4 溶液的反应机理环节”，搭建脚手架，组织学生展开自主学习和讨论过程，提升学生深度建构知识和解决问题的能力，有效激发学生深度思考。根据本节课的课后问卷调查结果（图4-56）显示，76.47%的学生喜欢课堂上实施讨论式教学，说明学生对此种教学方式认可度较高。

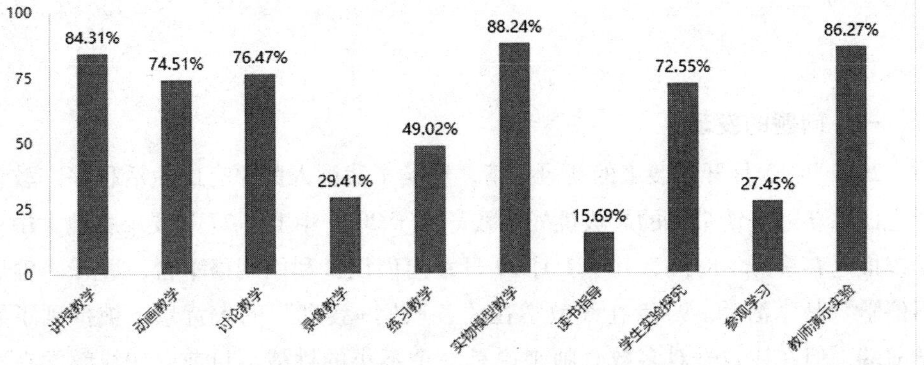

图 4-56　学生喜爱教学模式调查问卷结果

（郭依婷　广东省东莞市万江中学）

案例 6

基于“互联网+”的 CDDSY 高中化学有效教学

一、问题的发现

2019 年 12 月开始袭来的新冠疫情，影响了我国人民原有的生活秩序。教育界也面临新冠疫情带来的严峻挑战。教育部于 2020 年 1 月 27 日要求各地大中小学校推迟春季开学时间，并于 1 月 29 日发出倡议：利用网络平台，展开“停课不停学”教学活动。尽管在线教学在“互联网+教育”的大背景下被推到了教学前端，但在线教学对多数教师来说是一个不小的挑战。目前，在线教学在实施过程中存在以下几个亟须解决的问题：

第一，虽然广大教师在日常教学中会利用平台资源开展翻转课堂、电子慕课等教学活动，但这些新形式都只作为传统教学活动的辅助和补充。在疫情影响下，老师和学生完全脱离传统的线下课堂环境，“面对面”的传统线下教学场景转变为完全虚拟的线上教学场景，这使课堂中必要的情绪调动和互动交流受到了极大影响。

第二，教学质量较难保证。由于认识偏差以及短期内的技术短板，一些教师只是简单地将传统的线下课堂照搬到线上，并没有发挥线上教学工具的作用，教学质量难以保证。

第三，监管能力减弱。在线教学中师生在空间上的分离，极有可能造成学生不认真听讲、翘课等问题，甚至难以保证线上测试的公平性，无法保证测试质量。

第四，网络拥堵。容易出现网络卡顿、黑屏、音影不佳，甚至进不了学习平台等情况。

如何让学生更好地适应网络教学，完全化线上教学模式的探究，保证线上学习与线下课堂实质等效的问题亟须解决。

二、教学模式的设计

针对当前在线教学中存在的问题，为了模拟真实线下课堂教学，提高与学生的互动性，及时掌握学生学习情况，我们贯彻以学生为中心的教学理念，经过不断的尝试，将整体授课体系逐步完善，形成了一套系统的 CDDSY［Computer（电脑）+Digital Panel（数位板）+Ding Talk（钉钉）+ Seewo（希沃白板 5）+ Yuantiku（猿题库）］在线教学模式（如图 4-57 所示），希望能为在线教学开展以及教师在线教学能力的提升提供借鉴。

图 4-57　CSSDY 在线教学模式

（一）“钉钉直播平台”

线上教学平台是实现线上教学的基础。通过参加在线工具的培训，查阅文献资料，并对比应用各类教学软件工具，我们最终决定使用钉钉进行视频直播，完成教学任务。对比其他直播平台，钉钉直播平台（图 4-58）的优点如下：

1. 钉钉系统在使用中更稳定。可以单群直播，也可以多群联播。

2. 与其他直播平台相比，钉钉直播可以实时回看视频，并可直接导出到本地保存，让学生在课后可根据自身情况再次学习。

3. 钉钉可以生成外部链接，分享至各个平台。

4. 钉钉能直接统计观看人数和观看时长，方便教师监管和考勤。

5. 钉钉是一个一站式的在线教学平台，除了上述功能，钉钉还提供课下与学生交流活动、布置和批改作业；内置的钉盘，可以随时上传文件，大小不受限制。

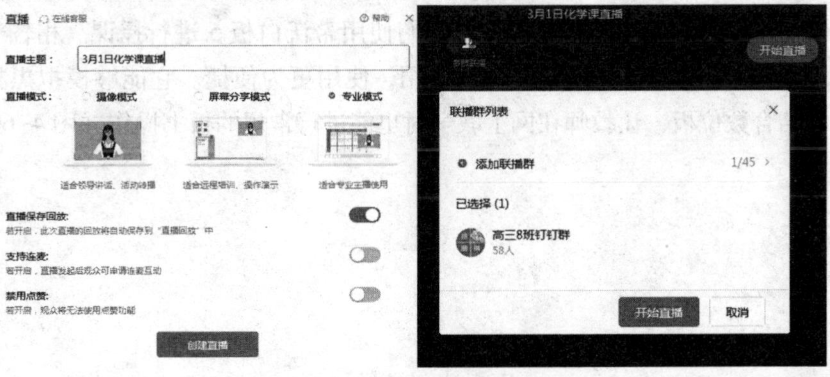

图 4-58　钉钉直播平台操作流程

（二）“希沃白板5+数位板”的组合打造接近线下的真实“教学课堂”

1. 利用PPT直播的缺点

教师用PPT进行书写非常不便。因为PPT的“笔”工具在使用时是一个小圆点，有时候学生难以注意到笔，导致学生无法跟上老师的教学思路，甚至老师自己稍不留神也会找不到笔的位置（图4-59）。

若是放弃书写这一功能，教师备课就只能在PPT中事先设计好问题的解答步骤，再利用动画设置逐步放给学生。这样不仅大大增加了教师的工作量，其高频率的动画播放也无法给予学生充足的思考时间。更有甚者，其中固定的思维步骤，不利于培养学生的发散思维。

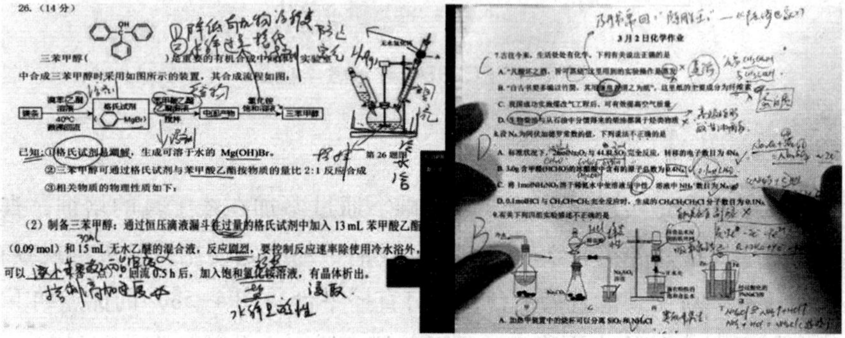

图4-59 传统书写模式

2. 利用“希沃白板5+数位板”组合直播的优点

黑板与粉笔，是沿用了几百年的教学工具，并没有随着现代教育技术的发展而被取代。我们认为，这不仅是因为黑板上能够记录下重要的知识点，更是因为相较于有成排文字的PPT，黑板上那经一笔一画形成的字符，配合老师一字一句的讲解，更能将知识的来龙去脉展示清楚，更有代入感并增加了思考的空间，让学生参与了知识的建构过程。因此，我们使用希沃白板5进行授课。相较于传统PPT，希沃白板更加专注于教学上的应用，使用更为便捷。它能够模拟黑板与粉笔，再结合数位板，让教师在网上教学时也能进行常规的板书操作（图4-60）。

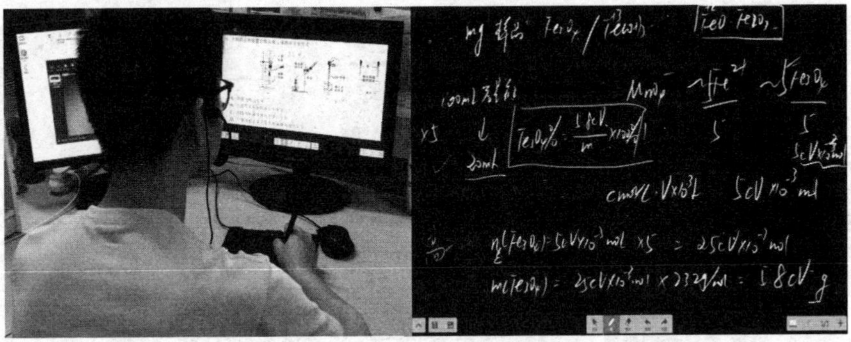

图 4-60 数位板书写

（三）利用猿题库老师版在线布置作业，及时评价线上教学的效果

猿题库老师版支持教师在手机上为学生布置作业，试题库包含猿题库所有学科的 60 万道试题。在老师指定教材章节或者知识点后，软件便会自动合成相应的题目。

当学生完成练习后，系统能自动批改选择题，同时老师可以获得每一个学生的练习数据，以及所在班级的整体练习情况的分析数据。非选择题由学生拍照上传，教师可以通过手机或者平板手动批改，还可以添加语音批注，大大提高了批改效率，也增强了与学生的互动性。

此外，猿题库老师版的一个特色功能是“一对一”出题。老师根据学生的学习情况分层布置作业，指定出题范围和题量，系统便会根据每位学生的学习状况合成个性化的作业，使学生进行有针对性的训练。

三、教学活动的实施

（一）课前

1. 建立班级钉钉群。

2. 课前用希沃白板 5 制作好教学课件。选择“传统黑板”这一背景模板，搭配必要的文字和图片。

3. 发放任务单、课件和视频让学生自主学习，收集学生的共同问题。

4. 教师提前熟悉直播平台并进行测试，做好处理各种情况的准备，比如，卡顿、掉线等情况。

5. 设置一名课程助教，帮助收集问题或在讨论区与学生互动，强调纪律等。

（二）课中

1. 上课前十分钟，在钉钉群通知同学签到。

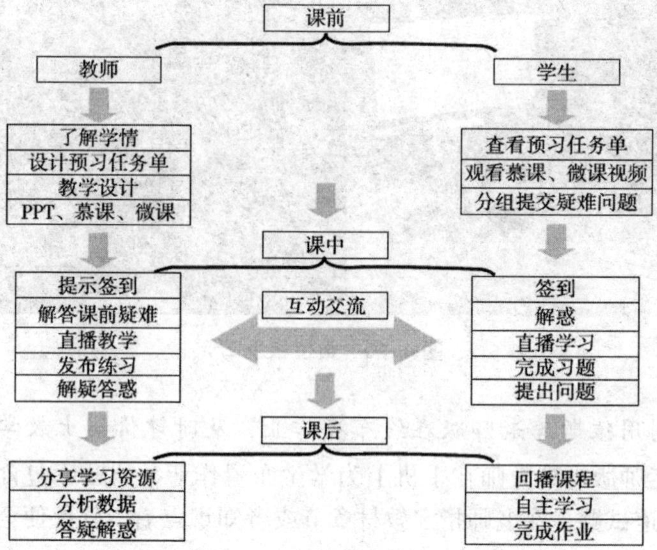

图 4-61　CSSDY 在线教学流程图

2. 课堂上采用“钉钉直播+希沃白板 5”的组合直播授课。教师利用钉钉软件里的屏幕共享功能，播放 PPT，进行语音直播授课，并对主要知识点进行讲解。

3. 授课过程中时刻保持与学生的语言互动，适当暂停询问学生学习情况，或进行提问、检测等互动。

4. 教师教学过程中，通过希沃白板一笔一画书写，配以一字一句的剖析，将复杂的问题转化为简单有序的步骤，带领学生将问题逐步解决。

（三）课后

1. 通过猿题库分层布置作业。学生下载猿题库 APP 后，软件会自动提醒学生有新作业和截止时间。

2. 猿题库作业批改。

四、结论与反思

疫情防控以来，已证明 CDDSY 教学模式实践是切实可行的，师生都逐步适应了这种新的教学模式。对于简单易理解的教学内容采用课前导学形式，培养学生自学能力；利用钉钉平台收集学生的共同问题，直播解决学生的疑难点。相较于在线网络课程，网络直播的教学形式具有师生时间同步、临场感强、互动性高的特点，特别是在移动互联网发展及直播文化盛行的当下，对当下年轻人也更具有吸引力；课堂上老师不断地提出问题，使学生能够专注于课堂，紧跟老师的教学节奏，积极回答问题。相较于线下教学，线上教学的优越性体现在能够更客观地展示学生练习的成效，老师可以实时看到学生的完成情况，及时在直播中进行点评和讲解，提高了教师的工作效率，让教师可以更准确地关注到学生的学习情况，学生对学习的积极性也相应提高（图 4-62）。

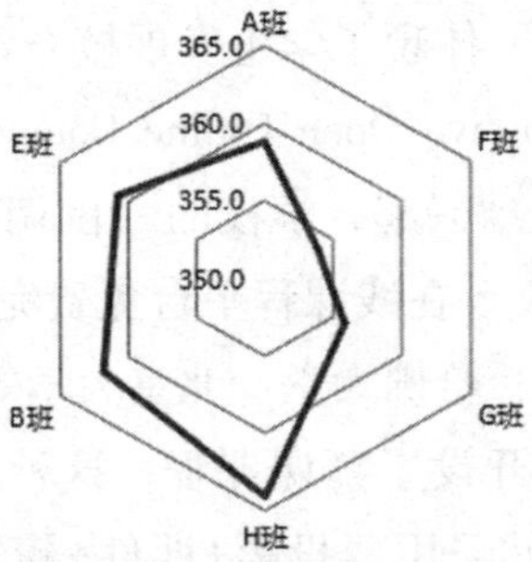

图 4-62 学生一模成绩雷达图（B、E、H 组在疫情防控期间采用了 CDDSY 线上教学模式）

通过以上六组学生的考试成绩对比发现：采用 CDDSY 线上教学模式的 B 组、E 组和 H 组的学习成绩高于采用普通线上教学模式。从学生的出勤情况、使用感受和课堂练习、测试及作业完成等情况综合来看，CDDSY 线上教学模式达到了预期的教学目标，为学习者提供了一种有效的课堂情境，取得了较为理想的教学效果。

（布瑞昌 广东省东莞市万江中学）

案例 7

初探 MOOC 环境下的高三化学翻转复习课
——以“物质的分离和提纯”为例

本案例提出了传统高中化学教学与 MOOC 资源结合的教学改革设想，系统记录了 MOOC 环境下设计和实施一节线上线下相结合的高中化学课，为 MOOC 理论提供了实证研究的案例，体现了学生发展核心素养的要求。

MOOC（慕课）是“Massive Open Online Course”（大规模在线开放课程）的简称。伴随着 MOOC 在全球兴起，学校的“围墙”逐渐被拆除。学习者可以通过 Coursera、Udacity、edX 等在线课程平台免费完成由名校、名师打造的精品课程，从而拿到斯坦福大学、哈佛大学、北京大学等的课程证书。

我国各地大学已经逐步开设了慕课课程，这种先学后教的翻转课堂模式得到广泛认可①，但是高中依然采用“投影+课件+粉笔+黑板”的传统教学方式。传统授课多采用“一套教材、一本讲稿”，学生自主学习能力得不到有效培养，独立思考能力得不到充分发展。考试多以笔试为主，且内容偏重于知识的记忆，缺乏对化学探究能力的培养。

我国东西部、城乡间教育资源差异大，甚至同一个地区的重点中学和普通中学教师资源也不尽相同，这种教育不公已然成为社会问题。目前，高中化学传统教学多采用两年时间教完三年课程，最后一年进入题海备考阶段，这不仅阻碍了学有余力的学习者自由发展，也伤害了基础薄弱学生的学习自信，故亟须定制个性化教学。慕课的兴起使得学习者有机会选择自己感兴趣的老师和课程，随时随地学习，不需要统一的课表和固定的教室，学习者随时调整学习进度和学习内容，是一种完全个性化的学习模式。② 美国肯塔基大学已经在 Coursera 上开设了高中化学课程（Chemistry）。我国重庆、南京、上海、东莞等地高中也已开始进行高中慕课教学尝试。③ 将慕课这种教学模式应用到高中化学教学中，既符合学科特点、顺应时代发展需要，又符合培养学生核心素养的基

① 黄毅，马林. MOOC 环境下生物化学微课程的设计［J］. 化学教育，2015，36（24）：74-77.

② 伯格曼，萨姆斯. 翻转学习［M］. 王允丽，译. 北京：中国青年出版社，2015：19-25.

③ 重庆市聚奎中学校. 学习的革命：翻转课堂［M］. 成都：西南交通大学出版社，2015：38-94.

本要求。

面对现状、挑战和机遇，中学一线教学工作者不能回避，必须结合实际情况，不断提高教师专业素养，顺应时代发展潮流。① 以下是笔者结合某市已有MOOC资源和自身学校现有条件完成的一节关于“物质的分离和提纯”高三幕课复习课，其翻转课堂的效果给老师和学生都带来了意想不到的惊喜和收获，现将其条分缕析，以供同行参考指正。

一、教师慕课准备

设计并完成一节慕课是一项系统的工作，仅靠一个人很难完成，中学化学教师制作慕课需结合化学科组和信息科组的团队力量。信息团队需掌握课件制作软件（PowerPoint）、动画制作软件（Adobe Flash）、录屏软件（Camtasia Studio）、视频编辑软件（Corel Video Studio）、图片处理软件（Photoshop）、化学绘图软件（ChemDraw）等，并且做好分工工作，才能使设计理念顺利实现。

（一）整体构思

“物质的分离和提纯”这节慕课主要采用线上翻转课堂学习和线下传统教室学习相结合的形式来展开。学生和教师注册校园 Moodle 平台（网络课程）。教师开办网络课程，并根据授课内容设计视频教学片段、布置相应作业、设计测试练习，然后将这些资源对接至 Moodle 平台。学生自行观看视频、完成作业、参加考试、提交考试，并在讨论区对遇到的问题进行讨论。平台对学生的作业情况自动评估，教师根据作业和测试的反馈信息与学生在讨论区互动。学生独立思考、敢于质疑，并且带着疑问回到传统教室。教师组织学生分组汇报线上学习成果，并发表自己的观点。最后由教师综合以上教学情境，对本节课的重点、难点、生长点进行点评和升华。但学习并没有结束，学生后续可以通过 Moodle 平台进行互动，教师亦可以根据情况更新学习资料，让感兴趣的学生继续拓展学习内容，详见图 4-63。

（二）微课设计

微课（Micro Course）是翻转课堂的重要视频材料，时间一般控制在十分钟以内，具有内容丰富、主题突出、短小精悍、画面流畅等特点。微课并不只是录制视频，只有精彩的微课才能使学生在课前预习时产生学习化学的兴趣、动

① 李西，谢颖．我国近五年慕课（MOOC）研究综述［J］．亚太教育，2016（13）：289.

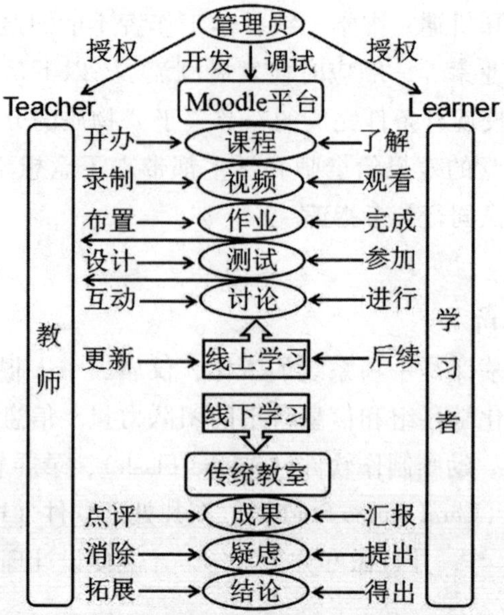

图 4-63　翻转教学流程图

力，并引发学生积极的思考。①

1. 微课剧本

表 4-10　微课剧本设计

编号	视频编排	微课剧本内容精要
1	片头	人类对化学物质分离和提纯的研究史源远流长。出身于法国贵族的化学家拉瓦锡提出了元素学说，并通过实验从空气中分离出氧气和氮气。诺贝尔化学奖得主、中国化学家屠呦呦，利用乙醚作为萃取剂成功分离出青蒿素
2	萃取分液	将碘水和四氯化碳混合于分液漏斗中，充分振荡，使其分层，但要注意及时放气，否则分液漏斗会有炸裂危险，然后静置。分液时要注意上液上出，下液下出，这样就可以利用四氯化碳萃取出碘水中的碘

① 赵铭，赵华．从精品到精彩：化学微课的现状、创作与使用［J］．化学教育，2016，37（1）：7-11.

续表

编号	视频编排	微课剧本内容精要
3	师生对白	生：老师，萃取剂可以选择密度比水小的甲苯和乙醇吗？师：可以选择甲苯。由于甲苯密度比水小，所以有机层在上层。乙醇与水互溶，不能选择。生：那萃取剂的选择标准是什么呢？师：萃取剂的选择要满足一些基本的原则，如萃取剂与原溶剂不互溶，萃取剂与原溶液不反应，溶质更易溶解在萃取剂中
4	过滤蒸馏蒸发	过滤实验用于不溶性固体和液体的分离。除去氯化钠等盐溶液中的水分可采用蒸发实验。当混合物沸点相差30℃以上时，蒸馏实验分离效果明显。蒸馏时要注意温度计水银球与支管口相平，冷凝水流方向下进上出。尤其要注意馏分收集时，切勿一味追求高产率，应当弃去前馏分，当温度计示数稳定后，再收集目标产物。分馏和蒸馏的原理相同。但是分馏装置由于安装了分馏管，可以用来分离石油等较复杂的混合物
5	重结晶	重结晶最重要的是选择溶剂。先用合适的溶剂将固体混合物溶解，再利用混合物中杂质和被提纯物质在该溶剂中的溶解差异性，使一种物质析出晶体，然后过滤、洗涤、干燥等重新得到纯净固体
6	视频	为了更好地理解重结晶过程，让我们一起走进化学实验室，亲自探究一下苯甲酸粗品的重结晶实验吧
7	师生对白	生：老师，过滤时为什么要趁热过滤呢？师：因为苯甲酸在热水中的溶解度较大，温度降低后会析出苯甲酸晶体。生：那也就是说，我们要弃去滤渣，收集滤液。此时苯甲酸是大量溶解在热的滤液中吗？师：对！但过滤时温度降低，会有部分晶体在滤纸上析出，可用少量热水洗涤滤饼。生：为什么只能用少量的热水洗涤呢？师：用热水是因为苯甲酸在热水中的溶解度较大，采用冷水和热水取决于被提纯物质和杂质的溶解差异性。但洗涤次数不能太多，否则会使少量杂质被溶解。生：实验中析出晶体量并不多，是否可以降低析出滤液的温度、延长时间，这样不是会得到更多的苯甲酸吗？师：你说得对，这样会使苯甲酸的产率提高，但由于温度过低、时间过长，有少量杂质随之析出，导致苯甲酸不纯。我们要把得到最纯净的苯甲酸作为重结晶的核心目标

2. 课件制作

挖掘物质分离和提纯化学史可以帮助学生认识化学世界、提高学习兴趣。课件中加入拉瓦锡分离空气和屠呦呦从中草药中分离青蒿素并获得诺贝尔化学奖的精美图片，这种史诗般的画面会给学生带来视觉上的震撼，让学生对自己即将学习的知识充满了敬畏感和饥渴感。课件中的标题、字体、文字颜色、动画模式等最好统一，这样会使视频简洁流畅，富有整体感。

3. 微课录制

微课不仅仅是课件讲解过程中利用软件录制屏幕，精品微课应融合课件讲解、实验片段、师生互动和习题讲解等环节。知识点讲解和实验视频过程中应结合相应的字幕，留给学生思考和笔记时间。精美的文字、必要的字幕、动听的背景音乐可以使整个微课视频具有更强的观赏性。基于认知心理学的注意原理进行微课录制①，紧抓学生 10 分钟的注意力，让学生在轻松、有趣、思辨中高效学习。

4. 实验拍摄

“物质的分离和提纯”课题中关于重结晶的问题综合能力要求较高，故结合教材资源，拍摄苯甲酸的重结晶实验视频。利用实验视频的画面感整体建构苯甲酸重结晶过程，形成对物质分离提纯的一般思维模型。实验拍摄过程中一定要体现重结晶实验的关键步骤：加热溶解、停止加热、趁热过滤、弃去滤渣、得到滤液、冷却结晶、再次过滤、洗涤滤饼、干燥得到苯甲酸晶体。实验拍摄的视角应完整体现以上关键步骤，亦可采用微距镜头突出晶体析出的过程。溶解和过滤需要的时间较长，后期可以适当剪辑。

5. 视频剪辑

备课充分、素材翔实、故事精彩固然重要，但能不能抓住学生的注意力，使其不断思考直至微课视频结束，则需要精心剪辑，充分融合音响、动画、知识点和字幕，使各个环节紧凑且有效。

（三）习题制作

笔者结合近几年全国高考理综试卷，并选编其中关于物质分离和提纯的试题，制作出“课前反馈测试”“课堂思考题”以及“课后巩固训练”。“课前反馈测试”结合微课视频设置题目，以选择题为主，通过查看该测试的结果再次进行备课，准备回到传统教室的“课堂思考题”。传统课堂结束后，结合教学实际制作“课后巩固训练”。

（四）平台对接

笔者选用目前已广泛应用的网络教学平台 Moodle，创建“物质的分离和提纯”课程，并将相关学习资料上传至校园 Moodle 平台，发布进度计划和学习通知。

---

① 戈尔茨坦．认知心理学［M］．张明，译．北京：中国轻工业出版社，2015：102-140.

二、学生线上自学

学生利用晚自习时间在慕课教室登录各自的翻转课堂账号，在线观看微课视频，在线完成并提交“课前反馈测试”。学生在第一时间获得自己的测试结果，并结合解析重新翻看视频，独立纠正各自学习错漏之处。

笔者惊喜地看到满怀疑惑的学生首先想到的是寻找解决问题的办法，而不是坐等老师公布正确答案。学生之间也多了很多互动，对于一些问题，学生提出不同见解，且饶有兴趣地在平台上讨论。这种实证意识和严谨求知的态度既符合学生发展核心素养的要求，也充分调动了学生对化学知识的求知欲，让获取知识成为一种快乐。

三、师生回归线下课堂

线上教学设计应依循布鲁姆教育目标分类法的原则，主要学习通识内容。线下教学设计可依循倒置的布鲁姆教育目标分类法，主要培养解决问题的能力和构建化学思维，见图 4-64。

图 4-64　教学目标分类法

（一）教师精准备课

通过“Moodle 平台—设置—课程管理—成绩”看到所有人的得分情况及平均分，并对成绩册进行管理，画出分数段和等级，了解学生思维困扰点，并针对以上翻转课堂的学情再次进行备课。当学生和老师再次回到传统课堂后便可结合“课堂思考题”有的放矢地解决学生之所需。这样的精准备课不仅可以站在更高的角度解决学生之疑惑，也是一次教学相长的过程。

（二）学生汇报成果

学生以小组为单位汇报线上课堂所学到的关于物质的分离和提纯的基本方法（见图 4-65），并对每一种方法进行要点归纳，同时提出自学过程中的困惑点。

图 4-65　物质分离和提纯的基本方法

（三）即时点评归纳

作者结合学生学情和对高考试题的研究，对比了蒸发结晶和冷却结晶，辨析了有机化学萃取时的洗涤操作和无机化学沉淀时的洗涤操作，分别建构了无机化学和有机化学中物质分离和提纯的一般思维模型，归纳了高考试题中选择冷水、热水、乙醇或苯为溶剂的基本原则。即时的点评和归纳可以让知识点系统化，成为可以认知提取的知识串。思维模型的理论化可以帮助学生在解决陌生问题时找到解决问题的思维工具。

四、教学反思

传统课堂结束后，学生还可以在线完成巩固提高练习，在 Moodle 平台与其他人继续互动学习。教师通过"Moodle 平台—设置—课程管理—报表—实时日志"关注学习者在何时何地学习了哪些模块内容，对学习者的探究活动进行后续指导。教师亦可链接一些相关知识的网络资源，让学有余力的学生去探寻化学世界，充分调动个人爱好，激发学习者深层思考。

随着移动数码产品和无线网络的普及，基于微课的移动学习将会越来越流行。教师制定作业模块，学生用每天打卡或指定时间分享笔记的方式完成学习，这种学习方式可以培养学生学会学习、自我管理的能力，形成终身学习的品质。翻转教学让人与人之间因为知识而进行饶有兴趣且富有激情的互动，这不仅体现了学生之间的合作精神，又充分调动了学生的审辩思维，让学习者自觉自发地参与学习。

（刘帅　广东省东莞市万江中学）

模块五　项目式学习建构与应用

一、什么是项目式学习

“项目式学习”英文原名“Project-Based Learning”，简称 PBL，在国内除了项目式学习这个名称外，还有学者将其翻译为“基于项目的学习”“项目学习”“项目化学习”等名称。项目式学习被认为是一种特殊的探究式学习，强调以学生为学习主体，让学生在探究和解决真实问题的过程中，基于真实的问题情境，获得基本的知识和技能，形成关键的必要的品格，是一种教学方式，也是一种学习方法。对于项目式学习，不同学者的定义也不尽相同。美国巴克教育研究院对项目式学习的定义是学习是一套系统的教学方法，是对复杂问题的探究过程，也是对项目作品的精心设计、项目任务的实施过程，学生在此过程中可以掌握所需的知识和技能。① 维思教育创始人、首席专家鲍勃·伦兹（Bob Lenz）认为，项目式学习要包含启发性的基本问题，要有创造性的高质量作品，要有表现性的评价，要有严谨性的学术，要有真实的情景和反思等。② 北京师范大学“项目式学习”课题总负责人王磊教授将项目式学习定义为：项目式学习是一种建构主义理论下，以学生为中心的教学方式，它主张学生通过一定时长的小组合作方式，解决一个真实世界中复杂而又具挑战性的问题，或完成一项源于真实世界经验、需要思考完成的任务，在解决问题或完成任务的过程中，精心设计项目作品，规划和实施项目任务，进而逐步习得包括知识、可迁移技能、高级思维能力、关键品格等在内的 21 世纪核心素养。③

---

① 刘景福，钟志贤．基于项目的学习（PBL）模式研究［J］．外国教育研究，2002（11）：18-22.

② 巴克教育研究所．项目学习教师指南：21 世纪的中学教学法［M］．任伟，译．北京：教育科学出版社，2008：212.

③ 王磊．基于化学学科的项目式教学探索：历程、收获、反思和展望［J］. 教育，2019（48）：4-6.

总之，国内外不同研究者对项目式学习的定义都着重强调以下几个要素：(1) 设置驱动式问题；(2) 基于真实情境探究解决问题；(3) 自主学习交流以小组合作的形式进行；(4) 公开展示项目成果。

本书将项目式学习的概念定义为：项目式学习是一种涵盖教师教和学生学的教学模式；教师在实践中把学生作为主体，把学科核心知识作为内容，把项目主题设置在真实情境中，把任务驱动作为项目抓手；学生以小组合作的方式进行课题探究，分析解决真实问题，完成课题任务，自主建构知识，能够进行课题成果展示和核心知识迁移应用；教师在这个过程中发展学生的自主学习能力，提高核心素养水平，提高解决真题的综合能力。项目式学习所设置的项目主题必须与真实情境相联系，最好能将学生的生活经验与真实情境联系起来；任务设置要能够促进学生主动学习和独立探究；教师应加强培养学生间的小组协作能力；学生解决实际问题的能力得到提高，学科核心素养得到发展。

二、项目式学习的意义

(一) 提升教师的专业化水平

实际上，以项目式学习为基础的化学课堂教学实施起来比较困难，因为项目的设计是一种逆向教学设计，强调学习证据与目标的统一，注重解题过程和思维建构，所以项目式学习可以有效避免两种常见的教学误区：一种是表现性学习证据多但目标不明确，另一种是学习目标明确但注重经验灌输。教师通过项目式教学，运用外显证据对学生的思维过程进行分析，诊断其思维水平，并适时给予指导，确保学生能够真正领会，形成迁移能力素养，解决真实的问题情境。项目式学习的实施打破了教师原有的教育教学认知，要求教师树立目标意识，形成新的教育教学观念，进而使教师的教育教学由重教向重学转变，由重结论向重概念理解转变，由重知识向重深度思维转变。这些环节对教师的业务能力要求较高，首先，要求教师熟悉教学资源整合情况，为项目实施过程服务；其次，教师要把握学科价值，注意构建学科知识的过程；最后，要将真实情境与学科知识融会贯通，设计出符合学情和课标要求的“真题工程”。教师作为课题的指导者，必然要求提高组织能力和管理水平，合理运用各种教学策略和技能，所以开展项目式学习有利于教师的专业化成长。

(二) 丰富课堂的教学模式

传统课堂模式在开展项目式学习方面存在诸多不足，如学生探究活动目的性不强，活动容易失控受到限制，学习资源挖掘不够丰富，教学管理深度不够，教与学评价效果不突出，学生学习思维不够开阔，师生交流合作深度不够等。①

项目式学习强调学生的自主探究和动手过程，利用项目设计将化学学科知识融入真实情境，学生在合作探究过程中，发现问题，内化化学知识和技能，形成能力，真正做到学在做中，学在用中。所以项目式学习是对中学化学课堂教学方法的一种补充，能够丰富学生的课堂学习模式。②

（三）优化高中化学课堂评价方式

传统课堂教学评估主要是通过学生成绩和作业质量两个结果表征，对学生思维水平、发现问题的评估不够全面。而项目式学习课堂虽然以学生为学习主体，但并不否定教师的指导，因此评价课堂的方式要从教师项目设计、学生素养形成过程、思维迁移应用能力水平等多个环节入手，对学生进行评价。③ 项目设计评价的首要环节，关系到教师专业化水平和素质课堂落地的根本，可以在学生素养、思维迁移等环节之后进行评价。对学生素养形成的评价很关键，可从探究过程中的问题分析、证据收集、合作能力、思维水平等环节对学生进行评价，采用自评、互评、任课教师评价等方式，其间有过程性评价，也有总结性评价。思维迁移应用能力水平评估是诊断学生自主学习能力对陌生问题的评估，是对学生深度学习效果的评估。

（四）促进学生综合素质的提升

《关于加强和改进普通高中学生综合素质评价工作的意见》指出，学校组织实施综合素质评价。学校要建立健全学生成长记录的各项规章制度，对学生综合素质评价工作做出明确具体要求。学科教师在教学过程中，要“引导学生发现问题、树立自信，引导学生发扬优点、克服不足，明确努力方向”。学生学会自我评价，形成积极进取的心态，增强自尊心和自信心，从他律到自律，达到自我提高的目的。项目式学习是一种更开放的课堂教学模式，有利于学生被动学习状态的转变，通过小组合作的方式，在真实情境中进行探究学习，运用所学知识解决实际问题，更直观地展现学习成果。思维评价和学生项目过程的学习成果评价是学生综合素质评价的关键，也是培养学生素养的有效途径。所以教师在进行项目式学习的设计时，一定要提炼出明确核心的评价观察点，对学生的学习行为进行有效的评价，这样才能促进学生综合素质的提高。

---

① 马卡姆．PBL项目学习：项目设计及辅导指南［M］．董艳，译．北京：光明日报出版社，2015：10.

② 刘景福．基于项目的学习模式（PBL）研究［D］．南昌：江西师范大学，2002.

③ 巴克教育研究所．项目学习教师指南：21世纪的中学教学法［M］．任伟，译．北京：教育科学出版社，2008.

三、项目式学习的研究现状

（一）国外研究现状

教育领域的项目式学习可以追溯至杜威的“做中学”（learning by doing），而后，杜威的学生克伯屈提出“设计教学法”，这是“做中学”的延伸，并且他在1918年详细地论述了“设计教学法”（单元教学法）的理论基础和实施步骤，并成为这一教学法的代表人物，他强调设计教学法是需要参与者全身心投入的、有目的的活动，这为后续项目式学习理论体系的形成奠定了基础。

国外对项目式学习的研究通过对相关文献的梳理，主要集中在学习的意义、应用学科的学段、评价和应用实践等方面。

在项目式学习的应用实践方面，美国、英国、新加坡等国家已经开展过实践，效果良好。美国创办的“高科技高中”（High Tech High，简称HTH）是一开始就尝试运用项目式学习开展教学活动的公立学校，HTH融合了杜威的“做中学”、巴克教育研究所的黄金标准PBL准则以及斯坦福大学的表现性评价等，在实践中形成了自己具有代表性的项目式学习教学模式：项目的设计要同时让学生、家长和社区共同参与，要给所有学生提供相同的机会参与工作；项目的内容要来自真实的社区，最终得出多样的项目产品。英国伦敦的P21学校也是一所创新型学校，涵盖幼儿园到高中学段，以项目为核心架构课程体系。P21学校把培养学生的语言表达能力作为培养学生21世纪技能的核心，在项目中融入对话能力，打造富有对话性的课堂。①

（二）国内研究现状

“中国知网”作为研究数据的来源，运用高级检索的方式，设定检索时间段为2012年—2023年3月，主题词为“项目式学习”，检索结果表明近十年间发表的关于“项目式学习”的文献共有4414篇。进一步分析其融入化学学科的现状，以“项目式学习”并含“化学”为主题词进行高级检索，以期刊和硕博学位论文为重点，只统计初高中化学教学中项目式学习的应用情况，共获取相关论文316篇。国内学者对化学项目式学习的研究集中于以下几方面：

1. 关于项目式学习教学模式的研究

刘景福和钟志贤在《基于项目的学习（PBL）模式研究》中较早地对项目式学习的定义、构成要素、特征及项目实施程序等进行了较为全面的研究和介

---

① 刘延申．美国高等师范教育改革简述［J］．教育研究，2001（10）：74-77.

绍，认为项目式学习是一种探究式学习模式，以学科知识为核心，在真实情境中解决相关问题。①

许美羡和张贤金在《基于项目式学习的高三化学实验和工艺流程专题复习：以“海带中碘的提取”为例》中认为，项目式学习是一种让学生通过小组合作解决基于真实情境的学习模式，他们利用这种模式将化学实验和工艺流程相关知识有机结合到“海带中碘的提取”项目中，让学生进行项目探究活动，从而更好地复习两部分核心知识。②

2. 关于项目式学习教学设计的研究

史鹏园和刘玉荣在《基于项目学习的高中化学教学设计与实践：以“探究食品脱氧剂中的化学问题”为例》中以脱氧剂中的化学问题为主线设计了项目探究活动，运用项目式学习教学模式对高三“氧化还原反应”“铁及其化合物”“能量”等模块的综合复习进行了项目式教学设计，并进行了教学实践，在项目结束后对教学效果进行了分析，发现学生的项目操作能力和对相关知识点的掌握程度有了一定的提高。③

刘海超在《基于项目式学习的高中化学单元教学研究》中将项目式学习的原则和方法融入单元教学中，设计了“硫及其化合物”的项目式单元教学案例，选用“酸雨”作为贯穿项目始终的大情境线索，将项目拆分为 3 个子项目，项目涵盖了不同价态硫、硫及其化合物的性质等核心知识，让学生在探究合作解决问题的过程中提升综合能力，从而培养学科核心素养。④

胡久华和褚童等在《大概念统领的项目式学习：基于碳中和理念设计低碳行动方案》中设计并实施了以“碳中和”大概念为统领的跨学科项目式学习活动，“基于碳中和理念设计低碳行动方案”项目以化学中的第二章介绍氧化碳的性质及转化为核心知识内容，同时涵盖了生物、物理、数学、道德与法治等学科的相关知识内容，让学生在学习过程中感受学科间的关联性，同时完成了从学习知识技能到增强社会责任感的转变，学生的核心素养和综合能力得到了很

---

① 刘景福，钟志贤．基于项目的学习（PBL）模式研究［J］．外国教育研究，2002（11）：18-22.

② 许美羡，张贤金．基于项目式学习的高三化学实验和工艺流程专题复习：以“海带中碘的提取”为例［J］．化学教育（中英文），2022，43（11）：37-45.

③ 史鹏园，刘玉荣．基于项目学习的高中化学教学设计与实践：以“探究食品脱氧剂中的化学问题”为例［J］．化学教育（中英文），2020，41（5）：66-72.

④ 刘海超．基于项目式学习的高中化学单元教学研究［D］．呼和浩特：内蒙古师范大学，2022.

好的培养。①

3. 关于项目式学习策略的研究

申燕和陈尚宝等在《基于 STEM 理念的项目式学习课例设计：以“探秘人体的呼吸”为例》中提到 STEM 理念，旨在让学生感受到提升多种学科素养和技能的重要性，因此基于 STEM 理念的项目式学习能够更加有效地解决基于真实情境的现实问题，从而更好地发展学生的综合素养。基于此，他们设计了“探秘人体的呼吸”学习项目，项目以相关化学知识内容为中心，融合生物、物理等学科的相关知识内容，引导学生基于真实情境进行探究。②

符爱琴和周晓燕在《初中化学微项目化学习课程的构建研究：以项目“皮蛋的制作”为例》中，提出了开展项目式学习的策略要求：第一，选取真实有意义的情境和有梯度的问题；第二，设计不同层级的、多样的能力活动任务；第三，要有覆盖全程的评价。③

4. 关于项目式学习的实施与评价的研究

周蕾在《基于项目式学习的高中化学教学设计与实施》中介绍了项目设计的原则、理念、依据、要素、评价等，他将醇、醛、酸、糖类等有机化学基础部分的知识融入生活生产的实际情境中，实施了“酒的酿造、包装与销售”项目，项目结束后对实验对象进行过程性评价，设计了包含六方面内容（包括能力、项目成果等方面）的评价量表，这六方面各占不同比例的分值，通过自评、小组互评、教师评价等形式得出最终结果。④

柴圣元在《基于“教、学、评”一体化的项目式教学：以揭秘“蓝黑墨水变色的原理”一课为例》中介绍了项目的背景、内容、框架、实施过程及评价，基于教学评一体化实施了该项目，并提出要想对学生的项目学习过程进行全面、准确的评价，就要采取多元的评价方式，如传统评价与创新评价兼备，自评、他评（小组互评、教师专家评价等）相结合等，还可以设计相应的问卷和等级

① 胡久华，褚童，王静波，等．大概念统领的项目式学习：基于碳中和理念设计低碳行动方案［J］．化学教育（中英文），2022，43（9）：6-14.

② 申燕，陈尚宝，邹志谱，等．基于 STEM 理念下的项目式学习课例设计：以“探秘人体的呼吸”为例［J］．化学教学，2019（9）：50-55.

③ 符爱琴，周晓燕．初中化学微项目化学习课程的构建研究：以项目“皮蛋的制作”为例［J］．化学教学，2022（1）：32-37.

④ 周蕾．基于项目式学习的高中化学教学的设计与实施［D］．昆明：云南师范大学，2020.

评价量表等。①

四、项目式学习建构的策略

教师在项目式学习过程中扮演着项目管理者和引导者的角色，教师确定方向和目标，引导学生结合化学实验进行自主探究，教师要明确在不同的阶段对学生进行项目式学习应该采用哪些具体的策略进行引导和管理。

（一）项目学习目标与课程标准一体化

《普通高中化学课程标准》是教育部颁布的纲领性文件，对化学教材的编排、化学试题的设计、化学课程的评价等都有指导作用，是国家对化学教学的最低要求。因此，我们在选择课题内容和制定学习目标时，应以高中化学学科的课程标准为依据，并结合课程内容的《关于新时代推进普通高中育人方式改革的指导意见》进行学习。以学业水平为基础，制定形成性、小结性的项目式学习评价标准。

人教版普通高中化学教材必修第二册第七章“乙醇”的教学中，项目学习目标要体现学生对典型有机化合物的主要性质的鉴别和应用，充分利用课程标准的情境材料建议：融合我国酿酒技术和文化，提高学生的文化认同感和民族自豪感。以酒驾酒精检测为驱动，引导学生了解酒精检测仪的工作原理和所涉及的化学反应，团队配合，自制了酒精检测仪。从乙醇的化学性质上分析、讨论、评价饮食和人体健康，使学生充分认识酒后驾车的危害，体现化学学科的育人价值。

（二）项目情景的“生活化”

项目式学习是以真实的情境为基础，对复杂的现实问题进行解决。学生作为项目式学习的主体，选择与化学学科相关联的生活场景和用品，一方面，可以更大程度地激发学生的学习兴趣，在遇到困难的过程中能够坚持不懈地进行探究；另一方面，可以让学生认识到化学学科是和我们生活中的衣食住行紧密联系在一起的。因此，在项目设计过程中，应围绕“生活化”这一特点，引导学生主动地进行知识构建和问题解决，在顺利完成项目任务后，还可以在日常生活中应用所学知识。

人教版普通高中化学教材必修第二册第五章“化工生产中的重要非金属元素”的教学中，包含硫和氮两大元素，而二氧化硫和氮的氧化物都是有害气体，

---

① 柴圣元．基于“教、学、评”一体化的项目式教学：以揭秘“蓝黑墨水变色的原理”一课为例［J］．化学教与学（下半月），2022（3）：16-19.

我们生活中使用的煤炭燃烧会产生二氧化硫，汽车尾气会排放出氮的氧化物，以生活中的煤炭和汽车尾气为情境，驱动学生探究有害气体的绿色化处理方法，培养学生文献查阅、知识综合运用和实验探究的能力，从而使学生在解决实际生活问题的过程中增强绿色化学和环境保护的意识，提升化学学科自身的核心素养。

（三）项目知识点的综合化

“生活化”的项目情境所涉及的综合性和复杂性问题，在解题过程中需要具备综合性的知识储备和运用能力。化学也是一门以实验为主的学科，要求学生在项目过程中掌握一定的实验设计和操作能力，所以在选择项目的过程中要兼顾学生当前的知识综合和实验操作能力。项目知识的综合性，一方面，可以引导学生运用多阶段的知识处理复杂问题，促进知识的整合和运用能力；另一方面，有助于综合知识在小组合作过程中的拆分和小组成员的分工协作。

人教版普通高中化学教材必修第二册第八章“化学与可持续发展”的教学中，由于营养强化剂含有各种不同的添加剂，其含量也各不相同，而且在检验过程中还可能存在其他干扰，因此学生在设计营养强化剂成分的检验实验时，要明确了解其配料表，并根据实验设计优先识别可能干扰检测的共存成分。所以营养强化剂对学生的资料查阅和综合知识的要求比较高，即更加强调学生综合运用知识的能力。

（四）项目评价方式的多元化

项目式学习是以学生完成小组任务的多个环节，区别于教师讲授知识，学生学习知识的传统形式。在评价上不能简单地依靠传统的纸笔测验和基础知识的掌握程度来评价学生的学习成果，要充分关注学生在整个项目推进过程中的贡献价值，在最后的小组合作中完成作品的情况，在最后知识点的掌握上，综合评价学生的学习成果。在项目式学习的多元化评价体系中，主要分为自我评价、小组互评和教师评价三方面。自我评价主要是从整个学习过程中学生自身的收获和感悟出发，有利于学生的自我理解和反思，以便在下一步的项目活动中有所改进。小组互评是对学生人际交往沟通和合作能力的一种体现，小组成员的评价更能让学生认识到自己在某些方面的不足。教师评价包括三部分：一是教师要关注项目实施阶段学生和学习小组的学习状态，对学生的资料收集能力、学习小组在实验操作及团队协作、项目作品等方面的协作能力进行评价；二是对各组的项目作品和汇报进行评比，主要汇报内容的深度和广度，作品的创新性，制作过程的环保、绿色和推广价值，从整个汇报和作品中可以看出组员对知识和实验能力的掌握程度；三是以化学学科核心素养水平为评价依据，了解项目式学习对学生化学学科核心素养水平和学生所达到水平的提升效果。

五、项目式学习建构的思路

（一）由“项目式学习”引发的教学内容与教学方式改造

学科教学引入“项目式学习”，不能简单理解为学科教学的活动化，而是在真实情境中对学科核心知识的再建构，它既可以理解为一种学习方式，也可以作为学科课程的单元重构。因此，在常态化的单元主题教学中推行“项目式学习”，有以下两个问题必须加以思考：

第一，对学生应理解和掌握的学科核心知识进行项目化单元重组。围绕核心概念统领主题，构建主题单元包含了体现学科核心知识的若干学习主题，同一单元的每个学习主题或项目不是条块分割的知识串联，而是根据内在逻辑的递进性相互联系。

第二，对重组后的单元主题进行项目式情境化的驱动性问题设计。将学科问题置于某种真实情境中，同时问题解决也不是简单的探究过程，而是一个寻找信息资源、提出观点、分析推理、给出证据、获得问题解决结论的过程；项目问题的解决既是与已有知识的联系，又是生成新认知的过程，是感知学科知识在现实环境中的应用，是在新情境中迁移解决问题的途径。

在常规课堂教学中推行“项目式学习”，包括“立项”和“项目落实”两项主要任务。因此，以“项目式学习”为基础，将单元主题教学落实到具体的教学实践中，也就有了“学习内容的转化”和“教学方式的转化”两方面的任务要求。

（二）基于“项目式学习”的主题单元与项目内容的设计

学习内容的改造即“项目式学习”主题单元的确立，需要依据“课程标准”“发展目标”“学生认知”和“核心知识”四个维度进行。

课程标准：在学科概念的主导下，对课程内容进行主题化的结构改造，以促进学科以及学科素养培养与发展之间的融合。

发展目标：既着眼于为全体学生打下共同的基础，又着眼于培养学生深入学习和探究化学的志向发展。

学生认知：以学生原有的认知为基础，以真实的情境引发带动性问题，激发学生的学习兴趣，在亲身经历的问题解决中蕴含学科新认知的获得。

核心知识：事实知识，以学习主题的形式连接多个知识点，形成完整的联系的知识体系和认知结构。

按照上述四个维度，在整合设计具体的“项目式学习”主题单元时，要体现出以下四个具体要求：教育要能体现价值观；能够联系社会关注的热点问题；对化学核心知识的承载能力；实施过程中既包含化学学科的核心素养，也包含学科思想方法。

（三）基于“项目式学习”的主题单元教学流程的设计

项目式学习的主题单元教学流程设计的每个环节必须清晰，明确各环节赋予的使命和任务，对各环节进行科学的评价，本书尝试从以下六个环节进行设计。

环节一：项目主题选择，从教材、课标、学情三方面分析。

环节二：项目教学目标、评价目标。

环节三：项目策略及教学流程，从知识、模型、表征等方面描述。

环节四：项目实施设计，必须明确项目任务、学生活动、教师活动等内容。

环节五：项目成果展示，项目学习思维成果或者实物成果要能够提炼成型。

环节六：项目教学反思及评价，教学评价要结合教学设计的目标和评价方式，针对学生的学习效果进行，要点与评价目标对应。

（四）基于“项目式学习”教材真实情境资源整合与设计

项目式学习如何做到不脱离教材和一线教师如何用好“课标”与“教材”这两个基本工具尤为关键，通过整理、整合、创新教材情境资源，确保项目式学习的落地质量，教师应以课标为指导，梳理必修课程和选修课程教材中的“实验探究”“科学史话”“科技社会”“化学与职业”“信息搜索”“研究与实践”等栏目内容，再由教师根据课型、年级等实际情况进行筛选整合，最终选择适合自己的项目主题。项目主题不在于大而在于实，具有可实施性。低年级同步课程可以设置微项目，章末复习和高年级可以开展一些大单元大项目的深度学习。

六、项目式学习建构与应用的案例

案例1：自然资源的开发利用模型建构——以“海带提碘项目式学习”为例。

案例2：融合信息化的学生高阶思维培养项目式学习——以“苯酚”为例。

案例3：“离子交换膜”的发展与应用项目式教学。

案例4：糖类的项目式学习——以“糖葱薄饼”成分探析为例。

案例 1

自然资源的开发利用模型建构

——以“海带提碘项目式学习”为例

一、项目主题内容分析

（一）教材分析

化学是人类利用自然资源和应对环境问题的重要科学依据。从结构上看，本节内容必修二“海水资源的开发利用”既是对必修一“化学实验基本操作”“氧化还原反应”和“离子反应”“元素化合物”知识的综合运用，也是为选择性必修一学习氯碱工业、为高考“工艺流程题”的建模做铺垫，起到承上启下的作用。本节以海水资源的综合利用，引领学生认识化学的应用价值，尝试帮助学生建构自然资源利用的思维模型，同时了解与此有关的环境与发展问题。从科学知识的角度，本项目有利于学生将离子反应、氧化还原反应、物质分离提纯、萃取分液等知识和技能进行系统的梳理、归纳和提升。从科学、技术和社会相互作用背景的角度，本项目将培养学生加深体会化学在综合利用自然资源方面的重要作用，学会建构解决问题的科学方法和思维模型，培养学生对最优方法选择的科研精神，帮助学生初步形成解决实际问题的能力。

（二）课标分析

课程标准对本节内容要求如下：碘作为氯、溴的同类物质具有相似的性质，一定条件下通过氧化还原反应各类物质可以相互转化。对于非金属及其化合物的学习，教师可以结合真实情境，指导学生通过资料收集、实验探究等方式，了解物质性质及其转化方法，认识到物质及其转化在促进社会进步、自然资源综合利用和环境保护中的重要价值。学业上，要求学生能从物质类别、元素价态的角度，利用典型代表物的性质和氧化还原反应设计常见物质制备、分离、提纯、检验等任务方案。同时，学生能说明常见元素及其化合物的应用对社会发展的价值、对环境的影响，能有意识地运用所学知识，寻找相关证据参与社会性议题的讨论。

（三）学情分析

学生已具备物质分离、用淀粉检验碘、氧化还原等知识；思维具有广阔性，富有想象力，有解决实际问题的热情，但较少了解化学如何用于解决实际生产问题。经过一学期的小组协作学习，学生小组合作能力较强，也掌握了一定的检索技巧，有较好的整理归纳能力。

二、项目教学目标

（一）教学目标

1. 通过查阅资料，设计从海带提取碘的实验方案，初步建立物质分离提纯的策略模型，培养证据推理与模型认知的核心素养。

2. 通过了解海带中碘元素的提取实验原理和碘元素的检验原理，建立变化观念与平衡思想。

3. 通过合作探究海带提碘实验，巩固灼烧、浸取、过滤、萃取等基本实验操作，掌握实验仪器的使用方法，优化海带提碘的实验方案，培养学生的科学探究与创新意识。

4. 通过碘的提取建立自然资源开发利用的一般方法，尝试将该模型应用于解决新的实际问题，进一步增强学生用化学服务社会的担当意识。

（二）评价目标

1. 通过海带中提取碘的实验方案的设计和改进，诊断并发展学生实验探究的能力，发展学生模型建构和迁移应用的能力。

2. 通过对海带提取碘原理中涉及的氧化还原反应的判断和分析，诊断并发展学生对氧化还原反应的认识，实现知识进阶学习。

3. 通过强化灼烧、浸取、过滤、萃取等基本实验操作，发展学生实验操作能力。

4. 通过海带提碘模型的构建，引导学生了解科学发展探究过程，培养科学精神。

三、教学策略及教学流程

（一）教学策略

本项目应发挥氧化还原反应对提碘原理学习的指导作用，并重视开展高水平的实验探究活动。紧密联系生产和生活实际，设计丰富多样的真实问题情境。本节内容可采用项目式、任务驱动式、小组合作等方式开展教学，引导学生通过查阅资料自主设计方案、分解任务、建构模型、优化方案、成果展示，帮助学生逐步形成自然资源开发利用的模型。

（二）教学流程

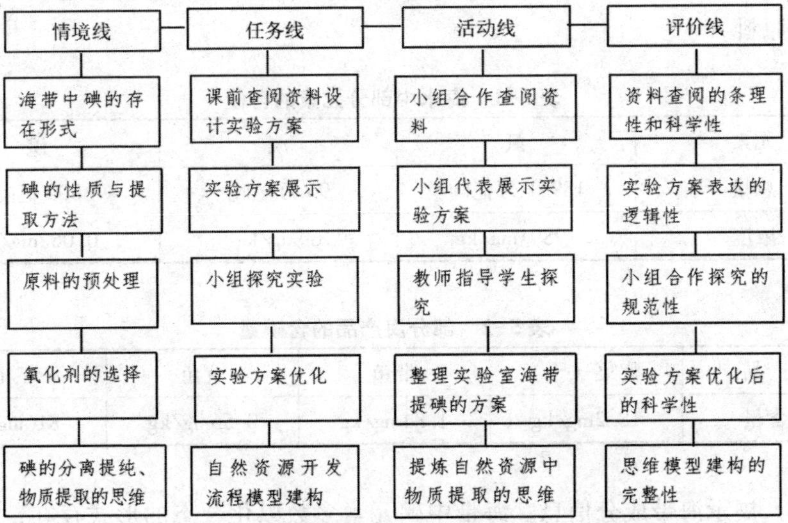

图 5-1　“海带提碘项目式学习”教学流程

四、教学实录

（一）课前任务

对项目任务进行拆解，提出海带提碘的任务，学生分组开展活动。

1. 查阅资料，了解碘的生物学效应，了解碘单质的颜色、状态、溶解性。

2. 查阅资料，了解海水、海产品中碘的含量，确定提碘的原料。

3. 查阅文献，了解海带中碘元素的存在形式和含碘物质的性质。

4. 查阅文献，了解工业提碘的方法，并尝试设计海带中提碘的方案。

5. 根据设计的实验方案，进行实验验证，记录实验现象及遇到的问题，通过查阅文献，优化实验方案。

（二）课前成果展示

学生分组汇报课前任务查阅结果，教师评价、纠正、补充学生的调查结果。

视频展示碘的生物学效应，强化碘在生活及生命活动中的重要作用。碘的物理性质和化学性质：碘在化学元素周期表中位于第五周期，第ⅦA 族，属于卤素族。碘是一种深紫色的固体，在常温常压下呈片状晶体，熔点 113℃，沸点 184℃，它具有较强的挥发性，易升华，当受热时，固体碘会直接转变为紫色的气体。升华后易凝华，有毒性和腐蚀性。碘微溶于水，易溶于四氯化碳、苯、汽油、乙醇等有机溶剂；碘离子具有较强的还原性，能和多种氧化剂发生反应。

通过表 5-1、表 5-2 展示出的海水、海产品中碘的含量，确定以海带作为提碘的原料。

表 5-1 海水中部分元素的含量

元素	氯	溴	碘
总量	18951 万亿吨	95 万亿吨	800 亿吨
浓度	19891mg/kg	69mg/kg	0.062mg/kg

表 5-2 部分海产品的含碘量

海产品	紫菜（干）	带鱼	鱿鱼	海带（干）
碘含量	18.2mg/kg	1.84mg/kg	0.56mg/kg	816mg/kg

（1）展示海带成分信息。海带中碘元素多数以化合态的形式存在，具体存在形式有三种：I^-、有机碘、IO_3^-。碘酸钾受热容易分解为碘化钾和氧气；有机碘（$C_9H_{13}I_2NO_5$）不溶于水，通过灼烧可以转化为 I^-。

（2）通过分析海带中碘的存在形式，设计海带中提碘的方法主要有浸泡法和灼烧法。

方法一：浸泡法

实验目的：利用浸泡法从海带中提取碘单质并验证。

实验过程：取海带 10g 加蒸馏水 50mL 浸泡 5 分钟，过滤后向滤液（浸泡液）滴加氯水，取少量混合液滴加淀粉溶液，溶液变蓝色；向滴加了氯水的混合溶液滴加 CCl_4，溶液分层，CCl_4层变紫红色。

实验现象：在鲜海带的浸泡液中加入氯水进行氧化，一份溶液滴加淀粉溶液出现蓝色现象，另一份溶液在加入 CCl_4 萃取后观察到下层溶液呈紫红色。

实验结论：浸泡法能够提取海带中的碘，但是量不多。

注意事项：浸泡法应该采用新鲜的海带，这样可以缩短海带的泡发时间，提高浸出效果，可以将海带榨成汁，然后用纱布进行过滤。

方法二：灼烧法

实验目的：利用灼烧法从海带中提取碘单质并验证。

实验过程：取 10g 干海带，烧成灰，溶解、过滤，向滤液加入最优氧化剂（双氧水），将混合液分为两份，其中一份滴加淀粉溶液，另一份滴加 CCl_4进行萃取、分液。

实验结论：干海带中能够提取出碘单质，且提取出来的量比鲜海带更多。

注意事项：干海带不能水洗去除表面杂质，必须剪碎，灼烧时要滴加适量酒精确保灼烧完全，灼烧过程坩埚不可以加盖，防止灼烧不完全，要用玻璃棒进行搅拌；灼烧实验在通风橱中进行。

【教师】为什么灼烧法提取海带中的碘比浸泡法多？

【学生】浸泡法已经能够将海带中可溶性的碘离子浸取出来，只要加入氧化剂就能够将其转化为单质，最大程度提取到碘，而采用灼烧法能够将海带中的有机碘转化为无机物。

【教师】遇到不同的原料形式，首先要分析物质的存在形式，并根据物质的差异性选择合适的方法。例如，酸浸、水浸、灼烧等。

模拟工业提碘，选择过氧化氢氧化剂，探究不同浓度过氧化氢、不同酸度条件下提碘的效果。

实验序号	海带浸取原液（mL）	3% H_2O_2（mL）	15% H_2O_2（mL）	1mol/L H_2SO_4（mL）	H_2O（mL）	CCl_4（mL）
①	1	0	0	0	1	2
②	1	0.5	0	0	0.5	2
③	1	0	0.5	0	0.5	2
④	1	0.5	0	0.5	0	2

备注：实验①的作用是作为空白对照实验。实验①②③中蒸馏水的作用是为了变量控制，使溶液总体积一样。

【实验结论】

结论一：通过实验①②，可以证明碘离子已经被氧化成了碘单质。

结论二：其他条件不变，适当增大浓度可增强氧化效果。

结论三：其他条件不变，酸性条件下，可以增强过氧化氢的氧化效果。

注意事项：15%的过氧化氢有一定腐蚀性，使用的时候要带上橡胶手套；胶头滴管要用蒸馏水洗，以防试剂污染；实验过程中，仔细观察试管中溶液现象变化并记录下来。

（三）评价指导

【教师】同学们展示的方案都非常好，说明课前做了大量的收集整理工作，还了解到原料的预处理方法：剪碎、榨汁、灼烧等。

1. 原料的预处理

【问题1】（1）处理干海带表面的附着物时为什么不能用水冲洗？

（2）在海带灼烧前，先用酒精润湿海带的目的是什么？

（3）海带灼烧不完全会对实验有什么影响？

【学生】思考讨论回答

（1）海带中的I^-易溶于水，水洗会导致碘的流失，从而使得产率降低。

（2）使海带充分燃烧，缩短海带的灰化时间。

（3）灼烧不完全会导致得到的I^-浓度低、产率小，所以灼烧应该充分，灼烧至海带完全成灰为止。

2. 氧化剂的选择

【问题2】将浸出液中的I^-离子转化为碘单质的过程，方案一使用氯气，方案二使用双氧水，方案三使用酸性高锰酸钾。哪种试剂更好呢？根据下列数据说说你的理由。

氧化剂	氯气	双氧水	酸性高锰酸钾
价格（元/吨）	600	3500	34000
反应原理	$Cl_2+2I^-=2Cl^-+I_2$ $5Cl_2+I_2+6H_2O=10Cl^-+2IO_3^-+12H^+$	$H_2O_2+2I^-+2H^+=2H_2O+I^2$	$2MnO_4^-+10I^-+16H^+=8H_2O+5I_2+2Mn^{2+}$ $2MnO_4^-+I_2+4H^+=2H_2O+2IO_3^-+2Mn^{2+}$

【学生】应选双氧水作为氧化剂。

理由：（1）氯气成本低，但氯气有毒，且氯气用量不方便控制。氯气用量少了碘单质转化不完全，过量则导致碘氧化成碘酸根。

（2）酸性高锰酸钾成本太高了，用量也不好控制。

（3）双氧水价格适中，还原产物为H_2O，是绿色氧化剂，无污染，能将I^-氧化为I_2，且不存在过量不方便控制的问题。

【教师】实际的工业生产中最常用的氧化剂是氯气并非双氧水，主要是因为氯气易得且价格低廉。至于使用量问题，则通过定量控制设备就可以解决，同时也可以解决氯气的污染问题。

总之氧化剂的选择要从环保、成本、反应条件温和、原料丰富易得、氧化性适中等方面考虑。

3. I_2的分离提纯

【问题3】通过实验验证，已经将I^-转化为I_2，接下来如何将富集后的I_2进一步提纯获得碘单质？如何将碘和四氯化碳分离，得到纯净的I_2呢？

【资料一】已知 I_2 升华温度为 45℃，I_2 的沸点为 184 ℃，CCl_4 的沸点为 77 ℃。

【资料二】常压蒸馏碘的四氯化碳溶液实验视频。

【学生思考讨论回答】为什么蒸馏理论上能够分离提纯四氯化碳中的碘，但实际操作中却不能将碘和四氯化碳分离？

碘易升华，到 77℃（CCl_4 沸点）时，已经有大量的碘升华，I_2 和 CCl_4 同时被蒸馏出来，所以无法用蒸馏分离 I_2 和 CCl_4。

【资料三】（1）减压蒸馏（又称真空蒸馏）是分离和提纯化合物的一种重要方法，尤其适用于高沸点物质和那些在常压蒸馏时未达到沸点就已受热分解、氧化或聚合的化合物的分离和提纯。许多有机化合物的沸点在压力降低到 1.3~2.0kPa（10~15mmHg）时，可以比其常压下沸点降低 80℃~100℃。

（2）萃取剂：苯的沸点为 80.1 ℃，乙醚的沸点为 34.6℃，丙酮的沸点为 56.5 ℃。

（3）向有机溶液中加入氢氧化钠溶液，碘单质能与氢氧化钠反应生成易溶于水的碘离子和碘酸根，萃取剂则可以重复利用，该法称为反萃取法。碘离子、碘酸根在酸性条件下又能够转化为碘单质。

【学生】优化设计分离碘的提纯。

方法一：减压蒸馏

通过减压蒸馏的方式，减小压强降低 CCl_4 的沸点，让 CCl_4 在较低温度下被蒸馏出来。

方法二：寻找低沸点萃取剂

如乙醚的沸点为 34.6℃，乙醚的沸点比碘升华的温度要低，可以通过常压蒸馏直接把乙醚先蒸馏出来。

方法三：采用反萃取法（如图 5-2 所示）

在碘的四氯化碳溶液中加入浓的氢氧化钠溶液，振荡、静置后分液。

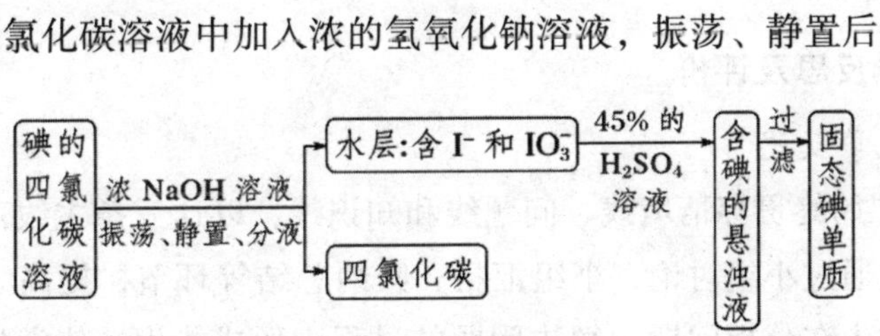

图 5-2　反萃取法流程

【教师】拓展：屠呦呦女士提取青蒿素时，将萃取剂由乙醇改成了乙醚，最终成功提取到青蒿素。对各小组实验方案进行点评，分析不同方案的优缺点。

（四）完善项目方案

【过渡】结合上述方案的优化过程，整理实验室海带提碘的工艺流程图（图5-3），并写出相关核心反应方程式。

【学生】讨论交流，成果见图5-3。

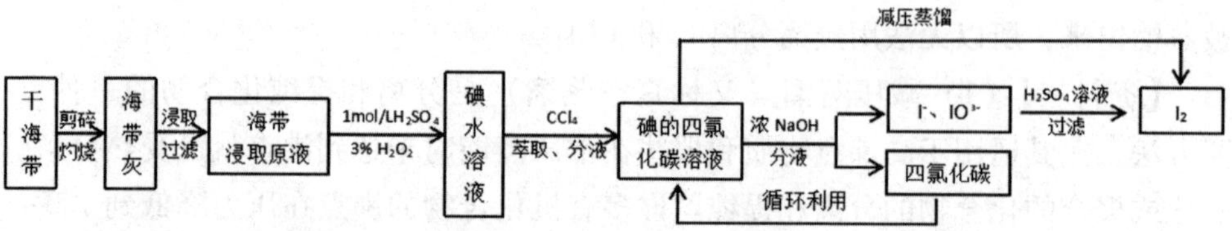

图5-3　实验室海带提碘工艺流程图

学生在学案上写出相关核心反应的方程式。

（五）建立思维模型

【教师】基于海带提碘流程，请同学们归纳“从自然界中提取物质”的一般思路和方法。

（1）成分分析：查阅资料确定提取物的含量和存在形式。

（2）分析性质：对提取物及其混合成分的溶解性、熔沸点、挥发性、化学性质等进行详细对比分析。

（3）选择合适方法进行分离、提纯：根据物质的物理、化学性质特点，选择蒸发结晶、萃取分液、蒸馏、过滤、反萃取等方法进行物质的提纯。

（4）注意提纯过程中物质的转化和试剂用量等问题，优化试剂选择和试剂添加顺序。

五、教学反思及评价

（一）教学反思

1. 本节课始终贯穿情境线、问题线和知识线，以这三条主线落实学生核心素养的培养。通过小组讨论、小组汇报、归纳总结等环节，提高了学生课堂的参与度，让学生在分析问题、解决问题的过程中形成能力；使学生认识到化学技术对自然资源的重要性，以及科学严谨的科研精神对提升化学技术的重要性，激发学生探究自然资源的积极性。

2. 通过设置课前任务，引导学生分组查阅资料，设计从海带提取碘的实验方案，诊断并发展学生的检索能力，方案讨论过程中给予适当指导和优化建议，帮助学生初步建立物质分离提纯的策略模型。

3. 通过原料的预处理、氧化剂的选择、I_2 的分离提纯等环节的讨论和优化过程，学生构建海带中碘元素提取实验的原理、操作思维模型，通过学生在氧化剂选择的探究实验中诊断学生实验操作的能力水平，培养学生证据推理与模型认知的核心素养。

4. 通过项目方案的优化与完善，培养学生模型建构的能力，诊断学生模型建构的能力水平，培养学生解决实际问题的思维，发展学生学以致用的能力。

（二）教学评价

1. 本节课通过海带中提取碘的实验方案的设计和改进，诊断并发展学生实验探究的能力，发展学生模型建构和迁移应用的能力。教师能够针对学生检索的资料、方案给予科学的指导，让学生在自主建构知识上有水到渠成的感觉，从而使学生学习主动性增强。

2. 本节课还通过海带提取碘中涉及的原理、实验操作等发展了学生对氧化还原反应的应用能力，发展了学生的实验操作和结论分析能力，这能够为学生自主进阶学习起到很好的指导作用，符合新课标要求。

3. 本节课通过科学家屠呦呦提取青蒿素使用了低沸点乙醚作为萃取剂迁移应用解决碘单质萃取后蒸馏存在的问题，这为学生解决实验过程中存在的问题提供了很好的思维启发，大大提高了学生对萃取的认知和应用能力，发展了学生解决实际问题的能力。

4. 本节课以海带提碘为例为学生设置若干个项目任务，通过项目任务的解决建立自然资源开发利用的思维模型；学生在认识化学技术发展、探究、运用的过程中，形成整理归纳与知识模型提炼的能力，同时渗透化学学科的社会价值教育，提升学生运用化学学科知识解决社会问题的思维和具备社会责任的能力素养。

（纪舜豪　广东省汕头市潮阳实验学校）

案例 2

融合信息化的学生高阶思维培养项目式学习
——以“苯酚”为例

一、项目主题内容分析

（一）教材分析

苯酚的内容编排在烃和醇之后进行教学，学生已经初步具备了结构决定性质、性质反映结构的思路和方法，并且对苯酚可能与哪些试剂反应及反应类型具有一定的推测能力。在教学过程中，从苯酚的结构入手，对比醇和苯的性质，将该节的内容设计成探究式教学模式极佳。根据教材和学生情况，本节课的探究可以分为两部分：一是苯酚中羟基弱酸性探讨，使学生体会到探究的一般方法和技能；二是苯酚苯环取代反应的活性探讨，在这一过程中学生的迁移能力得到了最大限度的激发，并通过学习的知识解决实际中的相关问题，做到学以致用。

（二）课标分析

课程标准要求认识酚的组成结构特点、性质转化关系以及生产生活中的重要作用，体会“绿色化学”思想在有机反应中的重要意义，体会酚在合成创造新物质、提高人类生活质量及促进社会发展方面的重要贡献。

（三）学情分析

学生已经基本了解研究有机化学的方法及有机化合物的结构与性质的关系，已初步掌握了官能团对有机物主要性质的决定性作用，对乙醇中官能团羟基的性质也已有较深的理解和掌握。学生学习热情高，具备基本的实验探究能力、分析思维能力和自主学习能力，了解实验探究的一般方法和过程，主动探究能力有待提升。但是语言表达能力不足、不会表达或化学用语不规范，推测官能团的相互影响产出新的性质能力不足，知识迁移运用能力不足，综合实验探究能力还不成熟，分析问题、解决问题的能力有待提高。

二、项目教学目标

（一）教学目标

本研究在实现新课标对“苯酚”性质要求的基础上，开放实验室，以传统实验与手持实验技术为技术支持，通过学生小组间的项目式学习落实培养学生化学学科核心素养的任务，引发学生深度学习，发展学生高阶思维。

1. 认识酚和醇在组成、结构上的差异，能正确辨别酚和醇的主要性质差异。能从微观层面解释羟基对苯环邻、对位氢活泼性的影响，苯环对羟基中氢活泼性的影响。

2. 学生能够借助手持实验技术从 pH 和导电率的角度的实验图线证据的展示，构建苯酚与饱和溴水反应生成白色沉淀的反应类型，能逐步构建较完整的项目式学习探究模型。

3. 学生能从溴水和苯酚的浓度变化角度理解浓度对反应方向的影响，并通过实验改进，使不明显的实验现象变得明显，从而理解往苯酚溶液中滴入久置的饱和溴水看不到现象的原因。

4. 学生在苯酚性质及结构的探究过程中落实项目式学习这一学习方式，通过在小组讨论、实验设计、实验操作等环节逐步形成科学探究的意识，同时在研究过程中形成创新意识。

5. 结合生活中各类酚类物质的使用，使学生明白化学与生活、社会密切相关。通过真假药物的检验、复刻波义耳的墨水和含酚废水的检验等环节，增强学生的社会责任感，树立正确的科学态度，并发展学生高阶思维。

（二）评价目标

1. 学生类比苯酚，能准确判断不同的酚类物质中被活化的氢的位置及个数；能简单解释钠分别与水、乙醇和酚类物质反应的现象及原因。

2. 学生能根据自己的猜测进行合理的推测和分析，初步进行实验设计，并使用手持实验技术验证自己的实验猜想，构建一套属于自己的发现问题、解决问题和产生新问题的认知模型。

3. 学生能够清晰地归纳总结出使三溴苯酚这一白色沉淀被清楚观察到的实验操作步骤。

4. 课后进行横向对比醇类性质的探究，以执笔测试的方式对学生的掌握程度进行测评。

5. 通过真假药物的检验、复刻波义耳的墨水和含酚废水的检验等环节实验，检测学生对酚类化学性质的掌握情况。

三、教学策略及教学流程

（一）教学策略

酚类物质与我们的日常生活息息相关，苯酚更是一种重要的化工原料，广泛用于制造酚醛树脂、染料、医药和农药等方面。其中，我们在生活中常常能见到的苯酚软膏、水杨酸苯酚贴膏、苯酚甘油滴耳液以及滴露消毒液等都含有酚类物质，从药物使用说明书出发，引导学生在阅读使用说明书的过程中学习苯酚的性质。在教学过程中，从苯酚的结构入手，对比醇和苯的性质，将该节的内容设计成探究式教学模式极佳。根据教材和学生情况，本节课的探究可以将信息化与项目式学习深度融合发展学生高阶思维。在启发学生思考并产生问题的过程中，引导学生从真实问题出发，组建学习小组，借助信息化技术开展探究活动，解决旧问题的同时产生新疑问，最后在课堂上公布自己的研究成果和收获，以“苯酚”为载体，形成深度融合信息化的项目式学习教学模式。

（二）教学流程

本项目主要设置四个环节，从“识、探、用、悟”四个角度引导学生结合信息化技术开展项目式学习。(1) 慧眼“识”酚，分别是醇、酚结构的辨识判断——加深学生对酚是“羟基直接连接在苯环上的结构”的认识，生活中常见的酚类物质展示，以及通过对苯酚软膏使用说明书的分析来了解苯酚的性质。(2) 细心“探”酚，通过课前导学案的引导学习和启发思考，调动学生找出自己感兴趣的问题点，鼓励其组建学习小组。本环节利用信息化技术开展系列的探究活动，让学生逐步解决旧问题，在与同伴在课堂上跟全班同学进行宣讲公布研究成果的过程中接受听讲同学的质疑和纠正，实现在宣讲过程中再次发现新问题、提出新思考。(3) 广泛“用”酚，通过药物的检验、污水是否含酚类物质的检验以及波义耳墨水的复刻过程，让学生直观感受到酚与生活的息息相关。(4) 酚中感“悟”，通过让学生亲口讲出在信息化与项目式学习过程中的感受和体会，从而落实信息化与项目式学习的深度融合，同时通过学生的讲述直观感受学生高阶思维发展和深度学习达成的程度。

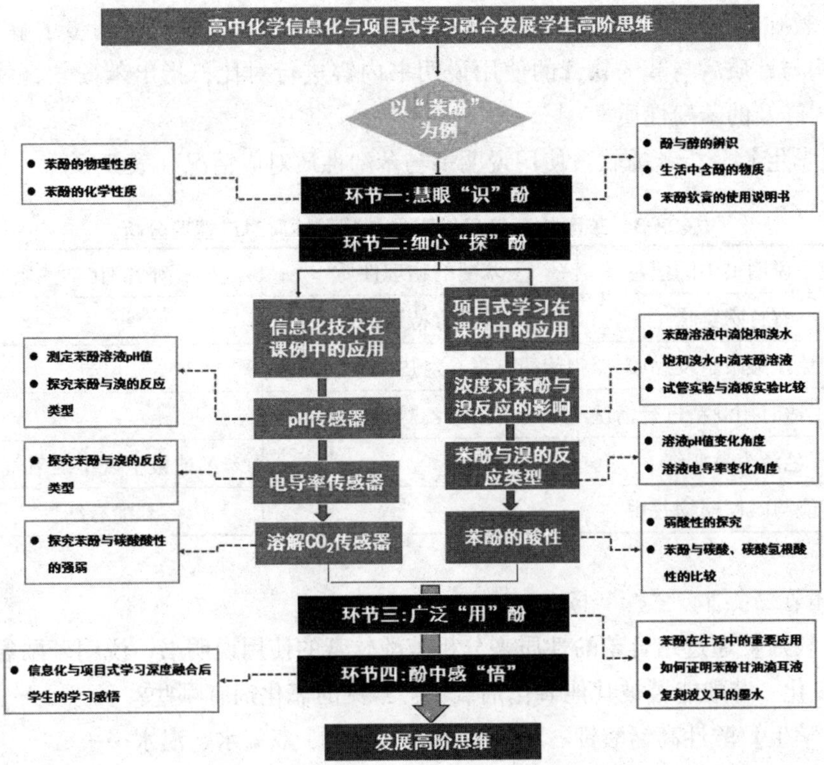

图 5-4　“苯酚”项目式教学流程图

四、项目教学实录

环节一：慧眼“识”酚

【教师】以下含羟基物质中哪些属于酚类？哪些属于醇类？

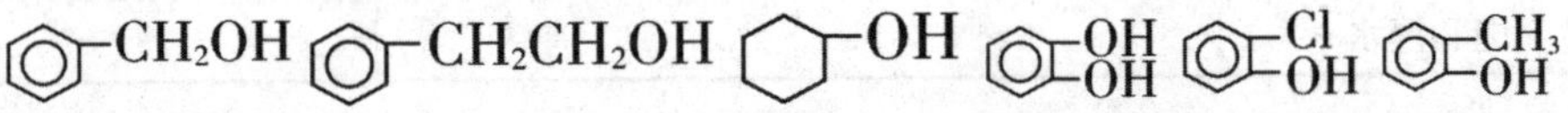

【学生】准确判断并总结酚与醇在结构上的区别，得出：酚是羟基直接连接在苯环上的有机物。

【教师】酚与我们的生活也息息相关，生活中处处可以看到酚的存在。你还知道哪些含有酚类的物质？

【学生】医药上常用的来苏尔消毒剂也被称为煤酚皂液，对苯二酚常用作显影剂，间苯二酚则能发挥抵抗细菌和真菌的作用，常用于治疗某些皮肤病，如湿疹和癣症等。老师前段时间就在不同的地方买了两支外观一样的苯酚甘油滴耳液（展示实物）。

【教师】引导学生阅读课本 P63 页关于“酚”的相关资料，初步了解“酚”的结构与性质后与苯酚软膏的使用说明书内容进行对比，指出苯酚软膏使用说明书内涉及的苯酚性质。

【学生】分析苯酚软膏使用说明书与苯酚性质对应情况（表 5-3）。

表 5-3　苯酚软膏使用说明书与苯酚性质对应情况分析

使用说明书中的信息	苯酚的物理性质	苯酚的化学性质
有特殊臭味	苯酚具有特殊的气味	
避免接触眼睛及黏膜	苯酚有毒，对皮肤有腐蚀性	
感觉不适时用酒精进行清洗	苯酚易溶于乙醇等有机溶剂	
色泽容易变红		苯酚能被空气中的氧气氧化
不能与碱性药物并用		苯酚有酸性

环节二：细心“探”酚

【教师】通过结合苯酚性质来分析苯酚软膏的使用说明书，说明苯酚容易被空气氧化。苯酚能否被其他氧化剂氧化？常见的氧化剂有哪些？

【学生】酸性高锰酸钾、氯化铁溶液、氯水、双氧水、溴水……

【教师】苯酚能被空气中的氧气氧化，请猜测苯酚溶液与以下氧化剂反应的现象，完成表 5-4，你对该组实验有什么特别的想法或者疑问？

表 5-4　不同氧化剂与苯酚溶液的反应情况

氧化剂	预测实验现象	实际实验现象	原理
酸性高锰酸钾			
氯化铁溶液			
饱和溴水			

【学生】预测的实验现象为：酸性高锰酸钾溶液的紫红色褪去，氯化铁溶液由黄色变成浅绿色，饱和溴水溶液的棕黄色褪去。

【教师】通过实验事实来验证同学们的猜测。本次实验使用点滴板和装有氧化剂的滴瓶进行开展。

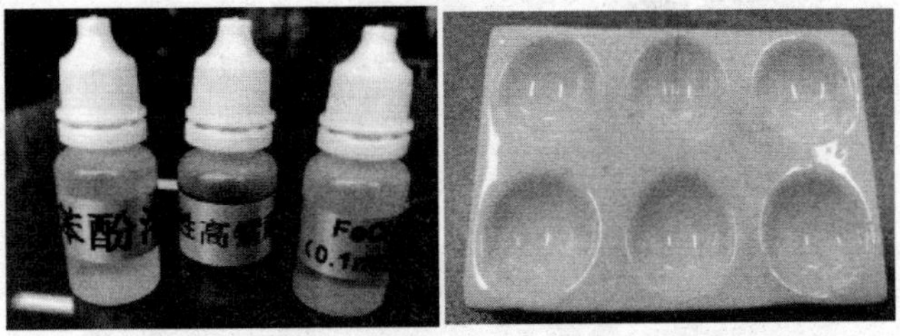

装有试剂的滴瓶　　　　白色点滴板

图 5-5 苯酚与氧化剂反应的实验试剂

【学生】学生动手实验，用事实验证猜想。发现苯酚溶液确实令酸性高锰酸钾溶液褪色，但是并没有使氯化铁溶液变成浅绿色。

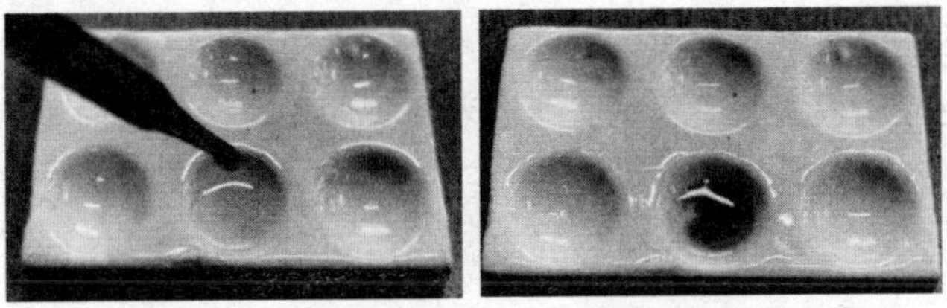

苯酚溶液中滴入酸性高锰酸钾溶液　　苯酚溶液中滴入氯化铁溶液

图 5-6 苯酚与氧化剂反应的实验现象

【教师】苯酚被酸性高锰酸钾溶液氧化而褪色，而苯酚溶液中滴入氯化铁溶液后显紫色，这是一个非常灵敏的显色实验，可用于检验酚类物质的存在。对于该实验，同学们还有什么疑问吗？

活动一：

【学生】溴水的浓度是否会影响到实验？

【教师】同学们的思维非常活跃，老师之前已经通过提供药品、开放实验室等方式，让有相同兴趣的同学组队分工，进行探索。现在我们来请第一组项目式学习的同学来分享一下他的心路历程和收获。

【学生】当初是饱和溴水中的“饱和”二字引起我的注意，烯烃、炔烃与溴单质发生加成反应的时候用的是溴水，没有特别强调“饱和”溴水。这里却特别强调了“饱和”两字。我们小组跟老师提出问题后到实验室开展了一系列的实验探究（见图 5-7）。

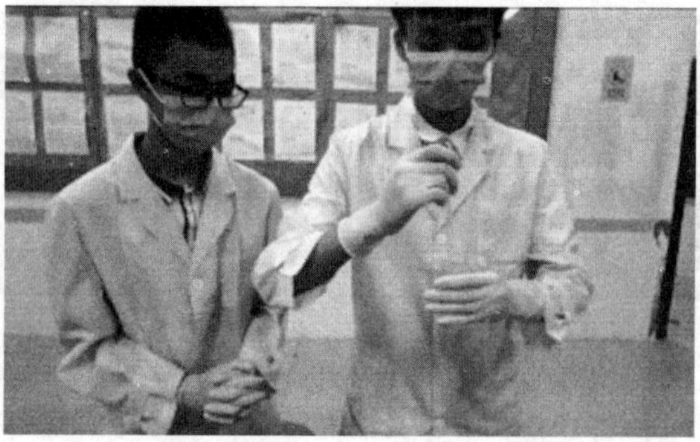

图 5-7　学生开展项目探究实验

结果如表 5-5 所示。得出两个结论：

（1）浓度不改变时，往溴水中滴入苯酚溶液更容易看到白色沉淀；

（2）黑色点滴板实验要比试管实验现象更明显，操作更简单、更方便。

所以小组经研究推荐：该实验在黑色点滴板中先加入 5 滴饱和溴水再加入 1 滴苯酚溶液，会看到更明显的白色沉淀。

表 5-5　项目式学习探究溴水浓度对产物现象观察的影响

<table>
<tr><th>实验操作</th><th>试管实验现象</th><th>黑色点滴板实验现象</th></tr>
<tr><td>1 滴苯酚溶液中加入 5 滴饱和溴水（左边）</td><td rowspan="2">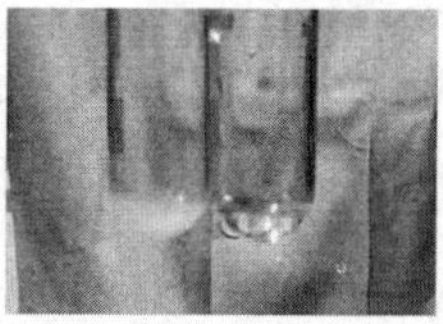</td><td rowspan="2"></td></tr>
<tr><td>5 滴苯酚溶液中加入 1 滴饱和溴水（右边）</td></tr>
</table>

【教师】经过改进的实验现象非常明显，对该实验还有其他的小组从不同角度进行研究吗？

活动二：

【学生】对苯酚与饱和溴水反应的类型进行探究。

【教师】组织学生分享研究的心路历程（图 5-8）。

【学生】苯酚与饱和溴水要么发生加成反应，要么发生取代反应。不管哪种反应类型都会生成有机物，唯一不同的是取代反应会生成 HBr，所以我们想着从 HBr 的角度进行研究。HBr 是一种酸，如果加入一种指示剂，能显示反应前后颜色变化就能直观证明反应类型的种类。后来仔细思考，发现目前我们学的指示剂只有三种，分别是酚酞、甲基橙和石蕊，都不方便作为反应前后的指示

图 5-8 学生课堂讲述项目式学习过程

剂。于是我们思考，如果能有一种仪器，能检测反应前后溶液的 pH 值变化的情况就好了。

【教师】当听到该同学的设想，我特别高兴，因为我们还真有这样的能够实时检测溶液反应前后的 pH 值变化的仪器——手持实验技术的 pH 传感器。

【学生】在老师的指导下，我们利用手持实验技术的 pH 传感器把苯酚与饱和溴水反应后的溶液 pH 值进行了实时检测，实验结果非常明显，可以直观看到，随着饱和溴水往苯酚溶液中加入，溶液的 pH 值呈现明显的下降。请同学们一起观看当时实验过程的录像（过程见图 5-9）。

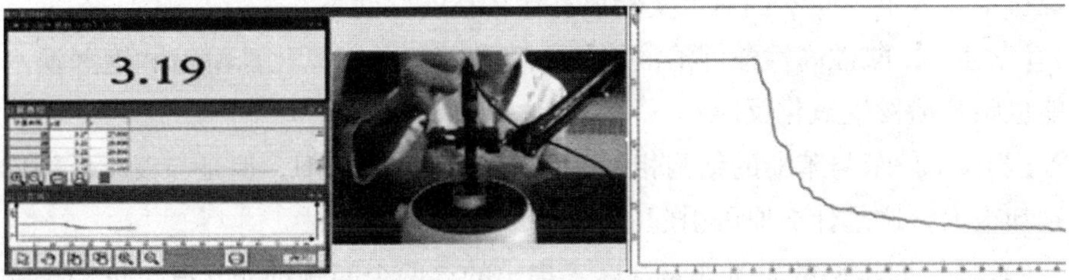

图 5-9 学生展示项目式学习——pH 角度

【教师】借助信息化技术，我们可以把化学实验数据化，通过更直观地感受溶液 pH 值反应前后变化的角度认识该反应为取代反应而非加成反应。我们学校手持实验技术中有多种传感器，如 pH、电流、电导率、色度、浊度、溶解二氧化碳、氧化还原等传感器，同学们可以根据自己的设想走进实验室，开展个性化的实验。

活动三：

【学生】在上一组同学的启发下，我们小组也有一个大胆的想法。我们是从 HBr 的类别进行思考的。HBr 是一种强电解质，不管加成反应还是取代反应生成的有机物都是非电解质。如果有 HBr 生成，则反应过程中溶液的导电率会发生改变。如果有一个类似 pH 传感器一样的导电率传感器，就可以实时检测反应过程中溶液的导电性的变化。我们发现，苯酚溶液的电导率随着饱和溴水的加入而呈现快速增大，说明有强电解质 HBr 的生成（过程见图 5-10）。

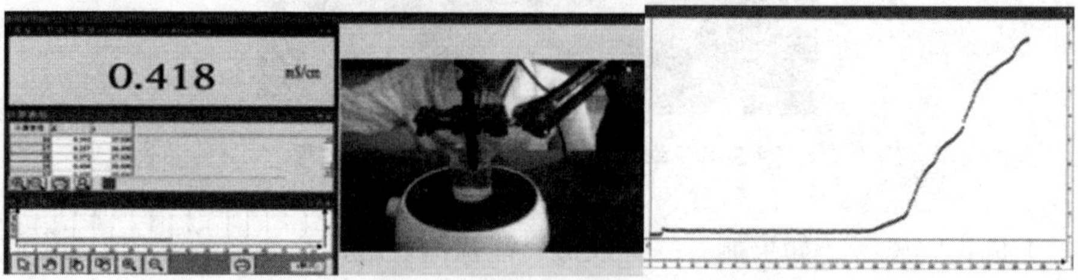

图 5-10 学生展示项目式学习——导电率角度

【教师】请写出苯酚中加入饱和溴水的反应方程式。

【学生】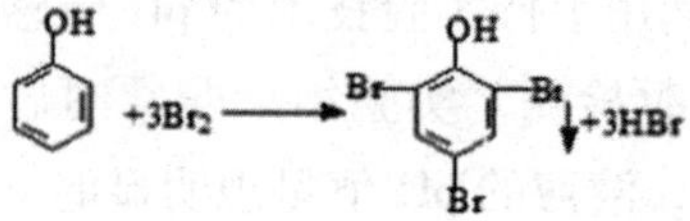

【教师】经过三组同学的项目式学习研究后，苯酚与饱和溴水的实验已经被研究得很深入了，同学们对该实验还有什么新的疑问吗？

【学生 1】酸性高锰酸钾溶液能氧化苯酚而褪色，氯化铁溶液和饱和溴水能不能也跟苯酚发生氧化反应？

【学生 2】苯与苯酚的结构相似，只是差了一个—OH，但是与溴单质的反应差别却很大，这是什么原因引起的呢？

【教师】同学们的思维非常活跃，提出的这两个问题都非常有讨论和探究的价值。大家先小组进行讨论，看看有没有什么新的认识，小组讨论 3 分钟后，请同学们对新疑问进行汇总回答。

【学生 1】苯与苯酚的结构相似，但因为羟基对苯环的影响，使苯环在羟基的邻、对位上的氢原子比较容易被取代。

【学生 2】氯化铁溶液和饱和溴水是否能氧化苯酚暂时不能判断，从苯酚的结构上看应该是可以被氧化的，但是从刚刚的实验现象来看，又似乎不行。所以需要进一步的实验和探究。

【教师】由于时间有限，课堂生成的新问题不一定都能在课堂内解决，欢迎同学们课后再次带着新疑问走进实验室，建议同学们可以用氧化还原传感器对实验进行探究。

苯酚溶液能使酸性高锰酸钾溶液褪色，能使氯化铁溶液发生显色反应以及能与饱和溴水发生取代反应生成沉淀。在苯酚软膏的使用说明书中还提到“不能与碱性物质并用”，同学们猜测苯酚具有酸性。现在我们来探讨一下苯酚的酸性情况。一般酸的通性有哪些？哪些实验比较容易操作？

【学生】酸的通性有五方面：使指示剂变色、与活泼金属反应产生氢气、与金属氧化物反应、与部分盐反应、与碱能发生中和反应。其中使指示剂变色比较容易操作。

【教师】现在我们来用紫色石蕊和 pH 试纸来尝试测量苯酚的酸性。做出结果的同学举手示意。学生分组分别使用紫色石蕊试液和广泛 pH 试纸检测苯酚酸性。

【学生 1】苯酚溶液加入紫色石蕊试液基本没有颜色变化，还是呈现紫色。

【学生 2】广泛 pH 试纸滴入苯酚溶液后变色也不明显，与比色卡对照后，pH 值接近为 6。

【教师】石蕊变色的 pH 范围是 5.0~8.0。苯酚溶液不能使紫色石蕊变色，广泛 pH 试纸也没有明显变化，说明苯酚的酸性有什么特点？

【学生】苯酚的酸性很弱。

【教师】对于酸性很弱的物质，我们有没有直观又准确的方法知道其真实的 pH 值？回想一下我们之前的实验情况。

【学生】刚刚有同学用 pH 传感器检测过苯酚溶液中加入饱和溴水的 pH 变化曲线图。我们只需要看看他在没有加入饱和溴水前 pH 传感器的数值就可以知道该苯酚溶液的 pH 值情况。

【教师】我把 pH 传感器测定视频拉到最前端，看到以下数值（结果见图 5-11）。

图 5-11　学生展示项目式学习——苯酚溶液的 pH 值度研究反应类

【学生】原来该苯酚溶液的 pH 值是 5.85，怪不得不能使石蕊试液变色了。

【教师】另外，我们也可以通过往苯酚浊液中加入 NaOH 溶液来验证苯酚具有酸性。

【演示实验】苯酚浊液中加入 NaOH 溶液后，溶液由浑浊变澄清，再滴入稀盐酸溶液，澄清溶液又变浑浊。

【教师】请写出以上变化的反应方程式。

【学生】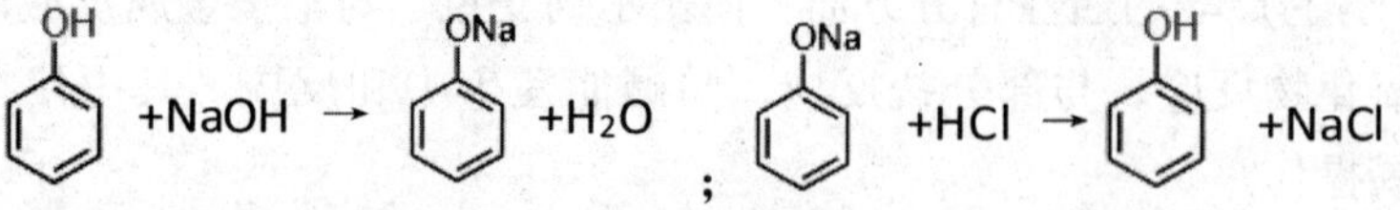

【教师】苯酚是一种不能使指示剂变色的弱酸，俗名石炭酸。石炭酸跟碳酸在字体结构上非常像，碳酸也是弱酸，同学们现在又对什么问题产生了兴趣呢？

【学生 1】石炭酸与碳酸的酸性究竟谁更弱？

【学生 2】如果把 HCO_3^- 也看作酸，那么是苯酚的酸性强还是 HCO_3^- 的酸性强？

活动四：

【教师】也就是要比较苯酚、H_2CO_3、HCO_3^- 的酸性强弱。这里有几种可能的假设呢？

【学生】有三种酸性强弱的假设。

假设 1：苯酚>H_2CO_3>HCO_3^-　　　假设 2：H_2CO_3>苯酚>HCO_3^-

假设 3：H_2CO_3>HCO_3^->苯酚

【教师】如何设计实验进行探究证明？

【学生 1】根据强酸制弱酸原理，我计划往饱和苯酚钠溶液中通入二氧化碳，如果出现浑浊，则说明 H_2CO_3>苯酚。但是本实验不能通过实验确定苯酚与 HCO_3^- 的酸性强弱。

【学生 2】我的想法是往苯酚的浑浊液中滴入碳酸钠溶液。如果溶液由浑浊变成澄清，说明苯酚>HCO_3^-；如果溶液的浑浊不变，则说明 HCO_3^->苯酚；另外如果溶液有气泡产生，则说明苯酚>H_2CO_3；如果没有气泡产生，则说明 H_2CO_3>苯酚。

【学生 3】我不同意该同学的观点，他通过观察溶液中是否产生气泡而确定苯酚与碳酸的酸性强弱，我认为不严谨。因为苯酚的酸性不强，哪怕能与碳酸钠反应产生二氧化碳，量应该也是很少的，二氧化碳又能部分溶于水，没有看到气泡，不代表没有二氧化碳生成。

【教师】往苯酚的浊液中滴入碳酸钠溶液确实是个不错的方法。通过观察溶液是否变澄清确定苯酚和 HCO_3^- 的酸性，操作非常简单容易。现在我往苯酚浊液中加入碳酸钠溶液，观察实验现象（现象如图 5-12），说明什么？

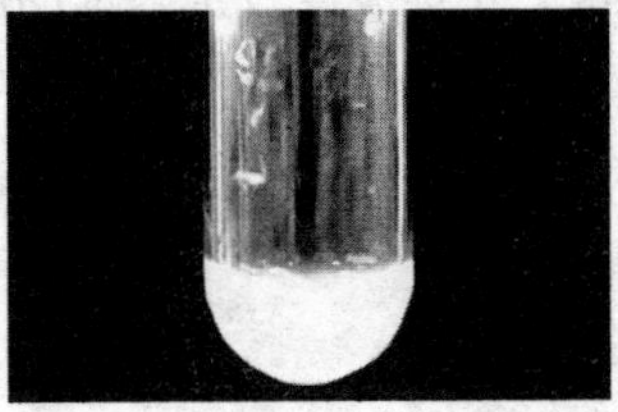

苯酚浊液

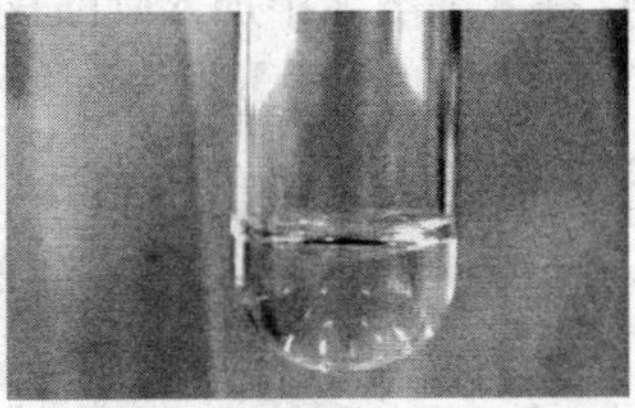

加入碳酸钠溶液后变澄清

图 5-12 学生展示项目式学习——苯酚溶液的 pH 值度研究反应类

【学生】苯酚浊液变澄清，说明酸性苯酚>HCO_3^-。排除假设 3 的合理性。

【教师】通过观察溶液中是否有气泡产生，来确定是否有二氧化碳生成，确实有不合理之处。如果只产生少量的二氧化碳，则需要一个能检测溶液中二氧化碳的装置。手持实验技术可以给我们技术支持。通过溶解二氧化碳的传感器，我们可以直观看到溶液中溶解二氧化碳量的变化（结果见图 5-13）。

【教师】通过往苯酚溶液中滴入碳酸钠溶液，实验结果表明溶液中二氧化碳的量一直保持在空白值 4.4，变化曲线是一条平行于横坐标的直线，这说明什么？（结果见图 5-14）

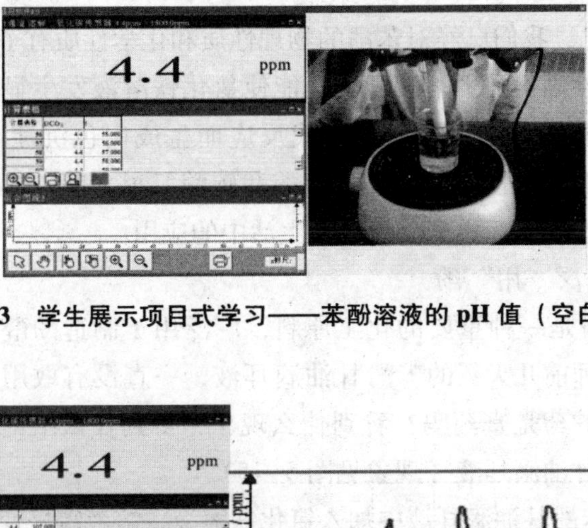

图 5-13 学生展示项目式学习——苯酚溶液的 pH 值（空白实验）

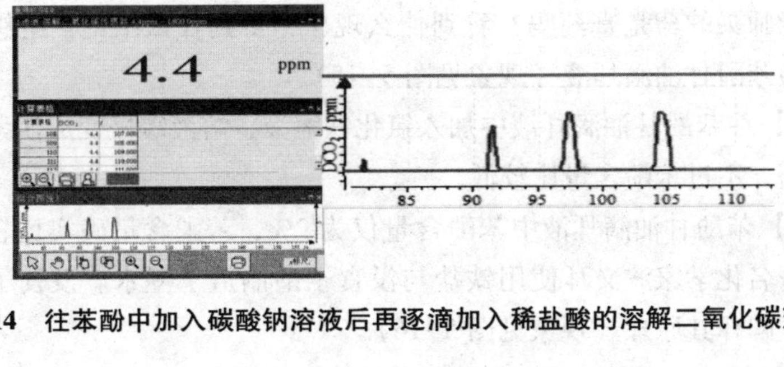

图 5-14 往苯酚中加入碳酸钠溶液后再逐滴加入稀盐酸的溶解二氧化碳变化图

【学生 1】往苯酚溶液中加入碳酸钠溶液，不能发生反应，证明酸性 H_2CO_3>苯酚。

【学生 2】会不会是老师的传感器坏了？（全班同学窃窃私语，表示怀疑）

【教师】如何证明刚刚的实验有二氧化碳生成？

【学生】往烧杯中加入稀盐酸。

【教师】好，我们现在往烧杯中加入稀盐酸，看看曲线的变化。

【教师】每向溶液中滴入一滴稀盐酸，溶解二氧化碳变化曲线就会产生一个峰，这说明什么？

【学生】说明溶解二氧化碳传感器非常灵敏，苯酚溶液中加入碳酸钠溶液后，碳酸钠主要是以 HCO_3^-存在，加入强酸后马上能产生二氧化碳气体，虽然没有看到气泡产生，但确实生成了二氧化碳。这个实验从侧面证明酸性 H_2CO_3>苯酚，假设 1 不成立。综合所得，假设 2 成立，说明酸性 H_2CO_3>苯酚>HCO_3^-。

【教师】请写出苯酚中加入碳酸钠溶液和苯酚钠溶液后通入二氧化碳的反应方程式。

【学生】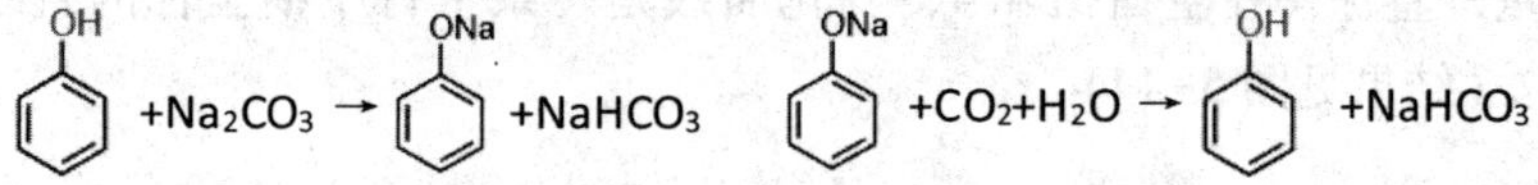

【教师】到此，我们已经对苯酚的物理性质和化学性质有了全面的认识，知道了苯酚能使酸性高锰酸钾溶液褪色，能使氯化铁溶液发生显色反应而呈紫色（定性检测酚），能跟饱和溴水发生取代反应而生成白色沉淀（定量检测酚）。还知道了苯酚具有弱酸性，酸性介乎碳酸和碳酸氢根之间。酚类物质与我们的生活息息相关，现在我们再来看看酚在生活中的应用。

【环节三】广泛“用”酚

【教师】苯酚是一种重要的化工原料，广泛用于制造酚醛树脂、染料、医药、农药等。老师前几天买的苯酚甘油滴耳液，一直没有敢用，请同学们帮忙检测一下老师买的药是真药吗？看到什么现象，得到什么结论？组织学生分组实验，检验苯酚甘油滴耳液（现象见图 5-15）。

【学生】往苯酚甘油滴耳液中加入氯化铁溶液，溶液缓慢变成淡紫色。说明应该是真药，不过苯酚含量比较低。

【教师】苯酚甘油滴耳液中苯酚含量仅为 2%，苯酚含量确实比较低。三百多年前，著名化学家波义耳使用铁盐与没食子酸制造了墨水。没食子酸的结构如图，尝试解释其原理（现象见图 5-16）。

【学生】往没食子酸中滴入一滴氯化铁溶液，没食子酸马上变成了黑色，现

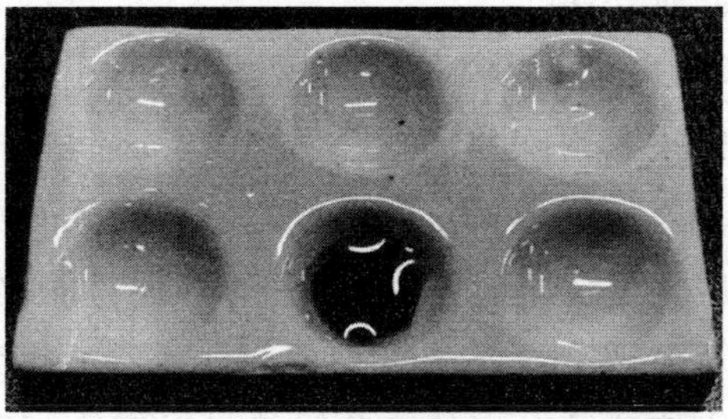

图 5-15　苯酚甘油滴耳液中加入氯化铁溶液

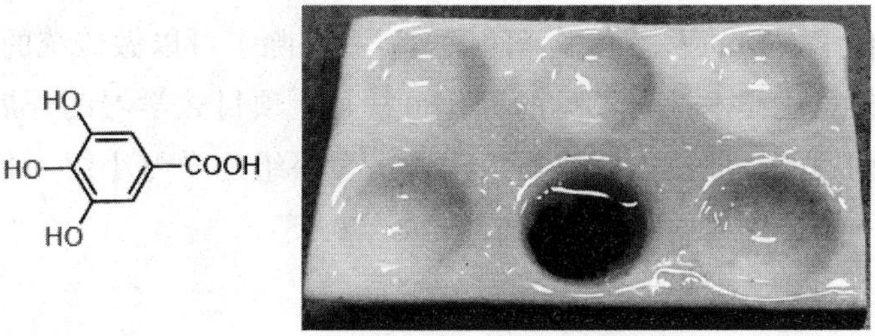

图 5-16　没食子酸中加入氯化铁溶液

象十分明显。没食子酸中含有三个酚羟基，能跟氯化铁溶液发生显色反应。

【教师】酚类物质虽然能广泛用于制造酚醛树脂、染料、医药，但是含酚类物质的废水对生物具有毒害作用，会对水体造成严重污染。如果要检验废水中是否含有酚类物质，应该怎么做？如果要检验废水中酚类物质含量的多少，应该怎么做？

【学生】检验废水中是否含有酚类物质，属于定性检验，使用氯化铁溶液现象明显、操作简单；检验废水中酚类物质含量的多少，属于定量检验，应该用饱和溴水。

环节四：酚中感“悟”

【教师】本节课使用信息化与项目式学习相融合的模式，对苯酚的性质进行学习和研究，同学们思维非常活跃，在解决旧问题后又提出很多有价值的新疑问，想必同学们也有很多心得体会想跟大家分享吧，现在请同学们来谈谈上完本节课后有什么感悟或收获。

【学生 1】我是走进了实验室，使用了信息化技术对自己发现的问题进行项目式学习的参与者。在整个探究过程中，我发现每个大问题都可以拆解为多个小问题，通过解决小问题就可以多角度、多维度地接近真相和事物的本质。发现问题和解决问题是同时并存的。

【学生 2】分析和解决问题时，我们可以通过组建小组，聚合志同道合的同学，通过头脑风暴的模式发现问题，然后想办法解决问题。在想办法解决问题的时候，要大胆假设，发散思维，只要敢想，说不定就能实现。譬如，我在思考苯酚与饱和溴水反应类型的时候，对 HBr 的验证一直困在白雾与氨气反应生成白烟、溶液密度是否会改变等常规思维中。直到后来我突发奇想，HBr 是个强电解质，如果能测定溶液导电率的变化，就可以解决问题。所以大胆想，小心做，就能有意想不到的收获。

【教师】通过这节课的学习，同学们不仅对苯酚的物理性质和化学性质有所了解，还对化学实验的手段有了新的了解。我们除了可以做传统的试管实验外，还可以借助信息化技术把看不见的变化可视化。项目式学习的开展更是让同学们建立研究问题的一般模式：从真实问题出发→组建学习小组→借助信息化开展探究活动→解决问题→宣讲研究成果。

五、项目教学反思及评价

（一）教学反思

1. 从真实情境出发，最终回归真实生活。本节课从真实情境出发联系苯酚的物理性质与化学性质，并对苯酚的化学性质进行探索研究。让学生通过不断思考与质疑，从不同角度提出问题，并针对问题，使用信息化技术融合项目式学习来实现宏微结合，凭借事实形成观点，最终由化学走向生活与社会，回归药物中苯酚成分的检验。

2. 拆解项目式学习模式，帮助学生构建微项目。学生通过选择自己感兴趣的真实问题，组建学习研究小组，在无数次的头脑风暴、实验设计、方案选择和实验操作过程中解决自己提出的化学问题，并汇集成果跟全班同学进行汇报宣讲。学生参与实验研究并在研究过程中解决旧问题，提出新问题，以实验引导发现，用手持实验技术联系宏微，体现了迁移对比，联系生活的同时回归生活，帮助学生形成自主学习和研究的好习惯。

3. 信息化与项目式学习深度融合，发展学生高阶思维。本节课的信息化主要体现在采用手持实验技术检测实验过程中物理量的变化，由看不见的变化变成可视的图像：使用 pH 传感器监测苯酚与饱和溴水反应过程中溶液 pH 值的变化情况，使用电导率传感器监测苯酚与饱和溴水反应过程中溶液电导率的变化情况，使用溶解二氧化碳传感器监测苯酚溶液中加入碳酸钠溶液后溶液二氧化碳的产生情况。结合微项目式学习模式，调动学生发现问题、研究问题的积极性，提高学生分析问题与解决问题的能力，培养学生形成发展高阶思维模式。

（二）教学评价

1. 以真实情境为依托，培养学生的科学探究精神。本项目让学生通过不断思考与质疑，从不同角度提出问题，并针对问题，凭借事实形成观点，最终由化学走向生活与社会，回归药物中苯酚成分的检验，充分体现了知识在应用中的活力以及在探索中的持久生命力。

2. 以项目活动为形式，重在提升学生的建模能力。本项目将苯酚的探究学习拆解为四个环节和若干个小项目活动，使学生小组在学习中建立分析问题、解决旧问题、提出新问题的项目式学习模型，帮助学生形成自主学习和研究的好习惯，充分体现项目式学习对学生深度学习知识的作用。

3. 融合信息化的项目式学习，深度发展学生的高阶思维。本节课采用手持实验技术监测实验，将微观的化学变化变成可视的图像，充分调动了学生发现问题、研究问题的积极性。信息化技术与项目式学习相结合的模式使学生在研究中有成就感和获得感，开拓了学生的思维，提高了学生分析问题与解决问题的能力，培养学生形成发展高阶思维模式。

（何少萍　广东省东莞市第一中学）

案例3

“离子交换膜”的发展与应用项目式教学

一、项目主题内容分析

（一）教材分析

根据《普通高中化学课程标准》（2017年版2020年修订）的要求，结合高考对电化学内容考核的实际情况，决定针对学生的基础，对电化学的教材内容进行重整，以电化学原理为基础，对“离子交换膜”的教学采用探究式、情境式的项目式教学，旨在带领学生深度学习离子交换膜的功能与作用，所以确定本项目主题为“离子交换膜”的发展与应用项目式教学，内容安排为两个课时，主要分为两部分：离子交换膜的发展，离子交换膜在电化学中的应用。

第一部分以普通铜锌原电池为情境，以如何改进、优化该装置为核心问题主线，依次从“单液原电池—双液盐桥原电池—凝胶柱原电池—离子交换膜原电池”深度探究学习离子交换膜的功能与作用，对离子交换膜的“前世今生”形成系统的认知。第二部分以工业生产电化学的运用为背景，以海水淡化、内陆提炼芒硝、大型储能电厂、电解精炼铜等素材，突出引导学生建立工业生产中电解时选择离子交换膜的思维模型。两部分内容形成梯度，各有侧重，更有利于学生深度学习离子交换膜在工业生产中应用的学科理解，发展学生模型建构的能力，培养学生的科学探究能力。探究学习过程既有宏观辨识离子交换膜的功能和微观辨析交换膜的结构，又有分类思想的培养，还有理论分析和实验探究，以及实际情境的解决，最后回到生产中膜技术的应用。本项目为学生学习好电化学提供了方法和思维保障，让学生深入认识离子交换膜的功能与作用，深刻感受电化学的社会价值，激励学生学好电化学，为国家工业发展做出努力。

（二）课标分析

根据《普通高中化学课程标准》（2017年版2020年修订），结合项目主题，对内容要求、教学策略、活动建议、学业要求等内容进行整理如下（见表5-5）：

本项目以“课程标准”为指引，选择单液原电池原理为基础，以该电池存在的不足为探究情境；采用任务式学习的方式，学生以小组为单位进行分组探究的深度学习；开展融合手持技术的创新实验探究，不断优化原电池的“隔膜”；在探究中建构设计电池的思维模型，感受利用电化学装置对物质转化、工业生产等的重要作用。

表 5-5 “离子交换膜”课标分析

内容要求	教学策略	活动建议	学业要求
认识化学能与电能相互转化的实际意义及其重要应用。了解原电池及常见化学电源的工作原理。了解电解池的工作原理，认识电解在实现物质转化和储存能量中的具体应用	引导学生认识原电池从无膜到有膜的研究过程。通过理论分析和实验探究等活动认识离子交换膜的作用和功能、认识原电池和电解池的工作原理，掌握电解原理在物质转化和储能等方面的应用。采用理论分析、实验探究、联系生产实际等策略对离子交换膜的结构、发展、作用及应用进行教学	分组讨论式学习；实验及探究活动：双液电池的构成及其工作原理；电解饱和食盐水；离子交换膜的原理；运用离子交换膜设计电解池制备物质	能设计简单原电池和电解池。能利用相关信息分析化学电源的工作原理。能举例说明化学在解决能源危机中的重要作用，能分析能源的利用对自然环境和社会发展的影响。能综合考虑化学变化中的物质变化和能量变化来分析、解决实际问题

（三）学情分析

学生对原电池、电解池原理已经有了初步的认识，明白原电池、电解池结构和原理，但是对离子交换膜（如辨认、结构与性能、用途等）学生还是比较陌生。本项目第一课时让学生从离子交换膜的“前世今生”入手，通过探究实验，深度认识离子交换膜的功能和作用，进而了解离子交换膜的工作原理，形成离子交换膜发展历程的科学认知。学生虽然学习了电化学，但对海水淡化、物质制备、能源储存等电化学中离子交换膜的熟练运用还存在较大的困难。在第二课时中针对电化学在工业生产中的运用，突出“离子交换膜”的作用，紧扣电化学原理，对装置中离子交换膜进行辨识，有利于学生形成科学的分析思维，建立证据推理与模型认知的学科素养，提高学生的科学探究能力和创新意识，提升学生的社会责任感。

二、项目教学目标

（一）教学目标

1. 以原电池盐桥存在的问题引入，通过优化“隔膜”的探究过程，提高学生的设计实验能力、创新能力以及解决问题的能力，培养学生“证据推理与模型认知”“科学探究与创新能力”等核心素养。

2. 通过不断优化原电池隔膜，感受离子交换膜的作用，不断探析离子交换膜的发展；针对不同原电池存在的缺点，通过电流计传感器、温度计传感器数据变化，发展学生分析推理、对比归纳的能力，提升学生宏观辨识与微观探究的核心素养。

3. 通过离子交换膜在电化学应用中的真实情境，认识化学知识与人类生活的密切联系，感受化学学科对物质制备、资源开发、储能技术等工业生产的重要价值，激发学生学习的热情，增强学生的社会责任感与使命感。

4. 通过利用离子交换膜自主设计电解池解决实际问题，培养学生将必备知识转化为解决实际问题的关键能力，提升学生证据推理的学科素养，体现学科解决社会问题的价值。

（二）评价目标

1. 以原电池工作原理为基础，通过原电池中“隔膜”优化过程的探究学习，诊断并发展学生实验探究能力水平，也提高其模型建构能力水平。

2. 通过深入分析原电池“隔膜”存在的问题，提出解决实际问题的实验方案，诊断并发展学生发现问题、分析问题、解决问题的逻辑能力。

3. 通过分析离子交换膜在电化学不同领域的应用，诊断并发展学生对化学学科价值的认识，提升学生模型建构的能力和知识运用能力。

4. 根据离子交换膜在物质转化、储存能量中的作用，通过自主设计电解池解决工业生产问题，培养学生的科学探究精神与创新意识，诊断并发展学生对化学价值的认识水平。

三、项目策略及教学流程

（一）项目策略

课时	第一课时	第二课时
内容	离子交换膜的发展探究	离子交换膜在电化学中的应用
知识点	离子交换膜的功能与原理探究	离子交换膜在电化学中的应用
知识结构图	单液原电池存在的问题 → 离子交换膜的功能与原理	离子交换膜的作用与选择 → 离子交换膜在物质转化、能源存储的应用
项目主题任务	探究原电池选用不同“隔膜”存在的问题并优化装置 → 介绍不同离子交换膜的工作原理，深入认识交换膜的作用 →	运用离子交换膜设计简单电解池制备物质 → 认识不同离子交换膜在物质转化、能源存储中的应用
设计意图	引导学生通过对比单液原电池和双液原电池的优缺点，提出将盐桥缩短、变宽改进成凝胶柱原电池，最后改进成隔膜原电池；分析不同情景下的离子交换膜的构造、功能工作原理，学生在探究中形成离子交换膜工作原理的模型	通过电解饱和食盐水到氯碱工业中膜的选择与作用，扩展到设计简单电解池，让学生感受离子交换膜在物质制备、新电池储能等的应用与功能，加深对离子交换膜在电化学中作用的理解，进一步加深学生对化学学科价值的认识

图 5-17 “离子交换膜”的发展与应用项目策略

（二）教学流程

1. 第一课时教学流程（见图 5-18）

情境线	任务线	活动线	评价线
展示单液原电池观察分析其缺点	对比单液与双液原电池的优缺点并思考改进	用手持技术测单液、双液电池的温度、电流	学生宏微结合能力水平
双液原电池的盐桥加宽、变短？	对比盐桥与凝胶柱原电池的优缺点并改进	制作凝胶柱原电池并测定其温度、电流	实验探究与创新意识
寻找持久释放离子、难消耗的“隔膜”	认识离子交换膜，设计隔膜原电池，分析优点	制作隔膜原电池，测定其工作时温度、电流	学生科学探究能力水平
不同化学电源中离子交换膜的应用	讨论离子交换膜的研发方向	离子交换膜工作原理模型与归纳选用方法	学生模型建构能力水平

图 5-18 “离子交换膜”项目式教学流程图 1

2. 第二课时教学流程（见图 5-19）

情境线	任务线	活动线	评价线
华侨投资建设氯碱工厂	电解饱和食盐水离子交换膜的选择	分析氯碱工业离子交换膜的作用	学生对“膜”的正确选用与作用
探究电解食盐水直接制备盐酸	认识双膜、多膜电解法的作用	设计电解装置直接制备盐酸	学生小组合作能力和建模能力
内地芒硝资源的开发利用	了解电解技术的迁移应用开发芒硝	设计电解硫酸钠溶液	学生应用知识解决实际问题的能力水平
新型储能电站中的大型储能电池	大型储能电池中离子交换膜的选用	了解大型储能电池中离子交换膜的作用	学生模型建构能力水平
普通精铜的提纯，深入认识交换膜作用	电解法在精铜提纯中的应用	讨论提炼高纯铜电解法离子交换膜的作用	学生学以致用的能力水平

图 5-19 “离子交换膜”项目式教学流程图 2

四、教学实录

（一）第一课时教学实录

环节一：回顾单液原电池工作原理，认识其存在的缺陷

任务 1：回顾单液原电池的工作原理，总结单液原电池缺点。

【教师】提问：回顾单液原电池的优缺点，导致缺点的原因是什么？如何改进？

【学生】①缺点：放热明显、化学能转化电能的转化率低、电流逐渐衰减。根本原因是 Zn 与 $CuSO_4$直接接触。②改进思路：将 Zn 与 $CuSO_4$溶液隔开，设计成盐桥双液原电池（改进装置如图 5-20）。

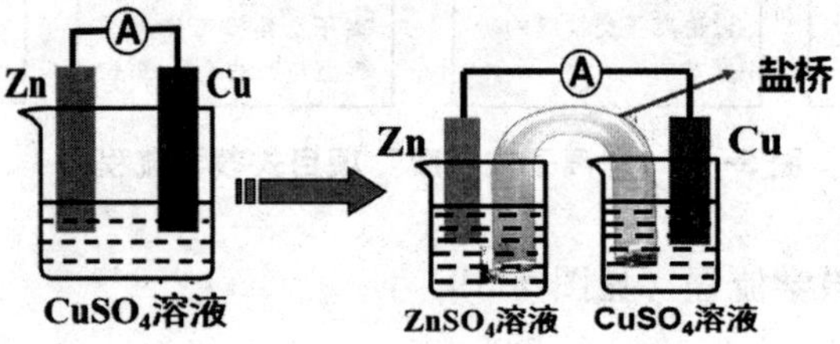

图 5-20　单液原电池改进装置图

环节二：对比探究单液原电池和双液原电池的电流大小和稳定性、温度上升情况

【教师】连接实验装置，将手持技术传感器的电流数据和温度数据传输到屏幕上。

任务 2：对比单液原电池和双液原电池的电流和温度数据，得出双液电池的优缺点。

【学生】仔细观察实验现象，对比得出双液原电池优点：①隔离 Zn 与 $CuSO_4$，电流稳定；②电池没有明显放热，提高了能量转换效率。缺点：电流小。

【教师】提问：根据所学知识，分析导致双液原电池缺点的原因是什么？

任务 3：回忆盐桥工作原理，分析导致盐桥—双液原电池缺点的原因并设计改进方案。

【学生】①离子运动距离长；②离子通道窄；③盐桥中离子只出不进，易消耗需更换。

【教师】提问：针对盐桥—双液原电池缺点，小组讨论改进方案。

【学生】小组代表：缩短两个电极间的距离（缩短离子运动距离），将盐桥改成凝胶柱增大面积，拓宽离子通道（改进装置见图 5-21）。

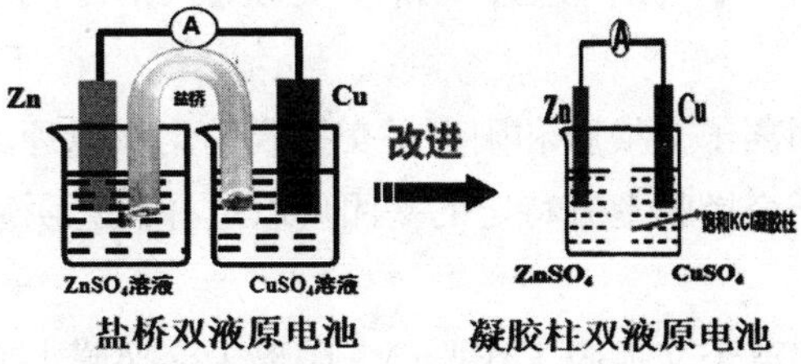

图 5-21　盐桥双液原电池改进装置图

【教师】收集学生课前预习讨论的改进思路，提前在烧杯中制作好凝胶柱。

任务 4：明确凝胶柱在原电池中的作用，使用手持技术进行测量，观察实验结果，对比改进效果。

【学生】连接凝胶柱原电池实验装置，仔细观察实验现象，检验实验改进效果。对比得出凝胶柱原电池优缺点。①优点：电流变大、电流稳定、温度无明显变化。②缺点：因为离子只出不进，无法持久释放离子，易消耗需更换。

【教师】提问：寻找新材料来克服以上缺点，新材料应具备的功能是什么?

【学生】小组讨论回答：①有效隔离；②电阻小，电流较大，电流稳定；③选择性让某些离子通过，平衡电荷；④材料应很薄。

环节三：认识离子交换膜，设计隔膜原电池，分析其优点

【教师】引导学生根据电极反应方程式、两边电荷浓度变化，思考实验中需要让什么离子通过，选用哪种离子交换膜，画出装置原理图。

任务 5：认识离子交换膜的构造和工作原理。

【学生】SO_4^{2-}从正极区移向负极区，选用阴离子交换膜（改进装置见图 5-22）。

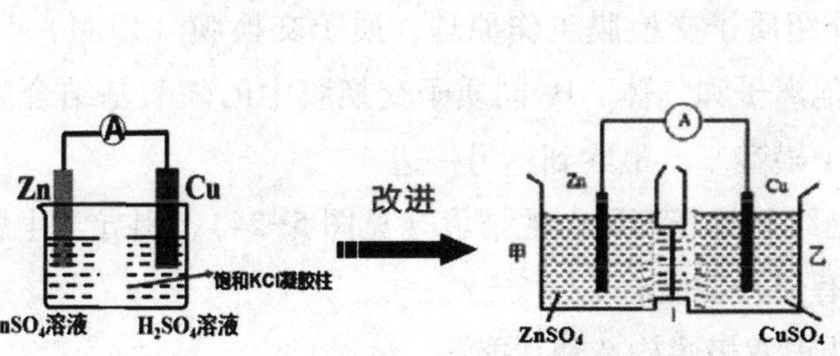

图 5-22　凝胶柱双液原电池改进装置图

【教师】介绍阴离子膜装置，连接隔膜原电池电路，监测电流、温度变化曲

线。提醒学生注意观察电流和温度数值及稳定性。

【学生】观察实验，描述实验现象：电流增大，电流和温度数值很稳定。

【教师】提问：SO_4^{2-} 如何通过阴离子交换膜？阴离子交换膜工作原理是什么？

任务6：明确阴离子交换膜和阳离子交换膜的工作原理。

【学生】阴离子交换膜上有特定的基团可以选择性让阴离子通过，并阻碍阳离子通过。

【教师】介绍阴离子交换膜工作原理，阴离子交换膜上嵌入固定的正电荷交换基团，根据同性相斥，异性相吸原理，只有阴离子能够同膜中的正电荷交换基团结合。在外力作用下（外加电场或者存在浓度差），从一个交换基团传递到另一个交换基团，最终到达另一边。阳离子交换膜工作原理与之相反。

【教师】引出新型原电池情境（见图 5-23），引导学生思考该情境下阴阳离子交换膜是否适用，如果不能，该如何研发新材料。

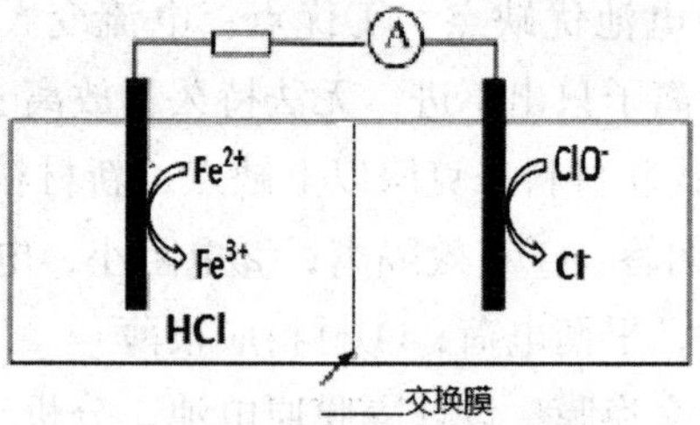

图 5-23　原电池交换膜探究图

任务7：认识质子交换膜功能、构造、工作原理。

【学生】阴阳离子交换膜均不适用，需要研发只让 H^+ 自由通过的交换膜。

【教师】介绍质子交换膜工作原理，质子交换膜（PEM）只允许质子穿过的膜，隔离其他离子和气体。H^+ 同质子交换膜中的磺酸基结合后，从一个磺酸基传递到另一个磺酸基，最终到达另一边。

【教师】继续创建新型原电池情境（见图 5-24），引导学生思考新情境下离子交换膜应具有何种功能。

任务8：认识双极膜构造和功能。

【学生】从交换膜中间分别向两边输送 H^+ 和 OH^- 离子。

【教师】双极隔膜由阴离子交换层、阳离子交换层和中间界面层构成。中间界面层有重要的水解离催化剂。在电场力即电势差作用下产生 H^+ 和 OH^-，从而

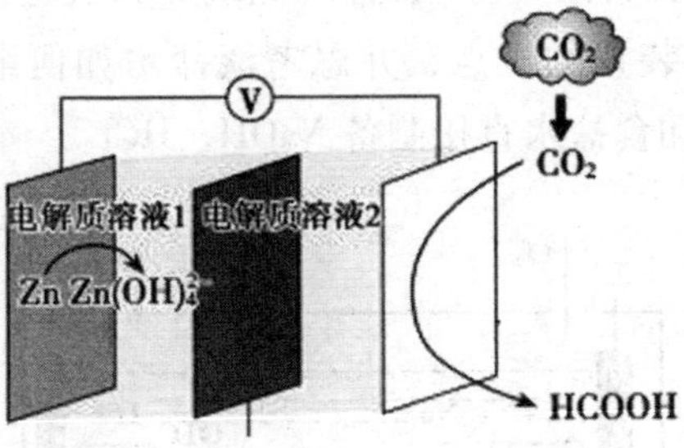

图 5-24 双极膜原电池构造图

为两极提供平衡电荷。

【教师】提问常见离子交换膜的种类。

任务 9：总结常见离子交换膜的种类和功能。

【学生】(1) 阳离子交换膜：简称阳膜，只允许阳离子（H^+和其他阳离子）通过。

(2) 阴离子交换膜：简称阴膜，只允许阴离子通过。

(3) 质子交换膜：只允许 H^+通过，不允许其他阳离子和阴离子通过。

(4) 双极膜：阴阳复合膜，在电流作用下 H_2O 能解离出 H^+和 OH^-。

环节四：讨论离子交换膜的研发方向

【教师】提出问题：小组讨论离子交换膜的研发方向（性能方面、寿命方面、成本方面）。

任务 10：通过讨论和学习，明确社会对离子交换膜的需求，培养学生科学创新意识。

【学生】小组讨论：(1) 成本方面。合成工艺简单、原料便宜易得。

(2) 寿命方面。高机械性能、化学性质稳定。

(3) 性能方面。高选择性、大交换容量。

（二）第二课时教学实录

环节一：生产中的“膜”术——必备知识建构

任务 1：探析氯碱工业核心原理——回顾离子交换膜的作用。根据电解食盐水模拟氯碱工业，建构离子交换膜的作用，建构选择离子交换膜证据与模型：①离子移动方向；②交换膜功能。

【教师】引入情境：汕头市提出“工业立市、产业强市”的发展战略，旅外华侨看重汕头是海滨城市，有丰富的海洋资源和国际水平的风力发电站，来家乡投资氯碱工厂。指导学生扮演技术员角色，为工厂把好技术关。

【学生】小组讨论分析图 5-24 装置的优缺点和改进措施。根据离子交换膜的作用，讨论图 5-25 装置的优点，并思考淡盐水如何继续利用，如何改进图 5-25 装置，使电解饱和食盐水直接制备 NaOH、HCl。

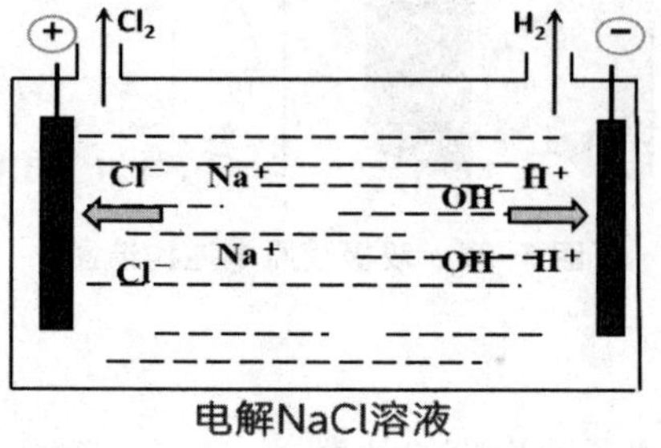

图 5-25　电解饱和食盐水原理图

环节二：生产中的“膜”术——模型应用

【教师】以目标产品为导向，引导学生逐步优化装置，帮助学生寻找选择交换膜的证据，设计电解池电解精制饱和 NaCl 溶液制备 HCl、NaOH。

任务 2：探究电解精制饱和 NaCl 溶液制备 HCl 与 NaOH——发展证据推理能力。

【学生】以生产目的为导向，思考电解装置的优化，画出优化后的装置图，收集选择交换膜的证据，感受多膜结构制备物质的优点（优化装置图见图 5-26）。

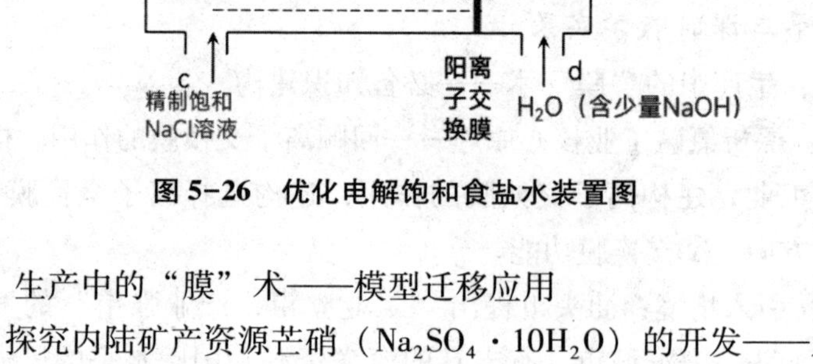

图 5-26　优化电解饱和食盐水装置图

环节三：生产中的“膜”术——模型迁移应用

任务 3：探究内陆矿产资源芒硝（$Na_2SO_4 \cdot 10H_2O$）的开发——发展迁移应用能力。

【教师】设置任务问题，引导学生完善以 Na_2SO_4 溶液为原料制备 H_2SO_4、NaOH、H_2、O_2 的电解池设计。

【学生】小组讨论：梳理电解池设计思路，完善设计图，学生代表上台展示并表达。建构选择离子交换膜证据与模型：从生产目的和离子移动方向选择隔膜类型。从物质类别的角度，小组讨论“双膜”电解法可用于哪类物质的制备。(设计图见图 5-27)

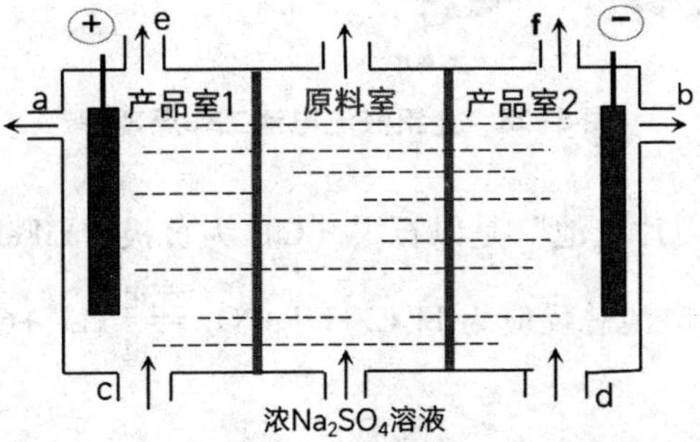

图 5-27　“双膜”电解硫酸钠溶液装置图

环节四：新型储能电池中的“膜”术——前沿技术发展意识

任务 4：拓展认识新型储能电池中交换膜的选择与作用。

【教师】创建情境，提出探究问题。

【情境资料】液流电池用于太阳能发电、风力发电等绿色能源储备，有削峰填谷作用，可用作应急电源等，有全钒液流电池、锌溴液流电池、铁铬液流电池等，目前全钒液流电池在大型储能中应用最广。锂离子电池因其能量密度大、体积小等特点，广泛应用于移动存储设备中。

【学生】根据电池总反应，分析两极反应，探析全钒液流电池和锂电池的特殊交换膜。

(1) 全钒液流电池广泛应用在电力储能中，用于削峰填谷、应急电源、风力发电等方面。发生的反应为：$VO^{2+}+V^{3+}+H_2O \underset{放电}{\overset{充电}{\rightleftharpoons}} VO_2^{+}+V^{2+}+2H^{+}$，其充电的工作原理如图 5-28 所示。

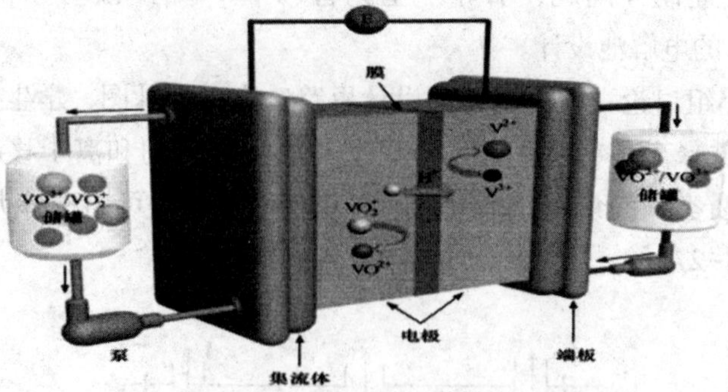

图 5-28　全钒液流电池工作原理图

（2）比亚迪“刀片电池”是以石墨（C）为负极、$LiFePO_4$为正极，工作原理如图 5-29 所示，电池总反应为 $Li_xC_6+LiFePO_4 \underset{放电}{\overset{充电}{\rightleftharpoons}} xLi^++6C+Li_{1-x}FePO_4$。

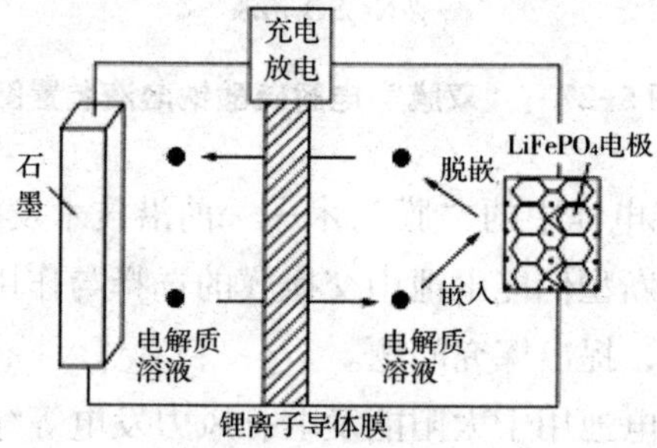

图 5-29　“刀片电池”锂电池工作原理图

环节五：物质分离、除杂中的“膜”术——技术融合创新

任务 5：了解特殊膜组在物质分离、除杂中的应用。

【教师】创建情境，提出探究问题。高纯精铜目前已广泛应用于电子、电气、航空航天、医疗、建筑等领域。如何在电解精炼铜的基础上获得高纯精铜？

【学生】探析如图 5-30 电解装置将普通精铜（仍含微量杂质）提纯为高纯度铜中交换膜（阴离子交换膜和过滤膜）的选择与作用。

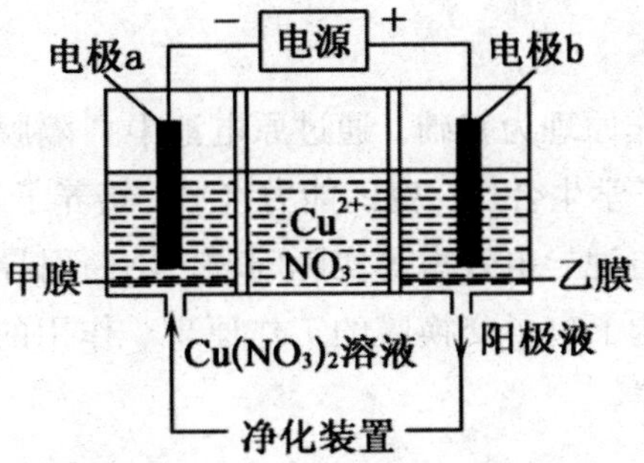

图 5-30 普通精铜提纯电解装置图

环节六：归纳总结离子交换膜在物质制备、分离提纯、新储能电池方面的应用，梳理选择交换膜的依据

【教师】引导学生梳理知识模型、归纳方法。

任务 6：归纳离子交换膜在物质制备、环境治理、新电池技术方面的作用；整理判断电解原理使用离子交换膜的方法，形成认知模型。

【学生】整理原电池、电解池的原理及原理应用时选择离子交换膜的思路。

五、项目教学反思及评价

（一）教学反思

1. 第一课时反思

（1）以原电池盐桥存在的问题为情境引入，不断提出探究问题，设置探究任务，学生在分析实验、设计实验、开展实验等活动过程中逐层深入讨论，提高“证据推理与模型认知”“科学探究与创新能力”等核心素养。

（2）在实验探究中使用手持技术，提高项目学习的深度，学生通过电流计传感器、温度计传感器的数据变化，发展了宏观辨识与微观探究的核心素养和信息技术融合的思维。

2. 第二课时反思

（1）第二课时通过离子交换膜在电化学实际应用的真实情境，拓展学生认识电化学对物质制备、资源开发、储能技术等的价值，增强学生的社会责任感与使命感。

（2）通过制备盐酸、开发芒硝资源引导学生自主设计电解池，提高学生将必备知识转化为解决实际问题的关键能力，提升学生证据推理的学科素养，体现化学学科解决社会问题的价值。

（二）教学评价

1. 第一课时评价

（1）以原电池工作原理为基础，通过原电池中“隔膜”优化过程的探究学习效果，诊断并发展了学生合作探究的能力水平，培养了学生证据推理的能力。

（2）通过解决原电池导电效率等实际问题，不断引导学生深入学习“离子交换膜”的发展，建构了离子交换膜的工作原理、作用的知识模型，提高了学生模型建构的能力素养。

2. 第二课时评价

（1）通过分析离子交换膜在电化学不同领域的应用，发展了学生将知识转化为解决问题的能力，也提升了学生分析问题、解决问题的思维水平。

（2）通过电解原理解决物质制备、能源存储等工业生产问题，培养了学生的科学探究精神与创新意识，提高了学生对化学学科的社会价值认知。

（纪舜豪，周小芬　广东省汕头市潮阳实验学校）

案例 4

糖类的项目式学习
——以“糖葱薄饼”成分探析为例

一、项目主题内容分析

（一）教材分析

糖类、蛋白质和油脂这类有机物是重要的营养物质，与生命活动密切相关，在生产和生活中有广泛应用，学生根据生活常识和初中化学的学习对此已有初步了解。本部分涉及的有机物结构都比较复杂，学生此时还难以仅从结构的角度认识这些物质的性质。因此，教材注意从生活经验和实验活动出发来介绍物质的性质，让学生了解糖类、蛋白质和油脂的基本组成、特征反应与用途。

教材首先介绍三类物质中学生最熟悉的糖类，从组成的角度对其进行分类，通过表格加以呈现，再以葡萄糖为例介绍单糖的性质。葡萄糖的结构与小分子有机物相比较为复杂，教材给出结构简式的目的是让学生对此产生直观认识，程度较好的学生可以从碳骨架和官能团这两个视角继续深入分析。但根据课程标准的要求，并考虑到大多数学生的实际认识水平，教材此处没有继续深入，而是通过接下来的实验直接介绍葡萄糖的特征反应，不涉及具体反应原理和化学方程式：二糖和多糖则主要介绍其生理作用和工业应用，其中包含了水解反应和利用生物质生产燃料乙醇的反应。

（二）课标分析

课程标准对本部分内容要求如下：通过观察能够掌握糖类的组成和分类方法，通过物质形态的宏观现象，能够运用符号表征物质及其变化；能从物质的微观层面理解葡萄糖的结构、性质的特点和联系；能依据探究目的设计蔗糖、淀粉的探究实验方案并优化，完成实验操作；能观察记录实验现象并进行分析获得结论；能通过糖类性质指导糖类在食品加工和生物质能源开发上的应用。结合实例认识糖类在生产、生活中的重要应用并结合其主要性质进行简单说明。学业要求方面：能列举典型糖类物质，能说明单糖、二糖和多糖的区别与联系，能探究葡萄糖的化学性质，能描述淀粉、纤维素的典型性质，能参与营养健康、材料选择与使用等社会性议题的讨论，并做出有科学依据的判断、评价和决策。

（三）学情分析

初中阶段，学生已经知道糖类属于六大基本营养物质之一，了解淀粉、糖类与人体健康的关系以及对生命活动的重要意义（提供能量）。学生通过化学必修二第七章第一、二、三节的学习，即前面甲烷、乙烯、苯等烃类和乙醇、乙酸等烃的衍生物的学习，已经具备了一定的学习有机化学的方法和分析问题、解决问题的能力。

本部分内容安排在烃的衍生物之后，是因为它和烃、烃的衍生物有着密切的联系。从学生认知水平来看，已经对各种官能团的结构、性质和反应有了一定的认识和理解，但还存在一些障碍（如对有机物的官能团结构与性质相脱离）；对多官能团物质的性质认识不全面；对糖类化学性质的了解不深入，知识的实际应用不灵活；知识迁移能力、类比推理能力还有待提高；实验操作和实验探究能力也有待提升。

二、项目教学目标

（一）教学目标

1. 通过查阅资料、阅读教材，在“糖葱薄饼”的真实情境中，了解糖类的组成、结构、分类等知识，认识糖类物质在生产生活中的应用。

2. 以“糖葱”在人体内的消化为问题情境，认识二糖的水解和单糖（葡萄糖）的组成、结构和性质。通过葡萄糖的特征反应，了解糖类在尿糖检测、银镜制备等生产、生活活动中的重要应用，并能根据糖类物质的主要性质进行简单说明，培养学生学以致用的能力。

3. 以二糖（蔗糖）水解和产物检验为知识情境，结合多糖（淀粉）的特征反应，设计实验探究“薄饼”（淀粉）的水解，诊断发展学生分析能力、设计实验方案能力和实验探究能力，同时培养其勇于探索的科学精神和严谨求实的科学态度。

4. 通过多糖在人体的消化和消化产物的认知，认识糖类对人类身体健康的重要性，体会化学学习的用途，深化化学与人的辩证关系，提高学生学习化学的社会责任感。

（二）评价目标

1. 学生以“糖葱薄饼”为情境，通过查阅资料认识糖类的组成、结构、物质分类，诊断学生查阅知识的能力和归纳概括的能力。

2. 通过葡萄糖的特征反应，发展学生结构决定性质的逻辑思维，通过实验操作，诊断并发展学生实验操作水平、观察能力、分析能力和归纳总结能力。

3. 通过设计淀粉水解产物的实验方案并进行科学论证，诊断并发展学生实验设计能力和科学论证能力水平。

4. 通过多糖在人体的营养价值和消化，诊断并发展学生对化学学科价值的认识水平。

三、项目策略及教学流程

（一）项目策略

创建地方名小吃“糖葱薄饼”的真实情境，引导学生了解、认识糖类；在“寻找糖”“识别糖类”“认识糖”“探究糖”的项目学习中，发展学生观察分析现象能力、进阶学习能力、逻辑表达能力、归纳能力。以“探究糖”为微项目，发展学生设计实验、开展实验的能力，诊断学生观察实验、分析实验的能力水平。基于小组学生代表的流程图（思维导图）的运用，发展学生科学论证的能力。通过不同主体和不同形式的评价，提高学生对于学习反思的能力。

（二）教学流程

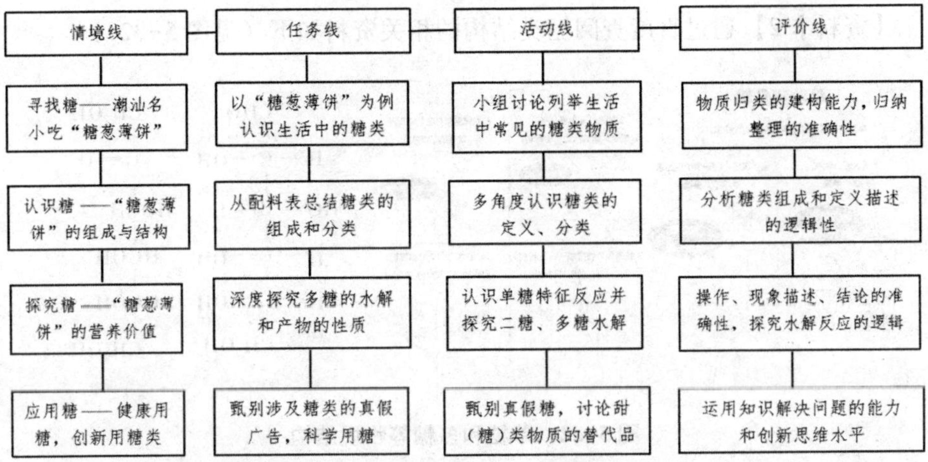

图 5-31 糖类的项目式学习教学流程

四、项目教学实录

环节一：以“糖葱薄饼”为例认识生活中的糖类

任务 1：寻找糖——从糖葱薄饼的配料表中寻找糖。

【教师】潮汕名小吃“糖葱薄饼”寓意深远，且富含糖类。糖葱薄饼都含有哪些糖类物质？

【学生】蔗糖和麦芽糖（糖葱）、淀粉（薄饼、小麦粉）、纤维素（包装纸张）。

【教师】你还认识哪些物质属于糖类？

【学生】葡萄糖、果糖、乳糖。

【教师】小结常见的糖类包括：（1）单糖——葡萄糖、果糖；（2）二糖——乳糖、蔗糖、麦芽糖；（3）多糖——淀粉、纤维素等。

环节二：认识常见糖类的分子式、组成与结构

任务 2：归纳糖类的分子通式，掌握糖类的组成，了解糖类的结构。

【资料卡 1】常见糖类分子式：（1）单糖 $C_6H_{12}O_6$——葡萄糖、果糖；（2）二糖 $C_{12}H_{22}O_{11}$——乳糖、蔗糖、麦芽糖；（3）多糖 $(C_6H_{10}O_5)_n$——淀粉、纤维素；（4）脱氧核糖 $C_5H_{10}O_4$。

【教师】糖类组成元素有哪些？糖类为什么也叫碳水化合物？

【学生】糖类组成元素有 C、H、O；因为大部分糖类的分子式表示成 $C_m(H_2O)_n$，所以称为碳水化合物。但有的糖类组成不符合该通式，如脱氧核糖 $C_5H_{10}O_4$；符合该通式的也不一定是糖类，如乙酸 $C_2H_4O_2$。

【资料卡 2】通过百度查阅糖类结构的相关资料如下（见图 5-32）：

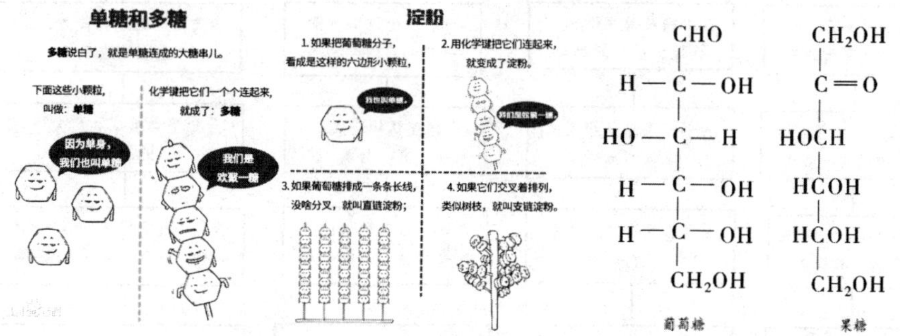

图 5-32　单糖和多糖等物质结构

【教师】根据以上资料，下列关于糖类的结构说法正确的有？

①单糖可以转化为二糖、多糖，二糖和多糖可以转化为单糖。

②糖类的官能团一定有羟基，可能有醛基。

③糖类又叫多羟基醛或多羟基酮。

【学生】①②③都正确，但是糖类的官能团还可能有酮羰基。

【教师】小结糖类的定义和结构特点。

环节三：探究糖——深度探究“糖葱薄饼”（多糖）的“消化”（水解）

任务 3：以“糖葱薄饼”在人体的消化为问题情境，深度探究多糖的水解和产物的性质。

【教师】“糖葱薄饼”因能在人体内消化产生葡萄糖，为人体提供血糖而具有营养价值。葡萄糖都具备什么特性呢？

【学生】探究葡萄糖的特征反应，阅读教材 84 页【实验 7-7】，分小组开展实验。①葡萄糖溶液与新制 Cu（OH）$_2$悬浊液反应；②葡萄糖溶液与新制银氨溶液反应。完成实验现象、注意事项等记录（见表 5-6）。

表 5-6 葡萄糖的特征反应

实验	与新制 Cu（OH）$_2$悬浊液反应	与新制银氨溶液反应
实验步骤	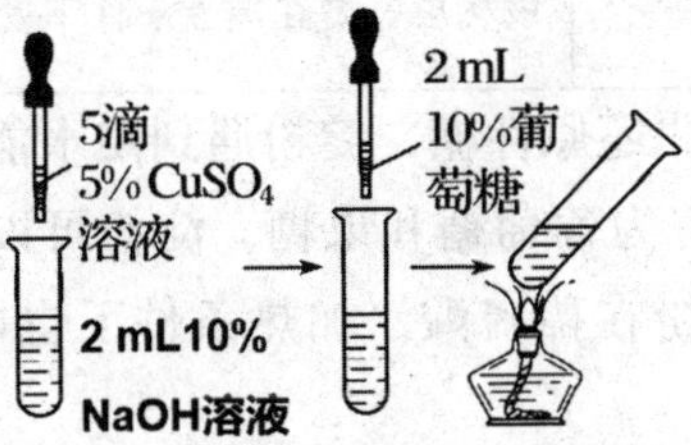	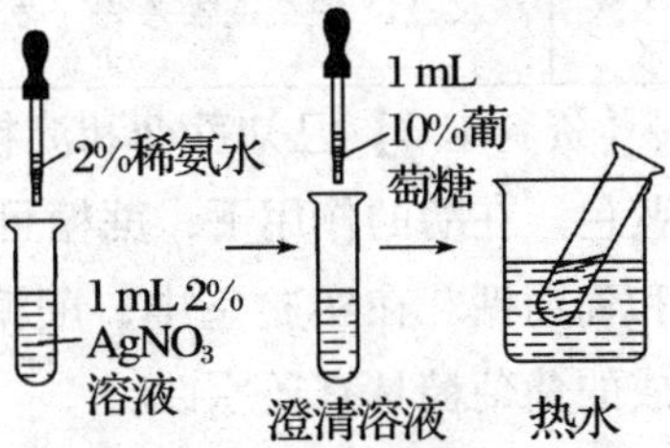
实验现象	成功：生成砖红色沉淀（Cu_2O）  失败：有黑色物质产生	成功：生成光亮的银镜（Ag） 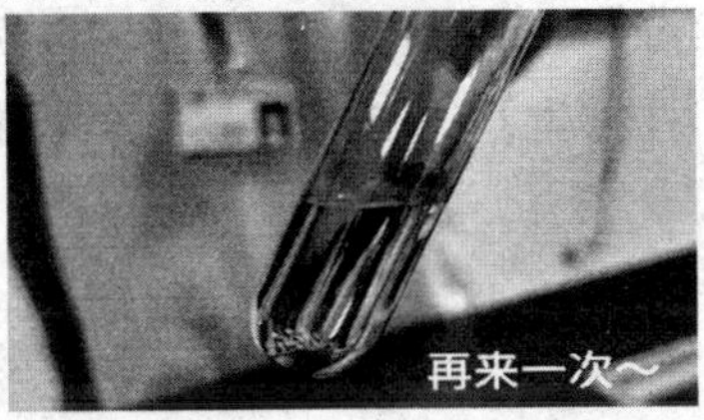 失败：无银镜，只有黑色沉淀物质产生
失败原因	硫酸铜加多了，没有按实验要求滴加	稀氨水滴加量不够或者水浴时试管晃动或试管不洁净
用途		
注意		

【教师】葡萄糖与新制氢氧化铜现象分析（见表5-7）：

表5-7 葡萄糖与新制氢氧化铜现象分析

实验	与新制 $Cu(OH)_2$ 悬浊液反应	与新制银氨溶液反应
原理	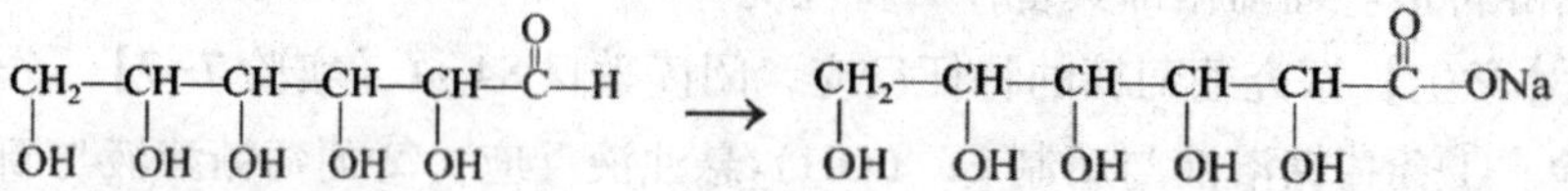	
用途	① 检验醛基（具有还原性） ② 医学上用于检验尿糖	① 检验醛基（具有还原性） ②工业制镜或热水瓶胆镀银
注意	该反应需要在碱性条件下发生	该反应需要在碱性条件下发生

【资料卡3】已知蔗糖和淀粉均为非还原性糖，淀粉遇到碘水能够显示独特的蓝色。在酶的作用下，蔗糖可以水解为葡萄糖和果糖，淀粉可以水解成麦芽糖和葡萄糖。在实验室中，蔗糖和淀粉在稀硫酸、加热条件下也能发生水解，生成的葡萄糖具有还原性。

【教师】组织各小组设计实验方案检验“糖葱薄饼”的消化产物：①检验“糖葱”（蔗糖）水解产物；②检验“薄饼”（淀粉）水解产物及水解情况。

【学生】①“糖葱”水解产物检验方案及检验判断（见图5-33、表5-8）：

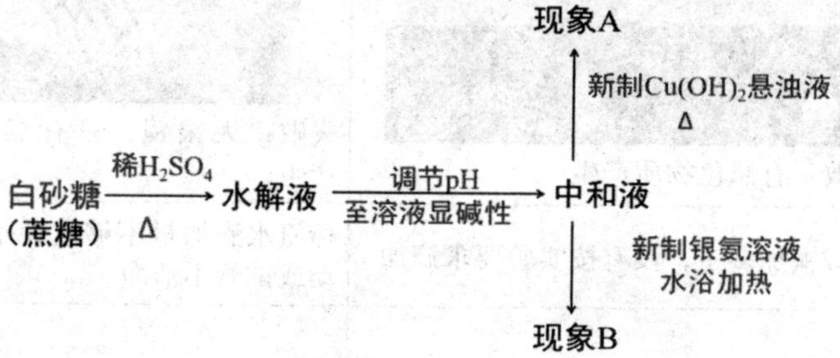

图5-33 “糖葱”水解产物检验方案

表5-8 “糖葱”水解产物检验判断

实验	实验现象	结论
①A	有砖红色沉淀生成	蔗糖水解产物有葡萄糖
②B	试管内形成一层银白色的镜面	蔗糖水解产物有葡萄糖

②“薄饼”水解产物检验方案（见图 5-34、图 5-35、图 5-36）：

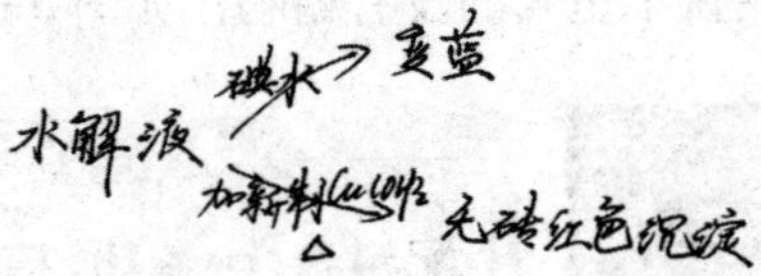

图 5-34　学生水解方案 1

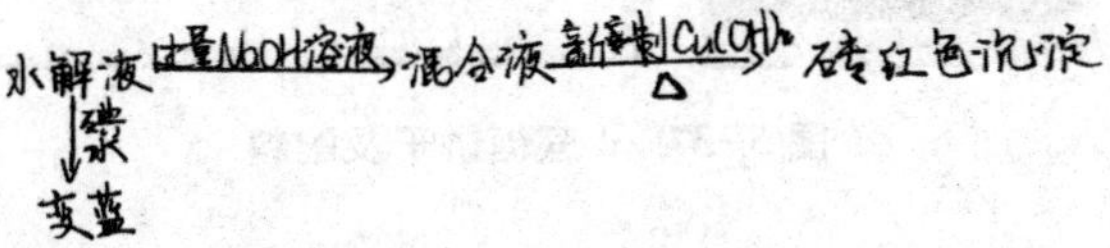

图 5-35　学生水解方案 2

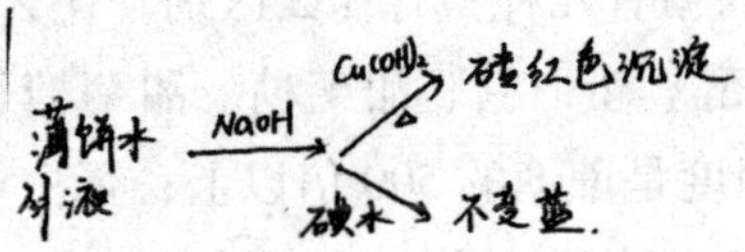

图 5-36　学生水解方案 3

③淀粉水解情况探析（见表 5-9）：

表 5-9　淀粉水解情况探析

实验	现象 A	现象 B	结论
①	溶液呈蓝色	无砖红色沉淀生成	为水解
②	溶液不呈蓝色	有砖红色沉淀生成	部分水解
③	溶液呈蓝色	有砖红色沉淀生成	完全水解

环节四：应用糖——健康用糖，科学推广，创新用糖

任务 4：应用糖的性质，科学用糖，甄别真假糖，讨论甜（糖）类物质的替代品。

【教师】纤维素也是典型的多糖，因为人体内没有纤维素水解酶，故其在人体内不能水解转化为葡萄糖。“糖葱薄饼”虽然美味，切不可贪吃哦，血糖偏高可是危害健康的，更不可“狼吞虎咽”吃下“包装纸”哦！对于喜欢甜食的高血糖患者，面对纷繁复杂的广告食品，如何科学选用？

【投影】问题：0 蔗糖饼干里真的没有糖吗？如图 5-37。

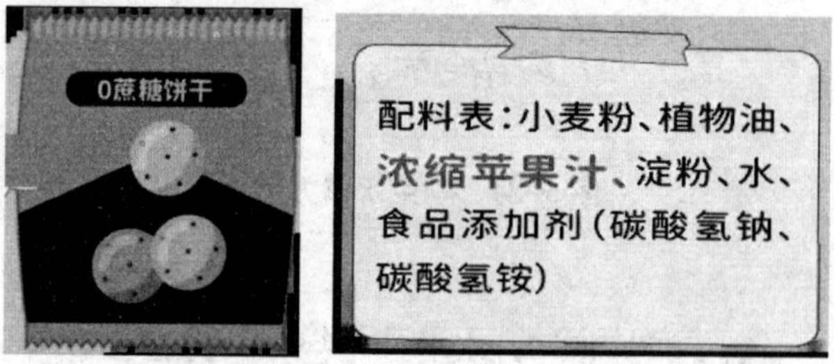

图 5-37　0 蔗糖饼干及配料

【学生】0 蔗糖 ≠ 0 糖

【教师】甜食通常含有大量的糖分，对糖尿病患者而言，过量摄入甜食可能会导致血糖升高。代替蔗糖的糖有几种？有什么区别？什么是木糖醇？

【学生】小组 1：有木糖醇、蛋白糖、甜菊糖。甜菊糖是从甜叶菊叶中提取的，热量是蔗糖的 1/300，甜度是蔗糖的 500 倍以上；蛋白糖又称阿斯巴甜，是人工合成的甜味剂，甜度是蔗糖的 200 倍，不适合做面包、蛋糕等，苯丙酮酸尿患者不宜食用。

小组 2：木糖醇是从玉米芯等农作物中经过深加工而制得的一种白色晶体，味凉，外表和蔗糖相似，甜度相当于蔗糖，热量相当于葡萄糖，是蔗糖和葡萄糖的替代品。

五、项目教学反思及评价

（一）教学反思

1. 本节课学生通过课前预习查阅资料，在“糖葱薄饼”的真实情境中，对糖类的组成、结构、分类等知识有了清晰的认知，掌握了归纳方法，认识到糖类在生产生活中的应用。

2. 学生在“糖葱”在人体内消化的问题情境中，通过葡萄糖的特征反应，认识到糖类在尿糖检测、银镜制备等生产、生活活动中的重要应用，提高了知识应用的能力水平。

3. 通过设计二糖（蔗糖）水解、多糖（淀粉）水解产物检验的实验方案并开展实验探究、优化方案、形成结论，学生实验设计能力和实验探究能力得到进一步提升，科学探究精神和严谨的逻辑思维也得到升华，深刻感受到化学学科的价值。

4. 学生对多糖在人体内的消化产物的认知，认识到营养物质（糖类）对人类的重要性和二者的辩证关系，提高了认知事物的全面性、系统性，初步认识科学用糖的重要性、科学性，深化学习化学的社会责任感。

（二）教学评价

1. 本节课以“糖葱薄饼”为情境，教师通过课前任务（查阅糖类资料、“代糖”物质），指导学生认识糖类的组成、结构、分类，发展学生自主学习和归纳概括的能力。

2. 通过葡萄糖的特征反应，设置蔗糖水解、淀粉水解探究任务，发展了学生设计实验、优化方案、操作实验、分析实验、结论分析的能力；通过实验过程和方案展示的环节，开展生生互评活动，发展了学生深度探究实验、评价优化实验、科学严谨开展实验的能力，提高了学习的深度和解决实际问题的能力。

3. 通过创设驱动性问题和任务，学生设计淀粉水解产物的实验方案并进行科学论证，发展了学生证据推理的逻辑能力和深度学习的逻辑思维，体现了学生对知识探究和深度加工的创新能力，在实验方案的个性化中发展了学生的创新能力。

4. 本节课运用多元化评价手段，在学生学习过程中，学习小组及时交流意见并找到问题、解决问题。在方案设计和探究实验环节，运用“手机同屏”技术，将小组学生代表成果展示出来，对三组学生淀粉水解实验产物的检验方案流程图进行评价，通过“生生评价”“师生评价”等过程性评价，及时对实验方案设计进行调整和反思，培养学生的批判性思维。

（纪舜豪，林志贤　广东省汕头市潮阳实验学校）

后　记

黄晗晖名师工作室是广东省和东莞市两级名师工作室，三次被评为“广东省优秀名师工作室”。多年来，持续开展高中化学教学研究与实践，构建了以研为核心的名师工作室特色实践模式与发展路径，收获了丰硕的研究成果。本研究著作是广东省教育科学规划课题“核心素养导向的高中化学教学评价模式研究与实践”（2020YQJK201）和东莞市名师工作室专项课题“素养为本的高中化学思维课堂构建”（MSKT2019083）的研究成果之一。

《素养为本：化学教学研究与实践》的研究与编写人员是工作室课题组成员及相关学校骨干教师。课题主持人黄晗晖是广东省正高级教师，广东省特级教师，南粤优秀教师，华南师范大学教师教育学部兼职教授，广东省中学化学教研会理事，广东省名教师工作室主持人，东莞市名师工作室主持人，东莞市高中化学学科带头人，东莞市“三类”特色人才，著有《基于行动研究的高中化学智慧课堂》等。本著作编写成员中 15 人为广东省名教师工作室骨干教师，1 人获评广东省百千万名教师培养对象，9 人获评高级教师职称，6 人荣获市级学科带头人称号。

全书共五个模块，模块一至模块五依次由叶秋耀、刘汉国、张润瑜、祝江平、纪舜豪负责撰写、编辑及整理，其他成员负责或参与课题项目研究及案例编写，课题主持人黄晗晖负责该书的主题及核心观点的构建、内容架构、体例设计、部分内容撰写以及全书统稿与完善工作。

通过工作室研修学习、教学研究实践活动和研究成果凝练，小伙伴们收获颇丰。

感谢名师工作室的导师和专家团队及其他莅临工作室活动进行学术讲座和工作指导的专家，你们开阔了我们的视野，提升了我们的理论水平，促进了我们的专业化成长。

不忘初心方从千里而来，携手共研只愿共赴山海。展望明日，望能续写华章，更有所长！

编委会

2024 年 7 月